EL CORAN

TRADUCCION COMENTADA

ABDULGHANI MELARA NAVIO
shayi Abdelqadir al-Murabit
Prof. Abdelbasir Ojembarrena

Islamic Book Service

El Coran
(TRADUCCION COMENTADA)
ABDULGHANI MELARA NAVIO

ISBN: 81-7231-294-6

Reprint Edition- 2004

Published by

Islamic Book Service

2241, Kucha Chelan, Darya Ganj, New Delhi-110 002
Ph.: 23253514, 23265380, 23286551, Fax: 23277913
E-mail: ibsdelhi@del2.vsnl.net.in & islamic@eth.net
Website: www.islamic-india.com

Printed at: *Noida Printing Press,* C-31, Sector-7, Noida,Ghaziabad, U.P.

**En el nombre de Allah,
el Misericordioso, el Compasivo**

En el nombre de Allah,
el Misericordioso, el Compasivo

EL CORAN.
Traducción comentada

(Nota del traductor): Mi más sincero reconocimiento y agradecimiento a nuestro maestro Shayj Abdelqadir al-Murabit, cuya enseñanza, indicaciones y consejos han sido esenciales para el buen término del proyecto.

Al profesor Abdelbasir Ojembarrena por su valiosa contribución al estilo final de esta traducción.

Y a mi esposa Naima Kzaini por su inestimable ayuda para mi mejor comprensión de la lengua árabe.

Mi agradecimiento igualmente a todos aquéllos que con su colaboración y apoyo me han ayudado a lo largo de todos estos años.

Abdelghani Melara Navío.

1. LA SURA QUE ABRE EL "LIBRO"

En el nombre de Allah, el Misericordioso, el Compasivo*.

* [En árabe Rahman y Rahim. Son dos nombres y dos atributos de Allah que proceden de una misma raíz "rahma", la voluntad de bien. "Rahman" implica que esta voluntad de bien incluye a todas las criaturas sin distinción lo abarca todo. En "Rahim" es mas específica de los creyentes y de la Otra Vida. Ademas. "Rahman" es nombre exclusivo de Allah, mientras que "Rahim" puede ser dicho de un ser humano.]

(1) Las alabanzas a Allah*. Señor de los mundos.

   * [Lit. La alabanza pertenece a Allah es de y para Allah. Esto implica que de El viene y El la merece.]

(2) El Misericordioso, el Compasivo.

(3) Rey del Día de la Retribución.

(4) Sólo a Ti te adoramos, sólo en Ti buscamos ayuda*.

   * [La raíz de lo que traducimos como adorar o adoración, significa en su origen humildad, sumisión, y es sinónimo de obediencia; implica por parte del siervo, el reconocimiento de la unicidad de su Señor, sin asociarle nada, y actuar según aquello que Le complace. Este es el sentido que tiene a lo largo de todo el Corán.]

(5) Guíanos por el camino recto,

(6) el camino de los que has favorecido,

   no el de los que son motivo de ira,

(7) ni el de los extraviados.

2. SURA DE LA VACA.

Medinense a excepción de la aleya 281 que descendió en Mina durante el Haÿÿ de la Despedida.
Tiene 286 aleyas y es la primera sura que descendió en Medina.

En el nombre de Allah, el Misericordioso, el Compasivo

(1) Alif, Lam, Mim.

(2) Ese Libro, sin duda, contiene una guía para los temerosos (de su Señor).

(3) Esos que creen en el No-Visto*, establecen el salat* y de la provisión que les hemos asignado, dan.

> * [En árabe "al-ghayb" significa el hecho de estar ausente, fuera del alcance de los sentidos. Es todo aquello que no está a la vista, aunque no sea invisible, o todo aquello que no se conoce. Abarca todo lo que es objeto del Iman o creencia: Allah, Sus ángeles, la Otra Vida, etc... No obstante en el contexto en el que aparece aquí cabe también otro sentido según el cual habría que traducir: "Esos que creen cuando nadie los ve."]
> * [La oración preceptiva]

(4) Creen en la Revelación que se hizo descender sobre ti y en la que se hizo descender antes de ti; y de la Otra Vida tienen certeza.

(5) Ellos son los que van en una dirección de su Señor y son los que tendrán éxito.

(6) A los que se niegan a creer, es igual que les adviertas o que no les adviertas, no creerán.

(7) Allah les ha sellado el corazón y el oído y en los ojos tienen un velo. Tendrán un inmenso castigo.

(8) Hay hombres que dicen: Creemos en Allah y en el Ultimo Día, pero no son creyentes.

(9) Pretenden engañar a Allah y a los que creen, pero sólo se engañan a sí mismos sin darse cuenta.

(10) En sus corazones hay una enfermedad que Allah les acrecienta. Tendrán un doloroso castigo por lo que tacharon de mentira.

(11) Cuando se les dice: No corrompáis las cosas en la tierra, responden: Pero si solo las hacemos mejores.

(12) ¿Acaso no son los corruptores, aunque no se den cuenta?

(13) Y cuando se les dice: Creed como han creído los hombres.
Dicen: ¿Es que vamos a creer como los necios?
¿No son ellos los necios sin saberlo?

(14) Cuando se encuentran con los que creen, les dicen: Creemos.
Pero cuando se quedan a solas con sus demonios, les dicen:
La verdad es que estamos con vosotros y solo queremos bur-
larnos.

(15) Allah se burlará de ellos y los dejará vagar errantes fuera de
los límites.

(16) Esos son los que han cambiado la Guía por el extravío; su negocio no ha prosperado y no están guiados.

(17) Se parecen a quienes encienden un fuego y cuando alumbra en
torno a ellos, Allah se lleva la luz y los deja a oscuras, sin ver.

(18) Sordos, mudos y ciegos, no podrán volver (de su extravío).

(19) Como el que está en medio de una tormenta donde hay tinieblas, truenos y relámpagos. El estampido del rayo al caer,
les hace taparse los oídos por temor a la muerte.
Pero Allah tiene rodeados a los incrédulos.

(20) A punto está el relámpago de quitarles la vista. Cada vez que
les alumbra andan, pero cuando se hace oscuro, se detienen.
Si Allah quisiera les quitaría el oído y la vista.
Es verdad que Allah tiene poder sobre todas las cosas.

(21) ¡Hombres! Adorad a vuestro Señor que os ha creado a vosotros y a los que os precedieron. Tal vez así os guardéis.

(22) El ha hecho para vosotros de la tierra un lecho y del cielo un
techo, y hace caer agua del cielo y que gracias a ella broten
frutos, que son para vosotros provisión.
Así pues, no atribuyáis iguales a Allah una vez que sabéis.

(23) Y si tenéis alguna duda sobre lo que hemos revelado a Nuestro
siervo, venid vosotros con una sura igual; y si decís la verdad,
llamad a esos testigos que tenéis en vez de Allah.

(24) Mas si no lo hacéis, que no lo haréis, temed al Fuego cuyo
combustible son los hombres y las piedras, preparado para
los incrédulos.

(25) Y dales la buena noticia a los que creen y practican las acciones
de bien, de que tendrán jardines por los que corren los ríos.

Cada vez que se les provea de frutos de estos jardines para que se alimenten, dirán: Es lo mismo que antes se nos daba. Sin embargo lo que se les dé, sólo será parecido.

Allí tendrán esposas puras y serán inmortales.

(26) Allah no se avergüenza de utilizar un ejemplo cualquiera, ya sea un mosquito o algo de más importancia.

Los que creen, reconocerán la verdad procedente de su Señor, pero los que se niegan a creer, dirán: ¿Qué pretende Allah con este ejemplo?

Extraviar con él a muchos y guiar a muchos. Pero solo los que se apartan de la obediencia se extraviarán.

(27) Esos que rompen el pacto con Allah después de haberse comprometido. Separan lo que Allah mandó mantener unido y corrompen en la tierra. Esos son los perdidos.

(28) ¿Cómo es que no creéis en Allah si estabais muertos y os dio la vida, luego os hará morir y de nuevo os dará la vida y volveréis a El?

(29) El es Quien creó para vosotros todo cuanto hay en la tierra. Luego, dirigió Su voluntad al cielo y conformó siete cielos en perfecto equilibrio.

El conoce todas las cosas.

(30) Y cuando tu Señor dijo a los ángeles: Voy a poner en la tierra a un representante Mío*.

Dijeron: ¿Vas a poner en ella a quien extienda la corrupción y derrame sangre mientras que nosotros Te glorificamos con la alabanza que Te es debida y declaramos Tu absoluta pureza?

Dijo: Yo sé lo que vosotros no sabéis.

* [En árabe jalifa, de donde viene califa. El hombre es el califa o el representante de Allah en la tierra.]

(31) Y enseñó a Adam todos los nombres*; luego los mostró a los ángeles y les dijo: ¡Decidme sus nombres si sois veraces!

* [De los seres creados]

(32) Dijeron: ¡Gloria a Ti! No tenemos más conocimiento que el que Tú nos has enseñado.

Tú eres, en verdad, el Conocedor perfecto, el Sabio.

(33) Dijo: ¡Adam! Diles sus nombres.

Y cuando lo hubo hecho, dijo: ¿No os dije que conocía lo desconocido de los cielos y de la tierra, así como lo que mostráis y lo que ocultáis?

(34) Y cuando dijimos a los ángeles: ¡Postraos ante Adam! Se postraron todos menos Iblis que se negó, se llenó de soberbia y fue de los rebeldes.

(35) Dijimos: ¡Adam! Habita con tu pareja el Jardín y comed sin restricciones de lo que haya en él, pero no os acerquéis a este árbol porque entonces seríais de los injustos.

(36) Pero el Shaytán les hizo caer con él, sacándolos de donde estaban. Dijimos: ¡Descended!: Unos seréis enemigos de otros*. Tendréis temporalmente en la tierra un lugar de asentamiento y bienes de los que disfrutar.

* [Adam y Hawá en relación a Shaytán]

(37) Luego Adam, recibió palabras inspiradas por su Señor, que le devolvió así Su favor; es verdad que El es el que se vuelve en favor de Sus siervos, el Compasivo.

(38) Dijimos: Descended todos de aquí; y si os llega de Mí una guía, los que la sigan no tendrán nada que temer ni se entristecerán.

(39) Pero los que se nieguen a creer y tachen de mentira Nuestros signos... Esos serán los compañeros del Fuego donde vivirán para siempre.

(40) ¡Hijos de Israel! Recordad los beneficios con los que os favorecí y cumplid vuestra parte del pacto que Yo cumpliré la Mía, y temedme sólo a Mí.

(41) Y creed en lo que he revelado confirmando lo que ya teníais. No seáis los primeros en negarlo. No vendáis Mis signos a bajo precio y tenedme en cuenta sólo a Mí.

(42) No disfracéis la verdad con falsedad, para ocultarla, después de lo que sabéis.

(43) Estableced el salat, entregad el zakat e inclinaos con los que se inclinan.

(44) ¿Cómo es que ordenáis a los hombres la virtud olvidando incluiros a vosotros mismos que recitáis el Libro? ¿Es que no váis a entender?

(45) Buscad ayuda en la constancia y en el salat, porque éste no es un peso para los humildes.

(46) Los que creen con certeza que encontrarán a su Señor y que a
El han de volver.

(47) ¡Hijos de Israel! Recordad los beneficios con los que os favorecí y recordad cómo os preferí sobre los mundos.

(48) Guardaos de un día en el que a nadie le valdrá lo que otro
haya hecho, ni se aceptará que nadie interceda por nadie, ni
habrá posibilidad de pagar ningún rescate ni habrá ayuda.

(49) Y (recordad) cuando os salvamos de la gente de Firaún que os
causaban un horrible castigo, degollando a vuestros hijos varones y dejando con vida a vuestras mujeres.
Ahí teníais una enorme prueba que os ponía vuestro Señor.

(50) Y cuando, por vosotros, hicimos que el mar se abriera en dos
y os salvamos, ahogando a las gentes de Firaún ante vuestros
propios ojos.

(51) Y cuando emplazamos a Musa durante cuarenta noches y durante su ausencia, tomasteis el becerro* y fuisteis injustos.
* [Como el objeto de vuestra adoración]

(52) Luego, a pesar de lo que habíais hecho, os perdonamos para
que pudierais agradecer.

(53) Y cuando dimos el Libro a Musa y el discernimiento para que
os pudiérais guiar.

(54) Cuando Musa dijo a sus gentes: ¡Pueblo mío! Habéis sido injustos con vosotros mismos habiendo tomado el becerro;
volveos a vuestro Creador y que unos les den muerte a los
otros, eso es lo mejor para vosotros ante vuestro Creador.
El os ha aceptado de nuevo, porque es El que vuelve en favor
de Sus siervos, el Compasivo.

(55) Y cuando dijisteis: ¡Musa! No creeremos en ti hasta que no
veamos a Allah abiertamente.
El rayo os fulminó mientras mirabais.

(56) Luego, después de muertos, os devolvimos a la vida para que
pudierais agradecer.

(57) Y os cubrimos con la sombra de la nube e hicimos que bajaran
el maná y las codornices: ¡Comed de las cosas buenas con las
que os sustentamos! Y no Nos perjudicaron, sino que fueron
ellos los perjudicados.

(58) Y cuando dijimos: Entrad en esta ciudad* y comed de lo que hay en ella donde queráis y sin limitaciones, pero entrad por la puerta con respeto y decid: ¡Alivia nuestras faltas!, y se os perdonarán.

Y a los hombres de excelencia les daremos aún más.

* [Jerusalén]

(59) Pero los que de ellos eran injustos dijeron otras palabras de las que se les había mandado decir, e hicimos que bajara del cielo una plaga contra ellos por no haber cumplido lo mandado.

(60) Y cuando Musa pidió que se diera de beber a su pueblo y dijimos: Golpea la piedra con tu vara.

Brotaron de ella doce manantiales y cada uno supo donde debía beber. ¡Comed y bebed de la provisión de Allah y no hagáis el mal en la tierra como corruptores.

(61) Y cuando dijisteis: ¡Musa! No soportaremos más comer un único alimento, así que pide a tu Señor que haga salir para nosotros algo de lo que crece en la tierra como legumbres, pepinos, ajos, lentejas y cebollas.

Dijo: ¿Queréis cambiar lo más elevado por lo más bajo? Bajad a Misr* y tendréis lo que habéis pedido.

Se decretó que la vileza y la mezquindad fueran inseparables de ellos.

Y volvieron habiendo incurrido en la cólera de Allah.

Esto les pasó por haber negado los signos de Allah y haber matado a los profetas sin razón, y por haber desobedecido y haber traspasado los límites.

* [Misr era el nombre de una ciudad, probablemente Menfis, que por extensión daría nombre a todo Egipto]

(62) Cierto que los que han creído*, los que siguen el judaísmo, los cristianos y los sabeos, si creen en Allah y en Ultimo Día y actúan rectamente, tendrán su recompensa ante su Señor y no tendrán que temer ni se entristecerán.

* [En Muhammad, que Allah le dé Su gracia y paz.

Según Ibn Abbas esta aleya estaría abrogada por la que dice: "Y quien pretenda algo distinto del Islam como Práctica de Adoración, no se le aceptará", aunque también se refiere a los creyentes anteriores a la llegada del profeta Muhammad, que Allah le dé Su gracia y paz, y a los creyentes sinceros de todos estos grupos antes o después de la aparición del Islam.]

(63) Y cuando os tomamos el compromiso y elevamos el monte poniéndolo por encima de vuestras cabezas*: ¡Tomad con fuerza lo que os hemos dado y recordad lo que contiene, ojalá os guardéis!

* [Como amenaza disuasoria.]

(64) Luego, a pesar de ello, disteis la espalda.

Y de no haber sido por el favor de Allah con vosotros y por Su misericordia, habríais estado con los que se pierden.

(65) Ya sabéis lo que les ocurrió a aquéllos de vosotros que transgredieron el sábado* y les dijimos: ¡Convertíos en monos despreciables!

* [El sábado era el único día en el que les estaba prohibido pescar y ese día los peces llegaban hasta la orilla del mar dejándose ver. No pudiendo resistir la prueba, fueron a pescar y Allah los convirtió en monos.].

(66) Hicimos esto para que les sirviera de lección a sus contemporáneos y a los que vinieran después.

Y es una llamada de atención para los temerosos (de Allah).

(67) Cuando dijo Musa a su pueblo: Allah os manda que sacrifiquéis una vaca. Respondieron: ¿Te burlas de nosotros?

Y dijo: Que Allah me libre de estar entre los ignorantes.

(68) Dijeron: Pídele a tu Señor por nosotros que nos aclare cómo ha de ser. Respondió: Dice que sea una vaca ni entrada en edad ni prematura, sino intermedia.

¡Haced lo que se os ordena!

(69) Dijeron: Pídele a tu Señor por nosotros que nos aclare de qué color ha de ser. Y respondió: Dice que sea una vaca de color azafranado intenso, que alegre a quien la vea.

(70) Dijeron: Pídele a tu Señor por nosotros que nos diga cómo ha de ser, pues todas las vacas nos parecen semejantes y de verdad que, si Allah quiere, encontraremos el camino.

(71) Respondió: Dice que sea una vaca que no haya sido subyugada ni para arar la tierra ni para regar el campo, intacta y sin ninguna marca.

Dijeron: Ahora has traído la certeza. Y la degollaron, aunque poco faltó para que no lo hicieran.

(72) Y cuando matasteis a uno y disputabais acerca de ello; Allah puso al descubierto lo que ocultabais.

(73) Dijimos: Tocadlo con un miembro de ella*. Así es como Allah hace vivir lo muerto y muestra Sus signos para que podáis comprender.

* [Es decir: Tocad al muerto con un miembro de la vaca sacrificada. Y así hicieron, entonces el muerto volvió a la vida y refirió el nombre de su asesino volviendo a morir después.]

(74) Luego, y a pesar de esto, sus corazones se endurecieron y se volvieron como las piedras o aún más duros, pues hay piedras de las que nacen ríos, piedras que se quiebran y mana de ellas agua, y piedras que se vienen abajo por temor de Allah. Allah no está descuidado de lo que hacéis.

(75) ¿Pretendéis que os crean cuando una parte de ellos* ya habían oído la palabra de Allah y, a pesar de haberla comprendido, la alteraron conscientemente?

* [Los judíos]

(76) Cuando se encuentran con los que creen dicen: Creemos; pero cuando se quedan a solas entre ellos dicen: ¿Es que les vais a contar lo que Allah os dio a conocer para que lo utilicen ante vuestro Señor como argumento contra vosotros?
¿Es que no entenderéis?

(77) ¿Acaso no saben que Allah conoce lo que guardan en secreto y lo que divulgan?

(78) Los hay que no saben ni leer ni escribir y no conocen el Libro, tan sólo son sus deseos y no hacen sino suponer.

(79) ¡Ay de los que reescriben el Libro con sus propias manos y luego dicen: Esto procede de Allah! Lo hacen vendiéndolo a bajo precio. ¡Ay de ellos por lo que han escrito sus manos! ¡Ay de ellos por lo que se han buscado!

(80) Dicen: El Fuego sólo nos tocará un número determinado de días*. ¿Es que acaso habéis hecho un pacto con Allah? ---y Allah no falta a Su pacto.
¿O es que decís sobre Allah lo que no sabéis?

* [Dicen los comentaristas que el número que ellos pretendían era cuarenta, los mismos que habían permanecido adorando al becerro de oro. También se dice que siete.]

(81) Pero no, el que haya adquirido maldad y esté rodeado por sus faltas...
Esos son los compañeros del Fuego donde serán inmortales.

(82) Y los que crean y practiquen las acciones de bien...

Esos son los compañeros del Jardín, donde serán inmortales.

(83) Y cuando hicimos que los hijos de Israel contrajeran el Compromiso. Les dijimos: No adoraréis a otro que Allah, haréis el bien a vuestros padres así como a los parientes, a los huérfanos y a los pobres, hablaréis a la gente de buena manera, estableceréis el salat y entregaréis el zakat.

Luego, exceptuando unos pocos, disteis la espalda y os desentendisteis.

(84) Y cuando os hicimos contraer el Compromiso: No derramaréis la sangre de ninguno de los vuestros ni lo expulsaréis del lugar donde viva. Lo aceptasteis y sois testigos de ello.

(85) Sin embargo fue tal vuestra condición que os matasteis entre vosotros y expulsasteis a una parte de los vuestros de sus hogares recurriendo para ello al delito y a la injusticia.

Y no obstante, si luego venían a vosotros cautivos de otros pagabais su rescate* cuando, en contra de la prohibición, habíais sido vosotros mismos quienes los habíais expulsado.

¿Es que vais a creer en una parte del Libro y en otra no?

El pago de los que de vosotros hagan eso será, en esta vida, la humillación, y en el Día del Levantamiento se les someterá al más severo castigo.

Allah no está inadvertido de lo que hacen.

* [Cumpliendo en esto el compromiso]

(86) Esos son los que han vendido la Otra Vida a cambio de la de aquí. No se les aliviará el castigo ni serán auxiliados.

(87) Ya le dimos el Libro a Musa y enviamos, tras él, a otros mensajeros. A Isa, el hijo de Maryam, le dimos las pruebas evidentes y le ayudamos con el Espíritu Puro*.

¿Acaso no os llenabais de soberbia cada vez que venía a vosotros un mensajero trayendo lo que no deseaban vuestras almas? A unos los tomasteis por mentirosos y a otros los matasteis.

* [El ángel Yibril.]

(88) Dicen : Nuestros corazones están cerrados.

¡Maldígalos Allah por su incredulidad!, ¡qué poco es lo que creen!

(89) Y ahora que les ha llegado un libro de Allah, que es una confirmación de lo que ya tenían, no creen en él, a pesar de reconocerlo y de que en otro tiempo pidieron auxilio contra los incrédulos*.

¡Que la maldición de Allah caiga sobre los incrédulos!

* [Cuando dijeron: ¡Allah, auxílianos con el profeta que ha de venir al final de los tiempos y que hemos encontrado descrito en la Torá!]

(90) ¡Por qué mal precio han vendido sus almas! Haberse negado a creer en lo que Allah ha hecho descender, sólo por envidia de que Allah haya hecho descender parte de Su favor sobre aquel de Sus siervos que ha querido. Y así se han ganado ira tras ira.

Los que se niegan a creer, tendrán un castigo denigrante.

(91) Y cuando se les dice: ¡Creed en lo que Allah ha hecho descender!

Dicen: Creemos en lo que se nos hizo descender a nosotros antes, pero no en lo que nos ha venido después.

Sin embargo esto último es la verdad que confirma lo que ya tenían.

Di: ¿Por qué entonces matasteis a los profetas de Allah si erais creyentes?

(92) Ya vino a vosotros Musa trayendo consigo las pruebas claras y a pesar de ello, en su ausencia, tomasteis al becerro y fuisteis injustos.

(93) Y cuando pactamos con vosotros la Alianza, levantando el monte y poniéndolo sobre vuestras cabezas: ¡Tomad lo que os damos con fuerza y oíd!

Dijeron: Hemos oído y desobedecemos. Sus corazones se habían impregnado del becerro, por pura incredulidad.

Di: ¡Qué malo es lo que os manda vuestra creencia, si fuerais creyentes!

(94) Di: Si es verdad que la morada de la Ultima Vida junto a Allah os pertenece en exclusiva sin incluir al resto de los hombres, desead entonces la muerte si sois sinceros.

(95) Pero nunca la desearán por temor a lo que sus manos presentan.

Allah conoce perfectamente a los injustos.

(96) Encontrarás que son los hombres con más apego a la vida, como les ocurre a algunos idólatras, que desearían vivir mil años. Pero aunque los vivieran, eso no les salvaría del castigo... Allah ve lo que hacen...

(97) Di: Quien sea enemigo de Yibril...

Ha sido él quien, con permiso de Allah, lo ha traído* hasta tu corazón, con la autorización de Allah, como una confirmación de lo que ya existía y como guía y buena nueva para los creyentes.

* [El Corán]

(98) Quien sea enemigo de Allah, de Sus ángeles, de Sus mensajeros y de Yibril y Mikail...

Allah es enemigo de los incrédulos.

(99) Hemos hecho que descendieran a ti signos clarificadores que sólo los descarriados niegan

(100) ¿Es que cada vez que se comprometan con un pacto, habrá una parte de ellos que lo rompa?

Ciertamente, la mayoría de ellos no cree.

(101) Y ahora que les ha llegado un mensajero de Allah confirmando lo que ya tenían, hay algunos de los que recibieron el Libro que se desentienden del libro de Allah, dándole la espalda como si no supieran.

(102) Siguen lo que practicaron los demonios en el reinado de Sulayman. Pero no fue Sulayman quien cayó en incredulidad, sino que fueron los demonios al enseñar a los hombres la magia que le había sido revelada a los dos ángeles Harut y Marut en Babil*.

Estos no enseñaban a nadie sin antes advertirle: Somos una prueba, no caigas en la incredulidad.

Así aprendieron de ellos cómo separar al hombre de su esposa.* Pero no perjudicaron a nadie sin permiso de Allah. Aprendieron lo que les perjudicaba y no les beneficiaba y ciertamente supieron que quien adquiriera ese conocimiento no tendría parte en la Ultima Vida. ¡Ojalá hubieran sabido cuán malo era el precio por el que vendieron sus almas!

* [Babilonia]
* [Transformando el amor en odio]

(103) ¡Ojalá hubieran creído, hubieran temido (a Allah) y hubieran sabido que lo que Allah da es mejor!

(104) ¡Vosotros que creéis! No digáis: "Raina"*, decid mejor: "Espéranos" y prestad atención.

Los que no quieren creer, tendrán un doloroso castigo.

* [La expresión "raina" tenía doble sentido, pues mientras que en árabe era una llamada de atención equivalente a "atiéndenos", en hebreo era un insulto, y por esto, los judíos la usaban con doble sentido para llamar al Profeta, que Allah le dé Su gracia y paz.]

(105) La gente del Libro que ha caído en incredulidad y los asociadores, no desean que os baje ningun bien procedente de vuestro Señor, pero Allah distingue con Su misericordia a quien quiere.

Allah es Dueño del Gran Favor.

(106) No hay signo que suprimamos o hagamos olvidar sin traer en su lugar algo similar o mejor.

¿Acaso no sabes que Allah es Poderoso sobre todas las cosas?

(107) ¿No sabes que a Allah le pertenece el dominio de los cielos y de la tierra y que fuera de El no tenéis quien os proteja ni os auxilie?

(108) ¿O es que queréis poner en cuestión a vuestro Mensajero como ya hicieron con Musa? Quien cambia la incredulidad por la creencia, se ha extraviado del camino llano.

(109) Muchos de la Gente del Libro desearían que renegarais después de haber creído y una vez que la verdad se les ha hecho patente, por la envidia que sienten sus almas.

No obstante perdonad y pasad por alto hasta que Allah traiga Su mandato;

ciertamente Allah tiene poder sobre todas las cosas.

(110) Estableced el salat y entregad el zakat; y todo el bien que adelantéis en beneficio de vuestras almas, lo encontraréis junto a Allah; es verdad que Allah ve lo que hacéis.

(111) Dicen: Solo entrará en el Jardín quien sea judío o cristiano Esas son sus falsas pretensiones.

Si es verdad lo que decís, traed la prueba que lo demuestre.

(112) ¡Pero no! Sino que aquel que humille su rostro ante Allah y actúe rectamente, no tendrá que temer ni se entristecerá.

(113) Dicen los judíos: Los cristianos no tienen fundamento.

Y dicen los cristianos: Los judíos no tienen fundamento.

Pero ambos leen el Libro. También los que no saben dicen algo similar*. Allah juzgará entre ellos el Día del Levantamiento sobre lo que discrepaban.

* [Acerca de Muhammad.]

(114) ¿Y quién es más injusto que aquel que impide que se recuerde el nombre de Allah en los lugares dedicados a Su adoración y se esfuerza por arruinarlos?

No deben entrar en ellos si no es en actitud de temor. Serán rebajados en esta vida, y en la Otra recibirán un castigo inmenso.

(115) De Allah son el oriente y el occidente; donde quiera que os volváis, allí (encontraréis) la faz de Allah.

Es cierto que Allah lo abarca todo y no hay nada que escape a Su conocimiento.

(116) Y dicen: Allah ha tomado para sí un hijo. ¡Sea glorificado por encima de eso!

¡Si suyo es cuanto hay en los cielos y en la tierra y todos están sometidos a El!

(117) Aquel que dio principio a los cielos y a la tierra, cuando decreta algo, le basta con decir: ¡Sé! Y es.

(118) Y dicen los que no saben: ¿Por qué no nos habla Allah o nos trae una señal? Algo parecido dijeron sus predecesores; sus corazones se asemejan.

Hemos aclarado los signos para los que tienen certeza.

(119) Es cierto que te hemos enviado con la verdad y como portador de buenas noticias y de advertencias; pero no preguntes por los compañeros del Yahim.*

* [En otra lectura sería: "y no serás preguntado por los compañeros del Yahim", es decir no serás responsable.]

(120) Los judíos y los cristianos no estarán satisfechos contigo hasta que no sigas su religión.

Di: La guía de Allah es la Guía.

Si siguieras sus deseos después del conocimiento que te ha venido, no tendrías ante Allah quien te protegiera ni auxiliara.

(121) Aquéllos a quienes dimos el Libro y lo leen como debe ser leído creen en él; pero los que lo niegan, esos son los perdidos.

(122) ¡Hijos de Israel! Recordad los beneficios con los que os favorecí y cómo os preferí por encima de todos los mundos.

(123) Y guardaos de un día en el que a nadie le sirva nada de lo que haya hecho otro, ni se le acepte ningún precio, ni haya intercesión que valga, ni auxilio.

(124) Y cuando tu Señor puso a prueba a Ibrahim con palabras que éste cumplió, le dijo: Voy a hacer de ti un dirigente y un ejemplo para los hombres.

Dijo: ¿Y lo harás también con mis descendientes?

Dijo: Mi pacto no alcanza a los injustos.

(125) Y cuando hicimos de la Casa* un centro de reunión y un lugar seguro para los hombres que adoptaron la estación de Ibrahim*. Habíamos pactado con Ibrahim e Ismail que mantuvieran pura Mi casa para los que cumplieran las vueltas en torno a ella, los que allí permanecieran y los que se inclinaran y postraran.

* [La Kaba]

* [Como lugar de oración. La estación de Ibrahim es el lugar desde el que se dirigió la edificación de la Kaba]

(126) Y cuando dijo Ibrahim: ¡Señor mío! Haz de este territorio un lugar seguro y provee de frutos a aquéllos de sus habitantes que crean en Allah y en el Ultimo Día.

Dijo: Y al que se niegue a creer, le dejaré disfrutar un tiempo y luego le llevaré a rastras al castigo del Fuego. ¡Qué mal fin!

(127) Y cuando Ibrahim e Ismail erigieron los fundamentos de la Casa: ¡Señor, acéptanos esto! Tu eres Quien oye, Quien sabe.

(128) ¡Señor nuestro! Haz que estemos sometidos a Ti* y haz de nuestra descendencia una comunidad sometida a Ti.

Enséñanos a cumplir nuestros ritos de adoración y vuélvete a nosotros, realmente Tú eres Quien se vuelve en favor del siervo, el Compasivo.

* [Es decir, que seamos musulmanes]

(129) ¡Señor nuestro! Envíales un mensajero que sea uno de ellos, para que les recite Tus aleyas, les enseñe el Libro, la Sabiduría y los purifique. Es cierto que Tú eres el Poderoso, el Sabio.

(130) ¿Y quien, sino aquel que se rebaja a sí mismo, puede rechazar la religión de Ibrahim? Lo escogimos en esta vida, y en la Ultima, estará entre los justos.

(131) Cuando su Señor le dijo: ¡Sométete! Dijo: Me someto al Señor de los mundos.

(132) Y esto fue un legado que Ibrahim dejó a sus hijos.

Y lo mismo hizo Yaqub (cuando dijo): ¡Hijos míos! Allah os ha elegido la forma de Adoración, no muráis pues sin ser musulmanes.

(133) ¿Acaso estabais allí, presentes, cuando la muerte vino a Yaqub? Cuando dijo a sus hijos: ¿Qué adoraréis cuando yo ya no esté? Dijeron: Adoraremos a tu Dios y al Dios de tus padres: Ibrahim, Ismail e Ishaq, que es un Dios Unico; y a El estaremos sometidos

(134) Esa es una comunidad que ya pasó, tendrá lo que adquirió y vosotros tendréis lo que hayáis adquirido.

No se os pedirán cuentas por lo que ellos hicieron.

(135) Y dicen: ¡Tenéis que ser judios o cristianos! Di: Al contrario, (seguimos) la religión de Ibrahim que era hanif*, y no uno de los asociadores.

* [Hanif significa: El que siente una inclinación natural hacia la forma de adoración verdadera rechazando toda sumisión a otro que no sea el Unico Dios]

(136) Decir: Creemos en Allah, en lo que se nos ha hecho descender, en lo que se hizo descender a Ibrahim, Ismail, Ishaq, Yaqub y a las Tribus, en lo que le fue dado a Musa e Isa y en lo que le fue dado a los profetas procedente de su Señor.

No hacemos distinciones entre ninguno de ellos* y estamos sometidos a El.

* [En cuanto a creer en unos sí y en otros no]

(137) Si creen en lo mismo que creéis vosotros, habrán seguido la guía, pero si se apartan de ello... (sabe) que están en contra.

Allah te basta contra ellos, El es Quien oye y Quien sabe.

(138) El tinte de Allah. ¿Y quién es mejor que Allah tiñendo?

Es a El a Quien adoramos.

(139) Di: ¿Acaso nos discutís a Allah, que es vuestro Señor como lo es nuestro? Lo que hagamos será para nosotros y lo que hagáis será para vosotros. Nosotros somos fieles a El.

(140) ¿Dicen acaso que Ibrahim, Ismail, Ishaq, Yaqub y las Tribus fueron judíos o cristianos?

Di: ¿Quién sabe más, vosotros o Allah?

¿Y quién es más injusto que quien oculta el testimonio que le viene de Allah? Allah no está inadvertido de lo que hacéis.

(141) Esa es una comunidad que ya pasó, tiene lo que se ganó y vosotros tendréis lo que os ganéis.

Y no se os pedirán explicaciones de lo que hicieron.

(142) Dirán los hombres necios: ¿Qué les apartó de la dirección hacia la que miraban?*

Di: De Allah son el oriente y el occidente y El es el que guía a quien quiere hacia un camino recto.

* [Se refiere a Jerusalén, que era la dirección —alqibla— hacia la que rezaban los musulmanes antes de establecerse en Meca.]

(143) De este modo hemos hecho de vosotros una comunidad de en medio, para que dierais testimonio de los hombres* y para que el Mensajero lo diera de vosotros.

Y la dirección a la que te volvías, la establecimos para saber quién seguiría al Mensajero y quién se volvería atrás.

Esto sólo es difícil para aquéllos a los que Allah no ha guiado.

No es propio de Allah haceros perder vuestra creencia, es cierto que Allah es Piadoso y Compasivo con los hombres.

* [El Día del Levantamiento sobre su creencia.]

(144) Te hemos visto mirar al cielo con insistencia y vamos a darte una dirección que te satisfaga: vuelve tu rostro hacia la Mezquita Inviolable y, vosotros, dondequiera que estéis, volvedlo en dirección a ella.

Los que recibieron el Libro saben que es la verdad procedente de tu Señor.

Y Allah no está inadvertido de lo que hacen.

(145) Los que recibieron el Libro no seguirán la dirección hacia la que miras aunque vayas a ellos con toda clase de signos prodigiosos; ni tu vas a seguir la suya ni ninguno de ellos seguirá la de los otros.

Si siguieras sus deseos después del conocimiento que te ha venido, serías de los injustos.

(146) Aquéllos a quienes dimos el Libro, lo conocen como conocen a sus propios hijos, pero hay un grupo de ellos que oculta la verdad a sabiendas.

(147) La verdad viene de tu Señor, no seas de los que dudan.

(148) Cada uno ha tenido una dirección a la que volverse.
¡Competid en las buenas acciones! Dondequiera que estéis Allah os reunirá a todos. Allah es Poderoso sobre todas las cosas.

(149) En cualquier dirección por la que salgas, vuelve tu rostro hacia la Mezquita Inviolable. Esta es la verdad procedente de tu Señor.
Allah no está inadvertido de lo que hacéis.

(150) Y en cualquier dirección por la que salgas, vuelve tu rostro hacia la Mezquita Inviolable.
Y en cualquier lugar que estéis, volved el rostro en dirección a ella, para que los hombres no tengan nada que decir contra vosotros, salvo los que sean injustos; pero a ésos no les temáis, temedme a Mí.
Y para que pueda completar Mi bendición sobre vosotros y podáis ser guiados.

(151) Igualmente os hemos enviado un Mensajero que viene de vosotros mismos y que os recita Nuestros signos, os purifica, os enseña el Libro y la Sabiduría y os enseña lo que no sabíais.

(152) Así pues, recordadme que Yo os recordaré; y agradecedme y no seáis ingratos conmigo.

(153) ¡Vosotros que creéis! Buscad ayuda a través de la paciencia y de la Oración*; es cierto que Allah está con los pacientes.
* [El salat]

(154) No digáis de los que han muerto luchando en el camino de Allah que están muertos, porque están vivos aunque no os deis cuenta.

(155) Y tened por cierto que os pondremos a prueba con temor, hambre, pérdida de riqueza, personas y frutos.
Pero anuncia buenas nuevas a los pacientes.

(156) Aquéllos que cuando les ocurre alguna desgracia dicen: "De Allah somos y a El hemos de volver"

(157) Bendiciones de su Señor y misericordia se derramarán sobre ellos.

Son los que están guiados.

(158) Safa y Marwa son parte de los ritos de Allah; así pues, quien peregrine a la Casa o la visite*, no incurrirá en falta si hace el recorrido entre ambas colinas.

El que haga espontáneamente un bien... Allah es Agradecido y Conocedor.

* [Haciendo Umra]

(159) A los que oculten las evidencias y la guía que hemos hecho descender, después de haberlas hecho claras para los hombres en el Libro, Allah les maldecirá y les maldecirán todos los maldecidores.

(160) Salvo los que se vuelvan atrás, rectifiquen y lo pongan en claro*; a ésos les devolveré Mi favor, pues Yo soy el que se vuelve sobre el siervo, el Compasivo.

* [Lo que ocultaron y tergiversaron]

(161) La maldición de Allah, la de los ángeles y la de los hombres, toda, caerá sobre los que se hayan negado a creer y hayan muerto siendo incrédulos.

(162) Estos serán inmortales en el Fuego y no se les aliviará el castigo ni se les concederá ningún aplazamiento.

(163) Vuestro dios es un Dios Unico, no hay dios sino El, el Misericordioso, el Compasivo.

(164) Ciertamente en la creación de los cielos y de la tierra, en la sucesión de la noche y el día, en la nave que navega en el mar y de la que los hombres se benefician, en el agua que Allah hace descender del cielo con la que vivifica la tierra después de haber estado muerta, en cómo se han diseminado por ella toda clase de criaturas y en el cambio de dirección de los vientos y de las nubes sometidas entre el cielo y la tierra, hay signos para una gente que entienda.

(165) Hay hombres que suplen a Allah con otros a los que aman como se ama a Allah;

pero el amor por Allah de los que creen es más fuerte.

Si vieras a los que hayan sido injustos, cuando vean el castigo y que todo el poder es de Allah... Allah es Fuerte castigando.

(166) Cuando los que fueron seguidos se desentiendan de los que
les siguieron, y vean el castigo y se rompan los lazos entre
ellos...

(167) Dirán los seguidores: ¡Si tuviéramos otra oportunidad, les daríamos la espalda al igual que ellos nos la han dado a nosotros!
Allah les mostrará así lo que hicieron, para que les sirva de
pesar. No saldrán del Fuego.

(168) ¡Hombres! Comed lo lícito y bueno que hay en la tierra y no
sigáis los pasos del Shaytán; es cierto que él es un claro
enemigo vuestro.

(169) Os manda el mal y la indecencia y que digáis de Allah lo que
no sabéis.

(170) Y cuando se les dice: Seguid lo que Allah ha hecho descender,
dicen: No, seguiremos aquello en lo que hemos encontrado a
nuestros padres.

¿Pero y si sus padres no comprendían y no estaban guiados?

(171) Los que se niegan a creer son como cuando uno le grita algo
al ganado y éste sólo percibe gritos y voces.

Sordos, mudos y ciegos no pueden entender.

(172) ¡Creyentes! ¡Comed de las cosas buenas que os proveemos y
agradeced a Allah si es verdad que Le adoráis!

(173) Se os prohibe comer la carne del animal que haya muerto de
muerte natural, la sangre, la carne de cerdo y la del animal
que se sacrifique en nombre de otro que Allah;

no obstante quien se vea obligado a hacerlo en contra de su
voluntad y sin buscar en ello un acto de desobediencia, no incurrirá en falta;

es cierto que Allah es Perdonador y Compasivo.

(174) Los que oculten lo que del Libro de Allah se ha hecho descender vendiéndolo a bajo precio, no ingerirán en sus
vientres sino el Fuego. Y el Día del Levantamiento, Allah no
les hablará ni los purificará.

Tienen un doloroso castigo.

(175) Esos son los que venden la guía a cambio del extravío y el
perdón a cambio del castigo.

¡Cómo se buscan el Fuego!

(176) Todo porque Allah ha hecho que descienda el Libro con la verdad, y ellos, que discuten sobre el Libro, son los que se oponen profundamente a ella.

(177) La virtud no consiste en volver el rostro hacia Oriente u Occidente;

el que tiene virtud es el que cree en Allah, en el Ultimo Día, en los ángeles, en los libros y en los profetas,

el que da de su riqueza, a pesar del apego que siente por ella, a los parientes, huérfanos, necesitados, hijos del camino, mendigos y para liberar esclavos, el que establece el salat y entrega el zakat;

el que es fiel a los compromisos cuando los contrae, el paciente en la adversidad y en la desgracia y en los momentos más duros de la lucha.

Esos son los veraces y ésos son los temerosos.

(178) ¡Creyentes! Se os prescribe aplicar el talión en caso de asesinato: libre por libre, esclavo por esclavo y hembra por hembra. Pero si a uno* su hermano* le perdona algo*, que éste proceda según lo reconocido* y que él lo entregue buenamente.

Esto es un alivio que Allah os da y una misericordia. Quien vaya más allá de estos límites tendrá un castigo doloroso.

* [Que haya matado a alguien.]
* [Es decir, el pariente o el tutor del muerto responsable de reclamar el talión.]
* [Aceptándole el precio de sangre en vez de su vida.]
* [Es decir, sin agobiarlo ni violentarlo.]
* [Existe otra interpretación sostenida por el Imam Malik entre otros, según la cual habría que entender: "Pero si uno (que es el pariente responsable de reclamar el talión por el asesinado) recibe de su hermano (el que lo ha matado) algo (como precio de sangre), que lo acepte según lo reconocido..."]

(179) En el talión tenéis vida ¡vosotros que sabéis reconocer la esencia de las cosas!

Ojalá os guardéis.

* [La expresión "En el talión tenéis vida" puede entenderse en el sentido de que el hecho de saber que todo el que mate será matado, reprime los impulsos de matar o en el sentido de que el talión evita más muertes, pues según las leyes y derechos tribales preislámicos, de acuerdo a la tendencia humana, un asesinato podía desencadenar una guerra entre dos tribus.]

(180) Se os ha prescrito que cuando a alguno de vosotros se le presente la muerte dejando bienes, el testamento sea a favor de los padres y de los parientes más próximos según lo reconocido. Es un deber para los que tienen temor (de Allah)*.

* [Esta aleya está abrogada en su contenido legal por las disposiciones sobre la herencia que aparecen en la sura de las Mujeres, de manera que el testamento queda como algo recomendable en beneficio de aquellos parientes o personas que no entran en la herencia.]

(181) Y quien cambie algo (del testamento) después de haberlo oído... sobre él caerá el mal que pueda derivarse.

Allah es Quien oye y Quien sabe.

(182) Pero si alguien teme que haya injusticia o transgresión por parte del que hace testamento e intenta que se llegue a un acuerdo, no incurrirá en falta.

Allah es Perdonador y Compasivo.

(183) ¡Creyentes! Se os ha prescrito el ayuno al igual que se les prescribió a los que os precedieron;

¡Ojalá tengáis temor (de Allah)!

(184) Por un determinado número de días, fijados para ello.

Pero el que esté enfermo o de viaje podrá hacerlo, en igual número, otros días.

Y los que pudiendo ayunar (no lo hagan o interrumpan su ayuno) que alimenten a unos pobres.

Pero quien haga el bien espontáneamente será mejor para él.

Y que ayunéis es mejor para vosotros, si sabéis*.

* [Esta aleya, según la cual habría licencia para romper el ayuno voluntariamente con la simple compensación mencionada, está abrogada por la siguiente. También existe la opinión de que se refiere sólo al caso del anciano, que aún pudiendo ayunar al no estar impedido por enfermedad o viaje, interrumpe su ayuno en consideración a su debilidad; y en este sentido no cabe hablar de abrogación.]

(185) En el mes de Ramadán se hizo descender el Corán, dirección para los hombres y pruebas claras de la Guía y del Discernimiento; así pues, quien de vosotros vea el mes*, que ayune, y el que esté enfermo o de viaje que lo haga en otro momento, por el mismo número de días.

Allah quiere para vosotros lo fácil y no lo difícil, pero quiere que completéis el número (de días) y que proclaméis la grandeza de Allah por haberos guiado.

¡Ojalá seáis agradecidos!

* [Es decir la luna nueva, que implica el comienzo del mes]

(186) Y cuando Mis siervos te pregunten sobre Mí...

Yo estoy cerca y respondo al ruego del que pide, cuando me pide; así pues que ellos Me respondan y crean en Mí,
¡Ojalá se guíen rectamente!

(187) La noche del día de ayuno os está permitido tener relación sexual con vuestras mujeres, ellas son un vestido para vosotros y vosotros sois un vestido para ellas.

Allah supo que os traicionabais a vosotros mismos, se volvió a vosotros con Su favor y os perdonó; así pues, uníos con ellas y buscad lo que Allah os ha ordenado.

Y comed y bebed hasta que, del hilo negro (de la noche), distingáis con claridad el hilo blanco de la aurora, luego completad el ayuno hasta la noche.

Pero si hacéis retiro en las mezquitas, no vayáis a cohabitar con ellas mientras éste dure.

Estos son los límites de Allah, manteneos alejados de ellos.

Así les aclara Allah Sus signos a los hombres; ¡Ojalá se guarden!

(188) No os apropiéis unos de la riqueza de otros, recurriendo a la falsedad, ni recurráis a los jueces para arrebatar algo de la riqueza de otro con delito, sabiendo lo que hacéis.

(189) Te preguntan acerca de las fases de la luna, di: sirven para indicar a los hombres el tiempo* y la Peregrinación.

La virtud no consiste en que entréis en las casas por la puerta de atrás, sino que tengáis temor (de Allah).

¡Entrad en las casas por la puerta!

Y temed a Allah para que podáis tener éxito!.

* [De las prácticas de adoración como es el caso del ayuno etc...]

(190) Y combatid en el camino de Allah a quienes os combatan a vosotros pero no os propaséis; es cierto que Allah no ama a los que se exceden.

* [Esta aleya está abrogada en su contenido legal por la aleya n.° 5 de la sura 9, la aleya de la espada.]

(191) Matadlos donde quiera que los encontréis y expulsadlos de donde os hayan expulsado.

La oposición (a vuestra creencia) es más grave que matar.

No luchéis con ellos junto a la "Mezquita Inviolable" si ellos no lo hacen, pero si os atacan, matadlos; esta es la recompensa de los incrédulos.

(192) Y si cesan... Allah es Perdonador y Compasivo.

(193) Luchad contra ellos hasta que no haya más oposición y la Adoración debida sea sólo para Allah.

Pero si cesan, que no haya entonces hostilidad excepto contra los injustos.

(194) Mes inviolable por mes inviolable.

Para todo lo inviolable deberá aplicarse el talión.

Y quien se exceda con vosotros, obrad con él en la misma medida.

Guardaos de Allah y sabed que Allah está con los que Le temen.

(195) Gastad en el camino de Allah; que vuestras manos no os echen a perder llevándoos a la perdición, y haced el bien.

Es verdad que Allah ama a los que hacen el bien.

(196) Y llevad a cabo la Peregrinación y la Visita que hacéis por Allah, en su integridad; pero si algo os impide acabar, sacrificad el animal de ofrenda que os sea más asequible* y no os afeitéis la cabeza hasta que el animal no esté en el lugar donde debe ser sacrificado.

Quien de vosotros esté enfermo o tenga alguna molestia en la cabeza*, deberá compensarlo por medio de ayuno, limosna u ofreciendo un sacrificio.

Cuando estéis libres de impedimento, aquel que junte la Visita con la Peregrinación, deberá buscar un animal que le sea asequible para sacrificarlo como ofrenda; pero quien no encuentre cómo hacerlo, que ayune tres días mientras esté en la Peregrinación y siete una vez haya regresado, de manera que complete un total de diez.

Esto atañe únicamente a aquel cuya familia no resida en la Mezquita Inviolable*.

Temed a Allah y sabed que Allah es Fuerte castigando.

* [Una oveja]
* [Como que tenga piojos y se vea torzado a afeitársela antes de tiempo]
* [Es decir, en Meca]

(197) La Peregrinación debe hacerse dentro de meses determinados; el que, dentro de este periodo de tiempo, se comprometa a peregrinar, deberá abstenerse, mientras dure la Peregrinación, de tener trato sexual, de transgredir y de disputar. El bien que hagáis, Allah lo conoce.

Y llevad provisiones, aunque la mejor provisión es el temor (de Allah). Así pues guardaos, vosotros que entendéis la esencia de las cosas.

(198) No incurrís en falta si buscáis beneficio de vuestro Señor*.

Y cuando, viniendo de Arafat, salgáis al llano, invocad a Allah junto al "Mashar al-Haram"*.

Recordad cómo os guió, a pesar de que antes de hacerlo os contabais entre los extraviados.

* [Comerciando durante los días de la Peregrinación.]
* ["El lugar de ritos Inviolable", nombre de una parte de Muzdalifa.]

(199) Salid al llano por donde lo hacen todos y pedid perdón a Allah, Allah es Perdonador y Compasivo.

(200) Y cuando hayáis cumplido vuestros ritos, invocad a Allah como recordáis a vuestros padres o con un recuerdo aún más fuerte.* Hay hombres que dicen: ¡Señor nuestro, dános lo bueno en esta vida!

Pero no tendrán nada de la Ultima.

* [Esta aleya, además de su significado más aparente, tiene el sentido de que los árabes en la época preislámica al terminar sus ritos de la Peregrinación solían recordar a sus antepasados rivalizando con jactancia sobre sus méritos.]

(201) Y hay otros que dicen; ¡Señor nuestro, dános lo bueno en esta vida y lo bueno en la Ultima, y líbranos del castigo del Fuego!

(202) Estos tendrán su parte por lo que se hayan ganado. Y Allah es Rápido en la cuenta.

(203) Invocad a Allah en días señalados*. El que se apresure haciéndolo en dos días*, no comete falta.

Y el qu se retrase* tampoco comete falta, siempre que tenga temor (de Allah). Temed a Allah y sabed que seréis reunidos para volver a El.

* [Es decir, durante los tres días de la fiesta del sacrificio que se celebra después de la Peregrinación.]
* [Sacrificando en Mina, el segundo día]
* [Pernoctando en Mina la noche del día tercero]

(204) Hay hombres cuyas palabras cuando hablan de la vida de este mundo te fascinan y ponen a Allah como testigo de lo que hay en sus corazones; y sin embargo son los más acérrimos discutidores.

(205) Y cuando se alejan de ti se dedican a corromper las cosas en la tierra y a destruir las cosechas y todo animal de cría.
Allah no ama la corrupción.

(206) Cuando se les dice : ¡Temed a Allah!, la soberbia se apodera de ellos y les mueve a hacer el mal.
Yahannam bastará para ellos. ¡Qué mal lecho!

(207) Hay hombres que entregan su propia persona buscando la complacencia de Allah.
Y Allah es Espléndido con los siervos.

(208) ¡Creyentes! Entrad en la Paz* del todo y no sigáis los pasos del Shaytán, él es un claro enemigo para vosotros.
* [Entrad en la Paz o en la Sumisión, según la lectura de la palabra que posee dos variantes que implican el matiz indicado y ambos matices se refieren al Islam, es decir: "Entrad en el Islam del todo".]

(209) Y si os apartáis después de haber recibido las pruebas evidentes, sabed que Allah es Todopoderoso, Sabio.

(210) ¿Es que están esperando que Allah y los ángeles vengan bajo las sombras de las nubes y el asunto quede zanjado?
Todos los asuntos vuelven a Allah.

(211) Pregunta a los hijos de Israel, cuántos signos claros les dimos.
Aquel que cambie la bendición de Allah, después de haberle llegado...
Es cierto que Allah es Fuerte castigando.

(212) A los incrédulos se les ha embellecido la vida de este mundo
Ellos se burlan de los que creen, pero el Día del Levantamiento los temerosos (de Allah) estarán por encima de ellos.
Allah provee a quien quiere sin limitación.

(213) Los hombres eran una única comunidad y Allah envió a los profetas como portadores de buenas nuevas y advertidores.
E hizo descender el Libro con la verdad, para que fuera un juicio entre los hombres sobre aquéllo en lo que discrepaban.
Pero no fue sino después de tener las pruebas claras, cuando

aquéllos que lo habían recibido, discreparon sobre él por envidias de unos con otros... Y Allah guió a los que creían a la verdad de la que discrepaban, con Su permiso. Allah guía a quien quiere al camino recto.

(214) ¿O acaso contáis con entrar en el Jardín sin que os suceda algo similar a lo que les sucedió a vuestros antepasados?

La desgracia y el daño les golpearon y ellos se estremecieron hasta el punto de que el mensajero y quienes con él creían llegaron a decir:

¿Cuándo vendrá el auxilio de Allah?

¿Pero acaso el auxilio de Allah no está cercano?

(215) Te preguntan en qué deben gastar;

di: El bien que gastéis que sea para vuestros padres y parientes, y para los huérfanos, los pobres y los hijos del camino.

El bien que hagáis, Allah lo conoce.

(216) Se os ha prescrito combatir*, aunque os sea odioso, pero puede que os disguste algo que es un bien para vosotros y que améis algo que es un mal.

Allah sabe y vosotros no sabéis.

* [Contra los que se niegan a creer]

(217) Te preguntan si se puede combatir durante los meses inviolables, di: Hacerlo es grave, pero es aún más grave para Allah, que se aparte a la gente de Su camino, que no se crea en El, (que se impida el acceso a) la Mezquita Inviolable y que se expulse a los que están en ella.

La oposición a la Creencia es más grave que matar.

Si pueden, no dejarán de haceros la guerra hasta conseguir que reneguéis de vuestra Práctica de Adoración.

Pero quien de vosotros reniegue de su Práctica de Adoración y muera siendo incrédulo...

Esos habrán hecho inútiles sus acciones en esta vida y en la otra, y serán los compañeros del Fuego en el que serán inmortales.

(218) Los que creen, emigran y luchan en el camino de Allah, esperan la misericordia de Allah.

Allah es Perdonador y Compasivo.

(219) Te preguntan sobre el vino* y el juego de azar, di: En ambas cosas hay mucho daño para los hombres y algún beneficio, pero el daño es mayor que el beneficio.

Y te preguntan qué deben gastar, di: Lo superfluo*.

Así os aclara Allah los signos ¡Ojalá reflexionéis!

* [La raíz del término "jamr", vino, significa entre otras cosas cubrir u ocultar, e implica toda sustancia que embriague.]
* [Es decir, lo que excede a las necesidades.]

(220) Acerca de esta vida y de la Ultima.

Y te preguntan sobre los huérfanos, di: Es bueno que miréis por su intereses; y si mezcláis (vuestros bienes) con los suyos*... Son vuestros hermanos.

Allah distingue al que corrompe las cosas del que las mejora. Si Allah quisiera os lo haría difícil, es cierto que Allah es Todopoderoso y Sabio.

* [Con intención de beneficiarles]

(221) No os caséis con las idólatras hasta que no crean.

Una esclava creyente es mejor que una mujer libre e idólatra aunque os guste. Y vosotras no os caséis con los idólatras hasta que no crean. Un esclavo creyente es mejor que un idólatra libre aunque os guste.

Ellos (los idólatras) invitan al Fuego mientras que Allah invita al Jardín y al perdón con Su permiso; y aclara Sus signos a los hombres.

¡Ojalá recapaciten!

(222) Te preguntan sobre la menstruación*, di: Es una impureza.

Así pues, abstenéos de las mujeres* mientras dure y no vayáis a ellas hasta que no estén puras.

Y una vez que se hayan purificado*, id a ellas por donde Allah os manda.

Es cierto que Allah ama a los que recurren a El y a los que se purifican.

* [Es decir, sobre si pueden tener relación sexual con las mujeres durante la menstruación]
* [Entiéndase de la relación sexual con ellas]
* [Tomando un baño al término de su menstruación])

(223) Vuestras mujeres son para vosotros un campo de siembra ; id a vuestro sembrado según queráis.

Y adelantad (buenas acciones) que os sirvan*.

Temed a Allah y sabed que con toda certeza os encontraréis con El.

Y anuncia buenas nuevas a los creyentes.

* [Para la Ultima Vida]

(224) No hagáis de Allah un pretexto que os impida hacer el bien, porque lo hayáis jurado por El*, temedle y poned paz entre los hombres.

Allah es Quien oye y Quien sabe.

* [Se ha transmitido que la aleya descendió en relación a Abu Bakr b. Siddiq que había jurado no ayudar nunca más a un pariente suyo llamado Mustah, al que solía ayudar, al enterarse de que había tomado parte en la difusión de las calumnias contra Aisha, la esposa del Profeta. En este sentido la aleya descendió para indicar la preferencia, en este caso, de romper el juramento.]

(225) Allah no os toma en cuenta la vanidad de vuestros juramentos, pero sí lo que queda en vuestros corazones.

Allah es Perdonador e Indulgente.

(226) Aquéllos que juren no mantener relación sexual con sus mujeres, deberán guardar un plazo de cuatro meses.

Y si se vuelven atrás*...

Ciertamente Allah es Perdonador y Compasivo.

* [Rompiendo el juramento antes del plazo.]

(227) Y si se deciden por el divorcio*, Allah es Oyente y Conocedor.

* [Una vez transcurrido el plazo de cuatro meses de separación.]

(228) Las divorciadas deberán esperar tres menstruaciones para estar en disposición de volverse a casar y no es lícito que oculten lo que Allah haya creado en sus vientres si creen en Allah y en el Ultimo Día.

Sus esposos tienen más derecho* a volver con ellas dentro de este plazo, si quieren rectificar.

Los derechos de ellas sobre sus esposos son iguales a los derechos de ellos sobre ellas según lo reconocido, pero los hombres tienen un grado sobre ellas*.

Allah es Poderoso y Sabio.

* [Que cualquier otro pretendiente]

* [Este grado que tienen los hombres sobre las mujeres parece referirse aquí en particular, a su potestad de divorcio.]

(229) El divorcio son dos veces*. Y, o bien la vuelve a tomar según lo reconocido, o la deja ir en buenos términos*.

3

Y no os está permitido quedaros con nada de lo que hayáis dado. A menos que ambos teman no cumplir los límites de Allah.

Y si teméis no cumplir los límites de Allah, no hay falta para ninguno de los dos si ella ofrece alguna compensación*.

Estos son los límites de Allah, no los traspaséis.

Quien traspase los límites de Allah... Esos son los injustos.

* [Es decir, se puede ejercer dos veces con posibilidad de vuelta.]
* [La vuelve a tomar antes de cumplirse el período de espera o la deja ir al cumplirse éste.]
* [A cambio de obtener el divorcio.]

(230) Si vuelve a divorciarla*, ella ya no será lícita para él hasta que, habiéndose casado con otro, éste, a su vez, la divorcie, en cuyo caso no cometen ninguna falta si ambos vuelven (a casarse), siempre que crean poder cumplir con los límites de Allah.

Estos son los límites de Allah que El aclara a gente que sabe.

* [Una tercera vez, después de las dos mencionadas.]

(231) Y si divorciáis a las mujeres y llegan al final de su plazo de espera, o bien las conserváis según la forma reconocida de hacerlo o bien las dejáis del mismo modo;

pero no las retengáis a la fuerza transgrediendo los límites.

Quien lo haga, habrá sido injusto consigo mismo.

No toméis a burla los signos de Allah y recordad los favores de Allah con vosotros y la parte del Libro y de la Sabiduría que os reveló para que con ello tuvierais presente lo que se debe cumplir y lo que se debe evitar.

Temed a Allah y sabed que Allah tiene conocimiento de todas las cosas.

(232) Y una vez que las mujeres que han sido divorciadas lleguen al final de su período de espera, no les impidáis* que vuelvan a casarse con sus esposos anteriores, si es de mutuo acuerdo, según lo reconocido.

A esto se exhorta a aquéllos de vosotros que crean en Allah y en el Ultimo Día. Y ello es más puro y más limpio para vosotros. Allah sabe y vosotros no sabéis.

* [Vosotros, sus tutores]

(233) Las madres deberán amamantar a sus hijos durante dos años completos, si se desea completar la lactancia.

Sustentarlas y vestirlas es responsabilidad del progenitor, según lo que es reconocido como bueno.

A nadie se le obliga sino en la medida de su capacidad.

Ninguna madre deberá ser perjudicada a causa de su hijo ni tampoco ningún padre*.

Y la misma obligación corresponde al heredero*.

No hay falta si ambos de común acuerdo, desean destetarlo.

Y si queréis que alguien amamante a vuestros hijos*, no hay falta en que paguéis por ello* según lo que es reconocido como bueno.

Temed a Allah y sabed que Allah ve lo que hacéis.

* [Porque el padre le impida amamantarlo o por el contrario la obligue a hacerlo, o en el caso de ella, por negarse a amamantarlo etc... y en general, cualquier perjuicio que uno ocasione al otro a causa de los hijos.]
* [Entiéndase el heredero del padre, es decir, el tutor del huérfano, y la obligación se refiere a lo que se menciona al principio de la aleya.]
* [Por imposibilidad de la madre.]
* [A una nodriza.]

(234) Los que de vosotros fallezcan y dejen esposas, éstas deberán esperar cuatro meses y diez noches para poder disponer de sí mismas.

Una vez concluido este plazo, no tenéis responsabilidad* en lo que hagan consigo mismas según lo que es reconocido como bueno.

Allah conoce al detalle lo que hacéis.

* [Vosotros los tutores.]

(235) Y no hacéis mal si les insinuáis a las mujeres vuestra intención de pedirles matrimonio* ni tampoco si lo ocultáis;

Allah sabe que pensáis en ellas.

Pero no os prometáis en secreto, hacedlo con palabras reconocidas. No decidáis el contrato de matrimonio hasta que el periodo de espera prescrito no haya concluido.

Sabed que Allah conoce lo que hay en vuestras almas, así pues, temedle y sabed que Allah es Perdonador e Indulgente.

* [Antes de que haya concluido el período de espera tras el divorcio.]

(236) No hacéis mal si divorciáis a las mujeres a las que no habéis tocado ni asignado dote, pero gratificadlas con algún bien de acuerdo a lo que es reconocido como bueno; el que viva con desahogo que lo haga de acuerdo a su capacidad, y el que viva con estrechez de acuerdo a la suya.

Esto es un deber para los que hacen el bien.

(237) Y si las divorciáis antes de haberlas tocado, pero cuando ya les habéis asignado una dote...

(dadles) la mitad de lo que les asignasteis, a no ser que ellas renuncien o renuncie aquél en cuyo poder está el contrato de matrimonio*.

Y renunciar está más cerca del temor (de Allah).

Y no olvideis favoreceros entre vosotros, es verdad que Allah ve lo que hacéis.

* [La expresión "aquél en cuyo poder está el contrato de matrimonio" se puede entender de dos maneras: la primera referida al tutor, e implica que éste puede renunciar al derecho de la mujer de recibir la mitad de la dote' prometida. Esta es la opinión de Ibn'Abbas y del Imam Malik entre otros.
Y la segunda, según la cual se refiere al marido, en cuyo caso hay que entender, contrariamente a lo primero, que el marido puede renunciar, como algo aconsejable, a la mitad de la dote con la que él se quedaría y entregarle a la mujer la dote completa. Esta es la opinión de Alí, el Imam Shafii y Abu Hanifa entre otros.]

(238) Cumplid con las oraciones prescritas y con la oración del medio*, y presentaos ante Allah con total entrega.

* [Es decir: "y especialmente con la del medio". Para el Imam Malik y la gente de Medina, la oración del medio es la de la aurora —al-subh— porque es intermedia entre la noche y el día. Otra opinión con fundamento es la sostenida por Alí que la identifica con la oración de la tarde —al asr.]

(239) Si tenéis miedo*, hacedla de pie* o montados; y cuando estéis a salvo, invocad a Allah como os enseñó, una manera que antes no conocíais.

* [A un ataque del enemigo o cualquier otro peligro que amenace]
* [Es decir, haced todos sus movimientos de pie, imitando la inclinación y la postración]

(240) Aquéllos de vosotros que mueran dejando esposas, a sus esposas les corresponde un legado de un año de manutención sin que tengan que abandonar la casa familiar*; aunque si ellas la abandonan, no sois responsables de lo que hagan consigo mismas, dentro de lo que es reconocido como bueno.

Allah es Poderoso y Sabio.

* [Según esta aleya, cuando el hombre moría a su esposa le pertenecía residir en su casa durante un año, siendo mantenida con sus bienes; posteriormente, la validez jurídica de esta aleya se abrogó, reduciéndose el periodo de estancia en la casa a cuatro meses y diez días, y sustituyéndose el año de manutención por una parte de la herencia del marido que se establece en la aleya 12 de la sura de las Mujeres, n IV.]

(241) Y tened alguna atención en favor de las mujeres que divorciéis, según lo que es reconocido como bueno.

Esto es un deber para los que temen (a Allah).

(242) Así os aclara Allah Sus signos, ojalá entendáis.

(243) ¿No has visto a los que salieron por miles huyendo de sus hogares por temor a la muerte?*

Allah les dijo: ¡Morid! Y después los devolvió a la vida.

Es cierto que Allah posee favor para los hombres, sin embargo la mayoría de ellos no agradecen.

* [En esta aleya se hace alusión a un grupo de los hijos de Israel que huyeron de una epidemia y Allah los mató como castigo. Otra opinión es que huyeron de la lucha. Esto ocurrió en tiempos del profeta Ezequiel. Los que explican lo primero aportan como prueba la existencia de un juicio legal en el Islam por el que se prohíbe abandonar o entrar en las ciudades afectadas por una epidemia, la que consideran una continuidad del juicio primitivo del judaísmo.]

(244) Combatid en el camino de Allah y sabed que Allah es Oyente y Conocedor.

(245) ¿Quien ofrecerá a Allah un préstamo generoso para que El se lo devuelva multiplicado?

Allah da la estrechez y el desahogo. A El regresaréis.

(246) ¿No has visto a aquellos nobles entre los hijos de Israel, después de Musa, cuando dijeron a un profeta que tenían?*:
Nombra un rey entre nosotros para que luchemos en el camino de Allah.

Dijo: Pudiera ser que si se os manda ir a luchar no lo hagáis; contestaron: ¿Cómo podríamos dejar de combatir en el camino de Allah cuando nos han expulsado de nuestros hogares y separado de nuestros hijos?

Sin embargo, cuando se les ordenó combatir, todos, excepto unos pocos, se echaron atrás.

Allah conoce a los injustos.

* [El profeta Samuel]

(247) Su profeta les dijo: Allah os ha designado como rey a Talut.

Dijeron: ¿Cómo puede corresponderle a él reinar sobre nosotros, si tenemos más derecho que él y ni siquiera le ha sido dada una gran riqueza?.

Dijo: La verdad es que Allah le ha elegido a él entre vosotros y le ha dado gran conocimiento y corpulencia.

Allah concede Su soberanía a Quien quiere.

Allah es Espléndido y Conocedor.

(248) Su profeta les dijo: La señal de su soberanía, será que os traerá el Arca*, llevada por los ángeles, en la que hay sosiego procedente de vuestro Señor y también una reliquia de la familia de Musa y Harún.

Realmente, ahí tenéis un signo si sois creyentes.

* [El Arca es la llamada de la Alianza, donde Moisés guardó las tablas de la Torá y la reliquia que dejó la familia de Moisés que consistía, según los comentaristas, en algunas de las tablas de la Torá, la vara de Musa, sus sandalias, el turbante de Harún y una cierta cantidad de maná.]

(249) Y habiendo salido Talut de expedición con el ejército, dijo: Allah va a poneros a prueba con un río: el que beba de su agua no será de los míos y el que no la pruebe o tome sólo un poco con la mano será de los míos. Todos, a excepción de unos pocos, bebieron. Y cuando él y los que con él creían, hubieron atravesado el río, dijeron: Hoy no podemos hacer nada ante Yalut* y sus ejércitos.

Y dijeron los que tenían certeza del encuentro con Allah: ¡Cuántos grupos pequeños en número vencieron a ejércitos numerosos con el permiso de Allah! Allah está con los pacientes.

* [Goliat]

(250) Cuando aparecieron en el campo de batalla ante Yalut y sus huestes, dijeron: ¡Señor nuestro, danos paciencia, afirma nuestros pasos y ayúdanos contra la nación de los que no creen!

(251) Y los derrotaron con permiso de Allah. Daud mató a Yalut y Allah le concedió la soberanía y la Sabiduría, y le enseñó lo que quiso. Si no fuera porque Allah hace que unos hombres impidan el mal a otros, la tierra se corrompería,

pero Allah es Dueño de favor para todos los seres creados.

(252) Estos son los signos de Allah que te contamos con la verdad y Tú eres, realmente, uno de los mensajeros.

(253) Así son los mensajeros. Hemos favorecido a unos sobre otros: Hubo algunos a los que Allah les habló y a otros los elevó en grados.

A Isa, hijo de María, le dimos pruebas evidentes y le reforzamos con el Espíritu Puro* y si Allah hubiera querido, sus seguidores no habrían luchado entre sí, después de tener las pruebas evidentes; sin embargo entraron en discordia.

Una parte de ellos cree y otra parte no; si Allah quisiera no lucharían entre sí, pero Allah hace lo quiere.

* [El ángel Yibril, según los comentaristas.]

(254) ¡Creyentes! Gastad de lo que os damos antes de que llegue un día en el que no haya comercio ni amistad y nadie pueda interceder por nadie.

Los injustos son los que se niegan a creer.

(255) Allah, no hay dios sino El, el Viviente, el Sustentador*.

Ni la somnolencia ni el sueño le afectan.

Suyo es cuanto hay en los cielos y cuanto hay en la tierra.

¿Quién puede interceder por alguien ante El, si no es con Su permiso? Sabe lo que hay ante ellos y lo que habrá tras ellos, y no abarcan nada de Su conocimiento a menos que El quiera.

El escabel de Su trono abarca los cielos y la tierra y no le causa fatiga mantenerlos.

El es el Elevado, el Inmenso.

* [Que se mantiene a sí mismo y a Su creación.]

(256) No hay coacción en la Práctica de Adoración*, pues ha quedado clara cual es la buena dirección y cual el extravío.

Quien niegue a los ídolos* y crea en Allah, se habrá aferrado a lo más seguro que uno puede asirse, aquéllo en lo que no cabe ninguna fisura.

Y Allah es Oyente y Conocedor.

* [Hay, entre los comentaristas del Corán, quien considera que esta aleya niega el uso de la fuerza contra la incredulidad, pero en el caso de entenderse así, el juicio legal de la aleya habría sido abrogado por la orden definitiva de combatir la incredulidad, aleya 5 de la Sura 9.

No obstante la opinión es débil ya que las aleyas que hablan de no combatir son mequíes y ésta es medinense, cuando la orden de combatir ya había sido establecida.

En consecuencia, la aleya se refiere más bien a que no hay nada en el Islam que coaccione debido a su claridad y evidencia.]

* [En árabe "tagut" palabra en cuya raíz está la idea de traspasar los límites y que significa demonio, adivino, líder del mal, ídolo... Implica todo aquello que se adora fuera de Allah.]

(257) Allah es Amigo de los que creen; les saca de las tinieblas a la luz. Pero los incrédulos tienen como amigos a los taguts que los sacan de la luz a las tinieblas; ésos son los compañeros del Fuego donde serán inmortales.

(258) ¿No has visto a aquel* que, porque Allah le había dado soberanía, desafió a Ibrahim discutiéndole a su Señor?

Dijo Ibrahim: Mi Señor da la vida y da la muerte.

Dijo él: Yo doy la vida y doy la muerte.

Dijo Ibrahim: Allah trae el sol desde el oriente, tráelo tú desde occidente.

Y quedó confundido el que se negaba a creer.

Allah no guía a los que son injustos.

* [El personaje aludido es Nemrod b. Kanan, uno de los soberanos de más poder en la historia. Tenía pretensiones de divinidad y tras afirmar que daba la vida y la muerte mandó traer a dos hombres; mató a uno y dejó vivo al otro, y entonces dijo: "He dado la muerte a uno y la vida a otro".]

(259) O como aquel que pasó por una ciudad en ruinas y dijo:

¿Cómo le devolvería Allah la vida después de muerta?

Entonces Allah le quitó la vida y pasados cien años se la devolvió. Dijo: ¿Cuánto has estado así? Contestó: Un día o parte de un día.

Dijo: No, has estado cien años; pero mira cómo tu comida y tu bebida no se han estropeado y mira tu asno*.

Todo ha sido para hacer de ti un signo que la gente pudiera ver. Mira cómo componemos de nuevo los huesos y los revestimos de carne.

Y cuando lo vió con claridad, dijo: Es verdad que Allah es Poderoso sobre todas las cosas.

* [Del que por el contrario sólo quedan los huesos.]

(260) Y cuando Ibrahim dijo: ¡Señor mío! Déjame ver cómo resucitas lo que está muerto.

Dijo: ¿Acaso no crees?

Dijo: Por supuesto que sí, pero es para que mi corazón se tranquilice.

Dijo: Toma, entonces, cuatro pájaros distintos, córtalos en pedazos y, a continuación, pon un pedazo en cada monte y luego llámalos. Vendrán a ti en el acto.

Y sabe que Allah es Poderoso y Sabio.

(261) Los que gastan sus bienes en el camino de Allah se parecen a un grano que produce siete espigas y cada una de las espigas lleva cien granos. Así multiplica Allah a quien El quiere;

Allah es Espléndido y Conocedor.

(262) Los que gastan sus bienes en el camino de Allah y luego no lo echan en cara ni lo acompañan de ningún agravio, tendrán su recompensa junto a su Señor y no tendrán que temer ni se entristecerán.

(263) Una palabra conveniente y perdón, es mejor que una limosna acompañada de agravio.

Allah es Rico e Indulgente.

(264) ¡Creyentes! No hagáis que vuestras limosnas pierdan su valor porque las echéis en cara o causéis un perjuicio por ellas; como aquél que da de su riqueza por el qué dirán, pero no cree en Allah ni en el Ultimo Día.

Es como una roca sobre la que hay tierra y le cae un aguacero dejándola desnuda. No pueden beneficiarse de nada de lo que obtuvieron.

Y Allah no guía a la gente incrédula.

(265) Los que gastan sus bienes buscando la satisfacción de Allah y siendo una confirmación procedente de sí mismos, se parecen a un jardín frondoso y elevado sobre el que cae un aguacero y da sus frutos multiplicándose por dos; y si no le cae el aguacero tiene el rocío.

Allah ve lo que hacéis.

(266) ¿Acaso le gustaría a uno de vosotros tener un jardín de palmeras y vides por el que corrieran ríos y en el que hubiera toda clase de frutos y que siendo ya viejo y con una descendencia aún débil, viniera un torbellino de fuego y le quemara el jardín?

Así os aclara Allah los signos; ojalá reflexionéis.

(267) ¡Vosotros que creéis! Dad de las cosas buenas que habéis obtenido y de lo que hemos hecho salir para vosotros de la tierra y no escojáis intencionadamente lo que, de ello, sea despreciable para darlo, cuando vosotros mismos no lo aceptaríais a no ser con los ojos cerrados.

Y sabed que Allah es Rico, en Sí mismo alabado.

(268) El Shaytán os infunde temor con la miseria y os manda la avaricia, pero Allah os promete perdón de Su parte y favor.

Y Allah es Espléndido, Conocedor.

(269) Da la Sabiduría a quien quiere, y a quien se le da la Sabiduría se le ha dado mucho bien. Pero no recapacitan sino los que entienden lo esencial de las cosas.

(270) Cualquier beneficio que hagáis o cualquier promesa que os impongáis, Allah lo conoce.

No habrá quien auxilie a los injustos.

(271) Si dais limosnas públicamente es bueno, pero si las ocultáis y se las dais a los necesitados, será mejor para vosotros; y os cubriremos parte de vuestras malas acciones.

Allah está perfectamente informado de lo que hacéis.

(272) No te incumbe a ti guiarlos, sino que Allah guía a quien quiere. El bien que dais es para vosotros mismos y no lo hacéis sino buscando la faz de Allah.

Lo bueno que gastéis os será devuelto aumentado y no se os hará injusticia.

(273) (Y que sea) para los necesitados que se encuentran impedidos en el camino de Allah sin poder desplazarse por la tierra.

El ignorante los toma por ricos a causa de su continencia.

Los conocerás por sus señas, ellos no piden a la gente importunándoles.

El bien que gastéis... Allah lo conoce.

(274) Aquéllos que dan de sus bienes día y noche, en secreto y en público, tendrán su recompensa junto a su Señor y no tendrán que temer ni se entristecerán.

(275) Los que comen usura no se levantarán* sino como se levanta en un ataque de locura el que ha sido tocado por el Shaytán. Eso es porque dicen: La usura es como el comercio.

Sin embargo Allah ha hecho lícito el comercio y ha prohibido la usura.

Así pues, al que le llegue el aviso de su Señor y desista, podrá quedarse con lo que está ya consumado y su caso se remitirá a Allah. Pero quien reincida...

Esos son los compañeros del Fuego donde serán inmortales.

* [De sus tumbas, el Día del Levantamiento.]

(276) Allah hace inútil la usura pero da incremento* a lo que se da con generosidad;

Allah no ama a ningún renegado ni malvado.

* [La palabra que se traduce por usura significa literalmente incremento, y la expresión "da incremento" es la misma raíz pero en forma verbal. Es como si dijera: "Allah hace inútil el incremento que es usura y hace que el auténtico incremento esté en lo que se da generosamente".]

(277) Quienes creen, practican las acciones de bien, establecen el salat y entregan el zakat, tendrán la recompensa que les corresponda junto a su Señor y no tendrán que temer ni se entristecerán.

(278) ¡Vosotros los que creéis! Temed a Allah y renunciad a cualquier beneficio de usura que os quede si sois creyentes.

(279) Y si no lo hacéis, sabed que Allah y Su Mensajero os han declarado la guerra.

Pero si os volvéis atrás, conservaréis vuestro capital.

Y no seréis injustos ni se os hará injusticia.

(280) Y si está en dificultad*, concededle un plazo de espera hasta un momento de desahogo, aunque es mejor para vosotros que renunciéis generosamente.

* [Alguien que os debe algo.]

(281) Y temed el día en el que regreséis a Allah.

Entonces cada uno recibirá lo que se haya ganado y nadie será objeto de injusticia.

(282) ¡Vosotros que creéis! Cuando tratéis entre vosotros un préstamo con plazo de devolución, ponedlo por escrito; y que esto lo haga, con equidad, uno de vosotros que sepa escribir.

Que nadie que sepa, se niegue a hacerlo, escribiendo como Allah le enseñó.

Y que le dicte el que contrae la deuda y lo haga con temor de Allah, su Señor, sin quitar nada de lo que sea. Y si el que contrae la deuda fuera deficiente o débil, o no pudiera dictar, que dicte entonces su tutor con equidad.

Y buscad como testigos a dos hombres, pero si no los hubiera, entonces un hombre y dos mujeres cuyo testimonio os satisfaga, de manera que si una de ellas olvida, la otra se lo haga recordar.

Que los testigos que sean solicitados no se nieguen a serlo y no os disguste escribirlo, sea poco o mucho, hasta el final.

Esto es más justo ante Allah, más seguro como testimonio y más conveniente para que no tengáis duda.

Queda fuera de esto cualquier transacción que hagáis en el acto, pues en ese caso, no hay objección si no lo ponéis por escrito.

Procuraos testigos en vuestras transacciones y que no se presione a ningún escribano ni a ningún testigo, pues si lo hiciérais, sería una desviación por vuestra parte.

Y temed a Allah, y Allah os enseñará.

Allah es Conocedor de cada cosa.

(283) Si estáis de viaje y no encontráis quien escriba, quedaos entonces con una garantía. Y si a alguien le es confiado un depósito, que lo devuelva y que tema a Allah, su Señor.

No ocultéis los testimonios. Quien los oculte...

Es cierto que su corazón es malvado.

Allah sabe lo que hacéis.

(284) De Allah es cuanto hay en los cielos y en la tierra; tanto si manifestáis lo que hay en vosotros mismos como si lo ocultáis, Allah os pedirá cuentas de ello.

Y perdonará a quien quiera y castigará a quien quiera.

Allah es Poderoso sobre todas las cosas.

(285) El Mensajero cree en lo que se le ha hecho descender procedente de su Señor y los creyentes (con él).

Todos creen en Allah, en Sus ángeles, en Sus libros y en Sus mensajeros: "No aceptamos a unos mensajeros y negamos a otros".

Y dicen: Oímos y obedecemos, (danos) tu perdón Señor nuestro, y hacia Ti es el retorno.

(286) Allah no impone a nadie sino en la medida de su capacidad, tendrá a su favor lo que haya obtenido y en su contra lo que se haya buscado.

¡Señor nuestro! No nos tomes en cuenta si olvidamos o erramos.

¡Señor nuestro! No pongas sobre nosotros un peso similar al que pusiste sobre los que nos precedieron.

¡Señor nuestro! No nos hagas llevar lo que no podamos soportar.

Bórranos las faltas, perdónanos y ten compasión de nosotros. Tú eres nuestro Dueño, auxílianos contra la gente incrédula.

3. SURA DE LA FAMILIA DE IMRAN

Medinense. Tiene 200 aleyas y descendió después de la sura de Los Botines.

En el nombre de Allah, el Misericordioso, el Compasivo.

(1)   Alif, Lam, Mim

(2)   Allah, no hay dios sino El, el Viviente, el Sustentador.

(3)   Ha hecho que descienda sobre ti el Libro con la Verdad confirmando lo que ya había, al igual que hizo descender la Torá y el Inyil*

> * [El Inyil es el libro que fue revelado a Isa (Jesús) sobre él la paz. No tuvo expresión escrita, sino que descendió a su corazón y se expresó en sus dichos y hechos. No se corresponde exactamente con lo que se conoce como los Evangelios y por eso se ha mantenido la voz "Inyil".]

(4)   anteriormente como guía para los hombres.

Y ha hecho descender el Discernimiento.

Es cierto que los que niegan los signos de Allah tendrán un fuerte castigo.

Allah es Irresistible, Dueño de venganza.

(5)   No hay nada, ni en la tierra ni en cielo, que se esconda a Allah.

(6)   El es Quien os forma en las matrices como quiere.

No hay dios sino El, el Poderoso, el Sabio.

(7)   El es Quien ha hecho descender sobre ti el Libro, en el que hay signos precisos que son la madre del Libro y otros ambiguos.

Los que tienen una desviación en el corazón siguen lo ambiguo, con ánimo de discordia y con pretensión de interpretarlo, pero su interpretación sólo Allah la conoce.

Y los arraigados en el conocimiento dicen: Creemos, todo lo que hay en él procede de nuestro Señor.

Pero sólo recapacitan los que saben reconocer la esencia de las cosas.

(8)   ¡Señor nuestro! No desvíes nuestros corazones después de habernos guiado y concédenos misericordia procedente de Ti, ciertamente Tú eres el Dador Generoso.

(9) ¡Señor nuestro! Es verdad que vas a reunir a los hombres en un día sobre el que no hay duda. Allah no falta a la promesa.

(10) Es cierto que a los que se niegan a creer, de nada les servirán sus riquezas y sus hijos ante Allah; son combustible del Fuego.

(11) Tal y como ocurrió con la familia de Firaún y con quienes les precedieron: Negaron la verdad de Nuestros signos y Allah los agarró a causa de sus transgresiones.

Allah es Fuerte castigando.

(12) Di a quienes se niegan a creer: Seréis vencidos y reunidos (para ser llevados) a Yahannam. ¡Qué mal lecho!

(13) Hubo un signo para vosotros en los dos ejércitos que se enfrentaron. Unos combatían en el camino de Allah y a ojos de los otros, que eran incrédulos, les parecieron el doble que ellos. Allah ayuda con Su auxilio a quien quiere. Y ciertamente esto encierra una enseñanza para los que pueden ver.

(14) A los hombres se les ha embellecido el amor por todo lo deseable: las mujeres, los hijos, la acumulación de caudales de oro y plata, los caballos de raza, los animales de rebaño y las tierras de labor.

Ese es el disfrute de la vida de este mundo, pero Allah tiene junto a Sí el lugar de retorno más hermoso.

(15) Di: ¿Queréis saber algo mejor que eso?

Quien tenga temor (de Allah), tendrá junto a su Señor jardines por los que corren los ríos; allí serán inmortales, tendrán esposas puras y complacencia de Allah.

Allah ve a los siervos.

(16) Los que dicen: ¡Señor nuestro! Creemos, perdónanos las faltas y presérvanos del castigo del Fuego.

(17) Los pacientes, los veraces, los que se entregan, los que dan y los que piden perdón en el tiempo anterior al alba.

(18) Allah atestigua que no hay dios sino El, así como los ángeles y los dotados de conocimiento, rigiendo (Su creación) con equidad.

No hay dios sino El, el Inigualable, el Sabio.

(19) La forma de Adoración ante Allah es el Islam*.
Los que recibieron el Libro discreparon sólo después de haberles llegado el conocimiento, por envidias entre ellos.
Y quien niega los signos de Allah...
Cierto es que Allah es Rápido en la cuenta.
* [Es decir, la forma o Práctica de Adoración que Allah acepta es el Islam.]

(20) Si te cuestionan, di: He sometido mi rostro a Allah, al igual que los que me siguen. Diles a los que recibieron el Libro y a los ignorantes: ¿No os someteréis*? Si se someten habrán sido guiados, pero si se apartan... La verdad es que a ti sólo te incumbe la transmisión.
Allah ve a los siervos.
* [Es decir, ¿No os haréis musulmanes?]

(21) Realmente los que niegan los signos de Allah y matan a los profetas sin derecho alguno y matan a quienes ordenan la equidad entre los hombres...
Anúnciales un castigo doloroso.

(22) Esos son aquéllos cuyas acciones serán inútiles en esta vida y en la Ultima y no tendrán quien les auxilie.

(23) ¿No has visto cómo los que recibieron una parte del Libro recurren al libro de Allah para que sirva de juicio entre ellos y cómo luego hay un grupo que da la espalda y se desentiende?

(24) Eso es porque dicen: El Fuego no nos tocará sino días contados. Lo que habían inventado les ha falseado su Práctica de Adoración.

(25) ¿Y qué ocurrirá cuando un día, sobre el que no cabe duda, los reunamos y a cada uno se le pague por lo que se haya ganado sin ser tratado injustamente?

(26) Di: ¡Allah, Rey de la Soberanía!
Das el Dominio a quien quieres y se lo quitas a quien quieres.
Y das poder a quien quieres y humillas a quien quieres.
Tienes el bien en Tus manos.
Realmente eres Poderoso sobre todas las cosas.

(27) Haces que la noche entre en el día y que el día entre en la noche. Haces salir lo vivo de lo muerto y lo muerto de lo vivo; y provees a quien quiere sin limitación.

(28) Que los creyentes no tomen por amigos* a los incrédulos en
vez de a los que creen. Quien lo haga... no tendrá nada que
ver con Allah.
A menos que sea para guardaros de ellos.
Allah os advierte que tengáis cuidado con El.
Y a Allah habéis de volver.
* [Aliados o protectores]

(29) Di: Tanto si escondéis lo que hay en vuestros pechos como si
lo mostráis, Allah lo sabe. Y conoce lo que hay en los cielos y
en la tierra.
Allah es Poderoso sobre todas las cosas.

(30) El día en que cada uno encuentre ante sí el bien y el mal que
haya hecho, deseará que de éste último, le separe una gran
distancia.
Allah os advierte que tengáis cuidado con El.
Allah es Clemente y Misericordioso con los siervos.

(31) Di: Si amáis a Allah, seguidme, que Allah os amará y perdonará vuestras faltas. Allah es Perdonador y Compasivo.

(32) Di: Obedeced a Allah y al Mensajero pero si os apartáis...
Ciertamente Allah no ama a los que reniegan.

(33) Allah eligió a Adam, a Nuh, a la familia de Ibrahim y a la familia de Imrán por encima de los mundos.
* [La familia de Imrán es la familia de la que procede Maryam y por lo tanto
el profeta Isa.]

(34) (Los eligió) generación tras generación.
Allah es Oyente y Conocedor.

(35) Cuando dijo la mujer de Imrán*: ¡Señor mío! Hago la promesa
de ofrecerte lo que hay en mi vientre, para que se dedique ex-
clusivamente a Tu servicio, libre de las obligaciones del
mundo.
Acéptalo de mí; verdaderamente Tu eres Quien oye y Quien
sabe.
* [Su nombre era Hannah bint Faqud]

(36) Y una vez hubo parido dijo: ¡Señor mío! He dado a luz una
hembra —y bien sabía Allah lo que había parido— y no es el
varón como la hembra.
La he llamado Maryam: A ella y a su descendencia los refugio en Ti del Shaytán Lapidado.

4

(37) Su Señor la aceptó con buena acogida, hizo que se criara bien y la confió a Zakariyya. Cada vez que Zakariyya la visitaba en su lugar de oración, encontraba junto a ella provisión.
Decía: ¡Maryam! ¿Cómo es que tienes esto?
Decía ella: Esto procede de Allah, es cierto que Allah provee a quien quiere sin limitación.

(38) Entonces Zakariyya suplicó a su Señor y dijo: ¡Señor mío! Concédeme una buena descendencia procedente de Ti; realmente Tú eres el que atiende las peticiones.

(39) Y los ángeles lo llamaron mientras permanecía en pie rezando en el lugar de oración: Allah te anuncia la buena noticia (del nacimiento) de Yahya, que será confirmador de una palabra de Allah*, señor, casto, y de entre los justos, profeta.
* [La Palabra de Allah es el profeta Isa —Jesús.]

(40) Dijo: ¡Señor mío! ¿Cómo es que voy a tener un hijo si he alcanzado ya la vejez y mi mujer es estéril?
Dijo: Así es, Allah hace lo que quiere.

(41) Dijo: ¡Señor mío! Dame una señal.
Dijo: Tu señal será que, durante tres días, no podrás hablar a la gente excepto por señas.
Invoca mucho a tu Señor y ora mañana y tarde.

(42) Y cuando dijeron los ángeles: ¡Maryam! Allah te ha elegido, te ha purificado y te ha escogido entre todas las mujeres de la creación.

(43) ¡Maryam! Dedícate por entero al servicio de tu Señor y póstrate e inclínate con los que se inclinan.

(44) Estas son noticias del No-Visto que te inspiramos.
Tú* no estabas con ellos cuando echaron a suertes con sus flechas para saber cuál de ellos sería el tutor de Maryam, ni estabas allí cuando discutieron.
* [Muhammad]

(45) Cuando dijeron los ángeles: ¡Maryam! Allah te anuncia una palabra procedente de El cuyo nombre será el Ungido*, Isa hijo de Maryam;
tendrá un alto rango en esta vida y en la Ultima Vida, y será uno de los que tenga proximidad.
* [En árabe al-Masih, que se corresponde con Mesías]

(46) En la cuna y siendo un hombre maduro, hablará a la gente y será de los justos.

(47) Dijo: ¡Señor mío! ¿Cómo voy a tener un hijo si ningún hombre me ha tocado? Dijo: Así será, Allah crea lo que quiere; cuando decide un asunto le basta decir: ¡Sé! Y es.

(48) Y le enseñará la Escritura y la Sabiduría, la Torá y el Inyil.

(49) Y será un mensajero para los hijos de Israel (y les dirá): He venido a vosotros con un signo de vuestro Señor.
Voy a crear para vosotros, a partir del barro, algo con forma de ave. Soplaré en ello y será un ave con permiso de Allah.
Y sanaré al ciego y al leproso y daré vida a los muertos con permiso de Allah y os diré (sin verlo) lo que coméis y lo que guardáis en vuestras casas. Y, si sois creyentes, en ello tenéis un signo.

(50) Soy un confirmador de lo que había antes de mí en la Tora y os haré lícito parte de lo que se os prohibió.
He venido a vosotros con un signo de vuestro Señor, así pues, temed a Allah y obedecedle.

(51) Allah es mi Señor y el vuestro, ¡Servidle! Esto es un camino recto.

(52) Y cuando Isa notó rechazo en ellos, dijo: ¿Quién defenderá conmigo la causa de Allah?
Entonces dijeron los más íntimos de los discípulos: Nosotros somos los defensores de Allah, en Allah creemos; da testimonio de que estamos sometidos.

(53) ¡Señor nuestro! Creemos en lo que has hecho descender y seguimos al mensajero, incluye nuestro nombre entre los que dan testimonio.

(54) Y maquinaron, pero Allah también maquinó y Allah es el que mejor maquina.

(55) Cuando dijo Allah: ¡Isa! Voy a llevarte y a elevarte hacia Mí y voy a poner tu pureza a salvo de los que no creen.
Hasta el día del Levantamiento, consideraré a los que te hayan seguido por encima de los que se hayan negado a creer, luego volveréis a Mí y juzgaré entre vosotros sobre aquéllo en lo que discrepabais.

(56) Y a los que no creen, los castigaré con un severo castigo en esta vida y en la Ultima. No tendrán quien les auxilie.

(57) Pero a quienes creen y practican las acciones de bien, los recompensaremos cumplidamente.

Allah no ama a los injustos.

(58) Esto te lo contamos como parte de los signos y del Recuerdo Sabio.

(59) Verdaderamente Isa, ante Allah, es como Adam.

Lo creó de tierra y luego le dijo: ¡Sé! Y fue.

(60) (Esto es) la verdad procedente de tu Señor, no seas de los que dudan.

(61) Y quien, después del conocimiento que te ha venido, te discuta sobre él, dile: Venid, llamemos a nuestros hijos y a los vuestros, a nuestras mujeres y a las vuestras y llamémonos a nosotros todos y luego pidamos y hagamos que la maldición de Allah caiga sobre los mentirosos.

(62) Ciertamente esta es la verdadera historia* y no hay dios sino Allah. Y en verdad que Allah es el Inigualable, el Sabio.

* [De Isa]

(63) Y si vuelven la espalda...

Es cierto que Allah conoce a los corruptores.

(64) Di : ¡Gente del Libro! Venid a una palabra común para todos: Adoremos únicamente a Allah, sin asociarle nada y no nos tomemos unos a otros por señores en vez de Allah.

Y si vuelven la espalda, decid: ¡Sed testigos de que somos musulmanes!

(65) Di: ¡Gente del Libro! ¿Por qué disputáis sobre Ibrahim, si la Torá y el Inyil no se hicieron descender sino después de él? ¿Es que no razonaréis?

(66) Y estáis disputando sobre lo que no sabéis. ¿Por qué disputáis sobre aquello de lo que no tenéis conocimiento?

Allah sabe y vosotros no sabéis.

(67) Ibrahim no era ni judío ni cristiano, sino hanif y musulmán.

Y no uno de los asociadores.

(68) En verdad los más dignos de (llamar suyo a) Ibrahim, son los que le siguieron, este profeta y los que creen. Y Allah es Protector de los creyentes.

(69) Hay algunos de la gente del Libro que quisieran extraviaros, pero sólo se extravían a sí mismos sin darse cuenta.

(70) ¡Gente del Libro! ¿Por qué negáis los signos de Allah si sois testigos de ellos?

(71) ¡Gente del Libro! ¿Por qué disfrazáis la verdad de falsedad y ocultáis la verdad a sabiendas?

(72) Una parte de la gente del Libro dijo: Creed en lo que se les ha hecho descender a los que creen, sólo al principio del día, pero dejad de creer en ello al final; puede que así desistan;

(73) y no creáis en nadie que no siga vuestra misma forma de Adoración —Di: La guía de Allah es la Guía —Ni creáis que se le pueda dar a nadie lo que se os ha dado a vosotros, ni que pueda tener pruebas contra vosotros ante vuestro Señor. Di: El favor está en manos de Allah, y El lo da a quien quiere. Allah es Espléndido y Conocedor.

(74) Distingue con Su misericordia a quien quiere; Allah es Poseedor del favor inmenso.

(75) De la gente del Libro hay algunos que si les confías una gran cantidad de dinero, te la devuelven, pero hay otros que aunque les confíes un dinar sólo te lo devuelven después de pedírselo con insistencia. Eso es porque ellos han dicho: No hay medio de ir contra nosotros por lo que hagamos con los ignorantes*, diciendo una mentira contra Allah a pesar de que saben.

* [El término "ignorantes" es traducción de Ummiyyin que se refiere a los no judíos y equivale a "gentiles", aunque significa literalmente iletrado o analfabeto.

Sobre esta aleya los comentaristas destacan que los judíos pretendían que Allah les había hecho lícita la riqueza de los no que no fueran judíos y como consecuencia podían transgredir las leyes con ellos y obtener sus bienes por medios ilegítimos, como la usura.]

(76) ¡Muy al contrario! Quien cumple su compromiso y es temeroso... Allah ama a los que le temen.

(77) La verdad es que los que venden el pacto de Allah y sus juramentos a bajo precio, no tendrán parte en la Ultima Vida. Allah no les hablará ni los mirará el Día del Levantamiento ni los purificará: Tienen un castigo doloroso.

(78) Y hay una parte de ellos que tergiversan el Libro con sus lenguas, para que creáis que lo que recitan es parte de él. Pero no es parte del Libro. Dicen : Esto viene de Allah; pero no es cierto que venga de Allah.

Dicen una mentira contra Allah, a sabiendas.

(79) No cabe en un ser humano a quien Allah le ha dado el Libro, la Sabiduría y la Profecía que diga a los hombres: Sed siervos míos en vez de Allah; sino más bien: Sed maestros, puesto que conocéis el Libro y lo habéis estudiado.

(80) Y no os ordena que toméis a los ángeles y a los profetas como Señores. ¿Os iba a ordenar la incredulidad después de haber sido musulmanes?

(81) Y (ten presente) el compromiso que Allah pidió a los profetas: Os damos parte de un Libro y de una Sabiduría, luego vendrá a vosotros un mensajero que confirmará lo que tenéis; en él habréis de creer y le habréis de ayudar.

Dijo: ¿Estáis de acuerdo y aceptáis, en estos términos, Mi pacto? Dijeron: Estamos de acuerdo. Dijo: Dad testimonio, que Yo atestiguo con vosotros.

(82) Quien dé la espalda después de eso... Esos son los que se salen del camino.

(83) ¿Acaso desearéis algo distinto a la Práctica de Adoración aceptada por Allah, cuando todos los que están en los cielos y en la tierra están sometidos a El, de grado o por fuerza, y a El tenéis que volver?*

* [En otra lectura: "Y a El tienen que volver"]

(84) Di: Creemos en Allah y en lo que se ha hecho descender para nosotros y en lo que se hizo descender sobre Ibrahim, Ismail, Ishaq, Yaqub y las Tribus, así como lo que le fue dado a Musa, a Isa y a los profetas procedente de su Señor; no excluimos a unos y aceptamos a otros y a El estamos sometidos.

(85) Y quien desee otra forma de Adoración que no sea el Islam, no le será aceptada y en la Ultima Vida será de los perdedores.

(86) ¿Cómo guiará Allah a unos que después de haber creído y de haber atestiguado la verdad del Mensajero y después de haberles llegado las pruebas claras han renegado?

Allah no guía a las gentes injustas.

(87) La recompensa de éstos será que la maldición de Allah, la de los ángeles y la de todos los hombres, caerá sobre ellos.

(88) Inmortales en ello, no se les aliviará el castigo ni se les aplazará.

(89) Salvo aquellos que se vuelvan atrás arrepentidos y se corrijan, pues es verdad que Allah es Perdonador, Compasivo.

(90) Ciertamente a los que han renegado después de haber creído y luego han persistido aumentando su incredulidad, no se les aceptará el arrepentimiento.

Ellos son los extraviados.

(91) El que se niegue a creer y muera siendo incrédulo no se le aceptará ningún rescate; aunque diera todo el oro que cabe en la tierra.

Esos tendrán un castigo doloroso y no habrá quien les auxilie.

(92) No alcanzaréis la virtud, hasta que no deis de lo que amáis.

Y cualquier cosa que deis, Allah la conoce.

(93) Antes de que se hiciera descender la Tora, todos los alimentos eran lícitos para los hijos de Israel salvo los que el propio Israel* se prohibió a sí mismo.

Di: ¡Si es verdad lo que decís, traed la Tora y recitadla!

* [Israel es otro nombre del profeta Yaqub o Jacob.]

(94) El que invente la mentira contra Allah después de eso...

Esos son los injustos.

(95) Di: Allah ha dicho la verdad, seguid pues la religión de Ibrahim, que era hanif y no de los que asocian.

(96) Es cierto que la primera casa* que fue erigida para los hombres fue la de Bakka*, bendita y guía para todos los mundos.

* [De adoración]

* [Es una variante de Makka, Meca.]

(97) En ella hay signos claros: La estación de Ibrahim; quien entre en ella, estará a salvo. Los hombres tienen la obligación con Allah de peregrinar a la Casa, si encuentran medio de hacerlo. Y quien se niegue...

Ciertamente Allah es Rico con respecto a todas las criaturas.

(98) Di: ¡Gente del Libro! ¿Por qué negáis los signos de Allah cuando Allah es Testigo de lo que hacéis?

(99) Di: ¡Gente del Libro! ¿Por qué desviáis de la senda de Allah a quien cree y deseáis que sea tortuosa cuando vosotros mismos sois testigos (de su verdad)?
Allah no está descuidado de lo que hacéis.

(100) ¡Vosotros que creéis! Si obedecéis a algunos de los que recibieron el Libro, conseguirán haceros caer en la incredulidad después de que habéis creído.

(101) ¿Y cómo es que os negáis a creer, cuando se os recitan los signos de Allah y tenéis entre vosotros a Su Mensajero?
Quien se aferre a Allah, será guiado a un camino recto.

(102) ¡Vosotros que creéis! Temed a Allah como debe ser temido y no muráis sin estar sometidos (siendo musulmanes).

(103) Y aferráos todos juntos a la cuerda de Allah y no os separéis; y recordad el favor que Allah ha tenido con vosotros cuando habiendo sido enemigos ha unido vuestros corazones y por Su gracia os habéis convertido en hermanos.
Estabais al borde de caer en el Fuego y os salvó de ello.
Así os aclara Allah Sus signos. Ojalá os guiéis.

(104) Para que de vosotros surja una comunidad que llame al bien, ordene lo reconocido, e impida lo reprobable.
Esos son los que cosecharán el éxito.

(105) Y no seáis como aquéllos* que se dividieron y cayeron en discordia, cuando ya les habían llegado las pruebas claras. Esos tendrán un inmenso castigo.
* [Los judíos y los cristianos]

(106) El día en que unos rostros se vuelvan blancos y otros negros.
Aquéllos cuyos rostros se ennegrezcan...
¡Renegasteis después de haber creído, gustad pues el castigo porque no creísteis!

(107) Aquéllos cuyos rostros se vuelvan blancos, estarán en la Misericordia de Allah, en ella serán inmortales.

(108) Esos son los signos de Allah que te recitamos con la verdad y Allah no quiere la injusticia para las criaturas.

(109) A Allah pertenece cuanto hay en los cielos y en la tierra y a Allah se remiten los asuntos.

(110) Sois la mejor comunidad que ha surgido en bien de los hombres. Ordenáis lo reconocido como bueno, impedís lo

reprobable y creéis en Allah.

Y a la gente del Libro más les valdría creer.

Los hay creyentes, pero la mayorían se han salido del camino.

(111) No os harán ningún daño aparte de alguna molestia, y si combaten contra vosotros, volverán la espalda ante vuestra presencia.

Y luego no se les prestará auxilio.

(112) Donde quiera que se encuentren tendrán que soportar la humillación, a menos que hayan hecho algún pacto con Allah o con los hombres.

Se ganaron la ira de Allah y se les impuso el yugo de la mezquindad. Porque negaron los signos de Allah y mataron a los profetas sin razón; y porque desobedecieron y fueron transgresores.

(113) No todos los de la gente del Libro son iguales, los hay que forman una comunidad recta: recitan los signos de Allah durante la noche y se postran.

(114) Creen en Allah y en el Ultimo Día, ordenan lo reconocido como bueno e impiden lo reprobable y compiten en las acciones de bien.

Esos son de los justos.

(115) Y el bien que hagáis... No se os negará. Allah conoce a los que le temen.

(116) Y realmente a los que se niegan a creer, de nada les servirán frente a Allah ni sus obras ni sus hijos. Ellos son los compañeros del Fuego, en el que serán inmortales.

(117) Lo que gastan en la vida del mundo es como un viento helado que azota los campos de un pueblo injusto consigo mismo y los arrasa.

Pero no es Allah quien es injusto con ellos, sino que son ellos los injustos consigo mismos.

(118) ¡Vosotros que creéis! No toméis por amigos de confianza a quienes no sean de los vuestros, porque no cejarán en el empeño de corromperos; desean vuestro mal. La ira asoma por sus bocas, pero lo que ocultan sus pechos es aún peor.

Y si razonáis, ya se os han aclarado los signos...

(119) ¿Pero cómo es que vosotros, que creéis en todos los libros revelados, los amáis mientras que ellos no os aman?
Cuando se encuentran con vosotros dicen: Creemos.
Pero cuando están a solas se muerden los dedos de rabia contra vosotros. Di: ¡Morid con vuestra rabia!
Realmente Allah conoce lo que hay en los pechos.

(120) Si os llega un bien, les duele, y si os sobreviene un mal, se alegran por ello; pero si tenéis paciencia y sois temerosos, su intriga no os dañará en absoluto;
es cierto que Allah rodea lo que hacen.

(121) Y cuando, a primera hora de la mañana, te ausentaste de tu familia para asignar a los creyentes sus puestos de combate...
Y Allah es Oyente, Conocedor.

(122) Cuando dos grupos de los vuestros temieron flaquear y Allah era Su protector.
Que en Allah se confíen los creyentes.

(123) Es cierto que Allah os ayudó en Badr, aunque estabais en inferioridad de condiciones.
Así pues, temed a Allah y podréis ser agradecidos.

(124) Cuando dijiste a los creyentes: ¿No os basta con que vuestro Señor os haya fortalecido haciendo descender tres mil ángeles?

(125) Y si tenéis paciencia y tenéis temor (de Allah) y vienen a vosotros de improviso, Allah os fortalecerá con cinco mil ángeles designados.

(126) Y no lo hizo Allah sino para que fuera una buena nueva para vosotros y para tranquilizar vuestros corazones.
El auxilio sólo viene de Allah, el Irresistible, el Sabio.

(127) Y también para destruir a los que se habían negado a creer, o subyugarlos, y que quedaran defraudados.

(128) No es asunto tuyo si El se vuelve sobre ellos con Su perdón o si los castiga, pues ciertamente ellos son injustos.

(129) Y a Allah pertenece cuanto hay en los cielos y cuanto hay en la tierra. Perdona a quien quiere y castiga a quien quiere.
Allah es Perdonador y Compasivo.

(130) ¡Vosotros que creéis! No os alimentéis de la usura, que se multiplica sin fin, y temed a Allah para que podáis tener éxito.

(131) Guardaos del Fuego que ha sido preparado para los incrédulos

(132) Y obedeced a Allah y al Mensajero para que se os dé misericordia.

(133) Acudid prestos hacia un perdón de vuestro Señor y a un Jardín, preparado para los temerosos, cuyo ancho son los cielos y la tierra.

(134) Esos que dan en los momentos de desahogo y en los de estrechez, refrenan la ira y perdonan a los hombres.
Allah ama a los que hacen el bien.

(135) Aquéllos que cuando cometen una indecencia o son injustos consigo mismos, recuerdan a Allah y piden perdón por sus faltas —porque ¿quién perdona las faltas sino Allah?— y no reinciden en lo que hicieron, después de saberlo.

(136) Esos tienen como recompensa un perdón de su Señor y jardines por los que corren los ríos.
En ellos serán inmortales. ¡Qué excelente recompensa para los que actúan!

(137) Antes que vosotros, ya se siguió otras veces un mismo modo de actuar* ; así pues, recorred la tierra y mirad cómo acabaron los que negaron la verdad.
* [De Allah con los pueblos que no quisieron creer.]

(138) Esto es una aclaración para los hombres y una guía y una advertencia para los que temen (a Allah).

(139) No desfallezcáis ni os apenéis, porque, si sois creyentes, seréis superiores.

(140) Si sufrís una herida, ellos también sufrieron una herida similar. Así es como alternamos los días entre los hombres para que Allah sepa quienes son los que creen y tome a algunos de entre vosotros para morir dando testimonio.*
Allah no ama a los injustos.
* [Esta aleya se refiere en particular a la victoria de Badr y a la posterior derrota de Uhud.]

(141) Y para que Allah limpie las malas acciones de los que creen y aniquile a los que se niegan a creer.

(142) ¿O contáis acaso con entrar en el Jardín sin que Allah sepa quienes de vosotros han luchado y quienes son los pacientes?

(143) Habíais deseado la muerte antes de tenerla enfrente, pero, al verla, os quedasteis mirando.*

* [Se refiere a un grupo de musulmanes que al no haber participado en la victoria de Badr, sintieron deseos de luchar para morir mártires, pero en la batalla de Uhud, al ver cómo morían sus compañeros y tras difundirse la falsa noticia de la muerte del Profeta y ser incitados por los hipócritas a renegar de su creencia, se quedaron paralizados.]

(144) Pero Muhammad es sólo un mensajero antes del cual ya hubo otros mensajeros. Si muriese o le mataran, ¿daríais la espalda? Quien da la espalda, no perjudicará a Allah en absoluto.
Y Allah recompensará a los agradecidos.

(145) Nadie muere si no es con permiso de Allah, en un plazo escrito de antemano. Quien quiera la recompensa que ofrece esta vida se la daremos en parte, y quien quiera la recompensa de la Ultima se la daremos.
Y recompensaremos a los agradecidos.

(146) ¡Cuántos profetas ha habido a cuyo lado murieron multitud de seguidores y no se desanimaron por lo que les afligía en el camino de Allah ni flaquearon ni buscaron descanso!
Allah ama a los pacientes.

(147) Tan sólo dijeron: ¡Señor nuestro, perdónanos las faltas y que hayamos ido más allá de los límites en aquéllo que es de nuestra incumbencia; afirma nuestros pasos y auxílianos contra el pueblo incrédulo!

(148) Y Allah les dió la recompensa de esta vida y la hermosa recompensa de la Ultima. Allah ama a los que hacen el bien.

(149) ¡Vosotros que creéis! Si obedecéis a los que no creen, harán que os volváis sobre vuestros pasos y os perderéis.

(150) Pero Allah es vuestro Señor, y El es el mejor de los que auxilian.

(151) Arrojaremos el terror en los corazones de los que no creen por haber equiparado a Allah con aquello sobre lo que no se ha hecho descender ningún poder. Y su refugio será el Fuego.
¡Qué mala morada la de los injustos!

(152) Ciertamente Allah fue sincero en Su promesa cuando, con Su permiso, los estabais venciendo. Sin embargo, cuando Allah os hizo ver lo que amabais, entonces flaqueasteis, discutisteis las órdenes y desobedecisteis, pues entre vosotros hay quien quiere esta vida y hay quien quiere la Ultima.

Y luego* os apartó de ellos para probaros y os perdonó. Allah posee favor para los creyentes*.

* [Cuando ya habíais sido derrotados.]

* [En la batalla de Uhud, el Profeta, que Allah le dé Su gracia y paz, había prometido la victoria a los creyentes, y así ocurría al principio. Había ordenado a un grupo de arqueros situarse en un monte para cubrir a los demás y les había prohibido abandonar la posición, pero ante la victoria inminente, la mayor parte de ellos bajó en busca del botín, de manera que los pocos que permanecieron en su posición fueron sorprendidos y a partir de este momento los musulmanes fueron derrotados.]

(153) Cuando, sin hacer caso de nadie, os alejabais huyendo y el Mensajero os llamaba desde atrás. Así os pagó la aflicción que habíais causado con otra aflicción*. Para que no os entristecierais por lo que habíais perdido ni por lo que había sucedido. Allah conoce perfectamente lo que hacéis.

* [Es decir, Allah os pagó con la aflicción de la derrota, la aflicción causada por haber desobedecido al Mensajero.]

(154) Luego, tras la aflicción, hizo que descendiera seguridad sobre vosotros: Un sueño que envolvió a una parte de vosotros mientras los demás se preocupaban por sí mismos pensando de Allah, sin razón, como en los tiempos de la Ignorancia. Decían: ¿Acaso hemos tenido algo que ver en la decisión*? Di: En verdad, la decisión pertenece enteramente a Allah. Escondían en sus almas lo que no te mostraban.

Decían: Si hubiéramos tenido parte en la decisión, no habría muerto ninguno de nosotros.

Di: Aunque hubierais estado en vuestras casas, la muerte habría sorprendido en sus lechos a aquéllos para los que estaba escrita. Fue para que Allah probara lo que había en vuestros pechos y para que reconociera lo que había en vuestros corazones.

Y Allah es Conocedor de lo que encierran los pechos.

* [De salir a luchar]

(155) A los que de vosotros dieron la espalda el día en el que se encontraron las dos tropas... el Shaytán les hizo tropezar a causa de lo que ellos se habían buscado.

Y en verdad que Allah os lo perdonó.

Es cierto que Allah es Perdonador, Indulgente.

(156) ¡Vosotros que creéis! No seáis como aquéllos que renegaron y decían de sus hermanos cuando éstos salían de expedición por la tierra o hacían incursiones: Si se hubieran quedado con nosotros no habrían muerto ni los habrían matado. (Lo decían) y Allah hacía de ello una angustia para sus corazones. Allah da la vida y da la muerte. Allah ve lo que hacéis.

(157) Y si os matan en el camino de Allah o morís...

el perdón de Allah y Su misericordia es mejor que lo que vosotros atesoráis.

(158) Si morís u os matan... Tened por cierto que seréis reunidos para volver a Allah.

(159) Por una misericordia de Allah, fuiste suave con ellos; si hubieras sido áspero, de corazón duro, se habrían alejado de tu alrededor. Así pues, perdónalos, pide perdón por ellos y consúltales en las decisiones, y cuando hayas decidido confíate a Allah.

Es verdad que Allah ama a los que ponen su confianza en El.

(160) Si Allah os ayuda... no habrá quien pueda con vosotros, pero si os abandona...

¿Quién sino El os ayudará?

En Allah se confían los creyentes.

(161) Un profeta no puede cometer fraude.

Quien defraude se presentará el Día del Levantamiento cargando con lo que defraudó; luego a cada uno se le pagará cumplidamente lo que se haya ganado y no serán tratados injustamente.

(162) ¿Acaso quien busca lo que satisface a Allah es como el que incurre en la ira de Allah y tiene por morada Yahannam?

¡Qué mal lugar de retorno!.

(163) Tienen (diferentes) grados ante a Allah.

Allah ve lo que hacen.

(164) Realmente Allah ha concedido una gracia a los creyentes al enviarles un Mensajero salido de ellos mismos que les recita Sus signos, los purifica y les enseña el Libro y la Sabiduría; ya que antes estaban en un extravío evidente.

(165) ¿Por qué cuando os sobrevino un revés, a pesar de que vosotros habíais causado el doble*, dijisteis: ¿A qué se debe esto? Se debe a vosotros mismos; ciertamente Allah tiene poder sobre todas las cosas.

* [Los setenta muertos en la derrota de Uhud y los setenta muertos y los setenta prisioneros de la victoria de Badr.]

(166) Y todo lo que os sobrevino el día en que se encontraron las dos tropas fue con permiso de Allah, para que El supiera quiénes eran los creyentes

(167) y supiera quiénes eran hipócritas.

Se les dijo: Venid a combatir en el camino de Allah o a defender*; dijeron: Si supiéramos combatir, de verdad que os seguiríamos. Ese día estuvieron más cerca de la incredulidad que de la creencia, pues decían con la lengua lo que no estaba en sus corazones.

Y Allah sabe mejor lo que ocultaban.

* [Haciendo número con los creyentes o luchando, si no por Allah, al menos para defender sus propios intereses, sus familias y hacienda.]

(168) Ellos son los que, habiéndose quedado sin hacer nada, dijeron a sus hermanos: Si nos hubieran hecho caso no les habrían matado.

Di: Si es verdad lo que decís, haceros inmunes a la muerte.

(169) Y no deis por muertos a los que han sido matados en el camino de Allah; están vivos y reciben provisión junto a su Señor.

(170) Contentos por lo que Allah les ha dado de Su favor y regocijándose por aquéllos que habrán de venir después y que aún no se les han unido, porque ésos no tendrán que temer ni se entristecerán.

(171) Regocijándose por una gracia de Allah y un favor, y porque Allah no deja que se pierda la recompensa de los creyentes.

(172) Los que respondieron a Allah y al Mensajero, a pesar de las heridas que sufrían, si hicieron el bien y se guardaron, tienen una enorme recompensa.

(173) Aquéllos a los que dijo la gente: Los hombres se han reunido contra vosotros, tenedles miedo.

Pero esto no hizo sino darles más fe y dijeron: ¡Allah nos basta, qué excelente Guardián!

(174) Y regresaron* con una gracia de Allah y favor, ningún mal les había tocado.

Siguieron lo que complace a Allah y Allah es Dueño de un favor inmenso.

* [De Badr]

(175) Así es con vosotros el Shaytán, os atemoriza con sus amigos. Pero, si sois creyentes, no les temáis a ellos, temedme a Mí.

(176) Y que no te entristezcan los que se precipitan a la incredulidad; ellos no perjudicarán a Allah en absoluto.

Allah quiere que no tengan parte en la Ultima Vida.

Tendrán un castigo inmenso.

(177) Aquéllos que adquirieron la incredulidad a cambio de la creencia no perjudicarán a Allah en absoluto y tendrán un castigo doloroso,

(178) Que no piensen los que se niegan a creer, que el hecho de que les prolonguemos la vida es un bien para sus almas.

Les concedemos este plazo para que aumenten en delito.

Tendrán un castigo envilecedor.

(179) Allah no va a dejar a los creyentes tal y como estáis, hasta que no distinga al malo del bueno; y Allah no os va a revelar el No—Visto. Sin embargo Allah elige de entre Sus mensajeros a quien quiere.

Así pues, creed en Allah y en Sus mensajeros.

Y si creéis y sois temerosos, tendréis una inmensa recompensa.

(180) Que aquéllos que retienen con avaricia el favor que Allah les ha concedido no piensen que eso es bueno para ellos; porque, por el contrario, es un mal.

Todo lo que escatimaron lo tendrán alrededor del cuello el Día del Levantamiento.

Y la herencia de los cielos y la tierra pertenece a Allah.

Allah conoce lo más recóndito de vuestras acciones.

(181) Y así fue como Allah oyó la palabra de quienes dijeron: Allah es pobre y nosotros somos ricos.

Escribiremos lo que dijeron y que mataron a los profetas sin razón, y diremos: ¡Gustad el castigo del Hariq!*

* [Esta aleya descendió en relación a un grupo de judíos que cuando fueron reveladas las palabras: "¿Quién le ofrecerá a Allah un préstamo generoso?" Reaccionaron diciendo: "Es el pobre el que pide préstamos al rico".]

(182) Eso (será) por lo que sus manos hayan presentado y porque Allah no es en absoluto, injusto con los siervos.

(183) (Son) los que dijeron: Allah pactó con nosotros que no creyéramos en ningún mensajero hasta que no nos trajera una ofrenda que el fuego consumiera*.

Di: Antes de Mí ya vinieron a vosotros mensajeros con las pruebas evidentes y con lo que habéis dicho.

Si decís la verdad, ¿Por qué entonces los matásteis?

* [Cuando los judíos querían saber si una ofrenda era aceptada por Allah la depositaban en un lugar señalado y si bajaba un fuego del cielo que la consumía, era señal de aceptación.]

(184) Y si dicen que mientes... Ya dijeron lo mismo de mensajeros anteriores a ti que habían venido con las pruebas evidentes, las escrituras y el Libro luminoso.

(185) Toda alma probará la muerte. Y el Día del Levantamiento se os pagará cumplidamente la retribución que os corresponda. Quien sea alejado del Fuego e introducido en el Jardín, habrá triunfado.

La vida de este mundo no es sino el disfrute engañoso de lo que se acaba.

(186) Os pondremos a prueba en lo que afecta a vuestras riquezas y personas. Y por cierto que oiréis mucho mal por parte de los que recibieron el Libro antes que vosotros y por parte de los asociadores;

pero si sois pacientes y teméis (a Allah), eso es parte de las cosas para las que se requiere determinación.

(187) Y cuando Allah exigió el Compromiso a los que habían recibido el Libro : "Lo explicaréis claramente a los hombres y no lo ocultaréis"; pero ellos le dieron la espalda y lo vendieron a bajo precio.

¡Qué malo es lo que adquirieron!

(188) No pienses que los que se regocijan por lo que han hecho y les gusta que se les alabe por lo que no han hecho, están a salvo del castigo, porque no lo están. Tendrán un castigo doloroso.

(189) De Allah es la soberanía de los cielos y la tierra y Allah tiene poder sobre todas las cosas.

(190) Es cierto que en la creación de los cielos y la tierra y en la sucesión del día y la noche, hay signos para los que saben reconocer la esencia de las cosas.

(191) Los que recuerdan a Allah de pie, sentados y acostados y reflexionan sobre la creación de los cielos y la tierra:

¡Señor nuestro! No creaste todo esto en vano.

¡Gloria a Ti! Presérvanos del castigo del Fuego.

(192) ¡Señor nuestro! Es cierto que a quien pongas en el Fuego lo habrás degradado. Y no hay quien auxilie a los injustos.

(193) ¡Señor nuestro! Hemos oído a alguien que llamaba a creer: ¡Creed en vuestro Señor! Y hemos creído.

¡Señor nuestro! Perdónanos nuestras faltas, cubre nuestras malas acciones y llévanos, al morir, en compañía de los justos.

(194) ¡Señor nuestro! Danos lo que nos has prometido con Tus mensajeros y no nos desprecies el Día del Levantamiento; es cierto que Tú no faltas a lo prometido.

(195) Y su Señor les responde: No dejaré que se pierda lo que haya hecho ninguno de vosotros, sea varón o hembra. Unos procedéis de otros.

Y a quienes emigraron, tuvieron que dejar sus casas, fueron perjudicados en Mi camino, combatieron y fueron matados, les cubriré sus malas acciones y los pondré en jardines por cuyo suelo corren los ríos como recompensa de parte de Allah. Y Allah tiene junto a sí la "hermosa recompensa".

(196) Que no te llame a engaño la libertad de movimientos* por el país de los que no creen.

* [Que les permite enriquecerse]

(197) Es un disfrute exiguo y luego su morada será Yahannam.

¡Qué mal lecho!

(198) Sin embargo los que teman a su Señor, tendrán jardines por cuyo suelo corren los ríos y en los que serán inmortales como hospedaje que Allah les dará junto a Él.

Pero lo que hay junto Allah es mejor para los justos.

(199) Entre la gente del Libro hay quien cree en Allah, así como en lo que se os ha hecho descender y en lo que se les hizo descender a ellos, son humildes ante Allah y no venden los signos de Allah a bajo precio.

Esos tendrán la recompensa que les corresponda ante su Señor; ciertamente Allah es rápido en tomar cuenta de las acciones.

(200) ¡Vosotros que creéis! Sed pacientes, tened más aguante*, manteneos firmes* y temed a Allah para que podáis tener éxito*

* [Que vuestros enemigos.]

* [Y alertas en las posiciones fronterizas preparados para salir a luchar.]

* [Otro sentido de esta aleya, complementario del anterior, es: Sed constantes (en vuestra Práctica de Adoración), tened más aguante (que vuestros enemigos) y manteneos firmes (en la adoración, asiduos a los lugares donde la practicáis).]

4. SURA DE LAS MUJERES.

Medinense. Tiene 176 aleyas y descendió después de la sura "La Examinada".

En el nombre de Allah, el Misericordioso, el Compasivo.

(1) ¡Hombres! Temed a vuestro Señor que os creó a partir de un solo ser, creando de él a su pareja y generando a partir de ambos muchos hombres y mujeres.

Y temed a Allah, por Quien os pedís unos a otros*, y respetad los lazos de sangre. Realmente Allah os está observando.

* [Es decir, en nombre de Quien os pedís, o podéis pediros, unos a otros.]

(2) Dad a los huérfanos* los bienes que sean suyos y no pongáis lo malo en lugar de lo bueno.

No os aprovechéis de sus bienes juntándolos a los vuestros, porque eso sería una grave injusticia.

* [Cuando hayan llegado a la pubertad.]

(3) Y si teméis no ser justos con los huérfanos*...

Casaos entonces, de entre las mujeres que sean buenas para vosotros, con dos, tres o cuatro; pero si teméis no ser equitativos ... entonces con una sólo o las que posea vuestra diestra. Esto se acerca más a que no os apartéis de la equidad.

* [Sobre esta aleya dijo Aisha, que Allah esté complacido con ella: "Descendió refiriéndose a ciertos tutores que pretendían casarse con huérfanas y perjudicarlas en sus dotes sirviéndose de su condición de tutores y es a ellos a los que se les dice: sed equitativos en sus dotes y quien tema no serlo, que se case con otras mujeres, lícitas o buenas para ellos, con las que sea más difícil incumplir".

Y dijo Ibn Abbas: "Los árabes se preocupaban de no abusar de los bienes de los huérfanos pero en cambio descuidaban la justicia entre sus mujeres y la aleya descendió refiriéndose a ésto; es decir: al igual que os preocupáis de ser justos con los huérfanos, hacedlo también con las mujeres".]

(4) Dad a las mujeres la dote correspondiente de buen grado, pero si renuncian a parte de ella en vuestro favor, voluntariamente, disfrutadlo con provecho.

(5) No deis a los incapaces la riqueza que Allah ha dispuesto para vuestro mantenimiento. Alimentadlos con ella, vestidlos y habladles con palabras convenientes.

(6)   Examinad a los huérfanos y, cuando hayan alcanzado la edad
        del matrimonio, si encontráis en ellos sensatez y rectitud, en-
        tregadles sus bienes. No los malgastéis incurriendo en delito
        y adelantándoos a que se hagan mayores.
        El que sea rico que se abstenga de ellos, y el pobre que gaste
        según lo que es comúnmente reconocido.
        Y cuando les entreguéis sus bienes, pedidles que lo testi-
        fiquen.
        Allah basta para tomar cuenta (de las acciones).

(7)   A los hombres les pertenece una parte de lo que dejen los
        padres y los parientes, y a las mujeres les pertenece una parte
        de lo que dejen los padres y los parientes sea poco o mucho;
        es una parte preceptiva.

(8)   Y si en la partición están presentes parientes, huérfanos y
        pobres, dadles algo de ello como sustento y habladles con pa-
        labras convenientes.

(9)   Y que tengan* el mismo cuidado que tendrían si fueran a
        dejar tras de sí una descendencia débil*.
        Que teman a Allah y digan palabras acertadas.
        * [Con los huérfanos.]
        * [Hijos de corta edad.]

(10)   Es cierto que quienes se coman los bienes de los huérfanos in-
        justamente, estarán llenando sus vientres de fuego y entrarán
        en un Fuego abrasador.

(11)   Allah os prescribe acerca de* vuestros hijos: al varón le cor-
        responde la misma parte que a dos hembras.
        Si éstos son dos o más mujeres, les corresponde dos tercios
        de lo que se deje, y si es una sola le corresponde la mitad.
        Y a los padres les corresponde, a cada uno de ellos, un sexto
        de lo que deje si tiene algún hijo; pero si no tiene ninguno y
        son sus padres los herederos, entonces a su madre le corres-
        ponderá un tercio.
        Y si tiene hermanos, a su madre le corresponde un sexto, una
        vez se hayan descontado los legados que deje* o las deudas.
        Vuestros padres y vuestros hijos, no sabéis cual de ellos os
        beneficia más de cerca.

Es un precepto de Allah*, es cierto que Allah es Conocedor y Sabio.

* [La herencia de.]
* [En testamento.]
* [La forma de repartir la herencia.]

(12) Y a vosotros os corresponde la mitad de lo que dejen vuestras esposas, si no tuvieran hijos; pero si los tuvieran, entonces os corresponde un cuarto de lo que dejen una vez se haya cumplido cualquier legado que hayan dispuesto o el pago de alguna deuda.

Y a ellas les corresponde un cuarto de lo que dejéis si no tuviérais ningún hijo; pero si lo tuviérais, entonces una octava parte de lo que dejéis, una vez se hayan cumplido los legados que hayáis testado y pagado las deudas que tuviérais.

Y si un hombre o una mujer, de los que se puede heredar, mueren y no tienen ni padres ni hijos, pero sí un hermano o hermana, entonces a cada uno le corresponde la sexta parte.

Y si fueran más, habrían de compartir un tercio; una vez cumplidos los legados que hubiera dispuesto y pagadas las deudas que tuviera, sin perjuicio de nadie.

Esto es un mandamiento de Allah,

y Allah es Conocedor, Sabio.

(13) Estos son los límites establecidos por Allah.

Quien obedezca a Allah y a Su Mensajero, Él le hará entrar en jardines por cuyo suelo corren los ríos donde serán inmortales. Ese es el gran triunfo.

(14) Y quien desobedezca a Allah y a Su Mensajero y traspase Sus límites, le hará entrar en un fuego en el que será inmortal y tendrá un castigo denigrante.

(15) Aquéllas de vuestras mujeres que se presenten con una indecencia*, buscad cuatro testigos de entre vosotros, y si dan testimonio contra ellas, retenedlas en las casas hasta que la muerte se las lleve o Allah les dé una salida.

* [La indecencia se refiere al adulterio. Y la salida a la que se alude es el juicio definitivo sobre la fornicación y el adulterio que quedó establecido con la lapidación para los casados, incluyendo divorciados y viudos, y cien azotes y destierro por un año para los no casados, fueran hombres o mujeres.
Los azotes quedan establecidos en la sura de la Luz, aleya 2, mientras que la lapidación estaba explícita en el Corán pero su expresión fue abrogada per-

maneciendo como juicio legal, además de estar corroborado por la Sunna.
Ibn Yuzay dice que esta aleya queda abrogadada por la siguiente y ambas a
su vez por el juicio definitivo ya mencionado.

Según Ibn Abbas la aleya siguiente se refiere al hombre y a la mujer no casados y otros interpretan que "aquéllos dos de vosotros" quiere decir "aquellos dos de vosotros, tanto el hombre casado como el soltero"; es decir, no se refiere a las mujeres.]

(16) Y a aquéllos dos de vosotros que la cometan, maltratadlos, pero si se arrepienten y se corrigen, dejadlos; es çierto que Allah acepta el arrepentimiento y es Compasivo.

(17) Allah se compromete a aceptar el arrepentimiento sólo en favor de aquéllos que hacen el mal por ignorancia y luego, al poco, se vuelven atrás arrepentidos. A ésos Allah les devuelve Su favor; Allah es siempre Conocedor y Sabio.

(18) Pero no se les aceptará el arrepentimiento a los que habiendo llevado a cabo malas acciones, cuando se les presente la muerte digan: "Ahora me arrepiento"; ni a los que mueran siendo incrédulos.

Para ésos hemos preparado un castigo doloroso.

(19) ¡Vosotros que creéis! No os está permitido heredar las mujeres por la fuerza ni que les pongáis impedimentos para llevaros parte de lo que les disteis*; excepto que hayan cometido un acto probado de indecencia.

Convivid con ellas según lo que es razonable y establecido, y si os disgustan, tal vez os esté disgustando algo en lo que Allah ha puesto mucho bien.

* [Es decir que les impidáis casarse o las maltratéis para forzarlas a que os compren el divorcio dándoos sus dotes.

La opinión más fundamentada sobre esta aleya es la que hace alusión a la situación de la mujer en la época preislámica, la cual, al morir su marido, pasaba a depender de los parientes y allegados de éste que tenían derecho a casarse con ellas, sin respetar su voluntad ni darles dote alguna, o que incluso podían impedirles casarse. En este sentido la expresión "heredar" significa pasarse las mujeres de uno a otro. También alude a algunos hombres, que sin cumplir con sus obligaciones conyugales, retenían a las mujeres contra su voluntad y sin permitirles el divorcio, sólo para heredar de ellas.]

(20) Y si queréis cambiar de esposa* y le habéis dado una gran dote, no toméis nada de ello.

¿Seréis capaces de hacerlo con falsedad y cometiendo un delito evidente?

* [Divorciando a la que tenéis para casaros con otra]

(21)   ¿Y cómo podríais hacerlo después de haber tenido intimidad el uno con el otro y habiendo recibido ellas un compromiso firme por vuestra parte?

(22)   Y no os caséis con aquéllas mujeres con las que vuestros padres hayan estado casados, con la excepción de lo que ya esté hecho.

Ciertamente es algo indecente y detestable, y un mal camino.

(23)   Se os prohiben vuestras madres, hijas, hermanas, tías paternas, tías maternas, las hijas de vuestro hermano, las hijas de vuestra hermana, vuestras madres de leche que os amamantaron, vuestras hermanas de leche, las madres de vuestras esposas y las hijastras que estén bajo vuestra protección*, que sean hijas de mujeres que hayáis tenido y con las que hayáis llegado a cohabitar, porque si son de mujeres que habéis tenido con las que no habéis cohabitado, entonces no hay inconveniente.

Y las esposas de vuestros hijos de sangre, así como que estéis casados con dos hermanas a un tiempo, a excepción de lo que ya esté hecho.

Es cierto que Allah es Perdonador y Compasivo.

* [La expresión, referida a las hijastras, "que estén bajo vuestra protección" no es una condición, es más bien una extensión enfática porque es lo normal.]

(24)   Y las mujeres casadas a excepción de las que posea vuestra diestra*. Es una prescripción de Allah para vosotros.

Aparte de esto se os permite que busquéis (esposas) con vuestros bienes como hombres honrados, no como fornicadores. Y puesto que gozáis de ellas, dadles la dote como está mandado y más allá de este mandato, no incurrís en falta en lo que hagáis de mutuo acuerdo.

Es cierto que Allah es Conocedor, Sabio.

* [Se refiere a las cautivas de guerra cuyos maridos quedan en territorio enemigo, por lo que su matrimonio deja de tener validez. Esta aleya en general implica que la dote se hace obligatoria una vez consumado el matrimonio.]

(25)   Y el que de vosotros no tenga medios suficientes para casarse con mujeres libres creyentes, que lo haga con esclavas creyentes que poseáis.

Allah conoce mejor vuestra creencia.

Unos procedeis de otros.

Casaos pues con ellas con el permiso de sus familias y dadles lo que les corresponde tal y como está establecido, como a mujeres decentes, no como si fueran fornicadoras o de las que toman amantes.

Y una vez estén en la protección del matrimonio, si cometen un acto de indecencia*, tendrán la mitad del castigo que las mujeres libres. Esto es válido para quien de vosotros tema caer en la fornicación. Pero es mejor para vosotros que tengáis paciencia.

Allah es Perdonador y Compasivo.

* [Adulterio]

(26) Allah quiere aclararos y mostraros los modelos de conducta de los que os precedieron para que os sirvan de guía. Y quiere volverse a vosotros con Su favor.

Allah es Conocedor y Sabio.

(27) Y Allah quiere volverse a vosotros con Su favor pero los que siguen los apetitos quieren que caigáis en una gran desviación.

(28) Allah quiere aliviaros, ya que el hombre fue creado débil.

(29) ¡Vosotros que creéis! No os apropiéis de los bienes de otros por medio de falsedad, sino a través de transacciones que os satisfagan mutuamente.

Y no os matéis a vosotros mismos* pues Allah es siempre Compasivo con vosotros.

* [Esto se ha interpretado generalmente en el sentido de "no os matéis unos a otros", aunque también se ha aceptado su significado más aparente.]

(30) Quien haga esto, transgrediendo y siendo injusto, le haremos entrar en un fuego. Y eso es fácil para Allah.

(31) Si evitáis las faltas graves que os hemos prohibido, os cubriremos vuestras malas acciones y os haremos entrar por una entrada noble.

(32) No ansiéis aquello con lo que Allah ha favorecido a unos sobre otros. Los hombres tendrán una parte de lo que se hayan ganado y las mujeres tendrán una parte de lo que se hayan ganado. Pedidle a Allah Su favor.

Realmente Allah es Conocedor de todas las cosas.

(33) Para todos hemos establecido beneficiarios de lo que dejan los padres y los parientes próximos.

Y a aquéllos con los que hicisteis anteriormente algún pacto jurado, dadles su parte.

Allah es Testigo de todas las cosas*.

* [Esta aleya alude al pacto de hermandad con el que el Profeta —que Allah le dé Su gracia y paz— unió a los habitantes de Medina y a los emigrados de Meca y que incluía que unos heredaran de otros. También se refiere a los juramentos de protección hechos en la época anterior al Islam que además fueron abrogados, quedando la herencia limitada a los parientes.]

(34) Los hombres están al cargo de las mujeres en virtud de la preferencia que Allah ha dado a unos sobre otros y en virtud de lo que (en ellas) gastan de sus riquezas.

Las habrá que sean rectas, obedientes y que guarden, cuando no las vean, aquéllo que Allah manda guardar.

Pero aquéllas cuya rebeldía temáis*, amonestadlas, no os acostéis con ellas, pegadles; pero si os obedecen, no busquéis ningún medio contra ellas.

Allah es siempre Excelso, Grande.

* [Esto es interpretado por muchos comentaristas como certeza, es decir: "y aquéllas de las que tengáis certeza de su rebeldía"...]

(35) Y si temáis una ruptura entre ambos, nombrad un árbitro de la familia de él y otro de la familia de ella.

Y si quieren reconciliarse, Allah propiciará su reconciliación.

Es cierto que Allah es Quien sabe y conoce lo más recóndito.

(36) Adorad a Allah sin asociar nada con El y haced el bien a vuestros padres, así como a los parientes, a los huérfanos, a los pobres, a los vecinos próximos*, a los vecinos distantes, al compañero, al viajero y a los esclavos que poseéis.

Es cierto que Allah no ama a los engreídos y jactanciosos,

* [Tanto próximos en parentesco como en cercanía física.]

(37) (ésos) que son avaros, mandan a los hombres la avaricia y ocultan lo que, de Su favor, Allah les ha dado.

Hemos preparado para los incrédulos un castigo denigrante.

(38) Los que dan de sus bienes por aparentar ante la gente, pero no creen en Allah ni en el Ultimo Día.

Quien tenga al Shaytán como compañero, ¡qué mal compañero!

(39) ¿Qué les costaría creer en Allah y en el Ultimo Día y dar de lo que Allah les ha proveído?

Allah los conoce bien.

(40) Allah no es injusto ni en el peso de lo más pequeño, y cualquier buena acción la multiplicará, por Su parte, con una enorme recompensa.

(41) ¿Y qué pasará cuando traigamos a un testigo de cada comunidad y te traigamos a ti* como testigo sobre éstos?

* [Muhammad]

(42) Ese día, los que se negaron a creer y desobedecieron al Mensajero, desearán que se los trague la tierra, y no le ocultarán a Allah una sola palabra.

(43) ¡Vosotros que creéis! No os acerquéis al salat ebrios, hasta que no sepáis lo que decís; ni impuros —salvo que estéis de paso*— hasta que no os lavéis. Y si estáis enfermos o de viaje o viene alguno de vosotros de hacer sus necesidades o habéis tenido relación con las mujeres y no encontráis agua, procuraos tierra limpia y pasaosla por la cara y las manos.

Es cierto que Allah es Indulgente, Perdonador.

* [El comentario más común sobre ésto explica que se refiere a la permisividad del tayammum, o ablución con tierra, en caso de impureza, mientras se está de viaje, aunque el Imam Malik lo condiciona a la dificultad de encontrar agua.]

(44) ¿No has visto a los que recibieron una parte del Libro cómo compran el extravío y quieren que te extravíes del camino?

(45) Pero Allah conoce mejor a vuestros enemigos.

Allah es Suficiente Aliado y Suficiente Defensor.

(46) Algunos de los que practican el judaísmo tergiversan las palabras* y dicen : ¡Oímos y desobedecemos! ¡Oye pero no entiendas! ¡Raina!* Dándole un doble sentido con sus lenguas y ofendiendo la Práctica de Adoración.

Si dijeran: ¡Oímos y obedecemos! ¡Oye! ¡Míranos! Sería mejor para ellos y más justo; pero Allah los maldice por su incredulidad. Son pocos los que creen.

* [De la Torá]

* [Aquí se hace alusión al hecho de que algunos judíos se dirigían al Profeta sirviéndose de juegos de palabras o de palabras con doble sentido como "raina" que en hebreo es un insulto mientras que en árabe significa "atiéndenos o míranos"]

(47) ¡Vosotros que habéis recibido el Libro! ¡Creed en lo que hemos hecho descender, que es una confirmación de lo que ya teníais, antes de que os borremos las facciones de la cara y la pongamos del revés u os maldigamos como maldijimos a la gente del sábado*. El mandato de Allah está hecho.

* [La gente del sábado alude al episodio de los judíos que transgredieron el sábado y fueron convertidos en monos y cerdos. Ver aleya 65 de la sura II.]

(48) Es cierto que Allah no perdona que se Le asocie con nada, pero, fuera de eso, perdona a quien quiere. Y quien asocie a Allah, habrá forjado una falsedad incurriendo en un enorme delito...

(49) ¿No has visto a los que se consideran a sí mismos puros? Sin embargo Allah purifica a quien quiere.

No se les hará ni una brizna de injusticia*

* [Lit. no se les hará injusticia ni en el filamento de la ranura de un hueso de dátil.]

(50) Mira cómo inventan mentiras sobre Allah. No hace falta un delito más evidente.

(51) ¿Acaso no has visto a los que se les dio parte del Libro cómo creen en al-Yibt y al-Tagut* y dicen de los que niegan la creencia: estos tienen mejor guía en su camino que los que creen.

* [Al-Yibt y al-Tagut designan a dos ídolos y en general representan todo aquello que se adora en lugar de Allah. Según Umar ibn al-Jattab, al-Yibt es la magia y al-Tagut es shaytán.]

(52) A ésos Allah los ha maldecido y al que Allah maldice no encontrarás quien le auxilie.

(53) ¿Es que acaso poseen algo de la Soberanía?

Si fuera así, no les darían a los hombres ni un hueso de dátil.

(54) ¿O, por el contrario, sienten envidia de los hombres por lo que Allah les ha dado de Su favor? A los descendientes de Ibrahim les dimos el Libro y la Sabiduría y les dimos un gran dominio.

(55) Entre ellos, algunos creen en él y otros se apartan. Yahannam les bastará como fuego abrasador.

(56) A los que se hayan negado a creer Nuestros signos, les arrojaremos a un fuego, y cada vez que les queme la piel, se la cambiaremos por otra, para que prueben el castigo.

Allah es siempre Irresistible, Sabio.

(57) Y a los que creen y practican las acciones de bien, les haremos entrar en jardines por cuyo suelo corren los ríos; allí serán inmortales para siempre, tendrán esposas puras y les pondremos al amparo de una apacible umbría.

(58) Allah os ordena devolver los depósitos a sus dueños y que cuando juzguéis entre los hombres, lo hagáis con justicia.

¡Que bueno es aquéllo a lo que Allah os exhorta!

Es cierto que Allah es Quien oye y Quien ve.

(59) ¡Vosotros que creéis! Obedeced a Allah, obedeced al Mensajero y a aquéllos de vosotros que tengan autoridad.

Y si disputáis sobre algo, remitidlo a Allah y al Mensajero, si creéis en Allah y en el Ultimo Día.

Esto es preferible y tiene mejor resultado.

(60) ¿No has visto a los que dicen creer en lo que se te ha hecho descender y en lo que se hizo descender antes de ti?

Quieren recurrir a ese impostor* a pesar de que se les ha ordenado no creer en él.

El Shaytán quiere que se pierdan en un lejano extravío.

* [Esta aleya descendió en relación a una disputa entre un hipócrita de Medina y un judío; el hipócrita quiso recurrir a Kab Ibn Asraf, cohen judío y uno de los mayores enemigos del Profeta, que Allah le dé Su gracia y paz, pero el judío sólo aceptó el arbitraje del Profeta que falló en su favor. No contento con el fallo, el hipócrita fue a Abu Bakr que ratificó el fallo y luego a Umar b. al Jattab quien al saber que el hipócrita había rechazado el juicio del Profeta lo mató.

Desde entonces Umar fue llamado "al-Faruq": el que distingue la verdad de la falsedad. La palabra "impostor" —que es traducción de "tagut"— alude · aquí a Kab Ibn Asraf.]

(61) Y cuando se les dice: Venid a lo que Allah ha hecho descender y al Mensajero, ves a los hipócritas rehuirte con desdén.

(62) ¿Qué harán cuando les ocurra una desgracia a causa de lo que sus manos presentan? Luego vendrán a ti jurando por Allah: sólo queríamos el bien y la concordia.

(63) De ésos Allah sabe lo que tienen en el corazón. Así pues, mantente apartado de ellos, adviérteles y diles sobre sí mismos palabras que les lleguen.

(64) Y no hemos enviado a ningún mensajero sino para que fuera obedecido con el permiso de Allah.

Si después de haber sido injustos consigo mismos hubieran

venido a ti, hubieran pedido perdón a Allah y hubiera pedido el Mensajero perdón por ellos, habrían encontrado a Allah Favorable hacia ellos, Compasivo.

(65) Pero no, por tu Señor que no creerán hasta que no te acepten como árbitro en todo lo que sea motivo de litigio entre ellos y luego no encuentren en sí mismos nada que les impida aceptar lo que decidas y se sometan por completo.

(66) Si les hubiéramos ordenado que se mataran o que abandonaran sus casas, sólo unos pocos lo habrían hecho.
Pero hubiera sido mejor para ellos haber hecho aquello a lo que se les exhortó y hubiera sido una afirmación más fuerte*.
* [De su creencia.]

(67) De ser así les hubiéramos dado por Nuestra parte una enorme recompensa

(68) y los habríamos guiado por un camino recto.

(69) Quien obedezca a Allah y al Mensajero, ésos estarán junto a los que Allah ha favorecido: los profetas, los veraces, los que murieron dando testimonio y los justos. ¡Y qué excelentes compañeros!

(70) Ese es el favor de Allah. Allah basta como Conocedor.

(71) ¡Vosotros que creéis! Tomad vuestras precauciones y salid a combatir en grupos o todos juntos.

(72) Entre vosotros hay quien se queda atrás, y si os ocurre algún percance dice: Allah me ha agraciado por no haber estado allí con ellos.

(73) Pero si os llega un favor de Allah seguro que dirá, como si ningún afecto os uniera : ¡Ay de mí! Si hubiera estado con ellos habría logrado un gran triunfo.

(74) Que combatan en el camino de Allah aquéllos que dan la vida de este mundo a cambio de la otra. Y a quien combata en el camino de Allah, ya muera o resulte victorioso, le daremos una enorme recompensa.

(75) ¿Y cómo es que no combatís en el camino de Allah mientras esos hombres, mujeres y niños oprimidos, dicen: ¡Señor nuestro! Sácanos de esta ciudad* cuyas gentes son injustas y danos, procedente de Ti, un protector y un auxiliador.
* [Meca]

(76) Los que creen, combaten en el camino de Allah y los que se niegan a creer, combaten en el camino del Rebelde.

¡Combatid a los aliados del Shaytán! Ciertamente la trampa del Shaytán es débil.

(77) ¿No has visto a los que se les dijo: Contened vuestras manos, estableced el salat y entregad el zakat.

Y cuando se les mandó combatir, algunos de ellos, temieron a los hombres como se teme a Allah o aún más y dijeron: ¡Señor nuestro! ¿Por qué nos mandas combatir? ¿Y si nos dieras un pequeño plazo?

Di: La posesión en disfrute de esta vida es poca cosa; la Ultima Vida es mejor para quien es temeroso.

No se os hará ni una brizna de injusticia.

(78) Dondequiera que estéis, incluso si estáis en torres fortificadas, os alcanzará la muerte.

Si les ocurre algo bueno dicen: Esto viene de Allah, pero si les ocurre algo malo, dicen: Esto viene de ti*.

Di: Todo viene de Allah. ¿Qué le pasa a esta gente que apenas comprende lo que se les dice?

* [Muhammad]

(79) Lo bueno que te ocurre viene de Allah y lo malo, de ti mismo. Te hemos enviado a los hombres como Mensajero y Allah basta como Testigo.

(80) Quien obedece al Mensajero está obedeciendo a Allah.

Y quien le da la espalda... No te hemos enviado a ellos para que seas su guardián.

(81) Y dicen: Obediencia.

Pero cuando se alejan de ti, hay un grupo de ellos que trama por la noche en contra de lo que dices.

Pero Allah escribe lo que traman, así pues, apártate de ellos y confíate a Allah, Allah basta como Protector.

(82) ¿Es que no han reparado en el Corán?

Si procediera de otro que Allah, hallarían en él muchas contradicciones.

(83) Y cuando les llega algún rumor que puede afectar a la seguridad o infundir miedo, lo propagan.

Si lo remitieran al Mensajero o a los que entre ellos tienen mando, lo sabrían los que de ellos están en condiciones de hacer averiguaciones*.

Y si no fuera por el favor que recibís de Allah y por Su misericordia, todos, salvo unos pocos, seguiríais al Shaytán.

* [Y decidir si se debe o no hacer público. También puede entenderse así: "Si lo remitieran al Mensajero... lo sabrían quienes lo averigüasen a través de ellos, es decir del Mensajero y de la gente con autoridad.]

.84) Combate en el camino de Allah, no te exijas sino a ti mismo y anima a los creyentes; puede ser que Allah detenga la violencia de los que se niegan a creer.

Y Allah tiene más violencia y Su castigo es más intenso.

(85) Quien interceda por otro para bien tendrá lo que le corresponda de ello y quien lo haga para mal, tendrá lo que le corresponda de ello.

Allah le da a cada cosa lo que le corresponde.

(86) Y cuando os dirijan un saludo, corresponded con uno mejor que él o simplemente devolvedlo, es cierto que Allah tiene en cuenta todas las cosas.

(87) Allah, no hay dios sino El. Os reunirá para el Día del Levantamiento, del cual no hay duda.

¿Y quién tiene una palabra más verídica que Allah?

(88) ¿Por qué os dividís en dos grupos con respecto a los hipócritas? Allah los ha devuelto a su condición primera* a causa de lo que se han ganado.

¿Es que pretendéis guiar a quien Allah ha extraviado?

No encontrarás camino para quien Allah ha extraviado.

* [De incrédulos]

(89) Quisieran que renegaseis como ellos han renegado y que fueseis iguales. No los toméis como aliados hasta que no hayan emigrado en el camino de Allah.

Y si se desentienden, atrapadlos y matadlos donde quiera que los encontréis y no toméis aliado ni auxiliar de entre ellos.

(90) A excepción de aquéllos que se unan a una gente con la que tengáis algún pacto o vengan a vosotros con el pecho encogido por tener que combatir contra vosotros o contra su gente.

Si Allah hubiera querido les habría dado poder sobre vosotros y os habrían combatido. Y si se retiran y no os combaten y os ofrecen la paz...

Allah no os da ningún medio de ir contra ellos.

(91) Encontraréis a otros que quieren estar a salvo de vosotros y a salvo de su gente; cada vez que vuelven a la discordia, caen más profundamente en ella. Pero si no os dejan y os ofrecen la paz y detienen sus manos...

Atrapadlos y matadlos dondequiera que los encontréis.

Os hemos dado sobre ellos una autoridad evidente.

(92) No es de creyentes que uno mate a otro, a menos que sea por error. Y quien matare a un creyente por error, deberá poner en libertad a un esclavo creyente y pagar el precio de sangre a su familia a menos que ésta se lo perdone por generosidad.

Y si pertenecía a una gente enemiga vuestra pero era creyente, o si era de una gente con la que tenéis algún pacto, pagad el precio de sangre a su gente y poned en libertad a un esclavo que sea creyente.

Y quien no encuentre manera de hacerlo, que ayune dos meses consecutivos como reparación aceptable por Allah. Allah es Conocedor, Sabio.

(93) Y aquel que mate a un creyente intencionadamente, tendrá como recompensa Yahannam donde será inmortal.

Sobre él caerá la ira de Allah, que lo maldecirá y le preparará un castigo inmenso.

(94) ¡Vosotros que creéis! Cuando salgáis de expedición* en el camino de Allah, distinguid con claridad y no digáis a quien os ofrezca la rendición*: "Tú no eres creyente", buscando con ello lo que la vida del mundo ofrece; pues junto a Allah hay muchos botines. Así erais también vosotros antes y Allah os favoreció, de modo que aseguraos bien.

Es cierto que Allah conoce hasta lo más recóndito de lo que hacéis.

* [Para luchar]

* [Mediante el testimonio de creencia: "No hay dios sino Allah, Muhammad es el Mensajero de Allah". Existe una variante en la lectura de la palabra que se ha traducido como rendición, "salam", haciendo larga la vocal de la segunda sílaba, y entonces significaría saludo de paz. En este caso habría que

entender: "Os ofrecen el saludo de paz", es decir: As-Salamu alaykum. Sin embargo, esto no varía la explicación de la aleya, ya que este saludo precede o puede equivaler al testimonio de la creencia cuya afirmación hace inviolable la sangre y los bienes del que la expresa.]

(95) No son iguales los creyentes, que sin estar impedidos, permanecen pasivos y los que luchan en el camino de Allah con sus bienes y personas. Allah ha dado un grado de preferencia sobre los pasivos a los que luchan con sus bienes y personas. A ambos les ha prometido lo más hermoso pero ha favorecido a los que luchan sobre los que se quedan pasivos con una enorme recompensa.

(96) Grados procedentes de Él, perdón y misericordia. Y Allah es Perdonador, Compasivo.

(97) A los que se lleven los ángeles habiendo sido injustos consigo mismos les dirán: ¿En qué se os fue la vida?*
Responderán: Estábamos oprimidos en la tierra.
Les dirán: ¿Acaso no era la tierra de Allah lo suficientemente extensa como para emigrar? Esos tendrán por morada Yahannam. ¡Qué mal fin!
* [Lit. ¿En qué estuvisteis?]

(98) A menos que se trate de hombres, mujeres y niños imposibilitados, que carezcan de recursos y no sepan cómo hacerlo.

(99) A éstos Allah los disculpa. Allah es Indulgente, Perdonador.

(100) Quien emigre en el camino de Allah encontrará en la tierra muchos lugares donde refugiarse y holgura.
Al que, habiendo dejado su casa para emigrar por Allah y Su Mensajero, le sorprenda la muerte, tiene la recompensa asegurada por Allah.
Allah es siempre Perdonador y Compasivo.

(101) Y cuando salgáis de expedición por la tierra no hay inconveniente en que acortéis el salat, así como cuando temáis que os ataquen los que se niegan a creer. Es cierto que los incrédulos son para vosotros enemigos declarados.

(102) Y cuando estés* con ellos y les dirijas el salat, que una parte permenezca en pie contigo llevando sus armas, y mientras se hacen las postraciones, que permanezcan (los demás) detrás de vosotros; luego que venga la parte que no haya rezado y lo hagan contigo tomando precauciones y estando armados.

Los que se niegan a creer querrían que os descuidarais de vuestras armas y pertrechos para así poder caer sobre vosotros en una sola carga.

No cometéis falta si cuando os moleste la lluvia o estéis enfermos, dejáis las armas, pero tomad precauciones.

Es cierto que Allah ha preparado para los incrédulos un castigo denigrante.

* [Muhammad]

(103) Y cuando hayáis concluido el salat invocad a Allah, de pie, sentados y acostados.

Y cuando estéis fuera de peligro estableced el salat; ciertamente el salat es para los creyentes, un precepto en tiempos determinados.

(104) No flaqueéis en perseguir a esa gente. Si os resulta doloroso, también lo es para ellos, pero vosotros esperáis de Allah lo que ellos no esperan.

Y Allah es Conocedor, Sabio.

(105) Es cierto que hicimos que te descendiera el Libro con la verdad para que juzgaras entre los hombres con lo que Allah te hace ver.*

No defiendas a los traidores.

* [Esta aleya y las siguientes se revelaron en relación a uno que robó armas y alimentos a un grupo de los ansar de Medina y su gente fue al Profeta declarándolo inocente y culpando a otro; el Profeta creyó que decían la verdad y lo defendió hasta que descendió esta aleya y se aclaró.]

(106) Pide perdón a Allah, ciertamente Allah es Perdonador, Compasivo.

(107) Ni tampoco defiendas a los que se traicionaron a sí mismos, la verdad es que Allah no ama a quien es traidor y malvado.

(108) Quieren esconderse de los hombres pero no pueden esconderse de Allah; El está con ellos cuando, de noche, traman lo que no Le complace.

Allah rodea lo que hacen.

(109) ¿Acaso vais a ser vosotros quienes los defiendan en esta vida? ¿Y quién los defenderá ante Allah el Día del Levantamiento o quién será su guardián?

(110) Quien haga un mal o sea injusto consigo mismo y luego pida perdón a Allah, encontrará a Allah Perdonador y Compasivo.

(111) Quien contraiga una maldad, lo hará contra sí mismo; Allah es Conocedor y Sabio.

(112) Y quien contraiga una falta o un delito y luego acuse de ello a un inocente, habrá cargado con una calumnia y con un delito evidente.

(113) Si no fuera por el favor de Allah para contigo y por Su misericordia...

Un grupo de ellos se había propuesto extraviarte, pero sólo se extraviarán a sí mismos y no te perjudicarán en nada.

Allah hizo descender sobre ti el Libro y la Sabiduría y te enseñó lo que no sabías. El favor de Allah para contigo ha sido inmenso.

(114) Muchas de sus conversaciones secretas no encierran ningún bien. Pero no es así quien manda dar con generosidad, actuar según lo reconocido como bueno o reconciliar a los hombres. A quien haga esto, buscando el beneplácito de Allah, le daremos una recompensa enorme.

(115) Y quien se oponga al Mensajero después de haberle sido aclarada la guía y siga otro camino que el de los creyentes, le dejaremos con lo que ha elegido y le arrojaremos a Yahannam. ¡Qué mal fin!

(116) Es cierto que Allah no perdona que se Le asocie con nada. Sin embargo, aparte de esto, perdona a quien quiere.

Quien asocie algo con Allah, se habrá perdido en un lejano extravío.

(117) En vez de Él, sólo invocan a hembras* y a un demonio rebelde*
* [Divinidades femeninas]
* [Iblis]

(118) Allah lo maldijo y él contestó: Tomaré para mí a una determinada parte de Tus siervos.

(119) Y en verdad que les extraviaré, les haré tener falsas esperanzas, les instigaré, y harán cortes en las orejas del ganado*, y les instigaré, y cambiarán la creación de Allah.

Y quien tome al Shaytán por aliado, en vez de Allah, habrá caído en una clara perdición.
* [Como se hacía en los ritos idólatras de la ignorancia anterior al Islam]

(120) Les promete y les hace tener falsas esperanzas, pero todo lo que el Shaytán les promete no es sino engaño.

(121) Esos tendrán como morada Yahannam y no encontrarán ninguna salida de él.

(122) A los que creen y practican las acciones de bien, les haremos fácil entrar en jardines por los que corren los ríos; allí serán inmortales para siempre. Promesa verdadera de Allah.
¿Y quién es más veraz que Allah en su palabra?

(123) No se hará según vuestros deseos ni según los deseos de la gente del Libro. Quien haga un mal será pagado por ello y no encontrarás para él, aparte de Allah, nadie que lo proteja ni lo defienda.

(124) Y quien haga acciones de bien, sea varón o hembra, y sea creyente... esos entrarán en el Jardín y no se les hará ni una brizna de injusticia.

(125) ¿Y quién es mejor en su Práctica de Adoración que aquel que ha sometido su rostro a Allah, hace el bien y sigue la religión de Ibrahim como hanif? Y Allah tomó a Ibrahim como amigo íntimo.

(126) De Allah es cuanto hay en los cielos y en la tierra. Allah rodea todas las cosas.

(127) Te piden que dictamines en lo referente a las mujeres. Dí: Allah os dictamina sobre ellas, como lo que se os dice en el Libro* acerca de las huérfanas con las que deseáis casaros y a las que no deis lo que está prescrito que les deis.
Y sobre los niños que están indefensos. Y sobre que tratéis a los huérfanos con justicia.
El bien que hagáis, realmente Allah lo conoce.
* [Al principio de esta sura]

(128) Y si una mujer teme que su marido incumpla el deber conyugal o la rehuya, no hay falta para ambos si llegan a un acuerdo de reconciliación*. La reconciliación es un bien.
La codicia está presente en las almas, pero si hacéis el bien y sois temerosos... Es cierto que Allah conoce hasta lo más recóndito de lo que hacéis.
* [Sobre el descenso de esta aleya, dijo Ibn Abbas que Sauda bint Zamah, una de las esposas del Profeta, que Allah le dé Su gracia y paz, temiendo ser

divorciada por él, le dijo: "¡Mensajero de Allah! No me divorcies y que mi día sea para Aishah". Y así lo hizo y entonces descendió esta aleya.

Y sobre esto mismo se ha transmitido en los Sahihayn, de Aishah, que dijo: "Cuando Sauda bint Zamah entró en años, ofreció su día en mi favor."]

(129) No podréis ser equitativos con las mujeres aunque lo intentéis, pero no os inclinéis del todo* dejando a la otra como si estuviera suspensa en el aire. Si rectificáis y sois temerosos... Es verdad que Allah es Perdonador y Compasivo.

* [Hacia una de ellas]

(130) Y si se separan, Allah los enriquecerá a ambos con parte de Su holgura; Allah es Espléndido, Sabio.

(131) De Allah es cuanto hay en los cielos y cuanto hay en la tierra. Encomendamos a los que recibieron el Libro antes que vosotros, como os hemos encomendado a vosotros mismos, que temierais a Allah, pero si dejáis de creer... De Allah es cuanto hay en los cielos y en la tierra.

Allah es Rico y en Sí mismo alabado.

(132) De Allah es lo que hay en los cielos y en la tierra; Allah basta como Guardián.

(133) Si quiere, ¡hombres!, os suprimirá y traerá a otros; Allah tiene poder sobre todas las cosas.

(134) Quien quiera lo que esta vida ofrece... junto a Allah está la recompensa de esta vida y la de la Ultima. Allah es Quien oye y Quien ve.

(135) ¡Vosotros que creéis! Sed firmes en establecer la justicia dando testimonio por Allah, aunque vaya en contra de vosotros mismos o de vuestros padres o parientes más próximos, tanto si son ricos como si son pobres; Allah es antes que ellos. No sigáis los deseos para que así podáis ser justos. Y si dais falso testimonio u os apartáis... Es cierto que Allah conoce hasta lo más recóndito de lo que hacéis.

(136) ¡Vosotros que creéis! Creed en Allah y en Su Mensajero así como en el Libro que se le ha hecho descender a Su Mensajero y en el Libro que se hizo descender antes.

Quien niegue la creencia en Allah, en Sus ángeles, en Sus libros, en Sus mensajeros y en el Ultimo Día, se habrá alejado en un gran extravío.

(137) Es verdad que a quienes creyeron y luego renegaron, y después volvieron a creer y renegaron de nuevo, siendo mayor aún su incredulidad,

Allah no los perdonará ni les mostrará ningún camino.

(138) Anuncia a los hipócritas que hay un castigo doloroso para ellos.

(139) Esos que toman como amigos a los incrédulos, en vez de a los creyentes;

¿Acaso buscan el poder junto a ellos?

Lo cierto es que el poder pertenece por entero a Allah.

(140) Ya se os reveló en el Libro que cuando oyerais los signos de Allah y vierais como ellos los negaban y se burlaban, no os sentarais en su compañía hasta que no hubieran entrado en otra conversación;

pues en verdad que si lo hicierais, seréis iguales que ellos.

Es cierto que Allah reunirá a los hipócritas y a los incrédulos, todos juntos, en Yahannam.

(141) Esos que están al acecho de lo que os pasa y cuando obtenéis una victoria procedente de Allah, dicen: ¿Acaso no estábamos con vosotros?

Pero si los incrédulos logran algún triunfo parcial, les dicen: ¿Acaso no estábais a nuestra merced y os hemos defendido contra los creyentes?

Allah juzgará entre ellos el Día del Levantamiento.

Allah no dará a los incrédulos ninguna posibilidad contra los creyentes.

(142) Los hipócritas pretenden engañar a Allah, pero es El quien los engaña. Cuando se disponen a hacer el salat, se levantan perezosos y lo hacen para que los demás los vean. Apenas si se acuerdan de Allah.

(143) Vacilantes entre una cosa y otra, no están ni con unos ni con otros. A quien Allah extravía no encontrarás manera de encaminarlo.

(144) ¡Vosotros que creéis! No toméis por amigos a los incrédulos en vez de a los creyentes.

¿Es que queréis dar a Allah una prueba clara contra vosotros?

(145) Verdaderamente los hipócritas estarán en el nivel más bajo del Fuego y no encontrarán quien los defienda.

(146) Excepto los que se vuelvan atrás arrepentidos, rectifiquen, se aferren a Allah y dediquen sinceramente a Allah su Práctica de Adoración... Esos están con los creyentes y Allah dará a los creyentes una gran recompensa.

(147) ¿Qué ganaría Allah con castigaros si sois agradecidos y creéis? Allah es Agradecido y Conocedor.

(148) Allah no ama que se refiera ningún mal en público, a no ser que lo haga alguien que haya sido objeto de injusticia. Allah es Quien oye y Quien sabe.

(149) Pero una buena acción, tanto si la ponéis de manifiesto como si la ocultáis, o un mal que perdonéis... Allah es Indulgente y Poderoso.

(150) Aquéllos que niegan a Allah y a Sus mensajeros y quieren hacer distinción entre Allah y Sus mensajeros; y dicen: Creemos en unos pero no creemos en otros; queriendo tomar un camino intermedio.

(151) Esos son los verdaderos incrédulos. Y hemos preparado para los incrédulos un castigo denigrante.

(152) Y a los que creen en Allah y en Sus mensajeros sin hacer distinciones entre ellos, a ésos se les dará su recompensa. Allah es Perdonador y Compasivo.

(153) La gente del Libro te pedirá que hagas descender para ellos un libro del cielo.

Ya le pidieron a Musa cosas mayores; le dijeron: Haz que veamos a Allah directamente, y el rayo los fulminó por su injusticia. Luego tomaron el becerro* a pesar de haberles llegado las evidencias.

Se lo perdonamos y le dimos a Musa una autoridad clara.

* [Como objeto de adoración]

(154) Y les pusimos el monte por encima para hacerles aceptar la Alianza* y les dijimos: Entrad por la puerta* con la cabeza inclinada. Y les dijimos: No dejéis de cumplir con el sábado.

Y les hicimos aceptar un firme compromiso.

* [El compromiso de ser fieles a la Torá]
* [De Jerusalén]

(155) Por haber roto su compromiso, por haber negado los signos de Allah, por haber matado a profetas sin derecho alguno y por haber dicho: Nuestros corazones están cerrados.

Pero no es así; sino que Allah les ha sellado el corazón a causa de su incredulidad y son pocos los que creen.

(156) Y por su incredulidad* y haber dicho contra Maryam una calumnia enorme.

* [Al haber negado a Isa]

(157) Y por haber dicho: Nosotros matamos al Ungido*, hijo de Maryam, mensajero de Allah.

Pero, aunque así lo creyeron, no lo mataron ni lo crucificaron.

Y los que discrepan sobre él, tienen dudas y no tienen ningún conocimiento de lo que pasó, sólo siguen conjeturas.

Pues con toda certeza que no lo mataron.

* [Ver nota de la aleya 45 de la sura 3, la Familia de Imrán]

(158) Sino que Allah lo elevó hacia Sí, Allah es Poderoso y Sabio.

(159) Y entre la gente del Libro no hay nadie que, antes de su muerte*, no vaya a creer en él. Y el Día del Levantamiento él dará testimonio de ellos.

* [La expresión "antes de su muerte" puede referirse a la muerte de los que forman parte de la gente del Libro, es decir que no habrá ningún judío que en el momento anterior a la muerte no crea en Jesús, cuando ya no sirva de nada creer. Y puede referirse a la muerte de Jesús, es decir, no habrá nadie de la gente del Libro que no crea en Jesús antes de que éste muera después de haber venido al mundo por segunda vez.]

(160) Y a los judíos, por su propia injusticia y por lo mucho que se desviaron* del camino de Allah, les prohibimos cosas buenas que antes les estaban permitidas.

* [También cabe entender: "Por haber desviado a muchos del camino de Allah"]

(161) Y por haber adoptado la usura que ya les estaba prohibida, y haber usurpado los bienes de los hombres con falsedad.

Hemos preparado para los que de ellos hayan caído en la incredulidad un castigo doloroso.

(162) No obstante a los que de ellos están afianzados en el conocimiento, a los que creen en lo que te ha descendido a ti y en lo que descendió antes de ti,

a los que establecen el salat, dan el zakat y creen en Allah y en el Ultimo Día; a ésos les daremos una gran recompensa.

(163) Es verdad que te hemos inspirado al igual que inspiramos a Nuh y a los profetas anteriores a él. Y también le inspiramos a Ibrahim, Ismail, Ishaq, Yaqub, las Tribus, Isa, Ayyub, Yunus y Sulayman. Y a Daud, al que le dimos los Salmos.

(164) Hay mensajeros de los que te hemos referido y mensajeros de los que no te hemos contado nada.

Y a Musa le habló Allah directamente.

(165) Mensajeros portadores de buenas noticias y de advertencias, para que así los hombres, después de su venida, no tuvieran ningún argumento frente Allah. Allah es Poderoso y Sabio.

(166) Sin embargo Allah atestigua que lo que te ha hecho descender, ha sido con Su conocimiento y los ángeles dan testimonio de ello.

Y Allah basta como testigo.

(167) Es cierto que los que se niegan a creer y desvían del camino de Allah, se han alejado en un profundo extravío.

(168) A los que se niegan a creer y son injustos, Allah no los perdonará ni los guiará a ningún camino.

(169) Que no sea el camino de Yahannam, donde serán inmortales para siempre.

Y eso es simple para Allah.

(170) ¡Hombres! Ha llegado a vosotros el Mensajero con la verdad de vuestro Señor, así pues, es mejor para vosotros que creáis. Pero si no lo hacéis... Lo cierto es que de Allah es cuanto hay en los cielos y en la tierra. Y Allah es Conocedor, Sabio.

(171) ¡Gente del Libro! No saquéis las cosas de quicio en vuestra Práctica de Adoración ni digáis sobre Allah nada que no sea la verdad.

Ciertamente el Ungido, hijo de Maryam, es el mensajero de Allah, Su palabra depositada en Maryam y un espíritu procedente de El. Creed, pues, en Allah y en Su Mensajero y no digáis tres; es mejor para vosotros que desistáis. La verdad es que Allah es un Dios Unico.

¡Está muy· por encima en Su gloria de tener un hijo!

Suyo es cuanto hay en los cielos y cuanto hay en la tierra.

Y Allah basta como Guardián.

(172) El Ungido no desprecia ser un siervo de Allah ni los ángeles que están cerca (de El).

Pero aquel que desprecie servirle y se llene de soberbia...

Todos van a ser reunidos para volver a El.

(173) En cuanto a los que creen y practican las acciones de bien, se les pagará debidamente su recompensa y El les aumentará Su favor.

Pero a los que desprecien y sean soberbios, los castigará con un doloroso castigo y no encontrarán, fuera de Allah, ni quien los proteja ni quien los defienda.

(174) ¡Hombres! Os ha llegado una prueba de vuestro Señor y hemos hecho que descendiera para vosotros una luz clara.

(175) Los que crean en Allah y se aferren a El... entrarán bajo Su benevolencia y favor y les mostrará la guía de un camino recto.

(176) Te piden que dictamines. Di: Allah os da un juicio sobre el caso en que no se tengan ni padres ni hijos.

Si alguien muere sin dejar hijos, pero tiene una hermana, a ella le corresponderá la mitad de lo que deje. Y si son dos, a cada una de ellas le corresponderá dos tercios de lo que deje; y si hay hermanos, varones y hembras, entonces a cada varón le corresponderá la parte de dos hembras.

Allah os aclara para que no os extraviéis.

Allah es Conocedor de todas las cosas.

5. SURA DE LA MESA SERVIDA.

Revelada en Medina, excepto la aleya 3, que descendió en Arafat durante la Peregrinación de la Despedida. Consta de 120 aleyas y descendió después de la sura al-Fath (la Apertura).

En el nombre de Allah, el Misericordioso, el Compasivo.

(1) ¡Vosotros que creéis! ¡Cumplid los contratos!

Os están permitidos los animales de rebaño con las excepciones que se os enuncian, pero no os está permitido cazar mientras estéis en estado de inviolabilidad*

Allah dispone lo que quiere.

* [El Ihram durante la Peregrinación]

(2) ¡Vosotros que creéis! No profanéis los ritos de Allah ni los meses inviolables, ni la ofrenda, ni las guirnaldas*, ni a quienes se dirigen a la Casa Inviolable buscando el favor de su Señor y la aceptación.

Cuando hayáis salido del estado de inviolabilidad, entonces cazad. Y que el odio hacia los que os han separado de la Mezquita Inviolable no pueda más que vosotros haciéndoos transgredir. Y buscad ayuda en la virtud y en la temerosidad, no en la desobediencia ni en la transgresión.

Y temed a Allah, es cierto que Allah es Fuerte castigando.

* [Es decir, las que se ponen a los animales que van a ser sacrificados como ofrenda a la Casa Inviolable, para que se les reconozca.]

(3) Se os prohíbe la carne del animal muerto por causa natural, la sangre, la carne de cerdo, la del animal que haya sido sacrificado en nombre de otro que Allah, la del que haya muerto por asfixia, golpe, caída, cornada

o devorado por una fiera, a menos que lo degolléis*.

Y la del que haya sido sacrificado sobre altares y que consultéis la suerte con las flechas.

Hacer esto es salirse del camino.

Hoy los que se niegan a creer han perdido las esperanzas de acabar con vuestra Práctica de Adoración.

No los temáis a ellos, temedme a Mí.

Hoy os he completado vuestra Práctica de Adoración, he colmado Mi bendición sobre vosotros y os he aceptado complacido el Islam como Práctica de Adoración

El que se vea obligado* por hambre sin ánimo de transgredir... Ciertamente Allah es Perdonador y Compasivo.

* [Antes de que muera]

* [A quebrantar estas prohibiciones]

(4)   Te preguntan qué es lícito para ellos. Di: Las cosas buenas y lo que cacen los animales de presa que hayáis adiestrado para ello, a los que enseñéis parte de lo que Allah os ha enseñado a vosotros.

Comed pues de lo que ellos capturen para vosotros y mencionad el nombre de Allah*.

Y temed a Allah, es cierto que Allah es Rápido en la cuenta.

* [Al soltarlos para que cacen]

(5)   Hoy se os hacen lícitas las cosas buenas.

Y es lícito para vosotros el alimento de los que recibieron el Libro, así como el vuestro lo es para ellos.

Y las mujeres libres y honestas que sean creyentes así como las mujeres libres y honestas de los que recibieron el Libro antes que vosotros,

si les dais sus dotes como casados no como fornicadores ni como los que toman amantes.

Y quien niegue la creencia, habrá perdido sus obras y en la Ultima Vida será de los perdedores.

(6)   ¡Vosotros que creéis! Cuando vayáis a hacer el salat, lavaos la cara y las manos llegando hasta los codos y pasaos la mano por la cabeza y por los pies hasta los tobillos.

Y si estáis impuros, purificaos.

Y si estáis enfermos o no encontrais agua, estando de viaje o viniendo alguno de vosotros de hacer sus necesidades o habiendo tenido relación con las mujeres, procuraos entonces tierra buena y pasáosla por la cara y las manos.

Allah no quiere poneros ninguna dificultad, sólo quiere que os purifiquéis y completar Su bendición sobre vosotros, para que podáis ser agradecidos.

(7) Y recordad la bendición de Allah para con vosotros y el compromiso que adquiristeis con El al decir: Oímos y obedecemos. Y temed a Allah, es cierto que Allah es Conocedor de lo que encierran los pechos.

(8) ¡Vosotros que creéis! Sed firmes en favor de Allah, dando testimonio con equidad. Y que el odio que podáis sentir por unos, no os lleve al extremo de no ser justos. ¡Sed justos! Eso se acerca más a la temerosidad.

Y temed a Allah, es cierto que El conoce perfectamente lo que hacéis.

(9) Allah ha prometido a los que crean y practiquen las acciones de bien que tendrán perdón y una enorme recompensa.

(10) Y quienes se niegan a creer y tachan de mentira Nuestros signos, esos son los compañeros del Yahim.

(11) ¡Vosotros que creéis! Recordad las bendiciones de Allah para con vosotros, cuando algunos pretendían alargar sus manos contra vosotros y El las apartó.

Temed a Allah, en Allah se confían los creyentes.

(12) Y en verdad que Allah exigió la alianza a los hijos de Israel. Y de ellos erigimos a doce jefes de tribu.

Y dijo Allah: Yo estoy con vosotros. Si estableceis la Oración, entregais el zakat, creéis en Mis mensajeros y estais con ellos y le haceis a Allah un hermoso préstamo...

Tened por cierto que ocultaremos vuestras malas acciones y os introduciré en jardines por los que corren los ríos.

Y quien de vosotros, después de esto, reniegue, se habrá extraviado del camino llano.

(13) Y porque rompieron su compromiso los maldijimos y endurecimos sus corazones. Tergiversaron las palabras* y olvidaron parte de lo que con ellas se les recordaba.

No cesarás de descubrir traiciones por su parte, a excepción de unos pocos, pero perdónalos y no se lo tomes en cuenta; es cierto que Allah ama a los que hacen el bien.*

* [De la Torá]

* [El juicio legal derivado de la última parte de la aleya quedó abrogado por la "aleya de la espada" —la quinta de la sura novena— y por el pacto de capitulación y protección que implica el pago de la yizia.]

(14) Y a algunos de los que dicen: "Somos cristianos", les exigimos la alianza, sin embargo olvidaron parte de lo que se les recordaba en ella y sembramos la enemistad y el odio entre ellos hasta el Día del Levantamiento.

Ya les hará saber Allah lo que hicieron.

(15) ¡Gente del Libro! Ha venido a vosotros Nuestro Mensajero aclarándoos mucho de lo que ocultabais del Libro y perdonando muchas cosas.

Ha venido a vosotros procedente de Allah, una luz y un Libro claro.

(16) Con el que Allah guía, a quien persigue Su complacencia, por los caminos de la salvación.

Y los saca de las tinieblas a la luz con Su permiso y los guía al camino recto.

(17) Han caído en incredulidad los que dicen que Allah es el Ungido, hijo de Maryam.

Di: ¿Y si Allah quisiera destruir al Ungido, hijo de Maryam, a su madre y a cuantos hay en la tierra, todos a la vez? ¿Quién podría impedírselo? De Allah es el Dominio de los cielos y la tierra y lo que hay entre ambos.

Crea lo que quiere, Allah es Poderoso sobre todas las cosas.

(18) Y dicen los judíos y los cristianos: Nosotros somos los hijos de Allah y los más amados por El.

Di: ¿Por qué entonces os castiga a causa de vuestras transgresiones? Sólo sois unos más entre los hombres que ha creado.

Perdona a quien quiere y castiga a quien quiere.

De Allah es el Dominio de los cielos y de la tierra y de lo que hay entre ambos.

A El se ha de volver.

(19) ¡Gente del Libro! Os ha llegado Nuestro Mensajero para aclararos las cosas, tras un período de tiempo sin mensajeros, de manera que no pudierais decir: No nos ha llegado nadie que nos trajera buenas noticas y nos advertiera.

Así pues, ahora ya tenéis un portador de buenas nuevas y un advertidor.

Allah es Poderoso sobre todas las cosas.

(20) Y cuando Musa dijo a su gente: ¡Pueblo mío! Recordad las bendiciones que Allah os dio cuando hizo surgir entre vosotros profetas, os hizo reyes y os dio lo que a nadie en los mundos le había dado.

(21) ¡Pueblo mío! Entrad en la tierra purificada que Allah ha destinado para vosotros y no retrocedáis, porque entonces estaríais perdidos.

(22) Dijeron: ¡Musa! En ella hay un pueblo de gigantes y no vamos a entrar hasta que no salgan de allí; y sólo cuando hayan salido entraremos.

(23) Dos hombres de los que temían a Allah y a los que El había favorecido, dijeron: Apareced ante ellos por la puerta, y cuando hayais entrado por ella, seréis vencedores.
Y abandonaos en Allah si sois creyentes.

(24) Dijeron: ¡Musa! Nosotros no vamos a entrar mientras ellos sigan ahí, así que id tú y tu Señor y luchad vosotros, que nosotros nos quedamos aquí.

(25) Dijo: ¡Señor mío! Yo sólo tengo autoridad sobre mi propia persona y la de mi hermano; apártanos de la gente rebelde.

(26) Dijo: Estará vedada para ellos, y durante cuarenta años vagarán por la tierra.
No te entristezcas por la gente descarriada.

(27) Y cuéntales la verdad de la historia de los dos hijos de Adam, cuando ofrecieron un sacrificio y le fue aceptado a uno pero al otro no.
Dijo : ¡Te mataré!
Contestó: Allah sólo acepta de los que Le temen.

(28) Si levantas tu mano contra mí para matarme, yo no levantaré la mía para matarte, pues yo temo a Allah, el Señor de los mundos.

(29) Prefiero que vuelvas* llevando mi delito además del tuyo y seas de los compañeros del Fuego.
Esa es la recompensa de los injustos.
* [A tu Señor]

(30) Su alma le sugirió que matara a su hermano y lo mató, convirtiéndose en uno de los perdidos.

(31) Entonces Allah envió un cuervo que se puso a escarbar en la tierra para hacerle ver cómo debía ocultar el cadáver de su hermano.

Dijo: ¡Ay de Mí! ¿Es que no voy a ser capaz de hacer como este cuervo y enterrar el cadáver de mi hermano?

Y quedó así arrepentido.

(32) Por esto les decretamos a los hijos de Israel que quien matara a alguien, sin ser a cambio de otro o por haber corrompido en la tierra, sería como haber matado a la humanidad entera.

Y quien lo salvara sería como haber salvado a la humanidad entera.

Y así fue como les llegaron Nuestros mensajeros con las pruebas claras y sin embargo, después, y a pesar de esto, muchos de ellos se excedieron en la tierra.

(33) El pago para los que hagan la guerra a Allah y a Su Mensajero y se dediquen a corromper en la tierra, será la muerte o la crucifixión o que se les corte la mano y el pie contrario o que se les expulse del país. Esto es para ellos una humillación en esta vida, pero en la Ultima tendrán un inmenso castigo.

(34) Excepto los que se vuelvan atrás antes de que os hayáis apoderado de ellos.

Sabed que Allah es Perdonador y Compasivo.

(35) ¡Vosotros que creéis! Temed a Allah, buscad el medio de acercaros a El y luchad en Su camino para que así podáis tenei éxito.

(36) Es cierto que los que se niegan a creer, aunque tuvieran todo cuanto hay en la tierra para ofrecerlo como rescate y librarse con ello del castigo del Día del Levantamiento, no se les aceptaría.

(37) Querrán salir del Fuego, pero no saldrán.

Tendrán un castigo permanente.

(38) Al ladrón y a la ladrona cortadles la mano, en pago por lo que hicieron. Escarmiento de Allah, Allah es Poderoso y Sabio.

(39) Quien se retracte después de la injusticia que cometió y rectifique, Allah volverá a él.

Es cierto que Allah es Perdonador y Compasivo.

(40) ¿Acaso no sabes que el dominio de los cielos y de la tierra pertenece a Allah? Castiga a quien quiere y perdóna a quien quiere. Allah tiene poder sobre todas las cosas.

(41) ¡Mensajero! Que no te entristezcan aquéllos que se precipitan a la incredulidad de entre los que dicen con la boca "creemos" pero no creen sus corazones y los que siguen el judaísmo.

Prestan oídos a la mentira y escuchan a otros que no vienen a ti. Tergiversan las palabras* diciendo: Si se juzga de esta manera tomadlo, pero si no, rechazadlo.*

Y aquel cuya perdición es voluntad de Allah, tu no tienes nada que hacer por él ante Allah.

Esos son aquéllos cuyos corazones Allah no quiere que se purifiquen. En esta vida tendrán humillación y en la Ultima un castigo inmenso.

* |De la Torá]
* [Esta aleya descendió en relación a un caso de adulterio entre los judíos de Jaybar, que no queriendo lapidar a los culpables, fueron a consultar el juicio del Profeta, con el argumento de que entre ellos el castigo para el adulterio eran unos azotes y tiznar el rostro, lo cual suponía una alteración del juicio original de la Torá; entonces el Profeta, que Allah le dé Su gracia y paz, mandó traer la Torá y les descubrió el juicio auténtico.]

(42) Prestan oído a la mentira y se comen la ganancia ilícita. Si vienen a ti, juzga entre ellos o abstente de intervenir. Si te abstienes, no te perjudicarán en absoluto; y si juzgas, hazlo con ecuanimidad.

Es cierto que Allah ama a los ecuánimes.

(43) ¿Y cómo van a delegar en ti el juicio, si tienen la Torá en la que está el juicio de Allah y, a pesar de ello, se desentienden? Esos no son los creyentes.

(44) Es cierto que hicimos descender la Torá, en la que hay guía y luz. Con ella emitían juicios los profetas, aquéllos que se sometieron, así como los rabinos y doctores para los que practicaban el judaísmo, siguiendo el mandato de proteger el libro de Allah, del que eran garantes con su testimonio.

Y no temáis a los hombres, temedme a Mí, ni vendáis Mis signos a bajo precio. Aquel que no juzgue según lo que Allah ha hecho descender...

Esos son los incrédulos.

(45) En ella les prescribimos: Persona por persona, ojo por ojo, nariz por nariz, oreja por oreja, diente por diente y por las heridas un castigo compensado.

Quien renuncie por generosidad*, le servirá de remisión.

Quien no juzgue según lo que Allah ha hecho descender...

Esos son los injustos.

* [A su derecho de exigir el talión]

(46) E hicimos que tras ellos, siguiendo sus huellas, viniera Isa, hijo de Maryam, confirmando aquello que ya estaba en la Torá.

Y le dimos el Inyil en el que había guía, luz y una confirmación de lo que ya estaba en la Torá, así como guía y amonestación para los temerosos.

(47) Que la gente del Inyil juzgue según lo que Allah ha hecho descender en él. Quien no juzgue según lo que Allah ha hecho descender...

Esos son los descarriados.

(48) E hicimos que te descendiera el Libro con la verdad, como confirmación de lo que había en el Libro y para preservarlo; así pues, juzga entre ellos según lo que Allah ha hecho descender, y no sigas sus deseos en contra de la verdad que te ha venido.

A cada uno* de vosotros le hemos asignado un camino y un método propios.

Si Allah hubiera querido habría hecho de vosotros una única comunidad; sin embargo lo ha hecho así para poneros a prueba en lo que os ha dado.

Y competid en las buenas acciones.

Todos habéis de volver a Allah que os hará saber la verdad de aquello sobre lo que no estabais de acuerdo.

* [Es decir, a cada comunidad]

(49) Juzga entre ellos según lo que Allah ha hecho descender, no sigas sus deseos y ten cuidado con ellos, no sea que te desvíen de algo de lo que Allah te ha hecho descender.

Y si se apartan...

Allah quiere afligirlos a causa de algunas de sus faltas. Realmente muchos de los hombres están descarriados.

(50) ¿Acaso quieren que se juzgue con el juicio de la ignorancia?*
¿Y qué mejor juez sino Allah, para los que saben con certeza?
* [En árabe "yahiliya" que define la situación o el estado previo al Islam]

(51) ¡Vosotros que creéis! No toméis por aliados a los judíos ni a
los cristianos, unos son aliados de otros.
Quien los tome por aliados será uno de ellos.
Es cierto que Allah no guía a los injustos.

(52) Ves como los que tienen una enfermedad en el corazón van a
ellos corriendo y dicen: Tememos que la suerte nos sea
adversa.
Pero puede ser que Allah te traiga la victoria o una orden
Suya y entonces tengan que arrepentirse de lo que guardaron
secretamente en su corazones.

(53) Los que creen dicen: ¿Son éstos quienes juraron por Allah con
la máxima solemnidad en sus juramentos que estarían con
vosotros?
Sus obras serán inútiles y perderán.

(54) ¡Vosotros que creéis! Quien de vosotros reniegue de su
Práctica de Adoración...
Allah traerá a otros a los que amará y por los que será amado,
humildes con los creyentes y altivos con los incrédulos.
Lucharán en el camino de Allah y no temerán la calumnia del
maldiciente. Ese es el favor de Allah que El da a quien quiere.
Y Allah es Espléndido, Conocedor.

(55) Realmente vuestro aliado es Allah, y Su Mensajero, y lo son
los creyentes, los que establecen el salat, entregan el zakat y
se inclinan*.
* [En el salat]

(56) Y quien toma por aliado a Allah, a Su Mensajero y a los que
creen... Los del partido de Allah serán los vencedores.

(57) ¡Vosotros que creéis! No toméis como aliados a aquéllos de
los que recibieron el Libro antes que vosotros y de los incrédulos que tomen vuestra Práctica de Adoración a burla y
juego.
Y temed a Allah, si sois creyentes.

(58) Cuando llamáis al salat lo toman a burla y juego.
Eso es porque son gente que no comprende.

(59) Di: ¡Gente del Libro! ¿Qué es lo que nos reprocháis? ¿Que creamos en Allah, en lo que se nos ha revelado y en lo que fue revelado anteriormente?
La mayoría de vosotros estáis fuera del camino.

(60) Di: ¿Queréis que os diga algo peor que eso?
El pago que tiene reservado Allah para aquellos a quienes maldijo, ésos sobre los que cayó Su ira y de los cuales, hubo unos a los que convirtió en monos y en cerdos y adoraron al Rebelde. Esos tienen un mal lugar y son los que más se han extraviado del camino llano.

(61) Cuando vienen a vosotros dicen: creemos. Pero con incredulidad entraron y con ella salen.
Allah sabe mejor lo que están ocultando.

(62) Verás cómo muchos de ellos se precipitan al delito y a la transgresión y se comen la ganancia ilícita.
¡Qué malo es lo que hacen!

(63) ¿Por qué no les prohíben los rabinos y los doctores mentir y comerse la ganancia ilícita?
¡Qué malo es lo que hacen!

(64) Dicen los judíos: Las manos de Allah están cerradas.
¡Que se cierren las suyas y sean malditos por lo que dicen! Por el contrario están abiertas y gasta como quiere. Lo que tu Señor ha hecho que te descendiera, a muchos de ellos les aumentará en rebeldía e incredulidad.
Hemos sembrado entre ellos la enemistad y la ira hasta el Día del Levantamiento. Cada vez que enciendan un fuego para la guerra, Allah lo apagará. Se afanan por corromper en la tierra, pero Allah no ama a los corruptores.

(65) Si la gente del Libro creyera y se guardara, haríamos desaparecer sus malas acciones y les haríamos entrar en los Jardines de la Delicia.

(66) Y si siguieran y pusieran en práctica la Torá y el Inyil y lo que ha descendido para ellos de su Señor, comerían tanto de lo que está por encima de ellos como de lo que tienen bajo los pies. Los hay que forman una comunidad equilibrada, pero muchos de ellos, ¡qué malo es lo que hacen!

(67) ¡Mensajero! Haz llegar lo que te ha descendido de tu Señor. Y si no lo haces del todo, entonces no habrás transmitido Su mensaje. Allah te protegerá de los hombres.
Es cierto que Allah no guía a la gente incrédula.

(68) Di: ¡Gente del Libro! No tendréis nada hasta que no sigáis y pongáis en práctica la Torá y el Inyil y lo que, procedente de vuestro Señor, os ha descendido.
Hay muchos de ellos a los que lo que tu Señor ha hecho descender, les hace tener más rebeldía e incredulidad.
Pero no te entristezcas por la gente injusta.

(69) Es cierto que aquéllos que han creído y los judíos, sabeos y cristianos que crean en Allah y en el Ultimo Día y obren con rectitud, no tendrán que temer ni se entristecerán.

(70) Exigimos la alianza a los hijos de Israel y les enviamos mensajeros. Cada vez que les llegaba un mensajero que traía lo que sus almas no deseaban, lo negaban o lo mataban.

(71) Pensaron que no sufrirían ninguna prueba y se cegaron y ensordecieron. Después Allah volvió a ellos, pero muchos se cegaron de nuevo y se ensordecieron.
Allah ve lo que hacen.

(72) Realmente han caído en incredulidad quienes dicen: Allah es el Ungido, hijo de Maryam. Cuando fue el Ungido quien dijo a los hijos de Israel: ¡Adorad a Allah! Mi Señor y el vuestro. Quien asocie algo con Allah, Allah le vedará el Jardín y su refugio será el Fuego. No hay quien auxilie a los injustos.

(73) Y han caído en incredulidad los que dicen: Allah es el tercero de tres, cuando no hay sino un Unico Dios.
Si no dejan de decir lo que dicen, ésos que han caído en la incredulidad tendrán un castigo doloroso.

(74) ¿Es que no van a volverse hacia Allah y Le van a pedir perdón? Allah es Perdonador y Compasivo.

(75) El Ungido, hijo de Maryam, no es más que un mensajero antes del cual ya hubo otros mensajeros. Su madre era una mujer veraz y ambos comían alimentos.
Mira como les hacemos claros los signos y mira cómo luego inventan.

(76) Di: ¿Serviréis aparte de Allah lo que no puede traeros ni perjuicio ni beneficio? Allah es Quien oye y Quien sabe.

(77) Di: ¡Gente del Libro! No deforméis la verdad de las cosas en vuestra Práctica de Adoración; y no sigáis los deseos de unos que se extraviaron antes e hicieron que muchos se extraviaran y se alejaron del camino llano.

(78) Los hijos de Israel que cayeron en la incredulidad fueron maldecidos por boca de Daud y de Isa, hijo de Maryam.
Esto les pasó porque desobedecieron y fueron más allá de los límites.

(79) No se impedían entre ellos ninguna acción reprobable.
¡Qué malo es lo que hacían!

(80) Ves a muchos de ellos intimar con los incrédulos.
¡Qué malo es lo que sus almas han preparado!
Allah se ha enojado con ellos y serán inmortales en el castigo.

(81) Si creyeran en Allah, en el Profeta y en lo que se les ha hecho descender no les tomarían como aliados, sin embargo muchos de ellos están fuera del camino.

(82) Y seguro que encontrarás que la gente con enemistad más fuerte hacia los que creen son los judíos y los que asocian; mientras que encontrarás que los que están más próximos en afecto a los que creen, son los que dicen: Somos cristianos. Eso es porque entre ellos hay sacerdotes y monjes y no son soberbios.

(83) Cuando oyen lo que se le ha hecho descender al Mensajero, ves sus ojos inundados de lágrimas por la verdad que reconocen y dicen: ¡Señor nuestro! Creemos, escribe nuestros nombres con los que dan testimonio.

(84) ¿Por qué no íbamos a creer en Allah y en la verdad que nos ha llegado si ansiamos que nuestro Señor nos haga entrar en la compañía de los justos?

(85) Allah los recompensará por lo que dicen, con jardines por cuyo suelo corren los ríos, donde serán inmortales.
Esa es la recompensa de los bienhechores.

(86) Y los que se niegan a creer y tachan de mentira Nuestros signos, ésos son los compañeros del Yahim.

(87) ¡Vosotros que creéis! No hagáis ilícitas las cosas buenas que Allah os ha permitido y no transgredáis.

Allah no ama a los transgresores.

(88) Y comed de aquello que Allah os da, lícito y bueno; y temed a Allah en Quien sois creyentes.

(89) Allah no os toma en cuenta los juramentos frívolos pero sí os toma en cuenta los juramentos con los que intencionadamente os comprometéis.

Como reparación alimentaréis a diez pobres según el término medio con el que alimentéis a vuestra familia, o los vestiréis o liberaréis a un siervo. Quien no encuentre medio de hacerlo, que ayune tres días. Esta es la reparación por los juramentos que hagáis; y tened cuidado con vuestros juramentos. Así os explica Allah Sus signos para que podáis agradecer.

(90) ¡Vosotros que creéis! Ciertamente el vino, el juego de azar, los altares de sacrificio y las flechas adivinatorias son una inmundicia procedente de la actividad del Shaytán; apartaos de todo ello y podréis tener éxito.

(91) Realmente el Shaytán quiere desencadenar entre vosotros la enemistad y el odio, sirviéndose del vino y del juego de azar, y así apartaros del recuerdo de Allah y del salat.

¿No desistiréis?

(92) Y obedeced a Allah, obedeced al Mensajero y tomad precauciones. Y si os apartáis, sabed que a Nuestro Mensajero sólo le incumbe hacer llegar el mensaje con claridad.

(93) Y los que creen y practican las acciones de bien, no incurren en falta por lo que hayan probado antes, siempre que se guarden, crean y lleven a cabo las acciones de bien, y luego se guarden y crean, y aún se guarden y hagan el bien.

Allah ama a los que hacen el bien.

(94) ¡Vosotros que creéis! Allah os pone a prueba con parte de la caza que obtenéis por vuestras manos y lanzas* para que Allah sepa quien, sin verlo, Le teme...

Quien vaya más allá de esto, tendrá un castigo doloroso.

* [La prueba se refiere a la prohibición de cazar en el estado de inviolabilidad de la Peregrinación, puesto que la caza era uno de los principales medios de vida de los árabes.]

(95) ¡Vosotros que creéis! No matéis a los animales que se cazan mientras estéis en situación de inviolabilidad.

Y quien de vosotros lo haga a propósito, que lo compense sacrificando una res equivalente al animal que mató, sometiéndolo a la decisión de dos de vosotros que sean justos, como ofrenda dirigida a la Kaba; o que lo repare alimentando pobres o ayunando en términos equivalentes; para que así experimente las malas consecuencias de su acto.

Allah os borra lo que hayáis consumido, pero quien reincida, Allah se vengará de él. Y Allah tiene poder y venganza.

(96) Os está permitido pescar y que comáis de lo que hayáis pescado, como disfrute para vosotros y para los viajeros; pero no os está permitido cazar mientras estéis dentro del estado de inviolabilidad.

Y temed a Allah para Quien seréis reunidos.

(97) Allah ha instituido la Kaba, la Casa Inviolable, como un pilar para los hombres, así como los meses inviolables, las ofrendas y las guirnaldas. Esto es para que sepáis que Allah conoce lo que hay en los cielos y en la tierra y que Allah es Conocedor de todas las cosas.

(98) Y sabed que Allah es Fuerte en el castigo y que Allah es Perdonador y Compasivo.

(99) Al Mensajero sólo le incumbe hacer llegar el mensaje; pero Allah sabe lo que mostráis y lo que ocultáis.

(100) Di: Aunque te asombre su abundancia, lo malo nunca será igual que lo bueno.

Y temed a Allah, vosotros que sabéis reconocer lo esencial, para que así podáis tener éxito.

(101) ¡Vosotros que creéis! No preguntéis por cosas que si se os revelaran os harían mal. Pero si preguntáis en el momento en que descienda el Corán a propósito de ellas, entonces se os mostrarán.

Allah os ha perdonado por ellas y Allah es Perdonador e Indulgente.

(102) Ya hubo antes que vosotros quien hizo esas preguntas y después no quisieron aceptarlas.

(103) Allah no ha dispuesto ninguna Bahira ni Saiba ni Wasila ni Ham*. Sin embargo los que no quieren creer inventan mentiras sobre Allah.

La mayoría de ellos no razona.

* [Estos cuatro nombres se los daban a animales que por sus características especiales eran considerados sagrados.

Bahira llamaban a toda camella que paría en su quinto parto a un macho; le hacían una raja en la oreja y la dedicaban a los ídolos sin que pudiera ser ordeñada ni utilizada como montura etc...

Saiba era una camella dedicada a los ídolos en virtud de alguna promesa.

Wasila era una oveja o cabra que en su séptimo parto paría a la vez un macho y una hembra y entonces no se la sacrificaba y se la dedicaba a los ídolos.

Ham designaba al camello semental que había producido diez partos y por ello no podía ser utilizado como montura y no se le restringía ni el pasto ni el agua.]

(104) Y cuando se les dice: Venid a lo que Allah ha hecho descender y al Mensajero, dicen: Tenemos bastante con aquello en lo que encontramos a nuestros padres.

¿Y si sus padres no sabían nada y carecían de guía?

(105) ¡Vosotros que creéis! Preocuparos por guardaros a vosotros mismos. Nadie que se extravíe podrá perjudicaros si estáis guiados. A Allah habréis de volver todos y os hará saber lo que hicísteis.

(106) ¡Vosotros que creéis! Que haya testigos entre vosotros en el momento del testamento cuando a alguno se le presente la muerte.

Dos de los vuestros que sean justos u otros distintos, si estáis de viaje por la tierra y os sobreviene la circunstancia de la muerte. Haced que se queden después del salat y si tenéis dudas, haced que juren por Allah: "No lo venderemos a ningún precio ni por nadie, aunque fuera un pariente próximo, y no ocultaremos el testimonio de Allah pues, en ese caso, estaríamos entre los transgresores".

(107) Y si se descubre que son acreedores de alguna maldad, que otros dos, de entre los que tengan más derecho, ocupen su lugar y juren: "Por Allah que nuestro testimonio es más verídico que el de ellos y no hemos transgredido pues, en ese caso, seríamos injustos".

(108) Esto es lo que más se ajusta a que den un testimonio verdadero o teman que vuelva a haber otro juramento después del suyo. Y temed a Allah y escuchad, Allah no guía a la gente descarriada.

(109) El día que Allah reúna a los Mensajeros y diga: ¿Cómo os respondieron? Dirán: No tenemos conocimiento pues Tú eres el Conocedor de las cosas ocultas.

(110) Cuando Allah dijo a Isa hijo de Maryam: Recuerda Mi bendición sobre ti y sobre tu madre cuando te ayudé con el Espíritu Puro* para que hablaras a los hombres estando en la cuna y en la madurez.

Y cuando te enseñé el Libro y la Sabiduría, la Torá y el Inyil y cuando, a partir de barro, creaste algo con forma de ave con Mi permiso y sanaste al ciego de nacimiento y al leproso con Mi permiso.

Y por haberte protegido de los hijos de Israel, cuando fuiste a ellos con las pruebas claras y los que de ellos se habían negado a creer dijeron: Esto no es mas que magia evidente.

* [Según los comentaristas se refiere al ángel Yibril]

(111) Y cuando inspiré a los apóstoles a que creyeran en Mí y en Mi Mensajero, dijeron: Creemos y atestiguamos que estamos sometidos.

(112) Y cuando dijeron los apóstoles : ¡Isa, hijo de Maryam! ¿Puede tu Señor bajar del cielo una mesa servida para nosotros?

Dijo: Temed a Allah si sois creyentes.

(113) Dijeron: Queremos comer de ella, tranquilizar nuestros corazones, saber que nos has dicho la verdad y ser de los que dan testimonio de ello.

(114) Dijo Isa, hijo de Maryam: ¡Allah, Señor nuestro! Haz que baje a nosotros una mesa servida procedente del cielo que sea para nosotros una conmemoración desde el primero hasta el último así como un signo procedente de Ti; y provéenos, pues Tú eres el mejor de los que proveen.

(115) Dijo Allah: La haré bajar para vosotros, pero al que, después de esto, reniegue, lo castigaré con un castigo que nadie en los mundos habrá conocido.

(116) Y cuando Allah dijo: ¡Isa, hijo de Maryam! ¿Has dicho tú a los hombres: Tomadme a mi y a mi madre como dioses aparte de Allah?

Dijo: ¡Gloria a Ti! No me pertenece decir aquéllo a lo que no tengo derecho! Si lo hubiera dicho, Tú ya lo sabrías. Tú sabes lo que hay en mí, pero yo no sé lo que hay en Ti.

Es cierto que Tú eres el que conoce perfectamente las cosas escondidas.

(117) Sólo les dije lo que me ordenaste: ¡Servid a Allah, mi Señor y el vuestro! Y he sido testigo de ellos mientras permanecí en su compañía:

Y cuando me llevaste a Ti, Tú eras Quien los observaba, Tú eres Testigo de todas las cosas.

(118) Si los castigas... Son Tus siervos; y si los perdonas...

Tú eres ciertamente el Poderoso, el Sabio.

(119) Dijo Allah : Este es el día en que beneficiará a los veraces su veracidad; tendrán jardines por cuyo suelo corren los ríos donde serán inmortales para siempre.

Allah estará satisfecho de ellos y ellos lo estaran de El.

Ese es el gran triunfo.

(120) De Allah es la soberanía de los cielos y de la tierra y de lo que hay entre ambos.

El es el que tiene poder sobre todas las cosas.

6. SURA DE LOS REBAÑOS

Descendida en Meca a excepción de las aleyas n.º 20, 23, 91, 93, 114, 141, 151, 152 y 153 que son Medinenses. Tiene 165 aleyas y fue revelada después de la sura al-Hiyr.

En el nombre de Allah, el Misericordioso, el Compasivo.

(1) Las alabanzas pertenecen a Allah que ha creado los cielos y la tierra y ha hecho las tinieblas y la luz; sin embargo los que se niegan a creer equiparan a otros con su Señor.

(2) El es Quien os creó a partir de barro y luego decretó un plazo, y un plazo más fijado junto a El.* Y aún así vosotros dudáis.
* [El primer plazo es el de la muerte y el segundo es el del Día del Levantamiento.]

(3) El es Allah en los cielos y en la tierra, conoce vuestro secreto y vuestra manifestación y sabe lo que adquirís.

(4) No hay signo de su Señor que les llegue, del que no se aparten.

(5) Y cuando les ha llegado la verdad, la han negado. Ya tendrán noticias de aquello de lo se burlaban.

(6) ¿Es que no ven cómo hemos destruido generaciones enteras anteriores a ellos, a las que les dimos una posición en la tierra que no os hemos dado a vosotros?
Enviábamos sobre ellos el cielo con abundantes lluvias y hacíamos correr ríos bajo sus pies, pero les destruimos a causa de sus transgresiones e hicimos surgir después de ellos a otras generaciones.

(7) Y aunque te hubiéramos hecho descender un escrito en un pergamino que hubieran podido tocar con sus propias manos, los que se niegan a creer habrían dicho: Esto es sólo magia evidente.

(8) Y dicen: ¿Por qué no se le hace descender un ángel?
Si bajara un ángel, el asunto quedaría zanjado y no se les daría ningún plazo de espera.

(9) Y si lo hubiéramos hecho ángel,* le habríamos dado forma de hombre y entonces les habríamos hecho confundirse como se confunden ahora.
* [Es decir, si hubiéramos hecho que el mensajero fuera un ángel.]

(10)   Ya se burlaron de los mensajeros anteriores a ti, pero aquello de lo se burlaban rodeó a los que se burlaban.

(11)   Di: Id por la tierra y mirad como acabaron los que negaron la verdad.

(12)   Di: ¿De quién es cuanto hay en los cielos y en la tierra?
Di: De Allah. Se ha prescrito a Sí mismo la misericordia.
El Día del Levantamiento os reunirá, no hay duda en ello.
Los que se hayan perdido a sí mismos... No creían.

(13)   A El pertenece lo que habita en la noche y en el día.
El es Quien oye y Quien sabe.

(14)   Di: ¿Tomaré por aliado a otro que Allah que es el Creador de los cielos y de la tierra? El alimenta pero no es alimentado.
Di: Se me ha ordenado ser el primero en someterme y que no sea de los asociadores.

(15)   Di: Temo, si desobedezco a mi Señor, el castigo de un día terrible.

(16)   Quien, en ese día, sea apartado de él, habrá tenido misericordia de él. Y ese es el triunfo evidente.

(17)   Si Allah te toca con un mal, nadie excepto El, podrá apartarlo.
Y si Allah te toca con un bien...
El tiene poder sobre todas las cosas.

(18)   El es el Dominante sobre Sus siervos y es el Sabio, el Experimentado.

(19)   Di: ¿Qué hay más grande como testimonio?
Di: Allah, que es Testigo entre vosotros y yo.
Me ha sido inspirada esta Recitación para con ella advertiros a vosotros y a quien le alcance.
¿Daréis testimonio de que hay otros dioses con Allah?
Di: Yo no atestiguaré.
Di: El es un Dios Unico y yo soy inocente de lo que asocieis.

(20)   Aquéllos a quienes dimos el Libro, lo conocen como a sus hijos. Los que se han perdido a sí mismos... No creían.

(21)   ¿Y quién es más injusto que quien inventa mentiras sobre Allah o niega la verdad de Sus signos?
Realmente los injustos no tendrán éxito.

(22)   El Día en que los reunamos a todos y luego digamos a los asociadores: ¿Dónde están los asociados que afirmabais?

(23) No tendrán más excusa que decir: Por Allah, nuestro Señor, que no éramos asociadores.

(24) Observa como mentirán contra sí mismos y los extraviará lo que inventaban.

(25) De ellos hay quien te presta atención pero hemos puesto velos en sus corazones para que no lo comprendan y hemos ensordecido sus oídos; y aunque vieran toda clase de signos no creerían en ellos. Hasta el punto de que cuando vienen a ti discutiéndote, los que se niegan a creer llegan a decir: Esto no son más que historias de los antiguos.

(26) Reprimen a otros y se alejan de él*, pero sólo se destruyen a sí mismos sin darse cuenta.
* [Del Corán]

(27) Si los vieras cuando se detengan ante el Fuego y digan: ¡Ay de nosotros si pudiéramos volver! No negaríamos los signos de nuestro Señor y seríamos creyentes.

(28) Por el contrario se les habrá puesto de manifiesto lo que antes ocultaban y aunque volvieran, harían de nuevo lo que se les dijo que no hicieran.
Realmente son mentirosos.

(29) Decían: Sólo existe esta vida que tenemos y no volveremos a vivir.

(30) Y si vieras cuando estén en pie ante su Señor y les diga: ¿Acaso no es esto verdad?
Dirán: ¡Sí por nuestro Señor!
Dirá: Gustad el castigo porque os negasteis a creer.

(31) Los que tacharon de mentira el encuentro con Allah habrán perdido y en el momento en que les llegue la hora de improviso, dirán: ¡Ay de nosotros por lo que descuidamos!
Y cargarán sus faltas sobre la espalda.
¿No es malo lo que acarrean?

(32) La vida de este mundo no es mas que juego y distracción pero la morada de la Otra Vida es mejor para los que se guardan.
¿No van a razonar?

(33) Ya sabemos que te entristece lo que dicen, pero no es a ti a quien niegan los injustos, son los signos de Allah lo que niegan.

(34) Mensajeros anteriores a ti ya fueron tratados de mentirosos pero ellos tuvieron paciencia con esto y con ser perseguidos como lo fueron, hasta que les dimos Nuestro auxilio.
Nadie puede sustituir las palabras de Allah. Es cierto que te han llegado parte de las noticias acerca de los enviados.

(35) Y si te resulta penoso que se aparten así, hasta el punto de que si pudieras buscarías un túnel en la tierra o una escalera para subir al cielo y poder traerles un signo... Si Allah hubiera querido los habría unificado en la guía.
No seas de los ignorantes.

(36) Es cierto que sólo responden los que escuchan. Allah devolverá la vida a los muertos, luego a El regresaréis.

(37) Dicen: ¿Es que no ha bajado a él ningún signo prodigioso de su Señor? Di: Allah es Capaz de hacer que baje cualquier signo, pero la mayoría de ellos no sabe.

(38) No hay criatura de la tierra ni ave que con sus alas vuele que no forme comunidades parecidas a las vuestras. No hemos omitido nada en el Libro.
Luego serán reunidos para volver a su Señor.

(39) Quienes niegan la verdad de Nuestros signos, están en las tinieblas, sordos y mudos. A quien Allah quiere lo extravía y a quien quiere lo pone en el camino recto.

(40) Di: Decidme: ¿Si os llegara el castigo de Allah u os llegara la Hora, llamaríais a otro que Allah, si sois sinceros?

(41) Lo llamaríais sólo a El y os libraría, si quisiera, de lo que le pidierais y olvidaría lo que hubierais asociado con El.

(42) Es verdad que hemos mandado enviados a comunidades anteriores a ti a las que sorprendimos con la desgracia y el infortunio para que así pudieran humillarse.

(43) ¡Si se hubieran humillado cuando les llegó Nuestra furia!
Sin embargo sus corazones se endurecieron y el Shaytán hizo que les pareciera hermoso lo que hacían.

(44) Cuando olvidaron lo que se les había recordado, les abrimos las puertas de todas las cosas y ya que estaban contentos con lo que les habíamos dado, les agarramos de improviso y quedaron desesperados.

(45) Así fue exterminado hasta el último de la gente injusta. Y las alabanzas pertenecen a Allah, el Señor de los mundos.

(46) Di: Decidme: ¿Qué pasaría si Allah os quitara el oído y la vista y sellara vuestros corazones?
¿Qué otro dios fuera de Allah os los podría devolver?
Observa cómo exponemos con claridad los signos y, sin embargo, ellos se alejan.

(47) Di: ¿Y qué os parecería si el castigo de Allah os llegara de repente o lo vierais venir? ¿Acaso se permitiría que perecieran otros que no fueran los injustos?

(48) No mandamos a los enviados sino como anunciadores de buenas noticias y advertidores. Todo el que crea y sea recto, no tendrá nada que temer ni se entristecerá.

(49) Y quienes nieguen la verdad de Nuestros signos, por haberse salido del camino, serán alcanzados por el castigo.

(50) Di: No os digo que tengo en mi poder los tesoros de Allah ni que conozco lo Desconocido, ni os digo que soy un ángel ; yo sólo sigo lo que me ha sido inspirado.
Di: ¿Acaso son lo mismo el ciego y el que ve?
¿Es que no vais a reflexionar?

(51) Advierte por medio de él* a quienes teman lo que pueda ocurrir cuando sean reunidos para volver a Allah.
Fuera de El no habrá quien los defienda ni quien interceda por ellos. Tal vez así se guarden.
* [Es decir, del Corán]

(52) Y no eches de tu lado a los que invocan a su Señor mañana y tarde anhelando Su faz; no te incumbe pedirles cuentas de nada ni a ellos les incumbe pedírtelas a ti.
Si los echas de tu lado estarás entre los injustos.*
* [Esta aleya y la siguiente descendieron acerca de los pobres y humildes de entre los creyentes y de los ricos y poderosos de entre los asociadores; éstos últimos le dijeron al Profeta, que Allah le dé Su gracia y paz, que sólo acudirían a sus reuniones si no admitía a los primeros a los que consideraban indignos. Por otro lado el Profeta deseaba ardientemente atraer al Islam a estos hombres de influencia.]

(53) Y así es como probamos a unos con otros para que digan: ¿Son éstos a quienes Allah ha favorecido de entre nosotros?
¿Es que acaso Allah no conoce mejor a los agradecidos?

(54) Y cuando vengan a ti quienes creen en Nuestros signos, di:
Paz con vosotros, vuestro Señor se ha prescrito a sí mismo la
misericordia. El que de vosotros haya hecho un mal por ignorancia y luego, después de ello, se vuelva atrás y rectifique...
Es cierto que El es Perdonador y Compasivo.

(55) Así explicamos los signos para que se te muestre claro el
camino de los que hacen el mal.

(56) Di: Se me ha prohibido adorar a quienes invocáis fuera de
Allah. Di: No seguiré vuestros deseos para así no extraviar-
me ni convertirme en uno de los que no están guiados.

(57) Di: Yo estoy siguiendo una palabra clara que procede de mi
Señor y cuya verdad vosotros negáis.
Aquello con lo que me urgís no está en mis manos, el juicio
sólo pertenece a Allah, El dictamina la verdad y es el mejor
Juez.

(58) Di: Si aquello con lo que urgís, estuviera en mi mano, el
asunto quedaría zanjado para nosotros. Pero Allah conoce a
los injustos.

(59) El tiene las llaves del No-Visto y sólo El lo conoce; y sabe lo
que hay en la tierra y en el mar.
No cae una sóla hoja sin que El no lo sepa, ni hay semilla en
la profundidad de la tierra ni nada húmedo o seco que no
esté en un libro claro.

(60) El es Quien os toma en la noche y sabe lo que habéis adquirido durante el día; luego, en él, os devuelve a la vida
para que se cumpla un plazo fijado.
Y a El volveréis para que os haga saber lo que hacíais.

(61) El es el Dominante sobre Sus siervos. Y os envía guardianes*;
y cuando a uno de vosotros le llega la muerte, nuestros emisarios se lo llevan sin ser negligentes.
* [Angeles que escriben vuestras acciones]

(62) Luego sois devueltos a Allah, vuestro verdadero Dueño.
¿Acaso no es Suyo el juicio? El es el más rápido en llevar la
cuenta.

(63) Di: ¿Quién os salva de las tinieblas de la tierra y del mar? Lo
llamáis con humildad y temor: Si nos salvas seremos agradecidos.

(64) Di: Allah es Quien os salva de ellas y de toda aflicción, luego vosotros le atribuís asociados.

(65) Di: El tiene poder para enviaros un castigo desde lo alto o bajo vuestros pies, o confundiros en sectas y hacer que unos probéis la violencia de otros.

Observa cómo aclaramos los signos para que puedan comprender.

(66) Tu gente ha negado su autenticidad, sin embargo es la verdad*.

Di: Yo no soy vuestro guardián.

* [Se refiere al Corán]

(67) Cada mensaje profético tiene su momento pero ya sabréis.

(68) Y cuando veas a los que se burlan de Nuestros signos, apártate de ellos hasta que entren en otra conversación.

Y si el Shaytán te hace olvidar, cuando recuerdes de nuevo, deja de permanecer sentado con la gente injusta.

(69) A los que son temerosos, no les incumbe en absoluto las cuentas que ellos tengan que rendir, pero sí llamarles al recuerdo por si tuvieran temor.

(70) Y deja a los que toman su Práctica de Adoración como juego y distracción y han sido seducidos por la vida del mundo.

Haz recordar con él* que toda alma será entregada a su perdición por lo que se haya ganado y no habrá para ella, fuera de Allah, nadie que la proteja ni interceda en su favor; y aunque quisiera compensarlo con todo tipo de compensación, no se le aceptaría.

Esos son los que serán entregados a su perdición a causa de lo que se ganaron; tendrán una bebida de agua hirviendo y un castigo doloroso por lo que negaron.

* [El Corán]

(71) Di: ¿Invocaremos, fuera de Allah, a lo que no nos beneficia ni perjudica y volveremos sobre nuestros pasos después de que Allah nos ha guiado, siendo como aquel al que se llevan los demonios por los abismos de la tierra y está desorientado?

Tiene compañeros que lo llaman a la buena dirección: ¡Venid a nosotros! Di: La guía de Allah es la Guía, y se nos ha ordenado someternos al Señor de los mundos,

(72) establecer el salat y temedle. El es Aquel para Quien seréis reunidos.

(73) Y El es Quien ha creado los cielos y la tierra con la verdad, el día en que dice : Sé, es. Su palabra es la Verdad. Suya será la Soberanía el día en que se toque el cuerno. El conoce el No-Visto y lo aparente y es el Sabio, el Experimentado.

(74) Cuando Ibrahim dijo a su padre Azar: ¿Tomas a unos ídolos por divinidades? En verdad que te veo a ti y a los tuyos en un claro extravío.

(75) Así fue como mostramos a Ibrahim el dominio de los cielos y de la tierra para que fuera de los que saben con certeza.

(76) Y cuando cayó sobre él la noche, vió un astro y dijo: Este es mi Señor, pero cuando desapareció, dijo: No amo lo que se desvanece.

(77) Y cuando vió que salía la luna, dijo : Este es mi Señor. Pero al ver que desaparecía, dijo: Si mi Señor no me guía seré de los extraviados.

(78) Y cuando vió el sol naciente dijo: Este es mi Señor pues es mayor; pero cuando se ocultó, dijo: ¡Gente mía, soy inocente de lo que asociáis!

(79) Dirijo mi rostro, como hanif, a Quien ha creado los cielos y la tierra y no soy de los que asocian.

(80) Su gente le refutó y él dijo: ¿Me discutís sobre Allah cuando El me ha guiado? No temo lo que asociáis con El, excepto lo que mi Señor quiera.
Mi Señor abarca con Su conocimiento todas las cosas.
¿Es que no vais a recapacitar?

(81) ¿Y cómo habría de temer lo que asociáis, cuando vosotros no teméis asociar con Allah aquéllo con lo que no ha descendido para vosotros ninguna evidencia? ¿Cuál de las dos partes tiene más motivos para estar a salvo, si sabéis?

(82) Los que creen y no empañan su creencia con ninguna injusticia, ésos tendrán seguridad y serán guiados.

(83) Esta es Nuestra prueba, la que dimos a Ibrahim sobre su gente. A quien queremos lo elevamos en grados, es cierto que tu Señor es Sabio y Conocedor.

(84) Y le concedimos a Ishaq y a Yaqub a los que guiamos, mo antes habíamos guiado a Nuh. Y son descendientes suyos: Daud, Sulayman, Ayyub, Yusuf, Musa y Harún.
Así es como recompensamos a los que hacen el bien.

(85) Y Zakariyya, Yahya, Isa e Ilyas, todos de entre los justos.

(86) E Ismail, Alyasaa, Yunus y Lut. A todos les favorecimos por encima de los mundos.

(87) Y a algunos de sus padres, descendientes y hermanos, también los escogimos y los guiamos por el camino recto.

(88) Esa es la guía de Allah, con la que El guía a quien quiere de Sus siervos. Si hubieran asociado, todo lo que hicieron habría sido en vano.

(89) A ésos son a los que les dimos el Libro, la Sabiduría y la Profecía; pero si éstos no creen en ello, lo confiaremos a otros que no lo rechazarán.

(90) Esos son a los que Allah ha guiado: ¡Déjate llevar por su guía!
Di: No os pido ningún pago por ello, no es sino un recuerdo para los mundos.

(91) No han apreciado a Allah en su verdadera magnitud, al decir: Allah no ha hecho descender nada sobre ningún mortal.
Di: ¿Quién hizo descender el libro que trajo Musa, luz y guía para los hombres? Lo ponéis en pergaminos que mostráis, aunque ocultáis mucho de él; y se os ha enseñado lo que no sabíais ni vosotros ni vuestros padres.
Di: Allah; luego déjalos que jueguen en su inútil palabrería.

(92) Este es un Libro bendito que hemos hecho descender, confirmando lo que ya teníais y para advertir a la Madre de las Ciudades* y a quienes están a su alrededor. Los que creen en la Ultima Vida, creen en él y cumplen con el salat.
* [Meca]

(93) ¿Y quién es más injusto que quien inventa una mentira sobre Allah o dice: Yo he recibido la inspiración, cuando no se le ha inspirado nada; y dice: Haré descender algo similar a lo que Allah hace descender?
Y si vieras cuando los injustos estén en la agonía de la muerte y los ángeles tiendan la mano: ¡Expulsad vuestras almas!

Hoy se os pagará con el castigo del envilecimiento, por lo que decíais sobre Allah sin ser verdad y porque os llenasteis de soberbia ante Sus signos.

(94) Ciertamente habéis venido a Nosotros, solos, como os creamos la primera vez, y habéis tenido que dejar atrás lo que os habíamos dado.

Y no vemos con vosotros a vuestros intercesores, ésos que pretendíais que eran copartícipes en vuestro favor. Vuestro vínculo se ha roto y os ha extraviado aquello que afirmabais.

(95) Es cierto que Allah hiende la semilla y el núcleo, haciendo salir lo vivo de lo muerto y lo muerto de lo vivo.

Ese es Allah. ¿Cómo podéis apartaros?

(96) El hace romper el día, y ha hecho de la noche reposo, y del sol y de la luna dos cómputos.

Ese es el decreto del Irresistible, el Conocedor.

(97) Y El es Quien ha puesto para vosotros las estrellas para que os guiarais por ellas en la oscuridad de la tierra y del mar.

Hemos hecho los signos claros para los que saben.

(98) El es Quien os creó a partir de un solo ser, dándoos un asentamiento y un depósito.

Hemos hecho claros los signos para los que comprenden.

(99) Y El es Quien hace que caiga agua del cielo; con ella hacemos surgir el germen de todo y de ahí hacemos brotar verdor del que sacamos la mies.

Y de la palmera, cuando echa sus brotes, hacemos que salgan racimos de dátiles apretados. Y jardines de vides, olivos y granados semejantes y distintos. Observad sus frutos cuando fructifican y maduran.

Es cierto que en eso hay signos para los que creen.

(100) Y han considerado a los Genios como asociados de Allah, cuando ha sido El Quien los ha creado.

Y le han atribuido hijos e hijas sin conocimiento. ¡Glorificado sea y ensalzado por encima de todo lo que le atribuyen!

(101) Originador de los cielos y de la tierra ¿Cómo habría de tener hijos si no tiene compañera y lo ha creado todo?

El es Conocedor de todas las cosas.

(102) Ese es Allah, vuestro Señor. No hay dios sino El, el Creador de todo. Servidle pues.

El es el Guardián de todas las cosas.

(103) La vista no Le alcanza pero El abarca toda visión;

El es el Sutil, el Experimentado.

(104) Habéis recibido evidencias de vuestro Señor, así pues, quien quiera ver, lo hará en beneficio propio y quien se ciegue, lo hará en perjuicio de sí mismo.

Yo no soy vuestro guardián.

(105) Así es como mostramos los signos; para que digan unos: Lo has leído en alguna parte. Y para que a los que saben, les quede claro.

(106) Sigue aquello que, procedente de tu Señor, se te ha inspirado. No hay dios sino El. Y apártate de los asociadores.

(107) Si Allah hubiera querido no habrían asociado. No te hemos hecho su guardián ni eres el encargado de velar por ellos.

(108) Y no insultéis a los que ellos, fuera de Allah, invocan; no sea que ellos insulten a Allah por reacción hostil y sin conocimiento. Así es como hemos hecho que a cada comunidad les parecieran buenas sus acciones, luego habrán de volver a su Señor que les hará saber lo que hacían.

(109) Y juran por Allah con toda la gravedad, que si les llegara un signo, creerían en él. Di: Los signos están junto a Allah.

¿Pero no os dais cuenta de que, aunque os llegaran, no ibais a creer en ellos?

(110) Mudaremos sus corazones y su visión, de la misma manera que no creyeron en ello la primera vez, y los dejaremos errantes en su extravío.

(111) Y aunque hiciéramos que bajaran a ellos ángeles y que los muertos les hablaran y reuniéramos todas la cosas ante sus ojos, no creerían a menos que Allah quisiera.

Sin embargo la mayor parte de ellos son ignorantes.

(112) Y así es como a cada profeta le hemos asignado enemigos, demonios, hombres y genios, que se inspiran unos a otros palabras adornadas con seducción. Si Allah quisiera no lo harían; déjalos pues a ellos y lo que inventan.

(113) Para que se inclinen hacia ello los corazones de quienes no creen en la Ultima Vida y se contenten con ello y obtengan así lo que han de ganar.

(114) ¿Por qué habría de desear otro juez que Allah cuando es El Quien ha hecho descender para vosotros el Libro clarificador?

Aquéllos a los que les fue dado el Libro saben que éste ha descendido de tu Señor con la verdad; no seas, pues, de los que dudan.

(115) Las palabras de tu Señor son de una veracidad y justicia completas, no hay nada que pueda hacer cambiar Sus palabras.

El es Quien oye y Quien sabe.

(116) Si obedecieras a la mayoría de los que están en la tierra, te extraviarían del camino de Allah; ellos no siguen sino suposiciones, tan sólo conjeturan.

(117) Es cierto que tu Señor sabe mejor quién se extravía de Su camino y sabe mejor quienes están guiados.

(118) Y comed de aquello sobre lo que se haya mencionado el nombre de Allah, si creéis en Sus signos*.

* [Según Ibn Abbas esta aleya descendió con motivo de que los asociadores dijeron a los musulmanes: "Vosotros afirmáis que adoráis a Allah, luego ¿no será más propio que comáis de lo que El ha matado —refiriéndose a los animales muertos de muerte natural— que no de lo que vosotros matéis?"]

(119) ¿Qué sentido tendría que no comierais de aquello sobre lo que se ha mencionado el nombre de Allah, cuando se os ha explicado claramente qué es lo que, a menos que os veáis forzados, se os prohíbe? Es cierto que muchos se extravían debido a sus deseos, sin conocimiento.

Tu Señor sabe mejor quienes son los transgresores.

(120) Abandonad la maldad externa e internamente; pues en verdad que quienes cometan alguna maldad, serán pagados por lo que hicieron.

(121) Y no comáis de aquello sobre lo que no haya sido mencionado el nombre de Allah pues es una perversión.

Ciertamente los demonios inspiran a sus aliados para que os confundan.

Si los obedecéis, seréis asociadores*.

* [Esta aleya se refiere a lo mismo que la anterior, n.° 118]

(122) ¿Acaso quien estaba muerto y lo devolvimos a la vida dándole una luz con la que camina entre la gente, es como quien está en oscuridad y sin salida? Así es como hacemos que a los incrédulos les parezca hermoso lo que hacen.

(123) Y así mismo hemos hecho que en cada ciudad sus malhechores fueran algunos de sus hombres más notables para que maquinaran en ellas.

Pero sólo maquinan contra sí mismos sin darse cuenta.

(124) Cuando les viene un signo dicen: No creeremos hasta que no tengamos lo mismo que se les ha dado a los mensajeros de Allah. Allah sabe mejor donde pone Su mensaje.

Humillación ante Allah y un durísimo castigo les caerá a los que hicieron el mal, por lo que tramaron.

(125) A quien Allah quiere guiar, le abre el pecho al Islam, pero a quien quiere extraviar hace que su pecho se haga estrecho y apretado como si estuviera ascendiendo al cielo.

Del mismo modo Allah pone lo peor en los que no creen.

(126) Este es el camino de tu Señor, que es recto. Hemos explicado con claridad los signos para los que recapacitan.

(127) De ellos será la Morada de la Paz, junto a su Señor. El será su Protector por lo que hacían.

(128) El día en que los reunamos a todos: ¡Comunidad de genios! Llevasteis a la perdición a muchos hombres.

Dirán sus aliados de entre los hombres: ¡Señor nuestro, nos aprovechamos unos de otros y el plazo que nos diste nos ha llegado! El dirá: Vuestro pago es el Fuego donde seréis inmortales, salvo lo que quiera Allah.

Es cierto que tu Señor es Sabio y Conocedor.

(129) Así será como habremos hecho que unos injustos gobiernen sobre otros como consecuencia de lo que éstos últimos se hubieren buscado.

(130) ¡Comunidad de hombres y de genios! ¿No os llegaron mensajeros surgidos de vosotros que os hablaban de Mis signos y os advertían del encuentro de este día en el que estáis? Dirán: sí, damos testimonio de ello en contra de nosotros mismos. La vida del mundo les habrá seducido y atestiguarán en contra de sí mismos que eran incrédulos.

(131) Eso es porque tu Señor no destruirá ninguna ciudad que haya cometido una injusticia hasta que sus habitantes no estén advertidos.

(132) Cada uno tendrá sus grados en la medida de lo que haya hecho. Tu Señor no está descuidado de lo que hacen.

(133) Y tu Señor es el Rico, Dueño de misericordia.

Si quiere, os hará desaparecer y hará que, después de vosotros, venga lo que Él quiera, del mismo modo que os originó a partir de la descendencia de otros.

(134) Realmente lo que se os ha prometido llegará sin que podáis impedirlo.

(135) Di: ¡Gente mía! Obrad en consecuencia con vuestra postura que yo también lo haré. Y ya sabréis quién tuvo un buen final en la Ultima Morada.

Es cierto que los injustos no prosperan.

(136) Reservan para Allah, aunque Él lo ha creado, una parte de la cosecha del campo y de los animales de rebaño, diciendo según su pretensión: Esto es para Allah y esto es para nuestros dioses asociados a El.

Pero lo que está destinado a sus dioses no llega a Allah y lo que es para Allah sí llega a los dioses que Le asocian.

¡Qué malo es lo que juzgan!*

* [Esta aleya descendió a una tribu árabe idólatra que designaba una parte de sus cosechas para Allah y otra para los dioses que asociaban con El; pero si el viento se llevaba algo de la parte asignada a Allah hasta la parte reservada a sus ídolos la dejaban mientras que si sucedía lo contrario, la devolvían. Y cuando tenían un año malo consumían la parte reservada a Allah y preservaban la de los ídolos que Le asociaban y a esto se refieren las últimas frases de la aleya.]

(137) Asímismo hay muchos idólatras a los que los asociados que ellos atribuyen, les hacen que les parezca bueno matar a sus propios hijos, para así destruirlos y confundirlos en su Práctica de Adoración.

Si Allah quisiera no lo harían. ¡Déjalos pues a ellos y a lo que inventan!*

* [En esta aleya se alude a otra práctica pre-islámica por la que algunos prometían sacrificar a uno de sus hijos si los dioses le concedían una determinada descendencia como el caso de Abdel-Mutalib o los que enterraban vivas a las hijas.]

(138) Y dicen, según sus pretensiones: Este ganado y estas cosechas están vedados y sólo quien queramos será alimentado con ellos. Y hay otros animales de rebaño sobre los que no mencionan el nombre de Allah*, siendo una invención contra El. Pero El les pagará por lo que inventaron.

* [Al sacrificarlos]

(139) Y dicen: Lo que hay en el vientre de estos animales está reservado a nuestros varones pero está prohibido para nuestras esposas y sólo si nace muerto les estará permitido compartirlo. El les pagará por la distinción que hacen, pues es cierto que El es Sabio y Conocedor.

(140) Se perderán quienes maten a sus hijos por necedad y sin conocimiento y hagan ilícito lo que Allah les ha dado como provisión inventando contra Allah.
Se habrán extraviado y estarán sin guía.

(141) El es Quien ha producido jardines emparrados y sin emparrar, palmeras y cereales de variado sabor y aceitunas y granados similares y diversos. Comed del fruto que den cuando fructifiquen, y el día de la recolección, entregad lo que corresponda por ello* y no derrochéis.
Es cierto que El no ama a los derrochadores.

* [Es decir, el zakat correspondiente]

(142) Y de los animales de rebaño, de los que unos son de carga y otros para dar leche, carne y lana.
Comed de lo que Allah os dado como provisión y no sigáis los pasos del Shaytán; porque es un enemigo declarado.

(143) Ocho categorías: La pareja de ovinos y la de cápridos.
Di: ¿Acaso son ilícitos los dos machos o las dos hembras o lo que encierran los úteros de ambas hembras?
Decídmelo con conocimiento de causa si sois veraces.

(144) Y la pareja de los camélidos y la de los bovinos.
Di: ¿Son ilícitos los dos machos o las dos hembras o lo que encierran los úteros de ambas hembras o estábais presentes como testigos cuando Allah os encomendó esto?
¿Quién es más injusto que el que inventa una mentira sobre Allah para extraviar a los hombres sin tener conocimiento?
Es cierto que Allah no guía a la gente injusta.

(145) Di: No encuentro en lo que se me ha inspirado ninguna prohibición de comer de todo ello para nadie, a menos que se trate de un animal muerto* o de sangre derramada o carne de cerdo, pues es una impureza; o que sea una perversión, al haber sido sacrificado en nombre de otro que Allah. Pero quien se vea forzado a ello sin deseo ni ánimo de transgredir... Es cierto que Allah es Perdonador y Compasivo.
* [Se entiende de causa natural, no sacrificado]

(146) A los que siguen el judaísmo les hicimos ilícito todo lo que tuviera uñas, así como la grasa del ganado bovino y ovino a excepción de la que tuvieran en el lomo, en las entrañas o mezclada con los huesos.

Así es como les pagamos por su rebeldía. Decimos la verdad.

(147) Y si tachan de mentira lo que dices, di: Vuestro Señor posee una gran misericordia, pero Su violencia no será apartada de los que hacen el mal.

(148) Dirán los que asociaron: Si Allah hubiese querido no habríamos caído en atribuirle asociados ni tampoco nuestros padres, ni habríamos prohibido nada de lo que prohibimos.
Del mismo modo negaron la verdad quienes les precedieron hasta que probaron Nuestra violencia. Di: ¿Tenéis acaso algún conocimiento que nos podáis mostrar? Sólo seguís suposiciones y no hacéis sino conjeturas.

(149) Di: Allah está en posesión de la prueba irrefutable y si quisiera os guiaría a todos.

(150) Di: Traed aquí a vuestros testigos, esos que aseguran que Allah prohibió esto; y si dan testimonio, tú no lo des con ellos y no sigas los deseos de los que niegan la verdad de Nuestros signos, no creen en la Ultima Vida y atribuyen semejantes a su Señor.

(151) Di: Venid que os declare lo que vuestro Señor os ha prohibido: que no asociéis nada con El, que hagáis el bien a vuestros padres y no matéis a vuestros hijos por temor a la miseria. Nosotros os proveemos a vosotros y a ellos, no os acerquéis a las faltas graves ni externa ni internamente y no matéis a quien Allah ha hecho inviolable excepto por derecho. Esto es lo que se os encomienda para que tal vez razonéis.

(152) No os acerquéis a la riqueza del huérfano, si no es con lo que más le beneficie, hasta que no alcance la madurez.

Y cumplid la medida y el peso con equidad. A nadie le obligamos sino en la medida de su capacidad. Y cuando habléis, sed justos, aunque se trate de un pariente próximo.

Y cumplid el compromiso con Allah.

Eso es lo que se os encomienda para que tal vez recordéis.

(153) Este es Mi camino recto ¡Seguidlo! Y no sigáis los caminos diversos, pues ello os separaría y os apartaría de Su camino.

Eso es lo que se os encomienda para que tal vez os guardéis.

(154) Luego dimos a Musa el Libro como culminación para quien hiciera el bien, aclaración de todas las cosas y guía y misericordia. Y para que tal vez así creyeran en el encuentro con su Señor.

(155) Y éste es un Libro que hemos hecho descender y una bendición. Seguidlo y guardaos para que se os pueda tener misericordia.

(156) Para que no pudierais decir: El Libro descendió únicamente para dos comunidades que son anteriores a nosotros y no se nos advirtió que debiéramos conocerlo.

(157) O pudierais decir: Si se nos hubiera hecho descender el Libro, habríamos tenido mejor guía que ellos.

Os ha llegado una prueba evidente de vuestro Señor, así como una guía y una misericordia.

¿Quién puede ser más injusto que aquel que niega la autenticidad de los signos de Allah y se aparta de ellos?

A quienes se aparten de Nuestros signos les pagaremos, por su desvío, con el peor castigo.

(158) ¿Qué esperan? ¿Que vengan a ellos los ángeles, o venga tu Señor, o vengan algunas señales de tu Señor? El día en que lleguen las señales de tu Señor, a ningún alma le servirá de nada creer, si no lo hizo antes o no alcanzó con su creencia ningún bien. Di: ¡Esperad! Que nosotros también esperamos.

(159) Los que se dividieron en su Práctica de Adoración y se hicieron sectas... Tú no tienes nada que ver con ellos. Su caso se remite a Allah.

El les hará saber lo que han hecho.

(160) Quien se presente con buenas acciones tendrá diez como ellas, pero quien se presente con malas acciones, no recibirá más pago que lo que trajo, sin que se le haga injusticia.

(161) Di: Mi Señor me ha guiado a un camino recto, una Práctica de Adoración recta, la religión de Ibrahim, hanif, que no era de los que asocian.

(162) Di: En verdad mi oración, el sacrificio que pueda ofrecer, mi vida y mi muerte son para Allah, el Señor de los mundos.

(163) El no tiene copartícipe. Eso es lo que se me ha ordenado. Soy el primero de los musulmanes.

(164) Di: ¿Por qué habría de desear a otro que Allah como Señor, si El es el Señor de todas las cosas?

Lo que cada alma adquiera sólo podrá perjudicarle a ella misma y nadie cargará con la carga de otro.

Luego habréis de volver a vuestro Señor que os hará ver aquello a lo que os oponíais.

(165) Y El es Quien os ha hecho suceder a otros en la tierra y ha elevado a unos por encima de otros en grados para poneros a prueba en lo que os ha dado.

Es cierto que tu Señor es Rápido en castigar y es cierto que El es el Perdonador y el Compasivo.

7. SURA AL-ARAF
(La altura divisoria entre el Jardín y el Fuego)

Revelada en Meca a excepción de la aleya 163 hasta la 170 que son de Medina. Tiene 206 aleyas y descendió después de la sura Sad.

En el nombre ae Allah, el Misericordioso y Compasivo.

(1) Alif, Lam, Mim, Sad.

(2) Es un Libro que se te ha hecho descender, que no haya pues ninguna estrechez en tu pecho por su causa.
Para que adviertas con él y sea un recuerdo para los creyentes.

(3) ¡Seguid lo que os ha descendido de vuestro Señor y no sigáis a ningún protector fuera de El!
¡Qué poco recapacitáis!

(4) ¡Cuántas ciudades hemos destruido! Nuestra violencia les sobrevino mientras dormían o sesteaban.

(5) Y cuando les llegó Nuestra violencia, su única súplica fue decir: ¡Realmente fuimos injustos!

(6) Preguntaremos a aquéllos a los que se les mandaron enviados y preguntaremos a los enviados.

(7) Les hablaremos de lo que hicieron con conocimiento de causa, pues no estábamos ausentes.

(8) Ese día, el peso en la balanza será la verdad. Aquéllos cuyas acciones tengan peso, serán quienes hayan tenido éxito.

(9) Pero aquéllos cuya acciones apenas pesen, serán quienes se hayan perdido a sí mismos por haber sido injustos con Nuestros signos.

(10) Y en verdad que os hemos dado una buena posición en la tierra y os hemos puesto en ella medios de subsistencia. ¡Qué poco es lo que agradecéis!

(11) Y os creamos, os dimos una forma y luego dijimos a los ángeles: ¡Postraos ante Adam! Y se postraron todos, menos Iblis que no estuvo entre ellos.

(12) Dijo: ¿Qué te impide postrarte habiéndotelo ordenado?
Contestó: Yo soy mejor que él; a mí me creaste de fuego, mientras que a él lo has creado de barro.

(13) Dijo: ¡Desciende de aquí! En este lugar no cabe que seas soberbio. ¡Sal de él! Tú serás de los humillados.

(14) Dijo: Concédeme un plazo hasta el día en que sean devueltos a la vida.

(15) Dijo: Considérate entre los que esperan.

(16) Dijo: Puesto que me has extraviado, yo les haré difícil Tu camino recto.

(17) Después los abordaré por delante y por detrás, por la derecha y por la izquierda y a la mayor parte de ellos no les encontrarás agradecidos.

(18) Dijo: ¡Sal de aquí degradado y despreciado!
Quien de ellos te siga... Llenaré Yahannam con todos vosotros.

(19) ¡Adam! Habitad tú y tu pareja el Jardín y comed de donde queráis, pero no os acerquéis a este árbol pues seréis de los injustos.

(20) El Shaytán les susurró, por lo que se les hizo manifiesto lo que estaba oculto de sus vergüenzas, diciéndoles: Vuestro Señor os ha prohibido este árbol sólo para evitar que seáis ángeles o que no muráis nunca.

(21) Les aseguró jurándoles: En verdad soy un consejero para vosotros.

(22) Y los sedujo con engaños. Y una vez hubieron probado del árbol, se les hicieron manifiestas sus vergüenzas y comenzaron a cubrirlas con hojas del Jardín. Entonces su Señor les llamó: ¿No os había prohibido ese árbol y os había dicho que el Shaytán era para vosotros un enemigo declarado?

(23) Dijeron: ¡Señor nuestro! Hemos sido injustos con nosotros mismos y si no nos perdonas y no tienes misericordia de nosotros, estaremos entre los perdidos.

(24) Dijo: Descended todos.* Seréis mutuos enemigos. Tendréis morada en la tierra y posesiones en disfrute por un tiempo.
* [Referido a Adam, Hawa e Iblis.]

(25) Dijo: En ella viviréis, en ella moriréis y de ella se os hará salir.

(26) ¡Hijos de Adam! Hice descender para vosotros vestidos que cubrieran vuestras vergüenzas y os sirvieran de adorno, pero el vestido de la temerosidad es el mejor. Esto forma parte de los signos de Allah para que podáis recapacitar.

(27) ¡Hijos de Adam! Que no os soliviante el **Shaytán del mismo** modo que logró que vuestros padres salieran del **Jardín** despojándolos de su vestido para que fueran **conscientes de sus** vergüenzas.

El y los suyos os ven desde donde no les veis. **Hemos hecho** a los demonios aliados de los que no creen.

(28) Y cuando cometen un acto vergonzoso dicen: Encontramos a nuestros padres en ello.

Pero Allah no ordena la indecencia. ¿O es que diréis sobre Allah lo que no sabéis?

(29) Di: Mi Señor ordena la ecuanimidad y que, en cada lugar de oración, dirijáis vuestro rostro y Le invoquéis sinceramente, rindiéndole sólo a El la adoración.

Así como os originó, volveréis.

(30) Habrá un grupo al que habrá guiado, pero para otro se habrá confirmado el extravío.

Ellos habían tomado a los demonios como protectores, fuera de Allah, y creyeron que estaban guiados.

(31) ¡Hijos de Adam! Poneos vuestros mejores y más puros vestidos en cada lugar de oración; y comed y bebed, pero no os excedáis.

Es cierto que El no ama a los que se exceden.

(32) Di: ¿Quién prohibe los adornos de Allah, creados por El para Sus siervos, y las cosas buenas de la provisión?*

Di: Todo esto, el Día del Levantamiento, pertenecerá en exclusiva a quienes en la vida del mundo hayan sido creyentes.

Así es como dejamos claros los signos para los que saben.

* [Los adornos de Allah son los vestidos y los alimentos; y la aleya hace referencia a los asociadores que hacían algunos ritos de la Peregrinación desnudos y se prohibían ciertos alimentos como la leche y la grasa.]

(33) Di: Lo que de verdad ha prohibido mi Señor son las indecencias, tanto las externas como las que se ocultan, la maldad, el abuso sin razón, que asociéis con Allah aquello sobre lo que no ha descendido ninguna evidencia y que digáis sobre Allah lo que no sabéis.

(34) Para cada comunidad hay un plazo y cuando éste llegue, no se les atrasará ni se les adelantará una sola hora.

(35) ¡Hijos de Adam! Si os llegan mensajeros, surgidos de vosotros, que os hablan de Mis signos...
Quien se guarde y rectifique, no tendrá nada que temer ni se entristecerá.

(36) Pero los que tachen de mentira Nuestros signos y sean soberbios ante ellos...
Esos son los compañeros del Fuego donde serán inmortales.

(37) ¿Y quién más injusto que quien inventa una mentira sobre Allah o tacha de mentira Sus signos?
A ésos les llegará lo que tengan escrito; así, cuando se les presenten Nuestros emisarios para llevar sus almas y les digan: ¿Dónde están los que invocabais aparte de Allah?
Dirán: Se apartaron de nosotros.
Y atestiguarán en contra de sí mismos que fueron incrédulos.

(38) Dirá: Entrad en el Fuego en compañía de las comunidades de hombres y genios que hubo antes que vosotros.
Y cada que vez que entre una comunidad, maldecirá a su hermana; así, cuando todas hayan coincidido en él, la última de ellas dirá de la primera: ¡Señor Nuestro! Estos son los que nos extraviaron, dales un doble castigo en el Fuego.
El dirá: Todos tenéis el doble, pero no sabéis.

(39) Y le dirá la primera de ellas a la última: No tenéis ningún privilegio sobre nosotros.
Gustad el castigo por lo que habéis ganado.

(40) Es cierto que a los que tachan de mentira Nuestros signos y se muestran soberbios ante ellos, no se les abrirán las puertas del cielo ni entrarán en el Jardín hasta que no pase el camello por el ojo de la aguja.
Así es como pagamos a los que hacen el mal.

(41) Tendrán un lecho de Yahannam y sobre él cobertores de fuego. Así es como pagamos a los injustos.

(42) Y los que creen y practican las acciones de bien, y no obligamos a nadie sino en la medida de su capacidad, éllos son los compañeros del Jardín donde serán inmortales.

(43) Quitaremos el rencor que pueda haber en sus pechos, los ríos correrán a sus pies y dirán: Las alabanzas a Allah que nos ha

guiado a ésto, puesto que si Allah no nos hubiera guiado, nosotros jamás nos habríamos guiado; es cierto que los mensajeros de nuestro Señor vinieron con la verdad.

Y se les proclamará: aquí tenéis el Jardín, lo habéis heredado por lo que hicisteis.

(44) Y llamarán los compañeros del Jardín a los del Fuego: Hemos encontrado que lo que nuestro Señor nos había prometido era verdad. ¿Habéis encontrado vosotros que lo que vuestro Señor os prometió era verdad?

Dirán: Sí. Y una voz pregonará entre ellos: ¡Que la maldición de Allah caiga sobre los injustos!

(45) Esos que apartan del camino de Allah, procurándolo tortuoso, y no creen en la Ultima Vida.

(46) Entre ambos grupos habrá una separación, y sobre las alturas de reconocimiento, habrá unos hombres que reconocerán a cada uno por su aspecto.

Cuando llamen a los compañeros del Jardín les dirán: Paz con vosotros. Pero ellos no podrán entrar en él, aunque lo desearán intensamente.

(47) Y cuando tengan que volver la mirada a los compañeros del Fuego, dirán: ¡Señor nuestro, no nos pongas junto a las gentes injustas!

(48) Los compañeros de las alturas llamarán a unos hombres a los que habrán reconocido por su aspecto y les dirán: ¿De qué os sirvió todo lo que acumulasteis y la soberbia que tuvisteis?

(49) ¿Son éstos de aquí de los que asegurasteis con juramentos que Allah no tendría misericordia con ellos? ¡Entrad en el Jardín, no tenéis nada que temer ni nada por lo que entristeceros!

(50) Y suplicarán los compañeros del Fuego a los compañeros del Jardín: ¡Derramad sobre nosotros un poco de agua o algo de lo que Allah os ha dado!

Dirán: Allah ha prohibido ambas cosas para los incrédulos.

(51) Esos que tomaron su deber de adoración como frivolidad y juego y se dejaron seducir por la vida del mundo. Hoy les olvidamos, como ellos olvidaron el encuentro de este día en el que ahora están; y por haber negado Nuestros signos.

(52) Y es cierto que les hemos traído un Libro que hemos explicado con precisión en base a un conocimiento, guía y misericordia para gentes que creen.

(53) ¿Qué esperan sino averiguar sus consecuencias? El día que
esto ocurra, dirán los que antes lo habían olvidado: Realmente los mensajeros de nuestro Señor vinieron con la verdad.
¿Habrá alguien que interceda por nosotros o podremos regresar y actuar de forma distinta a como lo hicimos?
Se habrán perdido a sí mismos y no podrán encontrar lo que
inventaban.

(54) Realmente vuestro Señor es Allah, Quien creó los cielos y la
tierra en seis días, luego se asentó en el Trono. La noche
cubre al día que le sigue rápidamente y el sol, la luna y las estrellas están por Su mandato sometidas.
¿Acaso no Le pertenecen el Mandato y la creación?
Bendito sea Allah, el Señor de los mundos.

(55) Pedid a vuestro Señor humilde y secretamente, es cierto que
El no ama a los que se exceden.

(56) Y no corrompáis las cosas en la tierra después del orden que
se ha puesto en ella; e invocadlo con temor y anhelo.
Es verdad que la misericordia de Allah está próxima a los
bienhechores.

(57) El es Quien envía los vientos como anuncio previo a Su misericordia, y cuando forman una nube pesada, la conducimos a
una tierra muerta y de ella hacemos caer agua con la que hacemos que broten toda clase de frutos. Del mismo modo haremos salir a los muertos.
Tal vez podáis recapacitar.

(58) Y la buena tierra da sus frutos con permiso de su Señor, pero
la mala no da sino escasez. Así es como hacemos claros los
signos para los que agradecen.

(59) Y así fue como enviamos a Nuh a su gente, y les dijo: ¡Gente
mía! Adorad a Allah, fuera de El no tenéis otro dios; temo
para vosotros el castigo de un día terrible.

(60) Dijeron los ricos y principales de su gente: Te vemos en un
claro extravío.

(61) Dijo : ¡Gente mía! No hay en Mí extravío alguno, sino que soy un mensajero del Señor de los mundos.

(62) Os hago llegar los mensajes de mi Señor y os aconsejo; y sé, procedente de Allah, lo que no sabéis.

(63) ¿Os sorprende que os haya llegado un recuerdo de vuestro Señor a través de uno de vosotros para advertiros y para que fuérais temerosos y se pudiera tener misericordia con vosotros?

(64) Lo tacharon de mentiroso y lo salvamos en la nave a él y a los que con él estaban, ahogando a los que habían negado la verdad de Nuestros signos.
Verdaderamente fueron una gente ciega.

(65) Y a los Ad, a su hermano Hud que les dijo: ¡Gente mía! ¡Adorad a Allah! Fuera de Él no tenéis otro dios.
¿No os guardaréis?

(66) Dijeron los ricos y principales de su gente, que no creían: Te vemos en una insensatez y te tenemos por uno de los mentirosos.

(67) Dijo: ¡Gente mía! No hay en Mí ninguna insensatez, sino que soy un mensajero del Señor de los mundos.

(68) Os hago llegar los mensajes de mi Señor y soy un consejero digno de confianza para vosotros.

(69) ¿Os sorprende que os haya llegado un recuerdo de vuestro Señor a través de uno de vosotros para advertiros? Recordad cuando os hizo sucesores de las gentes de Nuh y os dió una complexión y una fuerza superiores.
Recordad los dones de Allah para que así podáis tener éxito.

(70) Dijeron: ¿Has venido a nosotros para que adoremos únicamente a Allah y abandonemos lo que nuestros padres adoraban?
Tráenos lo que nos has prometido si eres de los veraces.

(71) Dijo: Un castigo vergonzoso y la ira de vuestro Señor han de caer sobre vosotros. ¿Váis a contradecirme, con argumentos a favor de unos nombres que vosotros y vuestros padres habéis asignado, y con los que Allah no ha hecho descender ningún poder?
Esperad entonces, que yo también espero.

(72) Y lo salvamos junto a los que con él estaban, por una misericordia Nuestra, exterminando a los que habían negado la
verdad de Nuestros signos y no eran creyentes.

(73) Y a los Zamud, a su hermano Salih que les dijo: ¡Gente mía!
Adorad a Allah, fuera de El no tenéis otro dios.
Os ha llegado una evidencia de vuestro Señor: La camella de
Allah que es un señal para vosotros; dejadla que coma en la
tierra de Allah y no la toquéis con ningún daño; porque, si lo
hicierais, os alcanzaría un doloroso castigo.

(74) Y recordad cuando os hizo sucesores de los Ad y os dió una
posición en la tierra. Os hacíais palacios en sus llanuras y ex-
cavabais casas en las montañas.
Recordad los dones de Allah y no hagáis el mal en la tierra
como corruptores.

(75) Los ricos y principales, que eran aquéllos de su gente que se
habían llenado de soberbia, dijeron a quienes eran considerados inferiores, que eran los que habían creído: ¿Es que
acaso tenéis conocimiento de que Salih es un enviado de su
Señor? Contestaron: Nosotros creemos realmente en aquello
con lo que ha sido enviado.

(76) Dijeron los que se habían llenado de soberbia: Nosotros negamos aquello en lo que creéis.

(77) Y desjarretaron a la camella rebelándose contra la orden de su
Señor. Y dijeron: ¡Salih, tráenos los que nos has asegurado si
es que eres uno de los enviados!

(78) Entonces los agarró la gran sacudida y amanecieron en sus
hogares caídos de bruces*.
* [Según Ibn Yuzay, Allah ordenó a Yibril que gritara y éste dio un enorme
grito entre el cielo y la tierra que les causó la muerte. La palabra árabe es
"rayfa" y expresa la idea de temblor violento, sacudida y sonido que estremece.]

(79) Se apartó de ellos y dijo: ¡Gente mía! Os hice llegar el mensaje
de mi Señor y os aconsejé pero no amabais a los consejeros.

(80) Y Lut, cuando dijo a su gente: ¿Estáis cometiendo la indecencia que nadie antes en los mundos ha cometido?

(81) ¿Vais a los hombres con deseo, en vez de a las mujeres?
Realmente sois una gente desmesurada.

(82) Pero la única respuesta de su gente fue decir: ¡Expulsadlos de vuestra ciudad, son gentes que se tienen por puros!

(83) Y lo salvamos a él y a su familia con la excepción de su mujer que fue de los que se quedaron atrás.

(84) E hicimos que les cayera una lluvia.
¡Mira cómo acabaron los que hicieron el mal!

(85) Y a los Madyan, su hermano Shuayb, que dijo: ¡Gente mía! Adorad a Allah, no tenéis otro dios que El.
Os ha llegado una evidencia de vuestro Señor; así pues cumplid con la medida y el peso y no menoscabéis a los hombres en sus cosas ni corrompáis en la tierra después del orden que se ha puesto en ella.
Eso es un bien para vosotros si sois creyentes.

(86) Y no estéis esperando al acecho en cada camino para intimidar, ni desviéis del camino de Allah a quien cree en El, deseando que sea tortuoso.
Recordad cuando erais pocos y El os multiplicó, y mirad cómo han acabado los corruptores.

(87) Y si hay entre vosotros un grupo que ha creído en aquello con lo que he sido enviado y otro grupo que no ha creído, tened paciencia hasta que Allah juzgue entre nosotros.
El es el mejor de los jueces.

(88) Dijeron los ricos y principales, aquéllos de su gente que se habían llenado de soberbia: ¡Shuayb! Te vamos a expulsar de esta ciudad a ti y a los que están contigo, a menos que volváis a nuestra religión.
Dijo: ¿Aunque sea en contra de nuestra voluntad?

(89) Si volviéramos a vuestra religión, después de que Allah nos ha salvado de ella, caeríamos en una mentira inventada contra Allah. Nunca volveremos a ella a menos que Allah, nuestro Señor, lo quiera. Nuestro Señor abarca todas las cosas con Su conocimiento, en Allah nos confiamos.
¡Señor nuestro! Juzga entre nosotros y nuestra gente con la verdad; Tú eres el mejor de los jueces.

(90) Y dijeron los ricos y principales de su gente, los que se habían negado a creer: Si seguís a Shuayb estaréis perdidos.

(91) Los agarró la gran sacudida y amanecieron en sus hogares caídos de bruces. .

(92) Fue como si los que habían tachado de mentiroso a Shuayb nunca hubieran habitado en ella.

Y ésos que habían negado a Shuayb fueron los perdedores.

(93) Se apartó de ellos y dijo: ¡Gente mía! Os he hecho llegar los mensajes de mi Señor y os he aconsejado.

¿Por qué habría de sentir lo que le sucediera a una gente incrédula?

(94) No hemos enviado a una ciudad ningún profeta sin haber castigado a su gente con la miseria y el padecimiento para que pudieran humillarse.

(95) Y luego les dábamos bienestar en lugar del mal.

Pero cuando se veían prósperos, decían: La fortuna y la adversidad eran cosas que ya afectaban a nuestros padres.

Y entonces los agarrábamos de repente sin que hubieran podido darse cuenta.

(96) Si las gentes de la ciudades hubieran creído y se hubieran guardado, les habríamos abierto las bendiciones del cielo y de la tierra.

Sin embargo negaron la verdad y los castigamos a causa de lo que adquirieron.

(97) ¿Acaso la gente de las ciudades está a salvo de que les llegue Nuestro castigo de noche, mientras duermen?

(98) ¿O están a salvo esas mismas gentes de que Nuestro castigo les llegue por la mañana mientras juegan?

(99) ¿Es que están a salvo de la astucia de Allah?

Sólo los perdidos se sienten a salvo de la astucia de Allah.

(100) ¿Acaso a los que han heredado la tierra después de otros que hubo en ella, no les sirve de guía saber que, si quisiéramos, los agarraríamos también a causa de sus transgresiones, sellando sus corazones para que no escucharan?

(101) Esas son las ciudades parte de cuyas noticias te contamos.

Les llegaron sus mensajeros con las evidencias, pero no iban a creer en lo que antes habían tachado de mentira.

Así es como Allah sella los corazones de los incrédulos.

(102) En la mayor parte de ellos no encontramos compromiso alguno, sólo que se habían pervertido.

(103) Luego, una vez pasados éstos, enviamos a Musa con Nuestros signos a Firaún y los suyos que los negaron injustamente. Y mira cómo acabaron los corruptores.

(104) Dijo Musa: ¡Firaún! Soy un mensajero del Señor de los mundos,

(105) Y soy verdadero. Tengo la obligación de no decir sobre Allah sino la verdad. Habéis tenido evidencias de vuestro Señor, así que dejad que vengan conmigo los hijos de Israel.

(106) Dijo: Si has traído un signo, muéstralo si es que dices la verdad.

(107) Entonces arrojó su vara y fue una serpiente claramente visible.

(108) Y se sacó la mano y ésta apareció blanca ante los que miraban*.

   * [Como una muestra más de lo que decía, se sacó la mano del interior de sus vestidos y ésta apareció con una luz resplandeciente alumbrando el espacio entre el cielo y la tierra]

(109) Dijeron los principales de la gente de Firaún: Ciertamente es un mago experto.

(110) Que quiere expulsaros de vuestra tierra. ¿Qué es lo que deliberáis pues?

(111) Dijeron: Retenedlos a él y a su hermano y envía reclutadores por las ciudades

(112) que te traigan a todos los magos expertos.

(113) Y vinieron los magos de Firaún diciendo: ¿Seremos recompensados si somos los vencedores?

(114) Dijo: Sí, y estaréis entre los próximos a mí.

(115) Dijeron: ¡Musa! Arroja tú o lo haremos nosotros.

(116) Dijo: Arrojad vosotros. Y al hacerlo hechizaron los ojos de la gente, los llenaron de miedo y produjeron una magia prodigiosa.

(117) Pero inspiramos a Musa: ¡Arroja tu vara! Y se tragó lo que habían falseado.

(118) Así prevaleció la verdad y se desvaneció lo que habían hecho.

(119) Allí fueron vencidos y quedaron empequeñecidos.

(120) Entonces los magos cayeron postrados.

(121) Y dijeron: Creemos en el Señor de los mundos.

(122) El Señor de Musa y de Harún.

(123) Dijo Firaún: ¿Habéis creído en él sin que yo os haya dado permiso? Realmente se trata de una estratagema que habéis urdido en la ciudad para sacar de ella a sus habitantes, pero vais a saber.

(124) Os cortaré una mano y un pie del lado contrario y luego os crucificaré a todos.

(125) Dijeron: Verdaderamente hemos de volver a nuestro Señor.

(126) Te vengas de nosotros sólo porque cuando llegaron los signos de nuestro Señor creímos en ellos.

¡Señor nuestro! Derrama sobre nosotros paciencia y llévanos a Ti, estándote sometidos.

(127) Y dijeron los principales de Firaún: ¿Vas a permitir que Musa y su gente corrompan la tierra y te abandonen a ti y a tus dioses? Dijo: Mataremos a sus hijos y dejaremos con vida a sus mujeres y en verdad que nos impondremos sobre ellos.

(128) Dijo Musa a su gente: Buscad ayuda en Allah y tened paciencia, pues es cierto que la tierra pertenece a Allah y la heredarán aquellos de Sus siervos que Él quiera.

Y el buen fin es de los que temen (a Allah).

(129) Dijeron: Hemos sufrido antes de que tú vinieras a nosotros y también después.

Dijo: Puede que vuestro Señor destruya a vuestros enemigos y haga que les sucedáis en la tierra para ver cómo actuáis.

(130) Y castigamos a la familia de Firaún con los años de sequía y esterilidad y la falta de frutos para que tal vez recapacitaran.

(131) Y cuando les venía un bien decían: Esto es por nosotros; pero si les sobrevenía algún mal, lo atribuían al mal agüero de Musa y a los que con él estaban.

¿Acaso su mal agüero no estaba junto a Allah?

Sin embargo, la mayoría de ellos no sabía.

(132) Y dijeron: Sea cual sea el signo que nos traigas para hechizarnos con él, no te vamos a creer.

(133) Y enviamos contra ellos el diluvio, la langosta, los piojos, las ranas y la sangre como signos claros, pero se llenaron de soberbia y fueron gente de mal.

(134) Pero cuando hubo caído sobre ellos el castigo, dijeron: ¡Musa!: Ruega por nosotros a tu Señor según lo que acordó contigo.

Si apartas de nosotros este castigo, te creeremos y dejaremos ir contigo a los hijos de Israel.

(135) Pero cuando les libramos del castigo durante un tiempo fijado y el plazo cumplió, ellos no cumplieron.

(136) Nos vengamos de ellos y los ahogamos en el mar por haber tachado de mentira Nuestros signos y haber sido insensibles a ellos.

(137) Así hicimos que los que habían sido subyugados antes, heredaran los orientes y los occidentes de la tierra que habíamos bendecido.

Y la hermosa palabra que tu Señor había dado a los hijos de Israel se cumplió porque fueron pacientes.

Y destruimos lo que Firaún y su gente habían hecho, así como lo que habían erigido.

(138) E hicimos que los hijos de Israel cruzaran el mar hasta que llegaron a una gente entregada a la devoción de unos ídolos que tenían.

Dijeron: ¡Musa! Queremos que nos busques un dios, igual que ellos los tienen.

Dijo: Realmente sois gente ignorante.

(139) La verdad es que aquello a lo que están dedicados es perecedero y es inútil lo que hacen.

(140) Dijo: ¿Deseáis tener otro dios que Allah cuando El os ha favorecido sobre todos los mundos?

(141) ¿Y cuando os salvó de la gente de Firaún que os atormentaba con el peor de los castigos al matar a vuestros hijos y dejar con vida a vuestras mujeres? Ahí sí que teníais una gran prueba que vuestro Señor os ponía.

(142) Emplazamos a Musa durante treinte noches que completamos con diez más, de manera que el tiempo que determinó su Señor fueron cuarenta noches.

Dijo Musa a su hermano Harún: Ocupa mi lugar entre mi gente, pon orden y no sigas el camino de los corruptores.

(143) Y cuando Musa vino a Nuestra cita y su Señor le habló, dijo: ¡Señor mío! Muéstrate ante mí para que pueda verte; dijo: No Me verás, pero mira el monte y si permenece en su sitio entonces Me verás.

Y cuando su Señor se manifestó al monte lo pulverizó y Musa cayó fulminado. Al volver en sí, dijo: ¡Gloria a Ti! A Ti me vuelvo y soy el primero de los creyentes.

(144) Dijo: ¡Musa! Verdaderamente te he escogido por encima de los hombres, dándote Mi mensaje y Mi palabra, así que toma lo que te he dado y sé de los agradecidos.

(145) Y escribimos para él en las Tablas, una exhortación para todo y una explicación de todo.

¡Tómalo con fuerza! Y ordena a tu gente que tomen lo mejor de ellas.

Os mostraré la morada de los pervertidos.

(146) Alejaré de Mis signos a quienes se llenan de soberbia en la tierra sin razón; ésos que aunque vean todo tipo de signos, no creen en ellos y aunque vean el camino de la guía recta no lo toman como camino, pero que si, en cambio, ven el camino de la perdición, lo toman como camino.

Eso es porque han negado la verdad de Nuestros signos y son indiferentes a ellos.

(147) Y los que niegan la verdad de Nuestros signos y el encuentro de la Ultima Vida, sus obras serán inútiles.

¿Y es que acaso se les pagará por otra cosa que no sea lo que hayan hecho?

(148) Pero durante la ausencia de Musa, su gente se hizo, a partir de las joyas que tenían, el cuerpo de un becerro que mugía.

¿Pero es que no veían que ni les hablaba ni les guiaba por ningún camino? Lo tomaron (como dios) y fueron injustos.

(149) Y cuando se echaron atrás y vieron que se habían extraviado dijeron: Si nuestro Señor no tiene compasión de nosotros y no nos perdona, estaremos perdidos.

(150) Entonces Musa regresó a su gente, enojado y entristecido y dijo: ¡Que mal me habéis sustituido en mi ausencia!

¿Queríais apremiar el mandato de vuestro Señor?

Y arrojó las Tablas, agarró de la cabeza a su hermano y lo arrastró atrayéndolo hacia sí; y éste dijo: ¡Hijo de mi madre! La verdad es que pudieron conmigo y casi me matan, no hagas que se alegren por mí los enemigos ni me tengas por injusto.

(151) Dijo: ¡Señor mío! Perdónanos a mí y a mi hermano y haznos entrar en Tu misericordia, pues Tú eres el más Misericordioso de los misericordiosos.

(152) En verdad que a quienes aceptaron el becerro, les alcanzará la cólera de su Señor y una humillación en este mundo.

Así es como pagamos a los que inventan.

(153) Y los que hagan el mal y luego, después de haberlo hecho, se echen atrás y crean; es cierto que tu Señor, a pesar de lo que hicieron, es Perdonador y Compasivo.

(154) Y cuando se hubo calmado el enojo de Musa, tomó de nuevo las Tablas en cuya escritura hay guía y misericordia para los que temen a su Señor.

(155) Musa había elegido a setenta hombres de su gente para la cita fijada con Nosotros. Y después de haber sido arrebatados por el temblor fulminante, dijo: ¡Señor mío! Si hubieras querido los habrías destruido anteriormente incluyéndome a mí.

¿Nos vas a destruir por lo que han hecho los ignorantes de entre nosotros? Esto no es sino Tu prueba con la que extravías a quien quieres y guías a quien quieres. Tú eres Nuestro Protector, perdónanos y ten compasión de nosotros.

Tú eres el mejor de los perdonadores.

(156) Y escribe para nosotros lo bueno en esta vida y en la última pues hemos sido guiados a Ti. Dijo: Aflijo con Mi castigo a quien quiero y Mi misericordia abarca todas las cosas y la escribiré para los que sean temerosos, para los que entreguen el zakat y para los que crean en Nuestros signos.

(157) Esos que siguen al Mensajero, el Profeta iletrado, al que encuentran descrito en la Torá y en el Inyil, y que les ordena lo reconocido como bueno y les prohíbe lo reprobable, les hace lícitas las cosas buenas e ilícitas las malas y los libera de las cargas y de la cadenas que pesaban sobre ellos.

Y aquéllos que creen en él, le honran, le ayudan y siguen la luz que fue descendida con él, ésos son los afortunados.

(158) Di: ¡Hombres! Es cierto que yo soy para vosotros el Mensajero de Allah, a Quien pertenece la soberanía de los cielos y la tierra.

No hay dios sino El, da la vida y da la muerte; así que creed en El y en Su Mensajero, el Profeta iletrado que cree en Allah y en Sus palabras y seguidle para que tal vez os guieis.

(159) De la gente de Musa hay una comunidad que guía de acuerdo a la verdad y con ella hacen justicia.

(160) Y los dividimos en doce tribus.

Y cuando Musa pidió dar de beber a su gente, le inspiramos: ¡Golpea la piedra con tu vara! Y brotaron de ella doce fuentes. Cada uno supo de dónde debía beber.

Y extendimos sobre ellos la sombra de la nube y les bajamos el maná y las codornices;

¡Comed de lo bueno que os proveemos!

Pero no nos perjudicaron, se perjudicaron a sí mismos.

(161) Y cuando se les dijo: Habitad esta ciudad* y comed de ella donde queráis, y rogad: ¡Alivio (para nuestras faltas)! Y entrad por la puerta en postración que así vuestras faltas se os perdonarán.

Y a los que hagan el bien les daremos aún más.

* [Jerusalén]

(162) Pero los que de ellos eran injustos dijeron otras palabras de las que se les había ordenado decir y les mandamos un castigo del cielo por causa de la injusticia que habían cometido.

(163) Y pregúntales por la ciudad que se encontraba a orillas del mar, cuando transgredieron el sábado, siendo el sábado cuando los peces acudían y se dejaban ver, mientras que, por el contrario, los días en los que no debían guardar descanso no acudían.

Así fue como los probamos por haberse pervertido.

(164) Y cuando un grupo de ellos dijo: ¿De qué sirve que (o ¿por qué?) amonesteis a una gente a la que Allah va a destruir o a castigar con un severo castigo?*

Dijeron: Es para tener una justificación ante vuestro Señor y por si acaso temen.

* [Según explica Ibn Kazir, la gente de esa ciudad se había dividido en tres grupos: Uno, el de los que violaron el sábado al pescar en él; otro el de los que se opusieron a ello, advirtieron a los primeros y se alejaron de ellos y un tercer grupo que calló aunque no participó, y éstos últimos son los que dicen lo que se refiere en la aleya.]

(165) Y cuando olvidaron lo que se les había recordado, salvamos a quienes se oponían al mal y agarramos a los que habían sido injustos con un castigo implacable a causa de su perversión.

(166) De manera que cuando traspasaron los límites de lo que se les había prohibido les dijimos: ¡Convertíos en monos despreciables!

(167) Y cuando tu Señor anunció que, hasta el Día del Levantamiento, estaría enviando contra ellos a quien les inflingiera el peor castigo. Es cierto que tu Señor es Rápido en la cuenta y que Él es Perdonador y Compasivo.

(168) En la tierra los dividimos en comunidades; unos rectos y otros no. Y los pusimos a prueba con bienes y males por si acaso volvían.

(169) Después de ellos vino una generación que heredó el Libro. Tomaban lo que les ofrecía la vida inmediata de aquí y decían: Ya se nos perdonará. Y si se les presentaba de nuevo algo semejante lo volvían a tomar.

¿Acaso Allah no les exigió el compromiso de no decir sobre Allah algo que no fuera verdad y no estudiaron su contenido? La morada de la Ultima Vida es preferible para los que tienen temor (de Allah). ¿Es que no van a razonar?

(170) Y los que se aferran al Libro y establecen el salat... Es cierto que no vamos a dejar que se pierda la recompensa.

(171) Y cuando sacudimos el monte por encima de ellos como si fuera un entoldado y creyeron que les iba a caer encima. Tomad con fuerza lo que os hemos dado y recordad lo que contiene, tal vez os guardéis.

(172) Y cuando tu Señor sacó de las espaldas de los hijos de Adam su propia descendencia y les hizo que dieran testimonio: ¿Acaso no soy yo vuestro Señor? Contestaron: Sí, lo atestiguamos. Para que el Día del Levantamiento no pudierais decir: Nadie nos había advertido de ésto.

(173) Ni pudiérais decir: Nuestros padres eran ya asociadores y nosotros hemos sido una generación consecuente. ¿Vas a castigarnos por lo que hicieron los falsos?

(174) Así es como explicamos los signos por si se vuelven atrás.

(175) Cuéntales el caso de aquel a quien habíamos dado Nuestros signos y se despojó de ellos, entonces el Shaytán fue tras él y estuvo entre los desviados.*

* [Sobre esto cuenta Ibn Masud que hubo un hombre entre los hijos de Israel al que Musa envió al rey de los Madyan para que le llamara a la adoración de Allah, pero el rey le sobornó ofreciéndole poder a cambio de que abandonara la religión de Musa y siguiera la suya; y lo hizo, extraviando con ello a mucha gente.

Por otro lado Ibn Abbas dice que se refiere a un hombre de la tribu de los cananeos llamado Balam b. Baura que tenía conocimiento del nombre supremo de Dios —es decir "Allah"—, nombre que no había sido revelado a los judíos. Y cuando Musa quiso luchar contra los cananeos, éstos le pidieron a Balam que rogara a Allah utilizando Su nombre supremo contra Musa y su ejército, a lo que él se negó. Pero le presionaron y accedió y rogó a Allah que Musa no pudiera entrar en la ciudad, y entonces Musa también rogó a Allah en contra suya. Y en este caso los signos de los que se desprendió serían su conocimiento del nombre supremo de Dios.]

(176) Si hubiéramos querido, habríamos hecho que éstos le sirvieran para elevarle de rango, pero él se inclinó hacia lo terrenal y siguió su deseo.

Es como el perro que si lo ahuyentas jadea y si lo dejas también; así es como son los que niegan la verdad de Nuestros signos. Cuéntales la historia por si acaso reflexionan.

(177) ¡Qué mal ejemplo el de los que niegan la verdad de Nuestros signos! Ellos mismos son los perjudicados.

(178) A quien Allah guía es el que está guiado y a quien extravía... Esos son los perdidos.

(179) Hemos creado para Yahannam muchos genios y hombres. Tienen corazones con los que no comprenden, ojos con los que no ven y oídos con los que no oyen. Son como animales de rebaño o peor aún en su extravío. Esos son los indiferentes.

(180) Y Allah posee los nombres más hermosos. Llamadlo con ellos y dejad a los que cometen aberraciones con Sus nombres. Se les pagará por lo que hicieron.

(181) Entre quienes hemos creado hay una comunidad que guía por medio de la verdad y con ella hace justicia.

(182) Y a los que niegan la verdad de Nuestros signos los llevaremos a la perdición gradualmente para que no se enteren.

(183) Les daré un tiempo dé plazo. Es cierto que mi estratagema es sólida.

(184) ¿Es que no van a reflexionar? Vuestro compañero no está poseído por ningún genio. El no es sino un advertidor.

(185) ¿Es que no se paran a considerar el dominio de los cielos y la tierra y las cosas que Allah creó, así como el hecho de que tal vez su plazo de vida esté próximo a cumplirse? ¿En qué otro relato pueden creer?

(186) A quien Allah extravía no hay quien lo guíe. Y los deja vagando errantes fuera de los límites.

(187) Te preguntan acerca de la Hora, de cuando llegará. Di: La verdad es que el conocimiento sobre ello está junto a mi Señor y sólo El; en su momento, la hará aparecer.
Pesa en los cielos y en la tierra y no os llegará sino de repente.
Te preguntan como si estuvieras al tanto de ella; di: Sólo Allah sabe de ella, sin embargo la mayor parte de los hombres no saben.

(188) Di: No soy Dueño de beneficiarme o de perjudicarme más de lo que Allah quiera. Si yo conociera el No-Visto habría tenido mucho bien y el mal nunca me habría tocado.
Pero no soy mas que un advertidor y alguien que anuncia buenas noticias a la gente que cree.

(189) El es Quien os creó a partir de un sólo ser del que hizo a su pareja, para que encontrara sosiego e intimidad en ella.
Y, después de cubrirla, quedó embarazada de una carga ligera que llevó adelante hasta que se hizo pesada y entonces ambos pidieron a Allah, su Señor: Si nos das un hijo recto estaremos siempre agradecidos.

(190) Pero cuando les dió uno recto, Le atribuyeron copartícipes (a Allah) en lo que les había dado.
¡Sea ensalzado Allah por encima de lo que Le asocian!*

* [Sobre esta aleya existen básicamente dos explicaciones. La primera es la que se refiere al nombre que Adam y Hawá pusieron a su hijo. Iblis habría forzado a Hawá para que llamara a su hijo Abdul-Hariz, el siervo del Hariz, que era uno de los nombres de Iblis; y como también le habían llamado Abdul-lah, siervo de Allah, la expresión: "Le dieron coartícipes en lo que

les había dado" aludiría a esto.

Pero otra explicación seguida por Ibn Yuzay recurre a explicar que el sujeto de la acción de atribuir coparticipes a Allah no son Adam y Eva sino sus descendientes.]

(191) ¿Le asocian a aquellos que no han creado nada sino que han sido creados?

(192) ¿Y no pueden dar ayuda ni ayudarse a sí mismos?

(193) Si les invitáis a la guía no os seguirán. Es igual para ellos que les llaméis o que os quedéis callados.

(194) Realmente aquellos a los que invocáis fuera de Allah son siervos como vosotros. ¡Llamadlos y esperad que os respondan si sois sinceros!

(195) ¿Tienen acaso piernas con las que caminan?, ¿o manos con las que toman?, ¿u ojos con los que ven?, ¿u oídos con los que oyen? Di: Llamad a los que asociáis y luego tramad contra mí sin más demora.

(196) En verdad mi Protector es Allah, Quien hizo que descendiera el Libro.

Y El es Quien se cuida de los justos.

(197) Y ésos que invocáis fuera de El no pueden auxiliaros a vosotros ni pueden auxiliarse a sí mismos.

(198) Y si los llamáis a la guía no escuchan. Y los ves que te miran pero no ven.

(199) ¡Adopta la indulgencia como conducta, ordena lo reconocido y apártate de los ignorantes!

(200) Y si te solivianta una incitación del Shaytán, busca refugio en Allah, es cierto que El es Quien oye y Quien sabe.

(201) En verdad los que tienen temor (de Allah), cuando una instigación del Shaytán los tienta, recuerdan y entonces ven con claridad.

(202) Pero a sus hermanos los mantienen* en el error sin descuido.

* [Es decir, a los hermanos de los demonios; éstos los mantienen en el error.]

(203) Y cuando no les traes ningún signo dicen: ¿Por qué no se te ha ocurrido ninguno? Di: Sólo sigo lo que, procedente de mi Señor, se me inspira. Estas son evidencias de vuestro Señor, guía y misericordia para gente que cree.

(204) Y mientras el Corán se esté recitando, prestad atención y callad, tal vez obtengáis misericordia.

(205) Y recuerda a tu Señor en ti mismo, humilde, con temor de El y sin subir la voz, al comenzar y al terminar el día. Y no seas de los negligentes.

(206) Es verdad que los que están junto a tu Señor no sienten ninguna soberbia que les impida adorarle; Le glorifican y se postran ente El.

8. SURA DE LOS BOTINES DE GUERRA

Medinense a excepción de las aleyas 30 hasta 36 que son de Meca. Tiene 75 aleyas y descendió después de la sura de la Vaca.

En el nombre de Allah, el Misericordioso, el Compasivo.

(1) Te preguntan acerca de los botines de guerra.
Di: Los botines de guerra pertenecen a Allah y al Mensajero, así pues, temed a Allah, poned orden entre vosotros y obedeced a Allah y a Su Mensajero si sois creyentes.

(2) Los creyentes son aquéllos que cuando se recuerda a Allah, se les estremece el corazón y que cuando se les recitan Sus signos les aumenta la creencia y en Su Señor se confían.

(3) Son los que establecen el salat y gastan de la provisión que les damos.

(4) Esos son los creyentes de verdad: tendrán grados junto a su Señor, perdón y una generosa provisión.

(5) Como cuando tu Señor te hizo salir de tu casa por la verdad, mientras que a una parte de los creyentes les disgustó.

(6) Te discuten sobre la verdad, después de haber sido aclarada, como si les llevaran a la muerte mientras miran.

(7) Y cuando Allah os prometió que uno de los dos grupos sería vuestro y pretendíais que fuera el que no tenía armas; pero Allah quería hacer prevalecer la verdad con Sus palabras y aniquilar a los renegados.

(8) Para hacer prevalecer la verdad y suprimir la falsedad, aunque les disguste a los malhechores.

(9) Cuando pedisteis auxilio a vuestro Señor y os respondió que os ayudaría con mil ángeles que se sucederían por turnos.

(10) Allah no lo hizo sino como buena nueva y para que con ello se tranquilizaran vuestros corazones. Porque la ayuda victoriosa sólo viene de Allah. Allah es Poderoso y Sabio.

(11) Cuando os cubrió como protección un sueño que venía de El e hizo caer sobre vosotros agua del cielo para con ella purificaros, quitaros la suciedad del Shaytán, dar firmeza a vuestros corazones y afianzar así vuestros pasos.

(12) Cuando tu Señor inspiró a los ángeles: Estoy con vosotros, dad firmeza a los que creen; Yo arrojaré el terror en los corazones de los que no creen. Por lo tanto golpead las nucas y golpeadles en los dedos.

(13) Eso es porque se han opuesto a Allah y a Su Mensajero. Y quien se opone a Allah y a Su Mensajero... Es cierto que Allah es Fuerte castigando.

(14) Ahí lo tenéis, gustadlo. Pero además de eso, los que se niegan a creer tendrán el castigo del Fuego.

(15) ¡Vosotros que creéis! Cuando encontréis a los que no creen en formación de batalla no les deis la espalda.

(16) Y quien les dé la espalda ese día, a no ser que sea para cambiar de puesto de combate o para unirse a otra tropa, volverá con el enojo de Allah y su refugio será Yahannam. ¡Que mal retorno!

(17) Y no los matasteis vosotros, Allah los mató. Ni tirabas tu cuando tirabas sino que era Allah quien tiraba. Para probar a los creyentes con una hermosa prueba procedente de El. Es cierto que Allah es Quien oye y Quien sabe.

(18) Ahí lo tenéis. Allah deshace la estratagema de los incrédulos.

(19) Si buscabais vencer, ya habéis tenido vuestra victoria, sin embargo será mejor para vosotros que desistáis; y si volvéis, volveremos y vuestras tropas no os servirán de nada aunque sean numerosas.
Allah está con los creyentes.

(20) ¡Vosotros que creéis! Obedeced a Allah y a Su Mensajero y, puesto que podéis oir, no os desentendáis de él.

(21) No seáis como ésos que dicen: Hemos oído; y sin embargo no escuchan.

(22) Es cierto que las peores bestias ante Allah son los mudos y los sordos que no tienen discernimiento.

(23) Si Allah hubiera sabido de algún bien en ellos, les habría hecho escuchar, pero aunque les hubiera hecho escuchar se habrían desentendido y se habrían apartado.

(24) ¡Vosotros que creéis! Responded a Allah y al Mensajero cuando os llamen a lo que os da vida, y sabed que Allah está entre el hombre y su corazón y que seréis reunidos para volver a El.

(25) Y guardaos de una prueba que no sólo afligirá a los que de vosotros sean injustos.

Y sabed que Allah es Fuerte en el castigo.

(26) Recordad cuando erais pocos, en situación de debilidad en la tierra, temiendo que los hombres cayeran sobre vosotros de repente y El os dio cobijo, os ayudó con Su auxilio y os dio como provisión cosas buenas para que pudierais ser agradecidos.

(27) ¡Vosotros que creéis! No traicionéis a Allah y a Su Mensajero ni traicionéis lo que se os ha confiado después de lo que sabéis.

(28) Y sabed que realmente vuestras riquezas y vuestros hijos son una prueba y que Allah tiene junto a Sí una inmensa recompensa.

(29) ¡Vosotros que creéis! Si teméis a Allah, El os dará discernimiento, ocultará vuestras malas acciones y os perdonará.

Y Allah es el del favor inmenso.

(30) Y cuando los que se niegan a creer urdieron contra ti para capturarte, matarte o expulsarte. Ellos maquinaron y Allah también maquinó, pero Allah es el mejor de los que maquinan.

(31) Y cuando se les recitan Nuestros signos dicen: Ya hemos oído y si quisiéramos podríamos decir algo semejante a ésto; sólo son historias de los primitivos.

(32) Y cuando dijeron: ¡Oh Allah! Si esto es la verdad que viene de Ti, haz que nos lluevan piedras del cielo o inflígenos un doloroso castigo.

(33) Pero Allah no los castigaría mientras que tu estuvieras entre ellos ni tampoco tendría por qué castigarlos mientras pidieran perdón.

(34) ¿Mas por qué no habría de castigarles Allah si ellos prohíben entrar en la Mezquita Inviolable sin ser sus protectores?

Sólo son sus protectores los que temen (a Allah), sin embargo la mayor parte de los hombres no saben.

(35) Y sus rezos junto a la Casa no son sino silbidos y palmas. ¡Gustad pues el castigo por lo que negasteis!

(36) Es cierto que los que se niegan a creer gastan sus riquezas para apartar del camino de Allah.

Las gastarán y después se tendrán que lamentar por ello siendo, además, vencidos.

Los que se niegan a creer serán reunidos para ir a Yahannam.

(37) Para que Allah distinga al malo del bueno y ponga a los malos unos sobre otros, los amontone a todos y los ponga en Yahannam.

Esos son los perdedores.

(38) Di a los que se niegan a creer que si cesan, les será perdonado lo que hayan hecho y esté consumado, pero si reinciden...

Ya hay precedentes de cuál fue la práctica acostumbrada con los antiguos.

(39) Y combátelos hasta que no haya más oposición y la Práctica de Adoración se dedique por completo a Allah.

Y si cesan... Es cierto que Allah ve perfectamente lo que hacen.

(40) Y si se alejan, sabed que Allah es vuestro Protector.

¡Y qué excelente Protector! ¡Y qué excelente Defensor!

(41) Y sabed, que del botín de guerra que os lleveis, un quinto pertenece a Allah y a Su Mensajero y a los parientes próximos, a los huérfanos, a los pobres y a los viajeros, si es que creéis en Allah y en lo que hizo que bajara sobre Su siervo el día de la Distinción*, el día en el que se encontraron las dos tropas.

Y Allah tiene poder sobre todas las cosas.

* [Se refiere al día de Badr.]

(42) Cuando os encontrabais en la vertiente más proxima* y ellos en las más alejada, quedando la caravana debajo de vosotros. Si hubiérais querido acordar una cita, no os habríais puesto de acuerdo sobre el lugar de encuentro; sin embargo fue así para que Allah llevara a término un mandato que ya estaba decidido. Para que muriera quien murió justificadamente y viviera quien vivió también justificadamente.

Y es cierto que Allah es Quien oye y Quien sabe.

* [Más próxima a Medina.]

(43) Cuando Allah hizo que, en tu sueño, los vieras poco numerosos. Porque si te los hubiera hecho ver muy numerosos, habrías perdido el valor y habrías discutido el mandato. Pero Allah os salvó.

Realmente Él conoce lo que hay en los pechos.

(44) Y cuando, al encontraros con ellos, los hizo parecer pocos a vuestros ojos e hizo asímismo que vosotros les parecierais pocos a ellos, para que así se cumpliera una orden de Allah que estaba ya decidida.

Y a Allah vuelven los asuntos.

(45) ¡Vosotros que creéis! Cuando tengáis algún encuentro con una tropa, sed firmes y recordad mucho a Allah para que así podáis tener éxito.

(46) Y obedeced a Allah y a Su Mensajero y no disputéis, porque entonces os acobardaríais y perderíais vuestro ímpetu.

Y tened paciencia, pues ciertamente Allah está con los pacientes.

(47) No seáis como ésos que salieron de sus casas con arrogancia y haciendo ostentación ante la gente, mientras apartaban del camino de Allah.*

Allah rodea lo que hacen.

* [Alude a la salida de los Quraysh de Meca hacia Badr para combatir contra los musulmanes.]

(48) Y cuando el Shaytán les embelleció sus acciones y les dijo: Hoy no habrá entre los hombres quien pueda venceros, de verdad que soy para vosotros un protector.

Pero cuando las dos tropas se avistaron, se echó atrás y dijo: Me desentiendo de vosotros porque veo lo que no veis.

Yo temo en verdad a Allah, pues Allah es Fuerte castigando.

(49) Cuando los hipócritas y los que tenían una enfermedad en el corazón, decían: Su creencia les ha engañado.

Pero quien se apoya en Allah... Realmente Allah es Invencible, Sabio.

(50) Y si vieras cuando sean arrebatadas las almas de los que se niegan a creer y los ángeles les golpeen en la cara y en la espalda y prueben el castigo del Hariq...

(51) Eso es por lo que sus manos presentaron y porque Allah no es injusto con Sus siervos.

(52) Como les pasó a la familia de Firaún y a los que hubo antes que ellos. Negaron los signos de Allah y Allah los castigó por sus transgresiones; es cierto que Allah es Fuerte y Severo cuando castiga.

(53) Eso es porque Allah no cambia el favor que ha concedido a una gente mientras ellos no cambien lo que hay en sí mismos. Y Allah es Quien oye y Quien sabe.

(54) Como lo que pasó con la familia de Firaún y los que les precedieron; tacharon de mentira los signos de su Señor y les hicimos perecer a causa de sus transgresiones. Ahogamos a la gente de Firaún, pues todos eran injustos.

(55) Verdaderamente las peores criaturas ante Allah son los que niegan y no creen.

(56) Esos con los que pactas y luego, a la menor ocasión, rompen el pacto y no sienten temor (de Allah).

(57) Si das con ellos en situación de guerra, haz que sirvan de escarmiento a los que vengan detrás; quizás así recapaciten.

(58) Y si temes traición por parte de alguna gente, rompe con ellos en igualdad de condiciones; pues es cierto que Allah no ama a los traidores.

(59) Y no pienses que los que se niegan a creer han tomado ninguna ventaja porque no podrán escapar.

(60) Preparad contra ellos todas las fuerzas y guarniciones de caballos que podáis; así atemorizaréis a los enemigos de Allah, que son también los vuestros aparte de otros que no conocéis pero que Allah sí conoce. Lo que gastéis en el camino de Allah se os pagará con creces y no sufriréis ningún menoscabo.

(61) Pero si se inclinan por la paz, inclínate tú también y confíate a Allah. El es Quien oye y Quien sabe.

(62) Y si quieren engañarte... Allah te basta. El es Quien te ayudó con Su auxilio y con los creyentes.

(63) Y unió sus corazones. Aunque hubieras gastado todo cuanto hay en la tierra no habrías conseguido unir sus corazones, sin embargo Allah los unió.
Verdaderamente El es Irresistible, Sabio.

(64) ¡Profeta! Allah es suficiente para ti junto con los creyentes que te sigan.

(65) ¡Profeta! Anima a los creyentes para que luchen. Si hay veinte de vosotros constantes podrán vencer a doscientos, y cien, vencerán a mil de los que no creen; porque ellos son gente que no comprende.

(66) Pero Allah os alivia ahora, pues sabe que en vosotros hay debilidad, de manera que si hay cien de vosotros constantes, venceréis a doscientos y si sois mil, venceréis a dos mil, con permiso de Allah.
Allah está con los constantes.

(67) No es propio de un Profeta tomar prisioneros antes de haber combatido con insistencia en la tierra. Queréis los bienes de este mundo, pero Allah quiere la Ultima Vida.
Y Allah es Poderoso, Sabio.

(68) De no haber sido por una prescripción previa de Allah, os habría alcanzado un gran castigo por lo que hubierais tomado*.
* [Es decir, por los rescates que hubierais pedido por los prisioneros.]

(69) Sin embargo beneficiaros de lo que hayáis obtenido como botín de guerra que sea lícito y bueno; y temed a Allah.
Es cierto que Allah es Perdonador y Compasivo.

(70) ¡Profeta! Di a los prisioneros que tengáis en vuestras manos: Si Allah sabe de algún bien en vuestros corazones, os concederá también algún bien de aquello que se os quitó, y os perdonará.
Allah es Perdonador y Compasivo.

(71) Pero si quieren traicionarte... Ya traicionaron antes a Allah y (te) dio poder sobre ellos.
Allah es Conocedor y Sabio.

(72) Verdaderamente los que creen y emigraron y lucharon con sus bienes y personas en el camino de Allah y los que les dieron refugio y les auxiliaron, ésos son Mis aliados y son aliados entre sí.
Pero los que creen y no emigraron, no debéis protegerlos hasta que no emigren.
Si os piden ayuda por causa de la Creencia, entonces sí tenéis la obligación de ayudarles, a no ser que sea contra una gente con la que hayáis hecho algún pacto.
Allah ve lo que hacéis.

(73) Los que no creen son aliados unos de otros. Si no lo hacéis habra conflicto en la tierra y una gran corrupción.

(74) Y los que hayan creído y hayan emigrado y luchado en el camino de Allah, así como los que les hayan dado refugio y auxilio, éstos son los creyentes de verdad.
Tendrán perdón y una generosa provisión.

(75) Y los que creyeron después, emigraron y lucharon con vosotros, ésos son de los vuestros.
Y los que tienen lazos de consaguinidad, tienen más derecho los unos con respecto a los otros, en el Libro de Allah.
Ciertamente Allah es Conocedor de cada cosa.

9. SURA AT-TAWBA (La Retractación)

*Medinense a excepción de las dos últimas aleyas que son de Meca. Tiene
129 aleyas y descendió después de la sura "La Mesa Servida".*

* Esta sura es la única del Corán que no está encabezada por el "basmala", es decir
por la expresión "En el nombre de Allah, el Misericordioso, el Compasivo".
En cuanto a los motivos de la ausencia del "basmala" Uzmán b. Affan dijo que su
contenido está conectado al de la sura anterior "los Botines de Guerra" y en los
tiempos del Mensajero de Allah —que Allah bendiga y le dé paz— eran llamadas
"las dos que van juntas" "al-Qarinatan" hasta el punto de que había discrepancia
sobre si eran dos suras o una; y por ello se dejó de incluir el "basmala" al principio
de ella.
Pero según Alí b. Abi Talib el "basmala" es una garantía de seguridad y esta sura
descendió con la espada, es decir con las aleyas concernientes a la lucha, y por ello
no comienza con el "basmala".

(1)   Allah y Su Mensajero quedan exentos de responsabilidad
      frente a aquellos asociadores con los que hayáis hecho un
      pacto.

(2)   Andad pues seguros por el territorio durante cuatro meses,
      pero sabed que no podréis escapar de Allah y que Allah será
      Quien afrente a los incrédulos.

(3)   Y se anuncia de parte de Allah y de Su Mensajero a los hom-
      bres, en el día de la Peregrinación Mayor, que Allah queda
      libre de responsabilidad frente a los asociadores así como Su
      Mensajero.

      De manera que si os retractáis será mejor para vosotros, pero
      si os apartáis, sabed que no vais a escapar de Allah.

      Y a los que no creen dales la noticia de un castigo doloroso.

* [En el año noveno de la Hégira, y ante la continua ruptura por parte de los
asociadores de los pactos que hacían con los musulmanes, el Mensajero de
Allah —que Allah le dé Su gracia y paz— envió a Abu Bakr para que presi-
diera los ritos de la Peregrinación y a continuación envió a Alí como por-
tavoz suyo para que anunciara a la gente el contenido de estas aleyas que él
expresó en cuatro puntos: Que ningún incrédulo entraría en el Jardín, que
nadie volvería jamás a circunvalar la Casa de Allah desnudo, como se solía
hacer hasta entonces desde los tiempos de la Ignorancia anterior al Islam,
que quien hubiera hecho un pacto con el Mensajero de Allah, éste duraría
sólo cuatro meses más y después de este plazo Allah y Su Mensajero que-
daban libres de responsabilidad, y que después de ese año ningún asociador
idólatra volvería a peregrinar.]

(4) A excepción de aquellos asociadores con los que hayáis hecho un pacto y no hayan faltado en nada ni hayan apoyado a nadie contra vosotros.

Con ellos cumpliréis el pacto hasta su conclusión, es cierto que Allah ama a los que Le temen.

(5) Y cuando hayan pasado los meses inviolables, matad a los asociadores donde quiera que los halléis.

Capturadlos, sitiadlos y tendedles toda clase de emboscadas; pero si se retractan, establecen el salat y entregan el zakat, dejad que sigan su camino.

Verdaderamente Allah es Perdonador y Compasivo.

* [Esta es la aleya conocida con el nombre de "ayatus-saif" (aleya de la espada) que abroga todas las disposiciones anteriores concernientes a las relaciones con los no musulmanes.]

(6) Y si alguno de los asociadores busca tu protección, recíbelo hasta que haya escuchado la palabra de Allah y luego hazlo llegar hasta un lugar en el que esté seguro.

Eso es porque ellos son gente que no sabe.

* [Esta aleya está considerada por algunos abrogada en su juicio legal.]

(7) ¿Cómo podría ser tenido en cuenta un pacto con los asociadores por parte de Allah y Su Mensajero, a excepción de aquéllos con los que pactasteis junto a la Mezquita Inviolable, si ellos no cumplen correctamente con vosotros mientras que vosotros sí cumplís con ellos?

Es cierto que Allah ama a los que Le temen.

(8) ¿Cómo podría ser si cuando obtienen alguna victoria sobre vosotros no respetan ningún pacto ni tratado? Intentan complaceros con sus bocas pero sus corazones rechazan.

La mayoría de ellos están pervertidos.

(9) Venden los signos de Allah a bajo precio y desvían de Su camino.

¡Qué malo es lo que hacen!

(10) Con el creyente no respetan ningún pacto ni tratado.

Esos son los transgresores.

(11) Y si se retractan, establecen el salat y entregan el zakat...

Son vuestros hermanos en la Práctica de Adoración.

Explicamos claramente los signos para la gente que sabe.

(12) Pero si rompen algún juramento después de haberse compro-
      metido e injurian vuestra Práctica de Adoración...
      Entonces combatid a los dirigentes de la Incredulidad.
      Realmente para ellos no existen juramentos. Tal vez desistan.

(13) ¿No lucharéis contra una gente que rompe sus juramentos y
      que se han propuesto expulsar al Mensajero y fueron ellos los
      primeros en combatiros?
      ¿Vais a temerles? Allah es más digno de ser temido si sois
      creyentes.

(14) ¡Combatidlos! Allah los castigará por medio de vuestras
      manos y los humillará, os dará la victoria sobre ellos y curará
      los pechos de una gente creyente.

(15) Y apartará la ira de sus corazones.
      Allah se vuelve sobre quien El quiere y Allah es Conocedor y
      Sabio.

(16) ¿O acaso pensáis que Allah os va a dejar y que Allah no sabrá
      quienes de vosotros, lucharon y no tomaron ningún parti-
      dario fuera de Allah, de Su Mensajero y de los creyentes?
      Allah está perfectamente informado de lo que hacéis.

(17) No procede que los asociadores permanezcan en las mezquitas
      de Allah dando testimonio de incredulidad contra sí mismos.
      Sus acciones serán vanas y ellos serán inmortales en el Fuego.

(18) Sólo quien crea en Allah y en el Ultimo Día, establezca el salat,
      entregue el zakat y no tema sino a Allah, permanecerá en las
      mezquitas de Allah.
      Y así podrán ser de los que están guiados.

(19) ¿Consideráis que proveer el agua durante la Peregrinación y
      ser guardián de la Mezquita Inviolable es igual que creer en
      Allah y en la Ultima Vida y luchar en el camino de Allah?*
      No es igual ante Allah.
      Allah no guía a gente injusta.
      * [Alusión a los asociadores idólatras de entre los Quraysh que se jactaban de
      su condición de guardianes de la Mezquita Inviolable y de ser los que se
      ocupaban de proveer el agua a los peregrinos]

(20) Los que creen, emigraron y lucharon en el camino de Allah
      con sus bienes y personas, tienen el máximo grado ante Allah
      y ésos son los triunfadores.

(21) Su Señor les anuncia la buena noticia de una misericordia de Su parte, beneplácito y jardines para ellos donde tendrán un deleite permanente.

(22) Allí serán inmortales para siempre; es cierto que Allah tiene junto a El una hermosa recompensa.

(23) ¡Vosotros que creéis! No toméis a vuestros padres y hermanos como aliados si eligen la incredulidad en vez de la creencia. Quien de vosotros los tome por aliados, ésos son los injustos.

(24) Di: Si vuestros padres, hijos, hermanos, esposas, vuestro clan familiar, los bienes que habéis obtenido, el negocio cuya falta de beneficio teméis, las moradas que os satisfacen, os son más queridos que Allah, Su Mensajero y la lucha en Su camino... Esperad hasta que Allah llegue con Su orden.
Allah no guía a gente descarriada.

(25) Allah os ha ayudado en numerosas ocasiones.
Y en el día de Hunayn, cuando os asombraba vuestro gran número y sin embargo no os sirvió de nada.
La tierra, a pesar de su amplitud, se os hizo estrecha y luego, dando la espalda, os volvisteis.

(26) Y Allah hizo bajar Su sosiego sobre Su Mensajero y los creyentes e hizo bajar ejércitos que no veíais; y así castigó a los que no creían.
Esa es la recompensa de los incrédulos.

(27) Luego Allah, después de ello, se volvió sobre quien quiso.
Allah es Perdonador y Compasivo.

(28) ¡Vosotros que creéis! Es cierto que los asociadores son impuros; que no se acerquen a la Mezquita Inviolable a partir de este año en el que están*.
Si teméis la penuria...
Allah os enriquec_á con parte de Su favor, si quiere.
Verdaderamente Allah es Conocedor y Sabio.
* [El año noveno de la Hégira]

(29) Combatid contra aquéllos, de los que recibieron el Libro, que no crean en Allah ni en el Ultimo Día, no hagan ilícito lo que Allah y Su Mensajero han hecho ilícito y no sigan la verdadera Práctica de Adoración, hasta que no paguen la yizia*

con sumisión y aceptando estar por debajo.

* [La yizia es el impuesto que han de pagar los dhimmíes, que son aquéllos de la gente del Libro que establecen un pacto con los musulmanes que les permite vivir bajo la protección del emir, quedando exentos de las obligaciones de los musulmanes y siendo respetadas sus propias leyes, pero teniendo que pagar, a cambio, un tributo y aceptar un estatuto determinado.]

(30) Y dicen los judíos: Uzayr es el hijo de Allah.

Y dicen los cristianos: El Ungido es el hijo de Allah.

Eso es lo que dicen con sus bocas repitiendo las palabras de los que anteriormente cayeron en la incredulidad.

¡Que Allah los destruya! ¡Cómo falsean!

(31) Han tomado a sus doctores y sacerdotes como señores en vez de Allah, igual que al Ungido, hijo de Maryam; cuando solamente se les ordenó que adoraran a un Unico Dios. No hay dios sino El. ¡Glorificado sea por encima de lo que Le asocian!

(32) Quieren apagar con sus bocas la luz de Allah, pero Allah rechaza todo lo que no sea completar Su luz, aunque les repugne a los incrédulos.

(33) El es Quien envió a Su Mensajero con la guía y con la Práctica de Adoración verdadera para hacerla prevalecer sobre todas las demás formas de Adoración, aunque les repugne a los incrédulos.

(34) ¡Vosotros que creéis! Es cierto que muchos de los doctores y sacerdotes se comen la riqueza de los hombres por medio de falsedades, y apartan del camino de Allah.

A los que atesoran el oro y la plata y no los gastan en el camino de Allah, anúnciales un castigo doloroso:

(35) El día en que, en el fuego de Yahannam, sean puestos al rojo y con ellos se les queme la frente, los costados y la espalda: "Esto es lo que habíais atesorado en beneficio de vuestras almas, gustad lo que atesorábais".

(36) El número de meses para Allah es doce, en el Libro de Allah, el día en que creó los cielos y la tierra. De ellos, cuatro son inviolables. Esta es la Práctica de Adoración recta.

No seáis injustos con vosotros mismos durante estos meses y combatid a los asociadores por entero, al igual que ellos os combaten por entero.

Y sabed que Allah está con los que Le temen.

(37) Realmente, diferir la inviolabilidad de un mes a otro, es un acto más de incredulidad, con el que se extravían los que no creen. Un año lo declaran lícito y otro inviolable, para hacerlo coincidir con el número de meses que Allah ha establecido como inviolables.

Y así hacen lícito lo que Allah hizo inviolable.

Se les ha embellecido la maldad de sus acciones, pero Allah no guía a la gente incrédula.

(38) ¡Vosotros que creéis! ¿Qué os pasa que cuando se os dice: salid a luchar en el camino de Allah, os aferráis a la tierra?

¿Acaso os complace más la vida de este mundo que la Ultima? El disfrute de la vida de este mundo es poca cosa en comparación con la Otra.

(39) Si no salís a luchar, El os castigará con un doloroso castigo y os reemplazará por otros, sin que Le perjudiquéis en nada.

Allah tiene poder sobre todas las cosas.

(40) Si vosotros no le ayudáis, ya le ayudó Allah cuando le habían echado los que no creían y había otro con él*.

Y estando ambos en la cueva, le dijo a su compañero: No te entristezcas porque en verdad Allah está con nosotros. Allah hizo descender sobre él Su sosiego, le ayudó con ejércitos que no veíais e hizo que la palabra de los que se negaban a creer fuera la más baja; puesto que la palabra de Allah es la más altá. Allah es Irresistible y Sabio.

* [Alusión a 'Abu Bakr al-Siddiq]

(41) Ligeros o no, salid de incursión y luchad con vuestros bienes y personas en el camino de Allah.

Eso es mejor para vosotros si sabéis.

(42) Si hubiera sido por una ganancia muy asequible o un viaje a media distancia te habrían seguido, pero les pareció lejos*.

* [Alude a los que no quisieron ir a la expedición de Tabuk]

(42) Y jurarán por Allah: Si hubiéramos podido, habríamos salido con vosotros. Se perderán a sí mismos y Allah sabe que mienten.

(43) ¡Que Allah te disculpe! ¿Por qué les distes dispensa antes de que se te hicera claro quiénes eran los sinceros y antes de saber quienes eran los que mentían?

(44) Los que creían en Allah y en el Ultimo Día no te pidieron dispensa para no luchar con sus bienes y personas.
Allah conoce a los que Le temen.

(45) Fueron, por el contrario, los que no creían en Allah ni en el Ultimo Día, quienes te pideron dispensa, ésos cuyos corazones dudaron y, en su duda, vacilaron.

(46) Si hubieran querido salir, se habrían preparado para ello.
Pero a Allah le desagradó enviarlos y los detuvo; y se les dijo: ¡Permaneced con los que se quedan!

(47) Si hubieran salido con vosotros, no habrían hecho sino añadir confusión, se hubieran precipitado en difundir rumores entre vosotros buscando la discordia y algunos les habrían escuchado.
Allah conoce a los injustos.

(48) Ya habían buscado antes la discordia creándote todo tipo de conflictos hasta que vino la verdad, el argumento de Allah prevaleció, y ellos lo detestaron.

(49) Los hay que dicen: Dame dispensa y no me pongas a prueba.
¿Acaso no han caído en la discordia?
Es cierto que Yahannam rodea a los incrédulos.

(50) Si te sucede un bien les duele, y si te ocurre un contratiempo dicen: Ya habíamos tomado una determinación, y se alejan alegrándose.

(51) Di: No nos ocurre sino lo que Allah ha escrito para nosotros.
El es Quien vela por nosotros y en Allah se confían los creyentes.

(52) Di: ¿Qué esperáis que nos pase, si sólo nos puede ocurrir uno de los dos bienes*, mientras que nosotros, en lo que se refiere a vosotros, esperamos que Allah os aflija con un castigo directo Suyo o por medio de nuestras manos?
Así pues, esperad que nosotros también esperamos.
* [Es decir, la victoria o morir dando testimonio.]

(53) Di: Gastad de buen grado o a disgusto porque no se os aceptará; sois gente que se ha salido de la obediencia.

(54) ¿Qué impide que les sea aceptado lo que gastan, excepto que no creen en Allah ni en Su Mensajero, no acuden al salat sino con pereza y sólo gastan a disgusto?

(55) Y que ni sus riquezas ni sus hijos te admiren: Allah quiere castigarlos a través de ello en esta vida y que les llegue el momento de entregar sus almas siendo incrédulos.

(56) Y juran por Allah que son de los vuestros, pero no es cierto, sólo son gente que actúa por miedo.

(57) Si encontraran algún refugio, alguna gruta o algún lugar donde poder entrar, irían hacia él apresuradamente.

(58) Algunos de ellos que te difaman a causa de la repartición de las dádivas; si se les da una parte de ello, se quedan satisfechos; pero si no, se enfadan.

(59) Si hubieran estado satisfechos con lo que Allah y Su Mensajero les daban, hubieran dicho: Allah nos basta, Allah nos dará parte de Su favor y también Su Mensajero, verdaderamente anhelamos a Allah.

(60) Realmente las dádivas* son para los necesitados, los mendigos, los que trabajan en recogerlas y repartirlas, para los que tienen sus corazones amansados*, para el rescate de esclavos, para los indigentes, para la causa en el camino de Allah y para el hijo del camino. Esto es una prescripción de Allah y Allah es Conocedor y Sabio.
* [Aquí la expresión dádivas "sadaqat" alude específicamente al zakat.]
* [Es decir, los que están a punto de entrar en el Islam o los musulmanes muy recientes.]

(61) Y entre ellos los hay que hacen daño al Profeta y dicen: Es uno que da oído a todo; di: Es alguien que da oído al bien para vosotros y que cree en Allah y confía en los creyentes; y es una misericordia para aquéllos de vosotros que creen.
Los que hacen mal al Mensajero de Allah, tendrán un castigo doloroso.

(62) Os juran por Allah para complaceros, pero Allah y Su Mensajero son más dignos de que se les complazca, si sois creyentes.

(63) ¿Es que no saben que al que se opone a Allah y a Su Mensajero le corresponde el fuego de Yahannam donde será inmortal? Esa es la gran degradación.

(64) Los hipócritas temen que se haga descender para ellos una sura que les anuncie lo que hay en sus corazones.

Di: Burlaos, que en verdad Allah hará que se manifieste aquello de lo que os guardáis.

(65) Y si les preguntáis, con toda seguridad dirán: En realidad estábamos bromeando y jugando.

Di: ¿Os burlabais de Allah, de Sus signos y de Su Mensajero?

(66) No os excuséis puesto que renegasteis después de haber creído. Si uno de vuestros grupos queda eximido otro será castigado por hacer el mal.

(67) Los hipócritas y las hipócritas son los unos para los otros, ordenan lo reprobable, impiden lo reconocido y cierran sus manos.

Olvidan a Allah Y El les olvida a ellos.

Realmente los hipócritas son los que están fuera del camino.

(68) Allah les ha prometido a los hipócritas y a los que se niegan a creer el fuego de Yahannam donde serán inmortales.

Con él tendrán bastante, Allah les maldecirá y tendrán un castigo permanente.

(69) Igual que los que hubo antes que vosotros, eran más fuertes en poder y en riquezas e hijos y gozaron de la suerte que les tocó. Y vosotros estáis gozando de la suerte que os ha tocado como los que os antecedieron gozaron de la suya y os habéis entregado a la frivolidad del mismo modo que ellos lo hicieron. Esos son aquéllos cuyas obras son inútiles en esta vida y en la Otra. Esos son los perdedores.

(70) ¿Es que no les han llegado las noticias de sus antecesores, la gente de Nuh, los Ad, los Zamud, la gente de Ibrahim, los compañeros de Madyan y las ciudades que fueron puestas del revés*? Vinieron a ellos los mensajeros con las pruebas claras y Allah no fue injusto con ellos en nada, sino que ellos mismos fueron injustos consigo mismos.

* [Las ciudades de Lut.]

(71) Los creyentes y las creyentes son aliados unos de otros, ordenan lo roconocido como bueno y prohíben lo reprobable, establecen el salat, entregan el zakat y obedecen a Allah y a Su Mensajero.

A ésos Allah les hará entrar en Su misericordia; es cierto que Allah es Poderoso, Sabio.

(72) Allah ha prometido a los creyentes y a las creyentes, jardines por cuyo suelo corren los ríos, donde serán inmortales, así como hermosas estancias en los jardines de Adn*.
Pero la aceptación de Allah es más importante, ése es el inmenso triunfo.
* [Se dice que significa residencia o estancia, de la raíz adana, porque en esos jardines está el lugar de la eternidad. Y se corresponde con el término Edén.]

(73) ¡Profeta! Esfuérzate en la lucha contra los incrédulos y los hipócritas y sé duro con ellos, su refugio será Yahannam. ¡Que mal porvenir!

(74) Juran por Allah lo que dijeron, cuando fueron sus palabras la afirmación de la incredulidad, manifestando su incredulidad después de su Islam.
Ansiaron lo que no pudieron lograr.
No reprocharon otra cosa sino que Allah los enriqueció, y Su Mensajero, con Su favor. Si se retractaran arrepentidos sería mejor para ellos, pero si se apartan...
Allah los castigará en esta vida y en la Otra con un doloroso castigo, y no tendrán en la tierra ni protector ni auxiliador.

(75) Los hay que pactaron con Allah: Si nos da de Su favor, daremos con generosidad y seremos rectos.

(76) Pero cuando les dio de Su favor, se aferraron a él con avaricia y dieron la espalda desentendiéndose.

(77) La hipocresía persistirá en sus corazones hasta el día en que se encuentren con El, porque faltaron a Allah en lo que Le habían prometido y mintieron.

(78) ¿Es que no sabían que Allah conocía sus secretos y confidencias y que Allah es Quien conoce perfectamente las cosas que no se ven?

(79) Quienes hablan mal de los creyentes que dan espontáneamente y de los que no cuentan sino con el límite de su capacidad y se burlan de ellos, Allah se burlará a su vez de ellos y tendrán un castigo doloroso.

(80) Pidas o no pidas perdón por ellos, aunque lo pidieras setenta veces, Allah no los perdonaría. Eso es porque han renegado de Allah y de Su Mensajero y Allah no guía a la gente pervertida.

(81) Los que se quedaron atrás* se alegraron de haberse quedado oponiéndose al Mensajero de Allah, detestaron luchar en el camino de Allah con sus personas y riquezas y dijeron: No salgáis de expedición con el calor.

Di: Más calor hay en el fuego de Yahannam, si entendierais.

* [Sin ir a la expedición de Tabuk]

(82) Así pues, que rían un poco que ya llorarán mucho en pago por lo que adquirieron.

(83) Y si Allah te lleva de nuevo a un grupo de ellos y te piden permiso para salir, di: no saldréis conmigo, ni lucharéis contra el enemigo junto a mí; estuvisteis satisfechos de haberos quedado la primera vez, así que quedaos tambien ahora con los que se quedan.

(84) No reces nunca por ninguno de ellos que haya muerto ni permenezcas en pie ante su tumba, ellos renegaron de Allah y de Su Mensajero y murieron fuera de Su obediencia.

(85) Y que ni sus riquezas ni sus hijos te admiren, Allah sólo quiere castigarles a través de ellos en esta vida y que sus almas los dejen en estado de incredulidad.

(86) Y cuando se hace descender una sura: ¡Creed en Allah y esforzaos en luchar junto a Su Mensajero!, dicen los acomodados de los que te piden dispensa: Déjanos estar con los que se quedan.

(87) Están satisfechos de estar con los que se tienen que quedar.

Sus corazones han sido marcados y no comprenden.

(88) Sin embargo, el Mensajero y los que con él creen, se esfuerzan en luchar con sus bienes y personas.

Esos tendrán los mejores dones y serán los prósperos.

(89) Allah les ha preparado jardines por cuyo suelo corren los ríos y en los que serán inmortales, ese es el gran triunfo.

(90) Vinieron aquéllos beduinos que se excusaban para que se les diera dispensa y así los que mienten a Allah y a Su Mensajero permanecieron sin ir a luchar.

A los que de ellos mienten les alcanzará un doloroso castigo.

(91) No hay falta en los débiles, ni en los enfermos ni en los que no encuentren nada que gastar, si son sinceros con Allah y Su Mensajero.

No hay medio de ir contra los bienhechores y Allah es Perdonador, Compasivo.

(92) Ni tampoco contra aquéllos que acuden a ti para que los lleves contigo, y les dices: No tengo medio de llevaros y se alejan con los ojos inundados de lágrimas por la tristeza de no tener nada que dar.

(93) Sin embargo, sí hay razón para ir contra quienes te piden dispensa y son ricos. Están satisfechos de estar con los que se tienen que quedar.

Allah ha marcado sus corazones y no saben.

(94) Cuando volváis a ellos, se excusarán ante vosotros, di: No nos deis excusas, no os creemos. Allah nos ha contado de vosotros. Y Allah verá vuestros actos así como Su Mensajero; y luego seréis devueltos a Quien conoce el No-Visto y lo Aparente y os dirá lo que hacíais.

(95) Os jurarán por Allah cuando hayáis regresado para que los dejéis. ¡Apartaos de ellos! Son suciedad y su refugio será Yahannam en pago por lo que adquirieron.

(96) Es cierto que Allah no se complace con la gente que se sale de la obediencia.

(97) Los beduinos son los más recalcitrantes en incredulidad e hipocresía y en los que más procede que no conozcan los límites que Allah ha hecho descender a Su Mensajero.

Allah es Conocedor y Sabio.

(98) Y de entre los beduinos los hay que toman lo que dan como una imposición y os acechan en los reveses de fortuna. ¡Que se vuelva contra ellos la mala fortuna!

Allah es Quien oye y Quien sabe.

(99) Y de entre los beduinos los hay que creen en Allah y en el Ultimo Día y toman lo que dan como acercamiento a Allah y oraciones del Mensajero en su favor.

¿Acaso no es esto una aproximación para ellos?

Allah les hará entrar en Su misericordia, verdaderamente Allah es Perdonador, Compasivo.

(100) Y de los primeros precursores, tanto de los que emigraron como de los que les auxiliaron, y de los que les siguieron en

hacer el bien, Allah está satisfecho de ellos y ellos lo están de El. Les ha preparado jardines por cuyo suelo corren los ríos y en los que serán inmortales para siempre.

Ese es el gran triunfo.

(101) Entre los beduinos de vuestros alrededores hay hipócritas y hay también gente de Medina que se mantiene en la hipocresía sin que los conozcáis. Nosotros sí los conocemos.

Los castigaremos dos veces, luego serán llevados a un castigo inmenso.

(102) Y hay otros que reconocen sus faltas y juntan una obra buena a otra mala. Puede que Allah se vuelva sobre ellos, es cierto que Allah es Perdonador, Compasivo.

(103) Exígeles que den dádivas de sus riquezas y con ellas los limpiarás y los purificarás. Y pide por ellos, pues realmente tus oraciones son para ellos una garantía.

Y Allah es Quien oye y Quien sabe.

(104) ¿Es que no saben que Allah acepta la vuelta de Sus siervos y que, toma en cuenta lo que se da con generosidad y que Allah es Quien se vuelve con Su favor y es el Compasivo?

(105) Di: Actuad que Allah verá vuestros actos así como Su Mensajero y los creyentes. Y seréis llevados de vuelta al Conocedor del No-Visto y de lo aparente que os dirá lo que hacíais.

(106) Hay otros que están a la espera de lo que Allah ordene, si los castigará o se volverá a ellos.

Y Allah es Conocedor, Sabio.

(107) Y los hay que tomaron una mezquita como perjuicio, incredulidad, división entre los creyentes y lugar de acecho al servicio de quien anteriormente había hecho la guerra a Allah y a Su Mensajero.

Jurarán con seguridad: "No queríamos sino el bien".

Allah atestigua que son mentirosos.

(108) No permanezcas nunca en ella, pues verdaderamente una mezquita cimentada sobre el temor (de Allah) desde el primer día, es más digna de que permanezcas en ella.

Allí hay hombres que aman purificarse y Allah ama a los que se purifican.

(109) ¿Quién es mejor, quien cimienta su edificio sobre el temor de Allah y Su beneplácito o quien lo cimienta al borde de una pendiente, a punto de desplomarse, y es arrastrado por ello al fuego de Yahannam?

Allah no guía a la gente injusta.

(110) El edificio que han construido, no dejará de ser una duda en sus corazones a menos que éstos se rompan.

Allah es Conocedor y Sabio.

(111) Es cierto que Allah les ha comprado a los creyentes sus personas y bienes, a cambio de tener el Jardín, combaten en el camino de Allah, matan y mueren.

Es una promesa verdadera que Él asumió en la Tora, en el Inyil y en el Corán.

¿Y quién cumple su pacto mejor que Allah?

Así pues regocijaos por el pacto que habéis estipulado.

Éste es el gran triunfo.

(112) Los que se vuelven después del error, los que adoran, los que alaban, los que ayunan, los que se inclinan, los que se postran, los que ordenan lo reconocido como bueno y los que impiden lo reprobable y los que guardan los límites de Allah.

Da buenas noticias a los creyentes.

(113) No es propio del Profeta ni de los creyentes pedir perdón por los asociadores, aunque sean parientes próximos, después de haberles aclarado que éstos son los compañeros del Yahim.

(114) Y la petición de perdón que Ibrahim hizo en favor de su padre fue sólo por una promesa que le había hecho.

Pero cuando vio con claridad que era un enemigo de Allah, se apartó de él. Verdaderamente Ibrahim era suplicante y paciente.

(115) Allah no va a extraviar a una gente después de haberla guiado hasta que no se les haya explicado claramente qué deben evitar, es cierto que Allah es Conocedor de todas las cosas.

(116) Verdaderamente a Allah pertenece la soberanía de los cielos y de la tierra, Él da la vida y da la muerte, aparte de Allah no tenéis nadie que os proteja ni que os auxilie.

(117) Allah se ha vuelto en favor del Profeta, de los que emigraron y de quienes les auxiliaron,

aquéllos que le siguieron en las horas difíciles después de que los corazones de una parte de ellos habían estado a punto de desviarse y Allah se volvió a ellos..

Es cierto que fue Clemente y Compasivo.

(118) Y también lo hizo con los tres que se habían quedado atrás y llegó un momento en el que la tierra se les hizo estrecha y sus propias almas les parecían estrechas y pensaron que no habría refugio ante Allah excepto en El mismo,

y El se volvió sobre ellos para que pudieran retractarse de su error, verdaderamente Allah es El que se vuelve en favor de Sus siervos, el Compasivo.

(119) ¡Vosotros que creéis! Temed a Allah y permeneced con los veraces.

(120) No es propio de la gente de Medina ni de los beduinos que hay a su alrededor, que se queden atrás cuando salga el Mensajero de Allah, ni que se prefieran a sí mismos antes que a él. Eso es porque ellos no van a sufrir sed, fatiga o hambre en el camino de Allah ni van a dar ningún paso que irrite a los incrédulos ni van a obtener ningún logro del enemigo sin que por ello no se les escriba una buena acción.

Es cierto que Allah no deja que se pierda la recompensa de los que hacen el bien.

(121) Y no dan nada, pequeño o grande, ni cruzan ningún valle, que no se les escriba, para que Allah los recompense por lo mejor que hayan hecho.

(122) No conviene a los creyentes que salgan de expedición todos a la vez, es mejor que de cada grupo salga una parte, para que así haya otros que puedan instruirse en la Práctica de Adoración y puedan advertir a su gente cuando regresen, tal vez así se guarden.

(123) ¡Vosotros que creéis! Combatid contra los incrédulos que tengáis al alcance y que encuentren dureza en vosotros.

Y sabed que Allah está con los que Le temen

(124) Y cuando se hace descender una sura, los hay entre ellos que dicen: ¿A cuál de vosotros les aumenta la creencia?

A los que creen les hace creer más y se regocijan.

(125) Pero a los que tienen en sus corazones una enfermedad les añade suciedad a su suciedad y mueren en estado de incredulidad.

(126) ¿Es que no ven que cada año se les pone a prueba una o dos veces y sin embargo ellos no se vuelven de su error ni recapacitan?

(127) Y cuando se hace descender una sura se miran unos a otros: ¿Os ve alguien?

Y luego se alejan. ¡Que Allah aleje sus corazones!

Porque ellos son gente que no comprende.

(128) En verdad que os ha llegado un Mensajero salido de vosotros mismos; es penoso para él que sufráis algún mal, está empeñado en vosotros y con los creyentes es benévolo y compasivo.

(129) Pero si te dan la espalda, di: ¡Allah me basta, no hay dios sino El, a El me confío y El es el Señor del Trono inmenso!

10. SURA DE YUNUS.

Mequí, excepto las aleyas 40, 94, 95, 96. Tiene 109 aleyas y descendió después de la sura del "Viaje Nocturno"

En el nombre de Allah, el Misericordioso y Compasivo.

(1)   Alif, Lam, Ra. Estos son los signos del Libro Sabio.

(2)   ¿Les resulta sorprendente a los hombres que hayamos inspirado a uno de ellos: Advierte a la gente y anuncia a quienes creen que tienen un precedente verdadero* junto a su Señor? Los incrédulos dicen: Este es, en verdad, un mago evidente.
* [Según Ibn Abbas se refiere a la felicidad predestinada para ellos en la Tabla Protegida. Por lo demás, los comentaristas explican generalmente que alude a las obras correctas de los creyentes que constituyen un precedente para obtener la recompensa de Allah.]

(3)   Vuestro Señor es Allah que creó los cielos y la tierra en seis días y luego se asentó en el Trono dirigiendo el mandato. No hay intercesor sino después de haber sido autorizado por El. Ese es Allah, vuestro Señor, así pues, adoradle.
¿Es que no vais a recapacitar?

(4)   A El retornaréis todos.
La promesa de Allah es verídica. El empieza la creación y luego la repite, para recompensar con equidad a quienes han creído y han llevado a cabo las acciones de bien.
Pero los que se hayan negado a creer, tendrán una bebida de agua hirviente y un doloroso castigo por haber negado.

(5)   El es Quien hizo el sol iluminación y la luna luz y decretó fases para que pudierais conocer el número de años y el cómputo. No creó Allah todo esto sino con la verdad.
Detallamos los signos para gente que sabe.

(6)   Verdaderamente en la sucesión de la noche y el día y en lo que Allah ha creado en el cielo y en la tierra hay signos para gente que teme (a Allah).

(7)   Aquéllos que no esperan encontrarse con Nosotros y se satisfacen con la vida de aquí, acallando su inquietud con ella; así como aquéllos a los que les tienen sin cuidado Nuestros signos,

(8) ésos tendrán como refugio el Fuego a causa de lo que adquirieron.

(9) En verdad los que creen y practican las acciones de bien, a
ésos, a causa de su creencia, su Señor los guiará y en los Jardines de las Delicias, los ríos correrán por debajo de ellos.

(10) Allí, su oración será: ¡Gloria a Ti, Allah!
Y su saludo: ¡Paz!
Y el final de su oración: ¡Las alabanzas a Allah, Señor de los
mundos!

(11) Y si Allah precipitara el mal a los hombres como ellos quieren
precipitar el bien, el plazo se les habría cumplido;
sin embargo a aquéllos que no esperan que han de encon-
tarse con Nosotros, los dejamos errantes en su extravío.

(12) Y cuando el hombre es tocado por el mal, Nos suplica acos-
tado, sentado o de pie; pero cuando lo libramos de él, sigue
como antes, como si no Nos hubiera suplicado por un mal
que le tocó.
Así es como hacemos que a los que se exceden les parezcan
hermosas sus acciones.

(13) Ya destruimos a las generaciones anteriores a vosotros cuando fueron injustas.
Les habían llegado sus mensajeros con las pruebas claras,
pero ellos no estuvieron por creer.
Así es como recompensamos a la gente que hace el mal.

(14) Luego, después de ellos, os hicimos sucesores en la tierra para
ver cómo actuabais.

(15) Y cuando se les recitan Nuestros signos claros, aquéllos que
no esperan que han de encontrarse con Nosotros, dicen:
Tráenos un Corán distinto o cámbialo por otro.
Di: No me pertenece modificarlo por inciativa propia, yo sólo
digo lo que se me inspira, pues temo en verdad, si desobedezco a mi Señor, el castigo de un día terrible.

(16) Di: Si Allah quisiera, no os lo recitaría ni os enseñaría con él.
Pero ahí tenéis el hecho de que antes de él, he permanecido
entre vosotros una vida.
¿No vais a razonar?

(17) ¿Y quién es más injusto que quien inventa una mentira sobre Allah o niega la verdad de sus signos?

Es cierto que los que hacen el mal no prosperarán.

(18) Adoran fuera de Allah lo que ni les daña ni les beneficia y dicen: Estos son nuestros intercesores ante Allah.

Di: ¿Vais a decirle a Allah algo que El no sepa en los cielos y en la tierra?

¡Lejos está en Su gloria de lo que Le asocian!

(19) Los hombres eran una única comunidad pero entraron en discordia; y si no hubiera sido por una palabra previa de tu Señor, se habría decidido entonces entre ellos con respecto a lo que discrepaban.

(20) Y dicen: ¿Cómo es que se le ha hecho descender un signo de su Señor?

Di: Realmente el No-Visto pertenece a Allah, esperad pues que yo también soy con vosotros de los que esperan.

(21) Y cuando les hacemos probar a los hombres una misericordia después de haberles tocado el mal, intentan burlar Nuestros signos.

Di: Allah es más rápido en tramar.

En verdad, Nuestros emisarios escriben lo que tramáis.

(22) El es Quien os hace viajar por la tierra y el mar. Y cuando os encontráis en las naves y éstas navegan con viento favorable, se regocijan* por ello; pero cuando les llega un viento tempestuoso y las olas se alzan por todas partes y se sienten rodeados, invocan a Allah con sincero reconocimiento y sumisión: Si nos salvas de ésta, seremos de los agradecidos.

* [Aquí hay un cambio de segunda persona (encontráis) a tercera (se regocijan), recurso llamado "iltifat" que se utiliza en retórica para llamar la atención del que lee o escucha y que aparece en ciertos momentos a lo largo del Corán.]

(23) Pero una vez que han sido salvados por El, cometen actos de desobediencia en la tierra sin derecho.

¡Hombres! Toda la injusticia que cometáis será en contra de vosotros mismos. Tendréis el disfrute de la vida de este mundo pero luego habréis de volver a Nosotros; entonces os haremos saber lo que hacíais.

(24) La vida del mundo se parece al agua que hacemos caer del cielo y se mezcla con las plantas de la tierra de las que comen hombres y ganado.

Y cuando la tierra ha florecido, se ha embellecido y sus habitantes se creen con poder sobre ella, viene entonces Nuestra orden de noche o de día y la dejamos lisa como si el día anterior no hubiera sido fértil.

Así es como explicamos los signos a la gente que reflexiona.

(25) Y Allah invita a la Morada de la Paz y guía a quien quiere al camino recto.

(26) Los que hicieron el bien tendrán lo más hermoso* y aún más.

No cubrirá sus rostros ni la negrura ni la humillación; ésos son los compañeros del Jardín, allí serán inmortales.

* [De acuerdo con los comentaristas, lo más hermoso (al-husná) es el Jardín y el "aún más" es la visión de la faz de Allah.]

(27) Pero los que adquirieron las malas acciones tendrán como pago un mal equivalente y la humillación les cubrirá y no tendrán quien pueda impedirlo frente a Allah. Será como si un fragmento de noche oscura les cubriera el rostro.

Esos son los compañeros del Fuego donde serán inmortales.

(28) Y el día en que los reunamos a todos y a continuación les digamos a los que fueron asociadores: Quedaos en vuestro sitio vosotros y aquéllos a los que asociasteis.

Entonces se hará distinción entre ellos.

Dirán los asociados: No nos adorabais...

(29) Allah es suficiente Testigo entre nosotros dos, de que éramos indiferentes a vuestra adoración.

(30) Allí cada alma experimentará lo que hizo antes y serán devueltos a Allah, su Señor verdadero, y no podrán encontrar lo que inventaron.

(31) Di: ¿Quién os provee desde el cielo y la tierra? ¿Quién tiene en su poder el oído y la vista? ¿Quien hace salir lo vivo de lo muerto y lo muerto de lo vivo? ¿Quien rige el mandato?

Dirán: Allah. Di entonces: ¿Es que no vais a temer?

(32) Ese es Allah vuestro Señor, la Verdad.

¿Y qué hay más allá de la verdad sino el extravío?, ¿cómo es que os apartáis?

(33) Así se cumplirán las palabras de tu Señor contra los que se salieron de la obediencia. Ellos no creían.

(34) Di: ¿Hay alguien entre ésos que asociáis que haya originado la creación y la repita de nuevo?
Di: Allah origina la creación y después la repite.
¿Cómo podéis apartaros?

(35) Di: ¿Hay alguno de ésos que asociáis que guíe a la verdad?
Di: Allah guía a la verdad. ¿Acaso quien guía a la verdad no es más digno de ser seguido que quien lejos de guiar, es él el guiado? ¿Qué os pasa?, ¿cómo juzgáis?

(36) La mayor parte de ellos no siguen sino suposiciones.
Y la suposición carece de valor ante la verdad.
Allah sabe lo que hacen.

(37) Este Corán no ha sido inventado fuera de Allah en nada, sino que es una confirmación de lo que ya había antes de él y una aclaración precisa del Libro, en el que no hay duda, procedente del Señor de los mundos.

(38) Dicen: Lo ha inventado.
Di: Traed una sura como él y llamad a quien podáis fuera de Allah si sois veraces.

(39) Por el contrario niegan la verdad de aquello que no abarcan con su conocimiento y cuya interpretación no les ha sido dada.
Así mismo negaron la verdad los que hubo antes que ellos y mira cuál fue el final de los injustos.

(40) Algunos de ellos creen en él y otros no creen.
Tu Señor es Quien mejor conoce a los corruptores.

(41) Y si te tachan de mentiroso, di: Para mí serán mis obras y para vosotros las vuestras.
Vosotros no seréis responsables de lo que yo haga ni yo seré responsable de lo que vosotros hagáis.

(42) Y hay algunos de ellos que te prestan atención. ¿Pero acaso puedes hacer que los sordos oigan aunque no razonen?

(43) Y los hay que te miran.
¿Podrías tú acaso guiar a los ciegos aunque no vean?

(44) Realmente Allah no perjudica en nada a los hombres, sino que son los hombres los injustos consigo mismos.

(45) El día en que los reunamos, como si sólo hubieran permanecido* una hora del día, se reconocerán entre ellos; y los que
negaron la verdad del encuentro con Allah se habrán
perdido. No estaban guiados.
* [En las tumbas]

(46) Y tanto si te mostramos parte de lo que les hemos prometido
como si te llevamos con Nosotros, ellos volverán a Nosotros.
Después... Allah era Testigo de lo que hacían.

(47) Cada comunidad tiene un mensajero. Y una vez que Su mensajero les llega, se decide entre ellos con ecuanimidad y no
son tratados injustamente.

(48) Y dicen: ¿Cuándo se cumplirá esta promesa si decís la verdad?

(49) Di: No tengo poder ni de dañarme ni de beneficiarme, es sólo
lo que Allah quiera.
Cada comunidad tiene un plazo y cuando les llega su plazo
no se les retrasa ni adelanta una hora.

(50) Di: ¿Y si os llegara Su castigo por la noche o de día?
¿Qué pueden querer apresurar de él los que hacen el mal?

(51) ¿Es que vais a creer en él después, cuando ya haya ocurrido,
o ahora, cuando queréis apresurarlo?

(52) Luego se les dirá a los que fueron injustos: ¡Gustad el castigo
de la eternidad! ¿Acaso se os paga por algo que no sea lo que
habéis adquirido?

(53) Te piden que les hagas saber si es verdad. Di: Sí, por mi Señor
que es verdad y vosotros no podréis escapar.

(54) Y aunque cada alma injusta fuera dueña de todo cuanto hay
en la tierra, lo daría para rescatarse de él. Cuando vean el
castigo mantendrán en secreto su arrepentimiento y se decidirá entre ellos con equidad sin que sean tratados injustamente.

(55) ¿Acaso no es de Allah cuanto hay en los cielos y en la tierra?
¿No es la promesa de Allah verdadera?
Sin embargo la mayor parte de los hombres no saben.

(56) El da la vida y da la muerte y a El volveréis.

(57) ¡Hombres! Os ha llegado una exhortación de vuestro Señor,
una cura para lo que hay en los pechos y una guía y una misericordia para los creyentes.

(58) Di: Que con el favor de Allah y con Su misericordia se regocijen, ello es mejor que cuanto reúnen.

(59) Di: ¿Veis la provisión que Allah ha hecho descender para vosotros? ¿Y habéis decidido no obstante qué es lo lícito y qué es lo ilícito?

Di: ¿Os ha dado Allah autorización o es que estáis inventando sobre Allah?

(60) ¿Y qué pensarán el Día del Levantamiento los que inventaron mentiras sobre Allah? Es verdad que Allah posee favor para los hombres, sin embargo la mayoría de ellos no agradecen.

(61) Y no hay situación en la que os encontréis ni recitación que de él* hagáis ni acción alguna que llevéis a cabo que no estemos siendo Testigos de ello cuando la emprendéis.

A tu Señor no le pasa desapercibido en la tierra y en el cielo ni el peso de una partícula de polvo, ni algo aún más pequeño o mayor que eso, sin que esté en un libro claro.

* [El Corán]

(62) ¿No es cierto que los amigos de Allah no tendrán que temer ni se entristecerán?

(63) Esos que creyeron y tuvieron temor de El.

(64) Para ellos hay buenas noticias en esta vida y en la Ultima.

No hay nada que pueda sustituir las palabras de Allah.

Ese es el gran triunfo.

(65) Y que no te entristezcan sus palabras, porque en verdad el poder pertenece del todo a Allah.

El es Quien oye y Quien sabe.

(66) ¿Acaso no son de Allah quienes están en los cielos y en la tierra? ¿Y qué siguen ésos que invocan, fuera de Allah, dioses que ellos Le asocian?

Solo siguen suposiciones y no hacen sino conjeturar.

(67) El es Quien hizo para vosotros la noche para que en ella descansarais y el día para que vierais; ciertamente en ello hay signos para la gente que escucha.

(68) Dicen: Allah ha tomado para sí un hijo. ¡Lejos esté en Su gloria! El es el Rico, Suyo es cuanto hay en los cielos y en la tierra. No tenéis ninguna prueba de lo que decís. ¿Es que vais a decir sobre Allah lo que no sabéis?

(69) Di: Es cierto que los que inventan la mentira sobre Allah no prosperan.

(70) Un disfrute en este mundo y después tendrán su regreso a Nosotros; y luego les haremos probar el duro castigo por haber negado.

(71) Recítales la historia de Nuh cuando dijo a su gente:
¡Gente mía! Si no podéis soportar mi posición y que os llame al recuerdo con los signos de Allah... en Allah me apoyo.
Decidid lo que vayáis a hacer encomendándoos a los dioses que asociáis, hacedlo abiertamente y llevadlo a cabo en mí sin más demora.

(72) Y si os apartáis... Yo no os pedí ningún pago, mi recompensa incumbe únicamente a Allah.
Se me ha ordenado ser de los que están sometidos.

(73) Lo tacharon de mentiroso y lo salvamos en la nave junto a los que con él estaban, dejándolos como sucesores y ahogando a los que habían negado la verdad de Nuestros signos.
Y mira cual fue el fin de los que habían sido advertidos.

(74) Después, tras él, enviamos mensajeros a su gente y fueron a ellos con las pruebas claras pero no creyeron lo que ya antes habían tachado de mentira.
Así es como marcamos los corazones de los transgresores.

(75) Luego, después de éstos, enviamos a Musa y a Harún con Nuestros signos a Firaún y a su élite pero se llenaron de soberbia y fueron gente de mal.

(76) Y cuando les vino la verdad de Nuestra parte, dijeron: En verdad esto es magia declarada.

(77) Dijo Musa: ¿Es esto lo que decís de la verdad cuando os llega?, ¿cómo puede ser magia esto? Los magos no prosperan.

(78) Dijeron: Has venido a nosotros para apartarnos de aquello en lo que encontramos a nuestros padres y conseguir para vosotros dos* la supremacía en la tierra?
Nosotros no os creemos.
* [Es decir, tú, Musa, y tu hermano Harún.]

(79) Y dijo Firaún: ¡Traedme a todos los magos expertos!

(80) Y cuando vinieron los magos, Musa les dijo: ¡Echad lo que echáis!

(81) Y cuando hubieron echado, dijo Musa: Lo que habéis traído es magia y Allah lo hará desaparecer, Allah no pone bien en la acción de los que corrompen.

(82) Y Allah confirma la verdad con Sus palabras aunque les disguste a los que hacen el mal.

(83) Pero sólo una parte de la descendencia de su pueblo creyó en Musa por miedo a que Firaún y su gente les persiguieran; realmente Firaún fue altivo en la tierra y uno de los que van más allá de los límites.

(84) Y dijo Musa: ¡Gente mía! Si creéis en Allah confiaros a El, si es que sois sumisos.

(85) Y dijeron: En Allah nos confiamos. ¡Señor nuestro! No pongas a prueba a través de nosotros a la gente injusta.

(86) Y sálvanos, por tu Misericordia, de la gente incrédula.

(87) E inspiramos a Musa y a su hermano: Procurad casas en Misr* para vuestra gente, hacedlas lugares de adoración y estableced la oración.

Y da buenas noticias a los creyentes.

* [Véase nota de la aleya 61, sura 2]

(88) Y dijo Musa: ¡Señor nuestro! En verdad le has dado a Firaún y a su élite lujo y riquezas en la vida de este mundo, ¡Señor nuestro! para que se extraviaran de Tu camino. ¡Señor nuestro! Destruye sus riquezas y endurece sus corazones, porque no van a creer hasta no haber visto el castigo doloroso.

(89) Dijo: Vuestra petición ha sido ya respondida, sed pues rectos y no sigáis el camino de los que no saben.

(90) Hicimos que los hijos de Israel cruzaran el mar y Firaún y sus ejércitos les persiguieron con hostilidad e injusticia hasta que al ver que las aguas le ahogaban, dijo: Creo que no hay otro dios sino Aquel en el que creen los hijos de Israel y soy de los que se someten.

(91) ¿Ahora?, ¿cuando antes desobedecías y eras de los corruptores?

(92) Hoy arrojaremos tu cuerpo a tierra firme con el fin de que sea un signo para los que vengan después de ti.

Pero es cierto que muchos de los hombres son indiferentes a Nuestros signos.

(93) Y establecimos a los hijos de Israel en un lugar para vivir verdadero y les proveímos de las cosas buenas. Y no entraron en discordia sino después de haberles llegado el conocimiento. Realmente tu Señor decidirá entre ellos el Día del Levantamiento acerca de aquello en lo que discrepaban.

(94) Y si estás en duda de lo que te hemos hecho descender, pregunta a los que leían el Libro antes de ti.
Te ha llegado la verdad de tu Señor, no seas de los escépticos.

(95) Ni seas tampoco de los que niegan la verdad de los signos de Allah, porque entonces estarías entre los perdidos.

(96) Aquéllos en cuya contra se han hecho realidad las palabras de tu Señor, no creerán

(97) Aunque se les presenten todos los signos, hasta que no vean el doloroso castigo.

(98) ¿Por qué no hubo ninguna ciudad que creyera y se beneficiara de su creencia?
Sólo la gente de Yunus, a los que en cuanto creyeron, les levantamos el denigrante castigo en esta vida dejándolos disfrutar por un tiempo.

(99) Y si tu Señor quisiera creerían todos los que están en la tierra. ¿Acaso puedes tú obligar a los hombres a que sean creyentes?

(100) Ningún alma puede creer si no es con permiso de Allah y El impondrá el vil castigo a quienes no razonen.

(101) Di: Observad lo que hay en los cielos y en la tierra.
Sin embargo a la gente que no cree no les sirven de nada los signos ni las advertencias.

(102) ¿Qué esperan sino, algo similar a los días de sus antecesores? Di: Esperad entonces, que yo estaré con vosotros entre los que esperan.

(103) Y siempre después de ello, salvamos a Nuestros mensajeros y a los que han creído. Así es, salvar a los creyentes es un deber que nos hemos impuesto.

(104) Di: ¡Hombres! Si estáis en duda acerca de la creencia que practico... No adoro a quienes vosotros adoráis aparte de Allah, sino que adoro a Allah, Aquel que hará que vuestro plazo se cumpla.
Y se me ha ordenado que sea de los creyentes.

(105) Así como: Dirige tu rostro a la Práctica de Adoración como hanif y no seas uno de los asociadores.

(106) Y no invoques fuera de Allah, aquello que ni te beneficia ni te perjudica, porque si lo hicieras, serías de los injustos.

(107) Y si Allah te toca con un daño, nadie, si no El, te librará de ello. Y si te concede un bien... No hay quien pueda impedir Su favor. El lo hace llegar a quien quiere de Sus siervos.
Y El es el Perdonador, el Compasivo.

(108) Di: ¡Hombres! Os ha llegado la verdad procedente de vuestro Señor, quien se guíe, lo hará en beneficio de sí mismo y quien se extravíe sólo se perderá a sí mismo.
Yo no soy un guardián para vosotros.

(109) Sigue lo que se te ha inspirado y ten paciencia hasta que Allah juzgue. El es el mejor de los jueces.

11. SURA DE HUD

Mequí a excepción de las aleyas 12, 17 y 114 que son de Medina. Consta de 123 aleyas y descendió después de la sura de Yunus.

En el nombre de Allah, el Misericordioso, el Compasivo.

(1) Alif, Lam, Ra.
Un Libro cuyos signos se han hecho con perfección y además han sido clarificados por un Sabio, Conocedor de lo más recóndito

(2) No adoréis sino a Allah; es cierto que yo soy para vosotros un advertidor de Su parte y un portador de buenas noticias.

(3) Pedid perdon a vuestro Señor y luego volveos a El. Os hará gozar de un buen disfrute hasta un plazo determinado y a todo el que tenga algún merito le dará Su favor.
Pero si os apartáis temo para vosotros el castigo de un día terrible.

(4) A Allah habéis de regresar y El tiene poder sobre todas las cosas.

(5) ¿Acaso no disimulan su aversión queriendo esconderse de El? ¿Es que cuando se cubren con sus vestidos no sabe El lo que guardan en secreto y lo que divulgan?
El conoce en verdad lo que hay en los pechos.

(6) No hay ninguna criatura en la tierra cuya provisión no recaiga sobre Allah y de la que El no sepa su morada y su depósito. Todo está en un libro claro.

(7) El es Quien creó los cielos y la tierra en seis días, y Su trono estaba sobre el agua, para probar cuál de vosotros sería mejor en obras.
Y si les dices que serán devueltos a la vida después de la muerte, te dirán los que no creen: Esto es magia declarada.

(8) Y si les retrasamos el castigo hasta un plazo determinado, seguro que dirán: ¿Qué es lo que lo impide?
¿Pero no es verdad que el día que les llegue no podrá ser apartado de ellos?
Se les vendrá encima aquello de lo que se burlaban

(9) Si le hacemos probar al hombre una misericordia procedente de Nosotros y luego se la quitamos, se queda desesperado y es ingrato.

(10) Pero si le hacemos probar la dicha después de la desdicha que le tocó, seguro que dice: Los males se han ido de mí. Y está contento, jactancioso.

(11) Pero no es así para los que tienen paciencia y llevan a cabo las acciones de bien.
Esos tienen un perdón y una gran recompensa.

(12) Pudiera ser que renunciaras a parte de lo que se te ha inspirado y que tu pecho se angustiara porque dicen: ¿Cómo es que no se ha hecho descender con él algún tesoro o ha venido con él un ángel? Tú no eres sino un advertidor y Allah es Guardián de todas las cosas.

(13) O dicen: Lo ha inventado.
Di: Traed diez suras inventadas semejantes y llamad a quien podáis fuera de Allah si decís la verdad.

(14) Pero si no os responden, sabed entonces que se ha hecho descender con el conocimiento de Allah y que no hay dios sino Él. ¿Estaréis sometidos?

(15) Los que quieran la vida del mundo y su esplendor les pagaremos en ella por sus obras y no tendrán menoscabo en ella.

(16) Esos son los que en la Otra Vida no tendrán sino el Fuego.
Allí, lo que hicieron será vano y sus obras serán inútiles.

(17) ¿Son acaso como aquel que se basa en una prueba clara procedente de su Señor que un testigo* le recita de Su parte?
Antes de él hubo el libro de Musa que era una dirección y misericordia. Estos creen en él pero aquéllos de los coligados que no crean en él... El Fuego será su lugar de encuentro.
No tengas ninguna duda acerca de ello pues ciertamente es la verdad que procede de tu Señor.
Sin embargo la mayoría de los hombres no creen.
* [El ángel Yibril]

(18) ¿Y quién es más injusto que quien inventa una mentira sobre Allah? Esos serán mostrados ante su Señor y dirán los testigos: Estos son los que mintieron sobre su Señor. ¿No es cierto que la maldición de Allah caerá sobre los injustos

(19) que desvían del camino de Allah deseándolo tortuoso y no creen en la Ultima Vida?

(20) Esos no tendrán escape en la tierra ni tendrán fuera de Allah protectores. Les será doblado el castigo. Ellos no pudieron oír ni ver.

(21) Esos son los que se perdieron a sí mismos y se les extravió lo que habían inventado.

(22) No hay duda de que ellos en la Ultima Vida serán los que más pierdan.

(23) Es cierto que los que creen, llevan a cabo las acciones de bien y se humillan ante su Señor, ésos serán los compañeros del Jardín; allí serán inmortales.

(24) El parecido de ambos grupos es el que tienen un ciego y un sordo con uno que ve y uno que oye. ¿Son iguales en comparación?, ¿es que no váis a recapacitar?

(25) Enviamos a Nuh a su gente: "Es verdad que yo soy para vosotros un claro advertidor".

(26) Adorad sólo a Allah pues temo para vosotros el castigo de un día doloroso.

(27) Y dijeron los magnates, aquellos de su gente que no creían: No vemos en ti sino a un ser humano como nosotros y vemos que sólo te siguen los más bajos de nosotros, sin ninguna reflexión; y tampoco vemos que tengáis ningún mérito sobre nosotros, sino que por el contrario os tenemos por mentirosos.

(28) Dijo: ¡Gente mía! Decidme: Si estoy basado en una prueba clara de mi Señor y El me ha concedido una misericordia de junto a sí que a vosotros se os ha ocultado.

¿Es que vamos a obligaros a aceptarla si os produce aversión?

(29) ¡Gente mía! No os pido a cambio ninguna riqueza pues mi recompensa sólo incumbe a Allah y no pienso despreciar a los que creen porque ellos encontrarán a su Señor; sin embargo os veo gente ignorante.

(30) ¡Gente mía! ¿Quién me defendería de Allah si los desprecio?, ¿es que no váis a recapacitar?

(31) Y no os digo que poseo los tesoros de Allah ni que conozco el No-Visto, ni digo que sea un ángel ni les voy a decir a aquéllos que vuestros ojos desprecian, que Allah no les va a

dar ningún bien, pues Allah sabe mejor lo que hay en sus almas, y en ese caso yo sería de los injustos.

(32) Dijeron: ¡Nuh! Nos has refutado y has aumentado la disputa entre nosotros; haz que venga a nosotros la amenaza que aseguras, si eres de los que dicen la verdad.

(33) Dijo: Allah hará que os llegue si El quiere y no podréis impedirlo.

(34) Si Allah quiere desviaros, mi consejo, aunque quiera aconsejaros, no os servirá de nada.
El es vuestro Señor y a El habéis de regresar.

(35) O dicen: Lo ha inventado. Di: Si lo he inventado, sobre mí recaerá el mal que haya hecho, pero soy inocente del mal que vosotros hagáis.

(36) Y le fue inspirado a Nuh que, excepto los que habían creído, no creería nadie más de su gente.
¡No te entristezcas por lo que hacen!

(37) ¡Construye la nave bajo Nuestros ojos e inspiración y no me hables de los que han sido injustos pues realmente ellos van a ser ahogados!

(38) Y mientras construía la nave cada vez que pasaban por delante algunos de los magnates de su gente, se burlaban de él. Dijo: Si os burláis de nosotros, ya nos burlaremos nosotros de vosotros como os burláis ahora.

(39) Y ya sabréis a quien va a llegarle un castigo que le humillará y sobre quién se desatará un castigo permanente.

(40) Así hasta que llegó Nuestro mandato y el horno* rebosó, dijimos: Sube en ella una pareja de cada especie, a tu familia, exceptuando a aquel contra el que ya haya precedido la palabra, y a los que crean; pero eran sólo unos pocos los que con él creían.

* [Según los comentaristas se refiere a la superficie de la tierra que los árabes llamaban a veces "el horno de la tierra" o también puede referirse al horno de Nuh cuyo desbordamiento sería una señal que indicaría el momento de embarcar en la nave; además de otras posibles interpretaciones]

(41) Y dijo: ¡Embarcad en ella! Y que sean en el nombre de Allah su rumbo y su llegada. Es cierto que mi Señor es Perdonador y Compasivo.

(42) Y navegaba con ellos entre olas como montañas. Entonces Nuh llamó a su hijo que estaba aparte: Hijo mío! Sube con nosotros y no estés con los incrédulos.

(43) Dijo: Me refugiaré en una montaña que me librará del agua. Dijo: Hoy no habrá nada que libre del mandato de Allah excepto para aquel del que tenga misericordia. Y las olas se interpusieron entre ambos quedando entre los ahogados.

(44) Y se dijo: ¡Tierra, absorbe tu agua! ¡Cielo, detente! Y el agua decreció, el mandato se cumplió y (la nave) se posó sobre el Yudi*. Y se dijo: ¡Fuera la gente injusta!

* [Monte cercano a la ciudad de Mosul en Iraq]

(45) Y Nuh llamó a su Señor y dijo: ¡Señor mío! Mi hijo es parte de mi familia, Tu promesa es verdadera y Tu eres el más justo de los jueces.

(46) Dijo: ¡Nuh! El no es de tu familia y sus obras no son rectas; no me preguntes por aquello de lo que no tienes conocimiento. Te advierto para que no estés entre los ignorantes.

(47) Dijo: ¡Señor mío!, verdaderamente me refugio en Ti de preguntarte aquello de lo que no tengo conocimiento, y si no me perdonas y tienes misericordia de mí estaré entre los perdidos.

(48) Se dijo: ¡Nuh!, desembarca a salvo con una seguridad procedente de Nosotros y con bendiciones sobre ti y sobre las comunidades de los que están contigo y las comunidades a las que dejaremos disfrutar; y luego les alcanzará de Nuestra parte un castigo doloroso.

(50) Esto forma parte de las noticias del No-Visto que te inspiramos, antes de esto ni tú ni tu gente las conocíais.
Así pues, ten paciencia porque el buen fin es para los que se guardan.

(50) Y a los Ad, su hermano Hud que dijo: ¡Gente mía! Adorad a Allah, no tenéis otro dios que El; y si no, es que sois mentirosos.

(51) ¡Gente mía! No os pido ningún pago a cambio, mi recompensa sólo incumbe a Aquel que me creó, ¿es que no vais a razonar?

(52) ¡Gente mía! Pedid perdón a vuestro Señor y dirigíos a El; enviará el cielo sobre vosotros con abundantes lluvias y añadirá fuerza a vuestra fuerza. No os apartéis como los que hacen el mal.

(53) Dijeron: ¡Hud! No nos has traído ninguna prueba clara y no vamos a abandonar a nuestros dioses por lo que tú digas, ni te creemos.

(54) Lo que decimos es que alguno de nuestros dioses te ha trastornado.

Dijo: Pongo a Allah como testigo y sedlo vosotros de que soy inocente de lo que asociáis

(55) aparte de El; así pues tramad contra mí todos sin más espera.

(56) Verdaderamente yo me apoyo en Allah, mi Señor y el vuestro. No hay ninguna criatura viviente que El no la tenga asida del flequillo, es cierto que mi Señor actúa según un camino recto.

(57) Y si os apartáis... Yo os he transmitido aquello con lo que fui enviado a vosotros. Mi Señor os sustituirá por otra gente y no Le perjudicaréis en nada.

Es verdad que mi Señor es Protector de todas las cosas.

(58) Cuando Nuestra orden llegó, salvamos a Hud y a quienes junto a él habían creído gracias a una misericordia que vino de Nosotros y los libramos de un severo castigo.

(59) Esos son los Ad; negaron los signos de su Señor y desobedecieron a sus mensajeros siguiendo el mandato de todo soberbio y contumaz.

(60) En este mundo les siguió una maldición y así será en el Día del Levantamiento. ¿Acaso no renegaron los Ad de su Señor? ¡Fuera con los Ad, la gente de Hud!

(61) Y a los Zamud su hermano Salih que dijo: ¡Gente mía! Adorad a Allah, no tenéis otro dios que El; os creó a partir de la tierra e hizo que vivierais en ella. Pedidle pues perdón y volveos a El, es cierto que mi Señor está Cercano y responde.

(62) Dijeron: ¡Salih! Antes de esto eras una esperanza entre nosotros. ¿Vas a prohibirnos que adoremos lo que adoraban nuestros padres?

Realmente eso a los que nos llamas nos resulta muy sospechoso.

(63) Dijo: ¡Gente mía! Decidme: Si me atengo a una prueba clara que mi Señor me ha dado y he recibido una gracia Suya. ¿Quién iba a defenderme de Allah si desobedezco? No me aportáis sino perdición.

(64) ¡Gente mía! Aquí tenéis a la camella de Allah que es un signo para vosotros; dejadla que coma en la tierra de Allah y no le hagáis ningún daño para que no os sorprenda un castigo próximo.

(65) Pero la desjarretaron. Dijo: Disfrutad en vuestro hogar durante tres días, esta es una promesa sin engaño.

(66) Y cuando Nuestro mandato llegó, salvamos a Salih y a los que junto a él creían gracias a una misericordia de Nuestra parte librándolos de la humillación de aquel día.
Es cierto que tu Señor es el Fuerte, el Irresistible.

(67) El grito sorprendió a los injustos y amanecieron en sus casas caídos de bruces.

(68) Como si nunca hubieran vivido en ellas. ¿Acaso los Zamud no renegaron de su Señor? ¡Fuera con los Zamud!

(69) Y fueron Nuestros mensajeros a Ibrahim a llevarle las buenas noticias y dijeron: Paz, contestó: Paz; y no tardó en venir con un becerro asado.

(70) Pero al ver que no tendían sus manos hacia él, le pareció extraño y sintió miedo de ellos. Dijeron: No temas, hemos sido enviados a la gente de Lut.

(71) Y su mujer, que estaba de pie, se rió y le anunciamos a Ishaq y después de Ishaq a Yaqub.

(72) Dijo: ¡Ay de mí! ¿Cómo voy a parir si soy vieja y éste mi marido es un anciano? ¡Realmente esto es algo asombroso!

(73) Dijeron: ¿Te asombras del mandato de Allah? ¡Que la misericordia de Allah y Su bendición sean con vosotros, gente de la casa!
Cierto que Él es Digno de alabanza, Glorioso.

(74) Y cuando el miedo se fue de Ibrahim y le hubo llegado la buena noticia, nos habló a favor de la gente de Lut.

(75) Es cierto que era indulgente, movido a la compasión y siempre se volvía (a Allah).

(76) ¡Ibrahim! Apártate de esto. El Mandato de tu Señor ha venido y ciertamente les alcanzará un castigo irrevocable.

(77) Y cuando Nuestros mensajeros llegaron a Lut, éste se apenó por su causa, su pecho se estrechó y dijo: Este es un día crítico.

(78) Su gente, que antes había estado cometiendo maldades, acudió a él apresuradamente, dijo: ¡Gente mía! Aquí tenéis a mis hijas, ellas son más puras para vosotros*, así pues temed a Allah y no me causéis tristeza con mis huéspedes.

¿Es que no hay entre vosotros ni un sólo hombre rectamente guiado?

* [Es decir, aquí tenéis a mis hijas para casaros con ellas, en vez de ir a los hombres. Según algunos comentaristas los profetas se consideraban padres de su pueblo y en este sentido podría referirse a las mujeres de su pueblo en general.]

(79) Dijeron: Ya sabes que no tenemos ninguna necesidad de tus hijas y sabes lo que realmente queremos.

(80) Dijo: Ojalá tuviera fuerza contra vosotros o un fuerte apoyo al que recurrir.

(81) Dijeron: ¡Lut! Somos mensajeros de tu Señor y no podrán acceder a ti. Sal con tu familia en el seno de la noche y que ninguno de vosotros se vuelva a mirar, sólo lo hará tu mujer pues a ella le va a suceder lo que a ellos y su cita es el alba.

¿Acaso no está el alba cercana?

(82) Cuando llegó Nuestro mandato pusimos lo de arriba abajo e hicimos llover sobre ellos piedras de arcilla una sobre otra,

(83) asignadas junto a tu Señor. Y no están lejos de los injustos.

(84) Y a los Madyan, a su hermano Shuayb que dijo: ¡Gente mía! Adorad a Allah, no tenéis otro dios que El, no quitéis en la medida ni en el peso.

Ciertamente os veo con bienestar y temo para vosotros el castigo de un día al que nadie escapará.

(85) ¡Gente mía! Cumplid con la medida y el peso según la equidad. No desvaloricéis las cosas de los hombres ni cometáis maldades en la tierra como corruptores.

(86) Las cosas de Allah que quedan son mejores para vosotros si sois creyentes. Yo no soy un protector para vosotros.

(87) Dijeron: ¡Shuayb! ¿Es que tu Práctica de Adoración te ordena que abandonemos lo que nuestros padres adoraban o que hagamos con nuestras riquezas lo que queramos?

¡Oh! entonces tú eres el comprensivo, el rectamente guiado.

(88) Dijo: ¡Gente mía! ¿Pero es que no veis que me baso en una prueba clara de mi Señor que me provee con una buena provisión Suya y que no quiero ser distinto de vosotros en los que os prohíbo sino tan sólo corregir aquéllo que pueda?

Y no puedo estar bien encauzado si no es por Allah, en El me apoyo y a El me vuelvo.

(89) ¡Gente mía! Que no os pueda vuestra oposición contrá mí para que no os suceda lo mismo que le sucedió a la gente de Nuh, a la de Hud o a la de Salih. Y no queda muy lejos de vosotros la gente de Lut.

(90) Y pedid perdón a vuestro Señor y volveos a El, pues es cierto que mi Señor es Compasivo, Amable.

(91) Dijeron: ¡Shuayb! No comprendemos mucho de lo que dices y realmente te vemos débil entre nosotros; de no haber sido por tu clan te habríamos apedreado, no eres importante para nosotros.

(92) Dijo: ¡Gente mía! ¿Acaso mi clan es más importante para vosotros que Allah hasta el punto de que os lo habéis echado a las espaldas?

En verdad mi Señor rodea lo que hacéis.

(93) ¡Gente mía! Actuad en consecuencia con vuestra posición que yo también lo haré y ya sabréis a quien le habrá llegado un castigo que le rebajará y quien es mentiroso.

Y vigilad que yo también vigilo.

(94) Y cuando Nuestra orden llegó, salvamos a Shuayb y a los que junto a él creían gracias a una misericordia procedente de Nosotros, y el Grito sorprendió a los injustos que amanecieron en sus hogares caídos de bruces.

(95) Como si jamás hubieran vivido con prosperidad en ellos.

¡Fuera con los Madyan! Igual que quedaron fuera* los Zamud

* [De la misericordia de Allah]

(96) Y enviamos a Musa con Nuestros signos y con una autoridad evidente

(97) a Firaún y a su consejo, y ellos siguieron las órdenes de Firaún. Sin embargo las órdenes de Firaún no estaban dirigidas con rectitud.

(98) El Día del Levantamiento irá delante de su gente y les hará entrar en el Fuego. ¡Y por qué mala entrada entrarán!

(99) En esta vida fueron alcanzados por una maldición y así mismo sucederá en el Día del Levantamiento. ¡Qué mal socorro el que recibirán!

(100) Esto forma parte de las noticias de las ciudades que te contamos, algunas de ellas siguen en pie y otras fueron arrasadas.

(101) Y no es que fuéramos injustos con ellos, sino que ellos mismos fueron injustos consigo mismos y sus dioses, los que adoraban fuera de Allah, no les sirvieron de nada cuando el mandato de tu Señor llegó, no hicieron sino causarles más ruina.

(102) Así es como tu Señor reprende cuando castiga a una ciudad que es injusta. Es cierto que Su castigo es doloroso y severo.

(103) Verdaderamente ahí hay un signo para quien teme el castigo de la Ultima Vida, ese será un día para el cual los hombres serán reunidos, será un día del que todos serán testigos.

(104) Solo lo retrasamos hasta un plazo fijado.

(105) El día que se cumpla, nadie hablará a no ser con Su permiso y habrá quien sea desgraciado y quien sea feliz.

(106) Los desgraciados estarán en el Fuego y allí, suspiros y sollozos.

(107) En él serán inmortales lo que duren los cielos y la tierra, exceptuando lo que tu Señor quiera pues es cierto que tu Señor hace lo que quiere.

(108) Los felices estarán en el Jardín, inmortales en él, lo que duren los cielos y la tierra exceptuando lo que tu Señor quiera. Será un regalo sin cese.

(109) No tengas ninguna duda sobre lo que éstos adoran, pues lo que adoran no es sino lo mismo que antes adoraban sus padres y por cierto que les pagaremos lo que les corresponda sin quitar nada.

(110) Ya le dimos el Libro a Musa y hubo oposición a él. Y si no hubiera sido por una palabra previa de tu Señor se habría

sentenciado entre ellos.

Realmente estaban en una duda profunda sobre él.

(111) Y por cierto que a todos les pagará tu Señor por sus obras. El conoce perfectamente lo que hacen.

(112) Así pues, sé recto tal y como te he mandado en compañía de los que se han vuelto atrás de su error junto a ti y no vayáis más allá de los límites, pues en verdad El conoce perfectamente lo que hacéis.

(113) Y no os inclinéis del lado de los que son injustos pues en ese caso el Fuego os alcanzaría y no tendríais fuera de Allah a quien os protegiera ni seréis auxiliados después.

(114) Y establece el salat en los dos extremos del día y en las primeras horas de la noche, es cierto que las bondades anulan las maldades.

Esto es un recuerdo para los que recapacitan.

(115) Y sé paciente pues en verdad Allah no deja que la recompensa de los que hacen el bien se pierda.

(116) ¿Por qué no hubo entre las generaciones que os precedieron gente de arrestos y discernimiento que hubieran impedido la corrupción en la tierra, exceptuando unos pocos de los que de ellos salvamos, mientras que los injustos siguieron la vida fácil en la que se habían corrompido siendo de los que hacen el mal?

(117) Y no iba tu Señor a destruir una ciudad a causa de alguna injusticia siendo sus habitantes de los que ponen orden.

(118) Si tu Señor hubiera querido habría hecho que los hombres fueran una única comunidad. Sin embargo no dejarán de ser contrarios unos a otros.

(119) A excepción de aquel a quien tu Señor le conceda misericordia. Y para eso los creó.

Se cumplirá la palabra de tu Señor: "Voy a llenar Yahannam de hombres y genios a la vez."

(120) Todo esto te lo contamos como parte de las noticias de los mensajeros para con ello afirmar tu corazón.

Con ellas te ha llegado la verdad y una amonestación y un recuerdo para los creyentes.

13

(121) Y diles a los que no creen: ¡Actuad en consecuencia con vuestra posición que nosotros también lo haremos!

(122) Y por cierto que Nosotros esperamos.

(123) A Allah pertenece lo que no se ve de los cielos y de la tierra. De El proceden todas las órdenes, así pues, adórale y confíate a El.

Tu Señor no está inadvertido de lo que hacéis.

12. SURA DE YUSUF.

Mequí a excepción de las aleyas 1,2,3 y 7 que son de Medina. El número de sus aleyas es de 111 y descendió después de la sura de Hud.

En el nombre de Allah, el Misericordioso, el Compasivo

(1)   Alif, Lam, Ra.
Esos son los signos del Libro Claro.

(2)   Lo hemos hecho descender como una recitación* árabe para que quizás razonéis.
* [Corán]

(3)   Vamos a contarte la más hermosa de las historias al inspirarte esta Recitación antes de la cual estabas inadvertido.

(4)   Cuando Yusuf dijo a su padre: ¡Padre mío! He visto once estrellas, al sol y a la luna; y los he visto postrados ante mí.

(5)   Dijo: ¡Hijo mío! No cuentes tu visión a tus hermanos porque si lo haces tramarán algo contra ti, verdaderamente el Shaytán es un claro enemigo para el hombre.

(6)   Así es como tu Señor te ha escogido y te enseñará parte de la interpretación de los relatos, completando Su bendición sobre ti y sobre la familia de Yaqub como ya hizo anteriormente con tus abuelos Ibrahim e Ishaq. Es cierto que tu Señor es Conocedor y Sabio.

(7)   Y ciertamente que en Yusuf y sus hermanos hay signos para los que preguntan.

(8)   Cuando dijeron: Yusuf y su hermano son más amados para nuestro padre que nosotros a pesar de que somos todo un grupo; nuestro padre está en un claro error.

(9)   Matad a Yusuf o abandonadlo en una tierra cualquiera para que así el rostro de vuestro padre se vuelva únicamente a vosotros. Y una vez que lo hayáis hecho podréis ser gente recta*.
* [Es como si dijera: Y una vez que lo hayáis hecho podréis arrepentiros y volver a ser gente recta.]

(10)   Y dijo uno de ellos: ¡No matéis a Yusuf! Arrojadlo al fondo del aljibe y así podrá recogerlo algún viajero, ya que estáis decididos a hacerlo.

(11) Dijeron: ¡Padre! ¿Qué te ocurre que no nos confías a Yusuf cuando nosotros somos para él buenos consejeros?

(12) Mándalo mañana con nosotros, pastoreará y jugará y estaremos al cuidado de él.

(13) Dijo: Me entristece que os lo llevéis y temo que se lo coma el lobo mientras estáis descuidados de él.

(14) Dijeron: Si el lobo se lo comiera siendo, como somos, todo un grupo, sería nuestra perdición.

(15) Y una vez que se lo hubieron llevado y hubieron acordado que lo arrojarían al fondo del aljibe, le inspiramos: "algún día les harás saber lo que han hecho y no se darán cuenta."

(16) Al anochecer se presentaron ante su padre llorando.

(17) Dijeron: ¡Padre! Nos fuimos a hacer carreras y dejamos a Yusuf junto a nuestras cosas y el lobo se lo comió y, aunque no nos vas a creer, decimos la verdad.

(18) Y enseñaron una túnica con sangre falsa. Dijo: ¡No! Vuestras almas os han inducido a algo, pero hermosa paciencia y en Allah es en Quien hay que buscar ayuda contra lo que contáis.

(19) Y llegaron unos viajeros que enviaron por agua a su aguador, y cuando éste descolgó su cubo, exclamó: ¡Albricias! Aquí hay un muchacho. Y lo ocultaron como mercancía. Pero Allah sabía lo que hacían.

(20) Y lo vendieron a bajo precio, unos cuantos dirhams, para deshacerse de él.

(21) Y el que lo había comprado, que era de Misr, le dijo a su mujer: Honra su estancia que tal vez nos beneficie o quizás lo adoptemos como hijo. Y así fue como le dimos una posición a Yusuf en la tierra y se hizo propicio que le enseñáramos la interpretación de los relatos.
Allah es Invencible en Su mandato, sin embargo la mayoría de los hombres no lo saben.

(22) Y cuando hubo alcanzado la madurez, le dimos sabiduría y conocimiento.
Así es como recompensamos a los que hacen el bien.

(23) Entonces aquélla en cuya casa estaba lo requirió, cerró las puertas y le dijo: Ven aquí. El contestó: ¡Que Allah me proteja! Mi Señor es el mejor refugio. Es cierto que los injustos no tienen éxito.

(24) Ella lo deseaba y él la deseó, pero vio que era una prueba de su Señor. Fue así para apartar de él el mal y la indecencia. En verdad es uno de Nuestros siervos elegidos.

(25) Ambos corrieron hacia la puerta y entonces ella le rasgó la túnica por detrás; y en esto se encontraron a su marido junto a la puerta.
Dijo ella: ¿Qué pago merece aquel que quiere mal para tu familia sino que ser encerrado o recibir un doloroso castigo?

(26) Dijo él: Ella me requirió. Y un testigo de la familia de ella sugirió: Si la túnica está rasgada por delante es que ella dice la verdad y él es de los que mienten,

(27) pero si la túnica está rasgada por detrás, entonces es ella la que miente y él es de los que dicen la verdad.

(28) Y cuando vió que la túnica estaba rasgada por detrás, dijo: Esta es una de vuestras artimañas (mujeres) pues es cierto que vuestra astucia es enorme.

(29) ¡Yusuf! Apártate de esto y tú (mujer) pide perdón por tu falta pues realmente has sido de las que cometen faltas.

(30) Y dijo un grupo de mujeres en la ciudad: La mujer del Aziz* ha pretendido a su criado, el amor por él la ha calado en lo más hondo y la vemos claramente perdida.
* [El Aziz, lit. poderoso, era el responsable de los graneros del reino, un cargo de gran influencia, en el reino de Misr —prob. la antigua ciudad de Menfis en Egipto.]

(31) Cuando ella se enteró de sus maquinaciones las mandó llamar y les preparó acomodo. Les dió a cada una un cuchillo* y dijo: ¡Sal ahora ante ellas! Y cuando lo vieron, se quedaron maravilladas y se cortaron en las manos sin darse cuenta.
Dijeron: ¡Válganos Allah! Esto no es un ser humano sino un ángel noble.
* [Para cortar unas naranjas que les había ofrecido.]

(32) Dijo: Aquí tenéis a aquel por quien me habéis censurado, yo lo solicité pero él se guardó, sin embargo si no hace lo que le ordeno lo encarcelarán y quedará entre los humillados.

(33) Dijo; ¡Señor mío! Prefiero la cárcel antes que aquello a lo que me invitan, pero si no alejas de mí sus artimañas cederé ante ellas y seré de los ignorantes.

(34) Su Señor le respondió y lo apartó de sus astucias, es cierto que El es Quien oye y Quien sabe.

(35) Luego, a pesar de haber visto los signos, les pareció conveniente encarcelarlo por un tiempo.

(36) Y con él entraron en la cárcel dos jóvenes criados. Uno de ellos dijo: Me he visto (en sueños) haciendo vino. Y dijo el otro: Me he visto llevando sobre la cabeza un pan del que comían los pájaros.

Dínos cual es su interpretación pues ciertamente vemos que eres de los que hacen el bien.

(37) Dijo: No os llegará ninguna comida que sea parte de vuestra provisión sin que antes de que os haya llegado no os haya dicho en qué consiste, eso es parte de lo que mi Señor me ha enseñado.

Realmente abandoné la forma de Adoración de una gente que no creía en Allah y negaba la Ultima Vida.

(38) Y seguí la forma de Adoración de mis padres Ibrahim, Ishaq y Yaqub. No cabía en nosotros que asociáramos nada con Allah, eso es parte del favor de Allah para con nosotros y para los hombres, sin embargo la mayoría de ellos no son agradecidos.

(39) ¡Compañeros de cárcel! ¿Qué es mejor, (adorar a) señores distintos, o a Allah, el Unico, el Dominante?

(40) Lo que adoráis fuera de El no son sino nombres que vosotros y vuestros padres habéis dado y en los que Allah no ha hecho descender ningún poder. El juicio sólo pertenece a Allah que ha ordenado que lo adoréis únicamente a El.

Esa es la Práctica de Adoración recta, sin embargo la mayoría de los hombres no saben.

(41) ¡Compañeros de cárcel! Uno de vosotros escanciará vino a su Señor mientras que el otro será crucificado y los pájaros comerán de su cabeza. El asunto sobre el que me habéis consultado ha sido decretado.

(42) Le dijo al que de los dos suponía salvado: Háblale de mí a tu Señor. Pero el Shaytán hizo que se olvidara de mencionarlo* y permaneció en la cárcel varios años.
* [Esto también puede entenderse en el sentido de que Yusuf olvidó el recuerdo de Su Señor confiando en que el esclavo del rey intercedería por él, según este entendimiento habría que traducir: el Shaytán hizo que (Yusuf) olvidara el recuerdo de Su Señor.]

(43) Y dijo el rey: He visto siete vacas gordas a las que comían siete flacas y siete espigas verdes y otras tantas secas.
¡Nobles! Dad un juicio sobre mi visión si podéis interpretar las visiones.

(44) Dijeron: Es una maraña de ensueños y nosotros no conocemos la interpretación de los ensueños.

(45) El que de los dos se había salvado, acordándose después de haber pasado un tiempo, dijo: Yo os diré su interpretación, dejadme ir.

(46) ¡Yusuf! Tú que eres veraz, danos un juicio sobre siete vacas gordas a las que comen siete flacas y siete espigas verdes y otras tantas secas, para que regrese a la gente y puedan saber.

(47) Dijo: Sembraréis, como de costumbre, siete años. La cosecha que recojáis dejadla en sus espigas a excepción de un poco de lo que comeréis.

(48) Luego vendrán siete años difíciles que agotarán lo que hayáis acopiado para ellos a excepción de un poco que guardéis.

(49) Luego vendrá un año en el que los hombres serán socorridos y en el que prensarán.

(50) Y dijo el rey: ¡Traedlo ante mí! Y cuando el mensajero llegó a él*, éste le dijo: Vuelve a tu Señor y pregúntale cómo fue que aquéllas mujeres se cortaron en las manos, ciertamente el rey conoce su artimaña.
* [Es decir, a Yusuf]

(51) Dijo: ¿Qué pasó cuando pretendisteis a Yusuf? Dijeron: ¡Allah nos libre! No supimos nada malo de él.
La mujer del Aziz dijo: Ahora aparece la verdad, yo lo pretendí y ciertamente él es sincero.

(52) Esto es para que se sepa que yo no lo traicioné en su ausencia y que Allah no guía la astucia de los traidores*.
* [Palabras de Yusuf refiriéndose al Aziz]

(53) Y yo no digo que mi alma sea inocente pues es cierto que el alma ordena insistentemente el mal, excepto cuando mi Señor tiene misericordia.

Es verdad que mi Señor es Perdonador y Compasivo.

(54) Y dijo el rey: ¡Traédmelo! que lo he elegido para Mí.

Y al ver cómo le hablaba, le dijo: En verdad, hoy gozas de posición ante nos y estás seguro.

(55) Dijo: Ponme al cargo de las despensas del país que ciertamente soy buen guardián y conocedor.

(56) Así es como dimos una posición a Yusuf en la tierra en la que podía residir donde quisiera.

Llegamos con Nuestra misericordia a quien queremos y no dejamos que se pierda la recompensa de los que hacen el bien.

(57) Pero la recompensa de la Ultima Vida es mejor para los que creen y tienen temor (de Allah).

(58) Y vinieron los hermanos de Yusuf, se presentaron ante él y él los reconoció pero ellos no lo reconocieron.

(59) Cuando les había suministrado sus provisiones les dijo: traedme a vuestro hermano de padre, ya veis que doy la medida cumplida (en el grano) y soy el mejor de los anfitriones.

(60) Si no me lo traéis, no podréis abasteceros de mí, ni acercaros.

(61) Dijeron: Persuadiremos a su padre para que nos lo deje, eso es lo que haremos.

(62) Y les dijo a sus criados: Ponedles las mercancías que trajeron en las alforjas, para que las reconozcan al llegar a su gente y les haga regresar.*

* [Es decir, Yusuf devolvió a sus hermanos las mercancías que éstos habían traído para cambiarlas por grano como una muestra de generosidad que les hiciera desear volver de nuevo al descubrirlo.]

(63) Y cuando volvieron a su padre le dijeron: ¡Padre! Nos han dicho que no nos abastecerán más, permite que venga con nosotros nuestro hermano para que así nos abastezcan; y de verdad que cuidaremos de él.

(64) Dijo: ¿Acaso os lo he de confiar como os confié antes a su hermano? Allah es mejor protección y El es el más Misericordioso de los misericordiosos.

(65) Y cuando abrieron sus alforjas descubrieron que se les habían devuelto las mercancías y dijeron: ¡Padre! ¿Qué más podemos desear? Nos han devuelto las mercancías. Aprovisionaremos a nuestras familias, cuidaremos de nuestro hermano y tendremos la carga de un camello más.

Eso es fácil.

(66) Dijo: No lo enviaré con vosotros hasta que no os comprometáis jurando por Allah que me lo vais a traer, excepto que puedan con todos vosotros.

Y cuando hubieron dado su promesa, les dijo: Allah es Guardián de lo que decimos.

(67) Y dijo: ¡Hijos míos! No entréis por una sóla puerta, entrad por puertas distintas*. Yo no puedo hacer nada por vosotros frente a Allah.

En verdad el juicio sólo pertenece a Allah, en El me confío y que en El se confíen los que confían.

* [Este consejo de Yaqub a sus hijos tenía el propósito de evitar el mal de ojo, ya que eran once hermanos de aspecto hermoso y noble y Yaqub temía que al verlos entrar juntos alguien sintiera envidia de ellos y pudieran ser víctimas del mal de ojo. La ciudad de Misr (Menfis) tenía cuatro puertas.]

(68) Y aunque entraron por donde su padre les había ordenado, no les hubiera servido de nada ante Allah, pues no fue sino para que Yaqub satisficiera una necesidad de su alma, y es cierto que él tenía un conocimiento procedente de lo que le habíamos enseñado.

Sin embargo la mayoría de los hombres no saben.

(69) Y cuando se presentaron ante Yusuf, éste llamó aparte a su hermano y le dijo: Yo soy tu hermano, no desesperes por lo que hicieron.

(70) Y al abastecerles las provisiones puso una copa en la alforja de su hermano. Luego alguien exclamó: ¡Caravaneros, sois unos ladrones!

(71) Dijeron volviéndose a ellos: ¿Qué habéis perdido?

(72) Dijeron: Hemos perdido la copa del rey. Quien la encuentre tendrá la carga de un camello, lo garantizo.

(73) Dijeron: ¡Por Allah! sabéis perfectamente que no hemos venido a traer corrupción en la tierra ni somos ladrones.

(74) Dijeron: ¿Y si estáis mintiendo, qué castigo os damos?

(75) Contestaron: Que el castigo de aquel en cuyas alforjas se encuentre sea su propia persona. Así pagamos a los injustos.

(76) Y comenzó por las alforjas de ellos antes que por la de su hermano para después sacar las alforjas de su hermano.

Así fue como le enseñamos a Yusuf el ardid del que se sirvió.

No podía prender a su hermano según la ley del rey, a menos que Allah quisiera.

Elevamos en grados a quien queremos, y por encima de todo poseedor de conocimiento hay un Conocedor.

(77) Dijeron: Si ha robado, ya robó antes un hermano suyo.

Y Yusuf, sin mostrárselo a ellos, dijo para sí mismo: Vosotros estáis en peor situación y Allah conoce lo que atribuís.

(78) Dijeron: Mi Aziz, él tiene un padre muy anciano, toma en su lugar a uno de nosotros, ciertamente vemos que eres de los que hacen el bien.

(79) Dijo: Nos refugiamos en Allah de quedarnos con nadie que no sea aquel en cuyo poder encontramos nuestra propiedad, pues en ese caso seríamos injustos.

(80) Y cuando hubieron perdido la esperanza se retiraron a deliberar. Dijo el mayor de ellos: ¿Es que no sabéis que nuestro padre recibió de nosotros un compromiso ante Allah además del descuido que antes tuvisteis con Yusuf?

No saldré de esta tierra mientras no me lo permita mi padre o Allah juzgue a mi favor. Y El es el mejor de los jueces.

(81) Regresad a vuestro padre y decidle: ¡Padre! Tu hijo ha robado, sólo damos fe de lo que conocemos y no estamos al cuidado de lo desconocido.

(82) Pregunta en la ciudad en la que hemos estado y a la caravana con la que hemos venido. Es cierto que decimos la verdad.

(83) Dijo: ¡No! Vuestras almas os han incitado a algo, pero hermosa paciencia. Puede que Allah me los traiga a todos a la vez, verdaderamente El es el Conocedor y el Sabio.

(84) Se apartó de ellos y dijo: ¡Qué pena siento por Yusuf! Y sus ojos se volvieron blancos por la tristeza mientras reprimía la ira de su dolor.

(85) Dijeron: ¡Por Allah que no vas a dejar de recordar a Yusuf hasta consumirte o llegar a perecer!

(86) Dijo: Yo sólo me lamento de mi dolor y de mi pena ante Allah y sé de Allah lo que no sabéis.

(87) ¡Hijos míos! Id e indagad acerca de Yusuf y de su hermano y no desesperéis de la misericordia de Allah pues sólo desespera de la misericordia de Allah la gente que se niega a creer.

(88) Y cuando se presentaron ante él, le dijeron: ¡Aziz! Hemos sido tocados por la desgracia nosotros y nuestra familia y traemos una mercancía exigua; abastécenos dándonos la medida completa y sé generoso con nosotros. Es cierto que Allah recompensa a los que dan con generosidad.

(89) Dijo: ¿Sabéis lo que hicisteis con Yusuf y con su hermano mientras erais ignorantes?

(90) Dijeron: ¿Tú eres Yusuf? Dijo: Yo soy Yusuf y éste es mi hermano. Allah nos ha favorecido. Quien tiene temor (de Allah) y tiene paciencia... es verdad que Allah no deja que se pierda la recompensa de los que hacen el bien.

(91) Dijeron: ¡Por Allah! que Allah te ha preferido sobre nosotros y es cierto que hemos cometido maldades.

(92) Dijo: No hay ningún reproche contra vosotros; hoy Allah os ha perdonado y Él es el más Misericordioso de los misericordiosos.

(93) Marchad llevándoos esta túnica mía y echadla sobre el rostro de mi padre que así volverá a ver y traedme a toda vuestra familia.

(94) Y cuando la caravana hubo partido, dijo su padre: Siento el olor de Yusuf aunque penséis que estoy chocheando.

(95) Dijeron*: ¡Por Allah! que has vuelto a tu antigua perdición*.
* [Sus nietos o quienes estaban con él]
* [Aquí el término traducido como perdición tiene el sentido de amor, perdición de amor, como en la aleya 7 de la sura 93.]

(96) Y cuando llegó el portador de las buenas noticias se la echó sobre la cara y recuperó la vista.
Y dijo: ¿No os dije que sabía de Allah lo que no sabéis?

(97) Dijeron: ¡Padre! Perdona nuestras faltas, realmente hemos cometido maldades.

(98) Dijo: Pediré perdón por vosotros a mi Señor pues es verdad que El es el Perdonador, el Compasivo.

(99) Y cuando se presentaron ante Yusuf, éste abrazó a sus padres y dijo: Entrad en Misr, si Allah quiere, seguros.

(100) Subió a sus padres sobre el trono y cayeron postrados en reverencia ante él, dijo: ¡Padre mío! Esta es la interpretación de mi visión anterior, mi Señor ha hecho que se realizara y me favoreció al sacarme de la prisión y al haberos traído a mí desde el desierto después de que el Shaytán hubiera sembrado la discordia entre mí y mis hermanos.

Realmente mi Señor es Benévolo en lo que quiere y es cierto que es el Conocedor, el Sabio.

(101) ¡Señor mío! Me has dado soberanía y me has enseñado a interpretar los relatos.

Tú que creaste los cielos y la tierra, eres mi Protector en esta vida y en la Ultima. Haz que muera sometido a Ti y reúneme con los justos.

(102) Eso forma parte de las noticias del No-Visto que te inspiramos, tú no estabas junto a ellos cuando decidieron y tramaron su asunto.

(103) Pero la mayor parte de los hombres, aunque tu lo ansíes, no son creyentes.

(104) Y no les pides ningún pago a cambio. No es sino un recuerdo para los mundos.

(105) ¡Cuántos signos hay en los cielos y en la tierra! Pasan delante de ellos y se apartan.

(106) La mayoría de ellos no creen en Allah y son asociadores.

(107) ¿Acaso están libres de que les llegue algo del castigo de Allah que los envuelva o de que de repente les llegue la hora sin darse cuenta?

(108) Di: Este es mi camino. Llamo a (la adoración) de Allah basado en una clara visión, tanto yo como los que me siguen.

Y ¡Gloria a Allah! Yo no soy de los que asocian.

(109) Antes de ti no hemos enviado sino hombres, sacados de la gente de las ciudades, a los que se les inspiró.

¿Es que no han ido por la tierra y han visto cómo terminaron los que hubo antes de ellos?

Realmente la Morada de la Ultima Vida es mejor para aquéllos que tienen temor (de Allah).

¿Es que no vais a razonar?

(110) Incluso cuando Nuestros mensajeros habían ya desesperado creyendo que habían sido negados definitivamente, llegó a ellos Nuestro auxilio y salvamos a quien quisimos.

Nuestro castigo no se aparta de la gente que hace el mal.

(111) En su historia hay una lección para los que saben reconocer lo esencial.

Y no es un relato inventado, sino una confirmación de lo que ya tenían, una aclaración precisa de cada cosa y una guía y una misericordia para gente que cree.

13. SURA DEL TRUENO.

Medinense. Tiene 43 aleyas y descendió después de la sura de Muhammad.

En el nombre de Allah, el Misericordioso, el Compasivo.

(1) Alif, Lam, Ra.
Esos son los signos del Libro.
Lo que te ha descendido desde tu Señor es la verdad, sin embargo la mayoría de los hombres no creen.

(2) Allah es Quien elevó los cielos sin soporte que pudierais ver y luego se asentó en el Trono. Y sometió al sol y a la luna que discurren hasta un plazo fijado.
Dispone el Mandato. Aclara con precisión los signos (aleyas) para que así podáis tener certeza del encuentro con vuestro Señor.

(3) Y El es Quien ha extendido la tierra y ha puesto en ella cordilleras y ríos; y de cada fruto ha hecho su par.
La noche cubre al día y ciertamente en eso hay signos para gente que reflexiona.

(4) Y en la tierra hay terrenos distintos que son colindantes, jardines de vides, cereales y palmeras de tronco múltiple o simple, todo regado por una misma agua.
Y hemos hecho que unos (frutos) tuvieran mejor sabor que otros. Es cierto que en eso hay signos para gente que razona.

(5) Y si te sorprendes... más sorprendente es que digan: ¿Cómo es que cuando seamos polvo vamos a ser creados de nuevo?
Esos son los que niegan a su Señor; tendrán cadenas en el cuello y serán los compañeros del Fuego donde serán inmortales.

(6) Y te instan a que les llegue lo malo en vez de lo bueno a pesar de que (pueblos) semejantes a ellos ya fueron castigados anteriormente.
Es cierto que tu Señor tiene un perdón para los hombres superior a la injusticia de la que son capaces, pero es cierto que tu Señor es Severo cuando castiga.

(7) Y dicen los que no creen: ¿Por qué no desciende sobre él una señal de su Señor? Tú sólo eres un advertidor, y para cada gente hay un guía.

(8) Allah sabe lo que cada hembra lleva en su vientre y lo que no llega a completarse en los úteros así como lo que excede. Cada cosa junto a El es según una medida.

(9) Conocedor de lo perceptible y de lo imperceptible, es el Grande, el que está por encima de todo.

(10) Es igual entre vosotros el que mantiene en secreto la palabra y el que la divulga y también el que se esconde de noche y el que se mueve abiertamente en el día.

(11) (El hombre) tiene (ángeles) que se van turnando delante y detrás suyo guardándolo por el mandato de Allah.
Cierto que Allah no cambia lo que una gente tiene hasta que ellos no han cambiado lo que hay en sí mismos y cuando Allah quiere un mal para una gente, no hay forma de evitarlo y no tienen fuera de El, nadie que los proteja.

(12) El es Quien os hace ver el relámpago con temor y anhelo y Quien produce las nubes cargadas.

(13) Y el trueno Le glorifica por medio de Su alabanza así como los ángeles por temor de El. El manda los rayos con los que alcanza a quien quiere.
Y sin embargo ellos discuten en relación a Allah. Pero El es Fuerte en Su habilidad para castigar.

(14) A El se dirige la invocación verdadera. Por el contrario, ésos que son invocados, fuera de El, no les responden en nada. Es como el que alarga sus manos hacia el agua queriendo que ésta llegue a su boca pero no llega. La invocación de los que se niegan a creer sólo cae en un extravío.

(15) Y ante Allah se postran cuantos están en los cielos y en la tierra, de buen grado o a la fuerza, así como sus sombras, mañana y tarde.

(16) Di: ¿Quién es el Señor de los cielos y de la tierra? Di: Allah.
Di: ¿Vais a tomar fuera de El protectores que no son dueños ni de su propio daño o beneficio? Di: ¿Es que son iguales el ciego y el que ve?

¿O son iguales las tinieblas y la luz? ¿O es que Le atribuyen a Allah asociados que han creado como El lo ha hecho y esa creación les parece semejante?

Di: Allah es el Creador de todas las cosas y El es el Unico, el Dominante.

(17) Hace descender agua del cielo y corre por los cauces de los valles según su capacidad arrastrando espuma flotante.

Y de lo que queman en el fuego para obtener adornos o utensilios sale una espuma similar.

Así ejemplifica Allah la verdad y la falsedad: La espuma se va siendo un deshecho y lo que aprovecha a los hombres permanece en la tierra.

Así es como Allah pone los ejemplos.

(18) Los que respondan a su Señor tendrán lo más hermoso y quienes no Le respondan, aunque tuvieran todo lo que hay en la tierra y otro tanto no podrían pagar con ello su rescate.

Esos tienen la peor cuenta y su morada es Yahannam. ¡Qué mal lugar de descanso!

(19) ¿Acaso el que sabe que lo que te ha descendido de tu Señor es la verdad es como el ciego? Realmente sólo recuerdan los que tienen intelecto.

(20) Esos que cumplen con el pacto de Allah y no rompen el compromiso.

(21) Y ésos que mantienen unido lo que Allah ordenó que se mantuviera unido, temen a su Señor y tienen miedo de que su cuenta sea negativa.

(22) Y los que tienen paciencia buscando con ello la faz de su Señor, establecen el salat, gastan de lo que les damos en secreto y en público y responden al mal con el bien. Esos tendrán la Morada del Buen Final.

(23) Los jardines de Adn en los que entrarán en compañía de quienes hayan obrado rectamente de sus padres, esposas y descendencia.

Y los ángeles saldrán a ellos por cada puerta:

(24) ¡Paz con vosotros! porque tuvisteis paciencia. ¡Y qué excelente la Morada del Buen Final!

(25) Pero aquéllos que rompen el pacto con Allah después de haberse comprometido, cortan lo que Allah mandó que estuviera unido y corrompen en la tierra, ésos tendrán la maldición y la mala morada.

(26) Allah extiende la provisión a quien quiere y también la limita. Se contentan con la vida de aquí pero en relación a la Ultima, esta vida no es más que un disfrute.

(27) Y dicen los que no creen: ¿Por qué no se le desciende un signo de su Señor?
Di: Es cierto que Allah extravía a quien quiere y guía hacia El a quien a El se vuelve.

(28) Los que creen y tranquilizan sus corazones por medio del recuerdo de Allah.
¿Pues acaso no es con el recuerdo de Allah con lo que se tranquilizan los corazones?

(29) Los que creen y llevan a cabo las acciones rectas tendrán todo lo bueno* y un hermoso lugar de retorno (a Allah).
* [En árabe "Tuba" que también se considera el nombre de un río del Jardín.]

(30) Así es como te hemos enviado a una comunidad antes de la que hubo otras comunidades que ya pasaron y sin embargo ellos niegan al Misericordioso. Di: El es mi Señor, no hay dios sino El, en El me confío y a El habré de volver.

(31) ¿Por qué no es una recitación que hace que las montañas anden o que la tierra se abra o hablen los muertos?
Por el contrario, Allah tiene el mando de todo.
¿Acaso no saben los que creen que si Allah quisiera guiaría a todos los hombres?
La desgracia no dejará de golpear a los que se niegan a creer o de rondar sus hogares a causa de lo que hicieron, hasta que la promesa de Allah llegue, pues ciertamente Allah no falta a lo prometido.

(32) Ya se burlaron de los mensajeros que hubo antes de ti.
Pero dejé por un tiempo a los que no creían y luego los agarré.
¡Y como fue Mi escarmiento!

33) ¿Acaso Quien está sobre cada alma, atento a lo que adquiere...?* Pero atribuyen asociados a Allah.
Di: Nombradlos.

¿Es que le vais a decir a Allah algo que no sepa en la tierra o no son mas que palabras? Por el contrario hemos hecho que a quienes no creen su maquinación les pareciera hermosa y son los que desvían del camino.

A quien Allah extravía no hay quien lo guíe.

* [Esta frase queda sin conclusión y hay que sobreentender algo como esto: "¿... No es más digno de que se le adore?"]

(34) Tienen un castigo en la vida del mundo pero verdaderamente el castigo de la Ultima es más penoso. No tendrán frente a Allah ningún defensor.

(35) La descripción del Jardín que ha sido prometido a los que temen (a Allah) son ríos corriendo por su suelo, comida permanente y sombra también permanente.

Así es como acabarán los temerosos (de Allah). Pero el final de los que se niegan a creer es el Fuego.

(36) Aquellos a los que hemos dado el Libro se regocijan por lo que se te ha hecho descender, pero algunos de los coligados* niegan parte de él.

Di: Sólo se me ha ordenado que adore a Allah y no Le atribuya copartícipes; a El os llamo y a El me vuelvo.

* [Puede referirse a las tribus de los Quraysh, o también a las demás tribus árabes, que no aceptaron Islam, o a los judíos y a los cristianos, puesto que reconocían algunas de las historias mencionadas en el Corán pero no creían en otra parte de él.]

(37) Así lo hemos descender como un juicio en árabe.

Si siguieras sus deseos después del conocimiento que te ha venido no tendrías ante Allah ningún aliado ni defensor.

(38) Ya enviamos mensajeros anteriores a ti a los que dimos esposas y descendencia y no cupo en ningún mensajero traer signo alguno excepto con el permiso de Allah.

Para cada término fijado hay un escrito.

(39) Allah anula lo que quiere y confirma lo que quiere y junto a El está la madre del Libro.

(40) Tanto si te hacemos ver parte de lo que te prometemos como si te llevamos con Nos... a ti sólo te incumbe transmitir y a Nosotros pedir cuentas.

(41) ¿Es que no ven que Nos dirigimos a la tierra reduciéndola por sus extremos?*

Y Allah decide y no hay aplazamiento para Su decisión. El es Rápido en llevar la cuenta.

* [Sobre el significado de esta aleya hay dos caminos. El primero entiende que se refiere a la expansión y avance de los musulmanes y la progresiva reducción del territorio de los asociadores.

El otro se basa en el entendimiento de la palabra "extremos" en árabe: "atraf, sing. tarf" en el sentido, que también tiene, de hombre ilustre, noble, preeminente y según esto habría que entender: "¿Acaso no ven cómo nos dirigimos a la tierra mermando a sus hombres preeminentes o dejándola sin parte de sus hombres preeminentes?"]

(42)   Ya tramaron quienes hubo antes que ellos pero Allah es a Quien pertenece toda la capacidad de tramar y conoce lo que cada alma adquiere.

Y ya sabrá quien se niega a creer de quien va a ser la Morada del Buen Fin.

(43)   Y dicen los que no creen: Tú no eres un enviado.

Di: Allah me basta como Testigo entre vosotros y yo, así como todo aquel que tenga conocimiento del Libro.

14. SURA DE IBRAHIM

*Mequí a excepción de las aleyas 28 y 29 que son de Medina. Tiene 52
aleyas y descendió después de la sura de Nuh.*

En el nombre de Allah, El Misericordioso, el Compasivo

(1) Alif, Lam, Ra.
Es un libro que se te ha hecho descender para que saques a
los hombres de las tinieblas a la luz con el permiso de su
Señor, hacia el camino del Poderoso, el Digno de Alabanza.

(2) Allah es a Quien pertenece lo que hay en los cielos y en la
tierra.
¡Ay de los que se niegan a creer, por un durísimo castigo!

(3) Los que prefieren esta vida a la Ultima y desvían del camino
de Allah, deseándolo tortuoso, ésos están en un extravío,
muy lejos.

(4) No hemos enviado ningún mensajero que no fuera con la
lengua de su gente para poder aclararles, pero Allah extravía
a quien quiere y guía a quien quiere. El es el Irresistible, el
Sabio.

(5) Ya habíamos enviado a Musa con Nuestros signos: ¡Saca a tu
gente de las tinieblas a la luz y recuérdales los dones de
Allah!
Verdaderamente en eso hay signos para todo el que sea paciente, agradecido.

(6) Y cuando Musa le dijo a su gente: "¡Recordad las bendiciones
de Allah con vosotros cuando os salvó de la gente de Firaún
que os inflingía el peor de los castigos y degollaban a
vuestros hijos dejando vivir a vuestras mujeres! Con ello
erais sometidos a una enorme prueba por parte de vuestro
Señor"

(7) Y cuando os anunció vuestro Señor: Si sois agradecidos, os
daré aún más, pero si sois desagradecidos... Es cierto que Mi
castigo es intenso.

(8) Y dijo Musa: Aunque vosotros y cuantos estan en la tierra no
creyerais... Allah es Rico, Digno de Alabanza.

(9) ¿Es que no os han llegado las noticias de los que hubo antes de vosotros, la gente de Nuh, los Ad, los Zamud y los que vinieron después de ellos que sólo Allah conoce?

Les llegaron sus correspondientes mensajeros con las pruebas claras pero ellos se llevaron la mano a la boca y dijeron: Negamos (el mensaje) con el que habéis sido enviados y tenemos dudas y sospechas de aquello a lo que nos llamáis.

(10) Dijeron sus mensajeros: ¿Acaso puede haber duda acerca de Allah, el Creador de los cielos y de la tierra que os invita al perdón de vuestras faltas y os da plazo hasta un término fijado?

Dijeron: Vosotros sólo sois hombres como nosotros que queréis desviarnos de lo que adoraban nuestros padres. Tráenos una prueba clara.

(11) Les dijeron los mensajeros: No somos mas que seres humanos como vosotros, sin embargo Allah favorece a quien quiere de Sus siervos y no nos pertenece traeros ninguna prueba clara si no es con permiso de Allah.

Que en Allah se confíen los creyentes.

(12) ¿Cómo no habríamos de confiarnos en Allah cuando ha sido El Quien nos ha guiado al camino?

Tendremos paciencia con el perjuicio que nos hacéis. ¡Que en Allah se confíen los que confían!

(13) Dijeron los que no creían a sus mensajeros: Os echaremos de nuestra tierra a menos que volváis a nuestra forma de adoración.

Pero su Señor les inspiró: Vamos a destruir a los injustos

(14) y os haremos habitar la tierra después de ellos.

Eso es para quien tema que tendrá que comparecer ante Mí y tema Mi promesa.

(15) Pidieron auxilio. Pero todo el que es un tirano rebelde fracasa.

(16) Tendrá detrás de sí a Yahannam y se le dará de beber de un agua de pus.

(17) La beberá a tragos pero apenas podrá tragarla. La muerte le llegará por todas partes pero no morirá y tendrá detrás un castigo continuo.

(18) Las obras de los que niegan a su Señor son como cenizas que se lleva el viento en un día huracanado, no tienen poder sobre nada de lo que adquirieron.
Ese es el extravío profundo.

(19) ¿Es que no ves que Allah ha creado los cielos y la tierra con la verdad? Si quiere os suprimirá y traerá una nueva creación

(20) Eso no es difícil para Allah.

(21) Y todos aparecerán ante Allah. Dirán los débiles a los que se ensoberbecieron: Fuimos vuestros seguidores. ¿Podéis sernos de alguna utilidad frente al castigo de Allah?
Dirán: Si Allah nos hubiera guiado, os habríamos guiado, es igual para nosotros que nos angustiemos o que tengamos paciencia, no hay escape para nosotros.

(22) Y dirá el Shaytan cuando el asunto esté ya decidido: Allah os hizo la promesa verdadera mientras que yo os prometí y no cumplí con vosotros.
No tenía sobre vosotros ninguna autoridad excepto que os llamé y me respondisteis; así pues no me culpéis a mí sino a vosotros mismos. Yo no os puedo salvar ni vosotros me podéis salvar a mí.
He renegado de que antes me asociarais (con Allah).
Ciertamente los injustos tendrán un castigo doloroso.

(23) Y los que creen y practican las acciones de rectitud, serán introducidos en jardines por cuyo suelo corren los ríos donde serán inmortales con permiso de su Señor; el saludo que allí tendrán será: Paz.

(24) ¿Acaso no ves como Allah compara la buena palabra con un árbol bueno cuya raíz es firme y cuyas ramas están en el cielo?

(25) Da su fruto en cada época con permiso de su Señor. Allah pone ejemplos a los hombres para que así recuerden.

(26) Pero una mala palabra se parece a un árbol malo que está desenraizado sobre la tierra sin estabilidad.

(27) Allah da firmeza a los que creen por medio de la palabra firme en la vida de este mundo y en la Ultima. Y Allah extravía a los injustos.
Allah hace lo que quiere.

(28) ¿Es que no has visto a quienes han reemplazado el regalo de Allah por ingratitud* y han situado a su gente en la morada de la perdición?
* [La palabra árabe es "kufr" que significa también incredulidad, negación]

(29) Entrarán en Yahannam y qué pésimo lugar de permanencia.

(30) Le atribuyen rivales a Allah para así desviar de Su camino. Di: Disfrutad por un ‡iempo. En verdad vuestro destino es el Fuego.

(31) Di a Mis siervos que crean, establezcan el salat y gasten de lo que les damos como provisión, en secreto y en público, antes de que llegue un día en que no habrá ni comercio ni amistad.

(32) Allah es El que ha cre..do los cielos y la tierra y hace caer agua del cielo con la que hace que salgan frutos que os sirven de provisión.
Y os ha subordinado la nave que navega en el mar gracias a Su mandato, y los ríos.

(33) Y os ha subordinado al sol y a la luna, incesantes, y a la noche

(34) Y os ha dado de todo lo que habéis pedido. Si tratáis de contar las bendiciones de Allah, no podréis enumerarlas, es cierto que el hombre es injusto, ingrato.

(35) Y cuando Ibrahim dijo: ¡Señor mío! Haz esta tierra segura y apártanos a mí y a mis hijos de la adoración de ídolos.

(36) ¡Señor mío! Es cierto que ellos extravían a muchos hombres. Quien me siga será de los míos pero quien me desobedezca... Realmente Tú eres Perdonador, Compasivo.

(37) ¡Señor nuestro! He hecho habitar a parte de mi descendencia en un valle en el que no hay cereales, junto a tu Casa Inviolable; para que, Señor, establezcan la Oración; así pues haz que los corazones de la gente se vuelquen hacia ellos y provéeles de frutos para que puedan agradecer.

(38) ¡Señor nuestro! Tú conoces lo que escondemos y lo que manifestamos. No hay nada que pase despercibido para Allah ni en la tierra ni en el cielo.

(39) Las alabanzas a Allah que me ha concedido en la vejez a Ismail e Ishaq; es cierto que mi Señor atiende las súplicas.

(40) ¡Señor mío! Hazme establecer la Oración a mí y a alguien de mi descendencia. ¡Señor nuestro! Acepta mi súplica.

(41) ¡Señor nuestro! Perdónanos a mí, a mis padres y a los creyentes el día en que tenga lugar la cuenta.

(42) Y no contéis con que Allah está descuidado de lo que hacen los injustos. Simplemente los aplaza hasta un día en el que las miradas se clavarán.

(43) Se moverán apresuradamente con la cabeza hacia arriba, sin poder pestañear y con los corazones vacíos.

(44) Y advierte a los hombres del día en que les llegue el castigo y digan los que fueron injustos: ¡Señor nuestro! Concédenos un breve aplazamiento para que respondamos a Tu llamada y sigamos a los mensajeros.
      ¿No jurasteis anteriormente que no ibais a pasar a otra vida?

(45) Habéis habitado en las moradas de los que fueron injustos consigo mismos y ha quedado claro para vosotros cómo actuamos con ellos, os hemos puesto ejemplos.

(46) Ya urdieron su trama, y junto a Allah queda, pero su trama no es como para hacer moverse a las montañas.

(47) No pienses que Allah faltará a la promesa hecha a Sus mensajeros, es cierto que Allah es Irresistible, Dueño de venganza.

(48) El día en que la tierra se sustituya por otra tierra, así como los cielos, y se les haga comparecer ante Allah, el Unico, el Dominante.

(49) Y verás ese día a los que hicieron el mal unidos por las cadenas.

(50) Sus túnicas serán de alquitrán y el fuego cubrirá sus rostros.

(51) Para que Allah recompense a cada uno según lo que haya adquirido; es cierto que Allah es Rápido en la cuenta.

(52) Esto es una comunicación dirigida a los hombres para advertir con ella y para que sepan que El es un dios Unico y los que saben reconocer lo esencial recuerden

15. SURA DE Al-HIŸR

Mequí a excepción de la aleya 87 que es de Medina. Tiene 99 aleyas y descendió después de la sura de Yusuf.

En el nombre de Allah, el Misericordioso, el Compasivo.

(1) Alif, Lam, Ra. Esos son los signos del Libro y de una recitación clara.

(2) ¡Cómo desearán los que se negaron a creer haber sido musulmanes!

(3) Déjalos que coman y disfruten mientras les distrae la falsa esperanza. Ya sabrán.

(4) No hemos destruido ninguna ciudad que no tuviera un término escrito conocido.

(5) Ninguna comunidad puede adelantar ni retrasar su plazo.

(6) Y han dicho: Tú, a quien le ha descendido el Recuerdo, realmente eres un poseso.

(7) ¿Por qué no has venido a nosotros con los ángeles si dices la verdad?

(8) Los ángeles no descienden si no es con la verdad y en ese caso ya no habría nada más que esperar con vosotros.

(9) Nosotros hemos hecho descender el Recuerdo y somos sus guardianes.

(10) Ya habíamos enviado (mensajeros) antes de ti a las comunidades de los antiguos.

(11) Pero no había mensajero que les llegara del que no se burlaran.

(12) Así lo imbuimos en los corazones de los malhechores.

(13) No creerán en ello a pesar de tener el ejemplo de lo que siempre pasó con los antiguos.

(14) Incluso si les abriéramos una parte del cielo por la que pudieran subir

(15) dirían: Nos están haciendo ver visiones, nos han hechizado.

(16) Hemos colocado constelaciones en el cielo y las hemos hecho hermosas para los que las miran.

(17) Y las hemos protegido de todos los demonios lapidados.

(18) Pero excepcionalmente hay quien se introduce a escondidas
para escuchar y es perseguido por una estrella fugaz visible.

(19) Y hemos extendido la tierra poniendo en ella cordilleras.
Y hemos hecho que cada cosa creciera con una medida.

(20) Y hemos puesto en ella medios de vida para vosotros y para
aquéllos a quien vosotros no proveéis.

(21) No hay nada cuyas despensas no esten junto a Nos y lo hacemos descender en una cantidad precisa.

(22) Y enviamos los vientos fecundadores, hacemos que caiga
agua del cielo y con ella os damos de beber pero vosotros no
tenéis sus depósitos.

(23) Damos la vida y la muerte y somos los herederos.

(24) Conocemos a aquéllos de vosotros que pasaron y a los que
han de venir.

(25) Y es cierto que tu Señor los reunirá.
El es el Sabio, el Conocedor.

(26) Hemos creado al hombre de barro seco sacado de un barro
negro moldeable.

(27) Y a los genios los habíamos creado con anterioridad a partir
del fuego del samún*.
* [El samún o simún es un viento ardiente que destruye, en palabras de Ibn
Abbas, que también dijo que es un fuego sin humo. Y según Ibn Masud es
una de las setenta partes del fuego de Yahannam.]

(28) Y cuando tu Señor dijo a los ángeles: Voy a crear a un ser
humano a partir de barro seco sacado de barro negro moldeable.

(29) Y cuando lo haya completado y le haya insuflado parte de Mi
espíritu, caeréis postrados ante él.

(30) Todos los ángeles se postraron.

(31) Pero no así Iblis que se negó a ser de los que se postraban.

(32) Dijo: ¡Iblis! ¿Qué te ocurre que no estás con los que se postran?

(33) Dijo: No me postraré ante un ser humano al que has creado
de barro seco sacado de barro negro moldeable.

(34) Dijo: ¡Sal!* Estás lapidado.
* [Lit. ¡Sal de él!, es decir, del Jardín]

(35) La maldición caerá sobre ti hasta el Día de la Rendición de
cuentas.

(36) Dijo: ¡Mi Señor! Dame tiempo hasta el día en que se les devuelva a la vida.

(37) Dijo: Tienes un plazo de espera

(38) hasta el día cuyo momento es conocido.

(39) Dijo: ¡Mi Señor! Puesto que me has perdido... Los seduciré en la tierra y los extraviaré a todos.

(40) A excepción de aquellos siervos Tuyos que sean sinceros.

(41) Dijo: Este es un camino recto hacia Mí.

(42) Realmente no tienes ninguna autoridad sobre Mis siervos a excepción de los extraviados que te sigan.

(43) Y en verdad Yahannam es vuestra cita común.

(44) Tiene siete puertas y a cada puerta le corresponde una parte precisa de ellos.

(45) Verdaderamente los temerosos (de Allah) estarán en jardines y manantiales.

(46) ¡Entrad en ellos! En paz y a salvo.

(47) Les quitaremos el odio que pueda haber en sus pechos y estarán, como hermanos, recostados en lechos unos enfrente de otros.

(48) Allí no les alcanzará ningún tipo de aflicción y no tendrán que salir.

(49) Anuncia a Mis siervos que Yo soy el Perdonador, el Compasivo.

(50) Pero que Mi castigo es el castigo doloroso.

(51) Y háblales de los huéspedes de Ibrahim.

(52) Cuando llegaron a él y dijeron: Paz. Dijo: Realmente sentimos recelo de vosotros.

(53) Dijeron: No temas, estamos aquí para anunciarte un muchacho sabio.

(54) Dijo:¿Me traéis buenas nuevas a pesar de que me ha llegado la vejez?
¿Cómo podéis traérmelas?

(55) Dijeron: Te anunciamos buenas nuevas con la verdad, no seas de los que han perdido la esperanza.

(56) Dijo: ¿Y quién puede desesperar de la misericordia de su Señor sino los extraviados?

(57) Dijo: ¿Y cuál es vuestra misión, mensajeros?

(58) Dijeron: Se nos ha enviado a una gente que hace el mal.

(59) Con la excepción de la familia de Lut a los que salvaremos a todos,

(60) menos a su mujer contra la que hemos decretado que sea de los que se queden atrás.

(61) Y cuando llegaron los mensajeros a la familia de Lut

(62) Dijo: Sois unos desconocidos.

(63) Dijeron: Por el contrario venimos a ti con lo que ellos ponen en duda.

(64) Te hemos traído la verdad y somos ciertamente veraces.

(65) Así pues, sal durante la noche con tu familia y guárdales la espalda y que ninguno de vosotros se vuelva a mirar. Id a donde se os mande.

(66) Y les inspiramos este mandato: Cuando amanezcan será eliminado hasta el último de ellos.

(67) Y llegaron los habitantes de la ciudad alborozados.

(68) Dijo: Estos son mis huéspedes, no me deshonréis.

(69) Temed a Allah y no me entristezcáis.

(70) Dijeron: ¿Acaso no te hemos prohibido que hospedes a nadie?

(71) Dijo: Aquí tenéis a mis hijas si habéis de hacerlo.*

* [Es decir, si queréis satisfacer vuestro deseo aquí tenéis a mis hijas para casaros con ellas. La expresión "mis hijas" puede referirse a todas las mujeres del pueblo de Lut.]

(72) ¡Por tu vida! que estaban perdidos en su ceguera.

(73) Y el grito los agarró a la salida del sol.

(74) Pusimos lo de abajo arriba e hicimos que cayera sobre ellos una lluvia de piedras de arcilla.

(75) Realmente en eso hay signos para los que observan.

(76) Y ella* se hallaba en un camino que aún subsiste.

* [La ciudad]

(77) En eso hay un signo para los creyentes.

(78) Es cierto que los dueños de la Espesura* fueron injustos.

* [Se refiere a la gente de Shuayb que vivía en un lugar de abundante vegetación y frutos.]

(79) Y nos vengamos de ellos. Ambos están en un camino que se puede ver.

(80) Y es cierto que los dueños de al-Hiÿr* negaron la verdad de los enviados.

* [Al-Hiÿr es el nombre del valle que habitaron los Zamud, la gente de Salih. Este lugar se hallaba entre Medina y el Sham, la Gran Siria.]

(81) Les dimos Nuestros signos y los rechazaron.

(82) Excavaban casas en las montañas sintiéndose seguros.

(83) El grito los agarró al amanecer.

(84) Y de nada les sirvió lo que habían adquirido.

(85) No hemos creado los cielos, la tierra y lo que hay entre ambos sino con la verdad y con toda seguridad que la Hora ha de venir. Así pues practica el buen perdón.

(86) Verdaderamente tu Señor es el Creador, el Conocedor.

(87) Y realmente te hemos dado siete de las más repetidas* y el Corán grandioso.

* [Probable alusión a las siete aleyas de la sura al-Fatiha.]

(88) No dirijas tu mirada hacia aquello que hemos dado como disfrute a algunos grupos de ellos ni te entristezcas por causa suya. Y baja tus alas con ternura hacia los creyentes.

(89) Y di: Yo soy el advertidor claro.

(90) Así también hicimos que descendiera el castigo sobre los que se dividieron

(91) Los que partieron el Corán*

* [Al creer en unas partes y en otras no]

(92) Y por tu Señor que les pediremos explicaciones a todos

(93) sobre sus actos.

(94) Declara pues lo que se te ordena y apártate de los que asocian.

(95) Ciertamente te bastamos frente a los que se burlan.

(96) Los que ponen otros dioses junto a Allah. Pero ya sabrán.

(97) Supimos que tu pecho se encogía por lo que ellos dicen.

(98) ¡Pero glorifica a tu Señor con Su alabanza y sé de los que se postran!

(99) Y adora a tu Señor hasta que te llegue la certeza.

16. SURA DE LA ABEJA

Mequí a excepción de las tres últimas aleyas que son de Medina. Tiene 128 aleyas y descendió después de la sura de la Caverna.

En el nombre de Allah, el Misericordioso, el Compasivo

(1) La orden de Allah llega, no queráis precipitarla.
Gloria a Él y sea ensalzado por encima de lo que Le asocian.

(2) Hace que los ángeles bajen con el espíritu que viene de Su orden a quien quiere de Sus siervos: "Advertid que no hay dios sino Yo". Temedme pues.

(3) Ha creado los cielos y la tierra con la verdad.
¡Ensalzado sea por encima de lo que Le asocian!

(4) Ha creado al hombre a partir de un gota de esperma y sin embargo él es un indudable discutidor.

(5) Y los animales de rebaño los ha creado para vosotros, en ellos tenéis con qué calentaros, beneficios y comida.

(6) Es hermoso para vosotros cuando los recogéis al atardecer y cuando los lleváis a pastar por la mañana.

(7) Y transportan vuestros fardos hasta tierras a los que no podríais llegar sino a costa de extenuaros; es cierto que vuestro Señor es Benévolo, Compasivo.

(8) Y los caballos, mulos y asnos para que montéis en ellos y para que sean un adorno. Y crea lo que no conocéis.

(9) A Allah corresponde mostrar el camino acertado pero hay caminos que se desvían, si quisiera os guiaría a todos.

(10) El es Quien hace que caiga agua del cielo para vosotros, de ella tenéis de qué beber y arbustos en los que apacentáis.

(11) Con ella hace que crezcan para vosotros cereales, aceitunas, palmeras, vides y todo tipo de frutos; es cierto que en eso hay un signo para gente que reflexiona.

(12) Y ha puesto para vuestro servicio la noche y el día, el sol y la luna, así como las estrellas están sometidas por Su mandato; es cierto que en ello hay signos para gente que razona.

(13) Y todo lo que para vosotros ha producido en la tierra con distintos colores;
verdaderamente en ello hay un signo para la gente que recuerda.

(14) Y El es Quien ha hecho accesible el mar para que comáis de él carne fresca y os procuréis adornos que vestir —y ves como la nave navega en él— y para que busquéis Su favor, quizás podáis agradecer.

(15) Ha puesto en la tierra macizos montañosos para que no se moviera con vosotros, y ríos y caminos para que os orientaráis.

(16) Y señales. Y por medio de las estrellas se guían.

(17) ¿Acaso son iguales quien crea y quien no crea?
¿Es que no vais a recapacitar?

(18) Si tratáis de enumerar los dones de Allah no podréis contarlos, es cierto que Allah es Perdonador, Compasivo.

(19) Y Allah conoce lo que guardáis en secreto y lo que manifestáis.

(20) Y aquellos que invocáis fuera de Allah no crean nada, son ellos los creados.

(21) Muertos, que no vivos, no se darán cuenta cuando sean levantados.

(22) Vuestro dios es un dios único.
Los que no creen en la Ultima Vida tienen corazones negados y están llenos de soberbia.

(23) No hay duda de que Allah conoce lo que guardáis en secreto y lo que publicáis, realmente El no ama a quien se llena de soberbia.

(24) Y cuando se les dice: ¿Qué es lo que vuestro Señor ha hecho descender? Dicen: Leyendas de los antiguos.

(25) Así cargarán el Día del Levantamiento con todas sus responsabilidades y con parte de las responsabilidades de los que extraviaron sin conocimiento.
¿Acaso no es malo lo que pesa sobre ellos?

(26) Ya maquinaron otros antes que ellos pero Allah acometió contra lo que habían edificado* por los cimientos y el techo

les cayó encima viniéndoles el castigo por donde no lo esperaban.

* [Se refiere a la torre de Babel. El rey Numrud ibn Kanan —Nemrod— y su
pueblo pretendieron subir al cielo para matar a quien encontraran en él. Con
este fin construyeron una torre de dimensiones gigantescas que Allah destruyó por medio de un viento haciendo que una parte de ella les cayera
encima. El terror que esto produjo hizo que la lengua que hablaban se con-
fundiera hasta el punto de que llegaron a hablar sesenta y tres lenguas distintas. El nombre de Babel se relaciona con la de la raíz "balbala" que
significa confusión.]

(27) Luego, el Día del Levantamiento, les humillará y les dirá:
¿Donde están ésos que Me asociabais y por cuya causa os
opusisteis?
Dirán los que les fue dado el conocimiento: Hoy la humillación y el mal son para los incrédulos.

(28) Aquéllos que se llevarán los ángeles y habrán sido injustos
consigo mismos. Ofrecerán la rendición: "No hacíamos
ningún mal".
Por el contrario Allah conoce lo que hacéis.

(29) Entrad por las puertas de Yahannam donde seréis inmortales.
¡Qué mal lugar de estancia el de los soberbios!

(30) Y se les dirá a los que fueron temerosos (de Allah):
¿Qué hizo descender vuestro Señor? Dirán: Bien.
Los que hayan hecho el bien tendrán beneficio en esta vida
inmediata, pero la morada de la Ultima es mejor.
¡Y qué excelente morada la de los temerosos (de Allah)!

(31) Los jardines de Adn, en los que entrarán y por cuyo suelo
corren los ríos. Allí tendrán lo que quieran, así es como paga
Allah a los que Le temen.

(32) Aquéllos a los que lleven los ángeles en estado de bondad, les
dirán: Paz con vosotros: Entrad en el Jardín por vuestras
obras.

(33) ¿A qué esperan sino a que vengan a ellos los ángeles o venga
a ellos la orden de tu Señor? Eso es lo que hicieron los que les
predecedieron y Allah no fue injusto con ellos sino que ellos
fueron injustos consigo mismos.

(34) Y les vinieron encima las malas acciones que habían llevado a
cabo. Aquello de lo que se burlaban los rodeó.

(35) Dirán los que fueron asociadores: Si Allah hubiera querido no habríamos adorado nada aparte de El, ni nosotros ni nuestros padres, ni tampoco hubiéramos hecho nada ilícito prescindiendo de El. Así es como actuaron los que les precedieron. ¿Y qué otra cosa corresponde a los mensajeros sino transmitir con claridad?

(36) Hemos enviado un mensajero a cada comunidad: "Adorad a Allah y apartaos de los Tagut."*

Y hubo entre ellos a quien Allah guió pero hubo en quien se hizo realidad el extravío.

Recorred pues la tierra y ved cómo acabaron los que negaron la verdad.

* [El término tagut designa a los ídolos y a los demonios y en general todo lo que se adora fuera de Allah. Ver aleya 256 de la sura 2.]

(37) Si te empeñas en guiarlos... Realmente Allah no guía a quién extravía y no tienen quien les auxilie.

(38) Y juran por Allah con juramentos solemnes: Allah no resucitará a quien haya muerto. Al contrario, es una promesa que se ha impuesto, sin embargo la mayor parte de los hombres no saben.

(39) Para hacerles claro aquello en lo que discrepaban y para que los incrédulos sepan que mentían.

(40) Ciertamente cuando queremos que algo sea, simplemente le decimos: Sé, y es.

(41) A los que emigraron por Allah después de haber sido tratados injustamente les prepararemos en esta vida una hermosa recompensa, y la recompensa de la Ultima es mejor, si supieran.

(42) Ellos son los que tienen paciencia y se confían en su Señor.

(43) Antes de ti, no habíamos enviado sino a hombres con Nuestra inspiración —preguntad a la gente del Recuerdo si vosotros no sabéis,

(44) que traían las evidencias y las escrituras.

E hicimos que descendiera a ti el Recuerdo para que pusieras en claro a los hombres lo que se les había hecho descender y para que pudieran reflexionar.

15

(45) ¿Acaso los que han maquinado maldades están a salvo de que Allah no haga que se los trague la tierra o les traiga el castigo por donde no lo esperen?

(46) ¿O de que los alcance en sus idas y venidas sin que puedan hacer nada para impedirlo?

(47) ¿O de que los alcance mientras están atemorizados?*
Realmente vuestro Señor es Clemente, Compasivo.
* [También puede entenderse: "¿O de que los alcance mermándolos poco a poco?"]

(48) ¿Es que no ves las cosas que Allah ha creado y cómo su sombra se desplaza a la derecha y a la izquierda postrándose ante Allah y es insignificante?

(49) Ante Allah se postra todo ser viviente que hay en los cielos y en la tierra, así como los ángeles, y ellos no se muestran soberbios.

(50) Temen a su Señor que está por encima de ellos y hacen lo que se les ordena.

(51) Y dice Allah: "No toméis dos dioses, El, (vuestro dios) es un Dios Unico. Temedme sólo a Mí".

(52) A El le pertenece cuanto hay en los cielos y en la tierra y a El le es debida la Adoración siempre... ¿Acaso temeréis a otro que Allah?

(53) Los dones que tenéis vienen de Allah. Sin embargo, cuando os toca algún mal, es cuando Le imploráis.

(54) Y después, una vez que se os ha librado del mal, hay una parte de vosotros que asocian a su Señor

(55) siendo ingratos con lo que les dimos. Pero disfrutad que ya sabréis.

(56) Destinan una parte de la provisión que les damos a lo que no conocen. ¡Por Allah que seréis preguntados acerca de lo que inventasteis!

(57) Y conciben que Allah tenga hijas, ¡Glorificado sea!; mientras que para sí mismos sólo conciben lo que desean.

(58) Y cuando a alguno de ellos se le anuncia el nacimiento de una hembra su rostro se ensombrece y tiene que contener la ira.

(59) Se esconde de la gente a causa del mal de lo que se le anunció pensando si se quedará con ello a pesar de la vergüenza o lo enterrará. ¿Acaso no es malo lo que juzgan?

(60) A los que no creen en la Ultima Vida les corresponde la peor descripción y a Allah Le corresponde la descripción más alta; El es el Irresistible, el Sabio.

(61) Y si Allah tomara en cuenta a los hombres por sus injusticias no dejaría sobre ella* ningún ser viviente. Sin embargo los deja hasta un plazo fijado.

Pero cuando les llega su plazo no se les retrasa ni se les adelanta una sola hora.

* [Es decir, la tierra]

(62) Atribuyen a Allah lo que ellos detestan mientras sus lenguas declaran la mentira de que ellos tendrán lo más hermoso*. Sin ninguna duda tendrán el Fuego y en él serán abandonados.

* [Alusión al Jardín]

(63) ¡Por Allah que mandamos enviados a comunidades de antes de ti y el Shaytán les embelleció lo que hacían!

Hoy él es su protector y tendrán un doloroso castigo.

(64) Y no hicimos que descendiera a ti el Libro sino para que les hicieras claro aquello en lo que discrepaban y como guía y misericordia para gente que cree.

(65) Y Allah hace que caiga agua del cielo con la que vivifica la tierra después de muerta, realmente en eso hay un signo para la gente que escucha.

(66) Y por cierto que en los animales de rebaño tenéis un ejemplo. Os damos de beber de lo que hay en sus vientres, entre quimo y sangre: una leche pura, fácil de ingerir para quien la bebe.

(67) Y de los frutos de las palmeras y de las vides sacáis un embriagante* y buena provisión. En eso hay un signo para gente que razona.

* [Según el qadi Ibn al-Arabi si el término "sakar" se refiere al vino, como explica Ibn Abbas, entonces la aleya estaría abrogada, pues esta aleya es mequí y anterior por lo tanto a la prohibición del vino que es de Medina.]

(68) Y tu Señor le inspiró a la abeja: Toma en las montañas morada y en los árboles y en lo que construyen*.

* [Es decir lo que construyen los hombres, como los panales]

(69) Luego, come de todo tipo de frutos y ve por los senderos de tu Señor dócilmente. De su vientre sale un jarabe de color diverso que contiene una cura para los hombres.

Es cierto que en eso hay un signo para gente que reflexiona.

(70) Allah os creó y os llamará a El; y habrá de vosotros a quien se le alargue la vida hasta que llegue a la edad más decrépita para que después de haber sabido algo no sepa nada.

Verdaderamente Allah es Conocedor, Poderoso.

(71) Y Allah ha favorecido a unos sobre otros en cuanto a la provisión. ¿Es que acaso aquéllos a los que se les ha dado una posición de favor comparten su provisión con los esclavos que poseen sus diestras hasta el punto de que no haya distinción entre ellos?

¿Vais a renegar de los dones de Allah?

(72) Y Allah os ha dado esposas, hijos y nietos y os provee con cosas buenas. ¿Es que van a creer en lo falso negando las bendiciones de Allah?

(73) Pero adoran, fuera de Allah, a quienes no tienen poder para darles ninguna provisión ni procedente del cielo ni de la tierra y son incapaces..

(74) Y no pongáis semejanzas a Allah, realmente Allah sabe y vosotros no sabéis.

(75) Allah pone como ejemplo a un siervo que pertenece por completo a otro y no tiene ningún poder, y a uno al que le hemos dado procedente de Nos una buena provisión de la que gasta en secreto y públicamente.

¿Son iguales acaso? Las alabanzas pertenecen a Allah, sin embargo la mayoría de ellos no saben.

(76) Y Allah pone el ejemplo de dos hombres, uno de ellos es mudo y no tiene ninguna capacidad, siendo una carga para su amo; donde quiera que lo manda no le trae nada bien.

¿Son iguales éste y aquel que ordena la justicia y está en el camino recto?

(77) A Allah pertenece lo desconocido de los cielos y de la tierra. La orden de la hora no será sino un abrir y cerrar de ojos o aún más breve, verdaderamente Allah es Poderoso sobre todas las cosas.

(78) Allah os hizo salir del vientre de vuestras madres y no sabíais nada. Y os dio el oído, la vista y un corazón para que pudiérais agradecer.

(79) ¿Es que no ven a las aves subordinadas en el aire del cielo? Sólo Allah las sostiene. Realmente en eso hay signos para gente que cree.

(80) Y Allah ha hecho de vuestras casas descanso para vosotros. Y que con las pieles de los animales de rebaño pudiérais haceros casas que os resultaran ligeras el día que tuvierais que partir y el día que acamparais; y de sus lanas, pieles y pelo, obtenéis enseres y disfrute hasta un tiempo.

(81) Y de lo que ha creado hay cosas que os proporcionan sombra, refugios en las montañas, vestidos que os protegen del calor y vestidos que os protegen de vuestra propia violencia. Así es como Allah completa Sus bendiciones con vosotros para que podáis someteros.

(82) Pero si os apartáis... A ti solo te corresponde dar el mensaje con claridad.

(83) Reconocen las bendiciones de Allah pero después las niegan. La mayoría de ellos son ingratos.

(84) El día en que hagamos que salga un testigo de cada comunidad; a los que no creyeron no se les dará posibilidad de excusarse ni de recuperar el beneplácito (de Allah).

(85) Y cuando los que fueron injustos vean el castigo, no se les aliviará ni se les dará espera.

(86) Y cuando los que asociaron vean a quienes ellos habían asociado (con Allah) dirán: ¡Señor nuestro! Estos son los que asociábamos, los que adorábamos aparte de Ti. Y se les espetará: Es cierto que sois mentirosos.

(87) Ese día ellos ofrecerán a Allah la rendición y les desaparecerá lo que inventaban.

(88) A los que no creyeron y desviaron del camino de Allah les daremos aún más castigo por haber corrompido.

(89) El día en que en cada comunidad levantemos un testigo que sea uno de ellos y te hagamos venir a ti como testigo sobre éstos.

Hemos hecho que te descendiera a ti el Libro que es una aclaración para cada cosa y una guía, misericordia y buenas noticias para los que se someten (los musulmanes).

(90) Es cierto que Allah ordena la justicia, la excelencia y dar a los parientes próximos, y prohibe la indecencia, lo reprobable y la injusticia. Os exhorta para que podáis recapacitar.

(91) Cumplid el compromiso con Allah cuando lo hayáis contraído y no rompáis los juramentos después de haberlos hecho y de haber puesto a Allah como garante sobre vosotros; es cierto que Allah sabe lo que hacéis.

(92) No seáis como la que deshacía lo que había hilado con fuerza y toméis los juramentos entre vosotros como engaño porque una comunidad sea mayor que otra.

Allah sólo quiere probaros con ello, y el Día del Levantamiento haceros claro aquello sobre lo que discrepabais.

(93) Si Allah hubiera querido os habría hecho una comunidad única pero Él extravía a quien quiere y guía a quien quiere. Verdaderamente seréis preguntados por lo que hayáis hecho.

(94) Y no toméis vuestros juramentos como engaño entre vosotros pues sería como un pie que habiendo estado firme resbala, probaríais el mal a causa de haberos desviado del camino de Allah y tendríais un castigo inmenso.

(95) Y no vendáis el pacto que habéis hecho con Allah a bajo precio, verdaderamente lo que hay junto a Allah es mejor para vosotros si sabéis.

(96) Lo que vosotros tenéis se acaba, pero lo que Allah tiene es permanente. Daremos a los que hayan sido pacientes la recompensa que les corresponda por lo mejor que hayan hecho.

(97) A quien haya obrado con rectitud sea varón o hembra, siendo creyente, le haremos vivir una buena vida y le daremos la recompensa que le corresponda por lo mejor que haya hecho.

(98) Y cuando vayas a recitar el Corán pide refugio en Allah del Shaytán el Lapidado.

(99) Realmente él no tiene poder sobre los que creen y se confían en su Señor.

(100) Su poder sólo existe sobre los que lo toman por protector y son, por él, asociadores.

(101) Cuando quitamos un signo y ponemos otro —y Allah sabe lo que hace descender— dicen: Tú lo inventas. No obstante la mayoría de ellos no sabe.

(102) Di: Lo ha hecho descender el Espíritu Puro,* desde tu Señor, con la verdad para dar firmeza a los que creen y como una guía y buenas noticias para los sometidos (los musulmanes).
* [El ángel Yibril]

(103) Ya sabemos que dicen: En realidad es un ser humano el que le enseña. La lengua de aquel a quien se refieren no es árabe mientras que ésta es una lengua árabe clara.

(104) Es cierto que a los que no creen en los signos de Allah, Allah no los guiará y tendrán un doloroso castigo.

(105) Unicamente quienes no creen en los signos de Allah inventan mentiras. Ellos son los mentirosos.

(106) Quien reniegue de Allah después de haber creído, salvo que haya sido coaccionado permaneciendo su corazón tranquilo en la creencia, y abra su pecho a la incredulidad.
La cólera de Allah caerá sobre ellos y tendrán un enorme castigo.

(107) Eso es porque ellos habrán preferido la vida del mundo a la Ultima y porque Allah no guía a la gente incrédula.

(108) Esos son a los que Allah les ha sellado el corazón, el oído y la vista y son los indiferentes.

(109) No hay ninguna duda de que ellos en la Ultima Vida serán los perdedores.

(110) Luego, es cierto que tu Señor con los que hayan emigrado tras haber sido perseguidos y después hayan luchado y hayan tenido paciencia... Tu Señor, después de todo eso, es realmente Perdonador y Compasivo.

(111) El día en que cada uno venga arguyendo a favor de sí mismo, se le pagará cumplidamente según sus obras. Y a nadie se le hará injusticia.

(112) Allah pone el ejemplo de una ciudad que estaba segura y tranquila y a la que la provisión le llegaba profusamente y sin restricciones por todas partes pero que fue desagradecida con los dones de Allah y Allah la hizo probar el vestido del hambre y del miedo a causa de lo que habían hecho.

(113) Vino a ellos un mensajero que era de los suyos y lo tacharon de mentiroso. El castigo les sorprendió mientras eran injustos.

(114) Y comed de lo bueno y lícito que Allah os da como provisión y agradeced los dones de Allah si es a El a quien adoráis.

(115) Se os prohíbe lo mortecino, la sangre, la carne de cerdo y lo que haya sido sacrificado en nombre de otro que Allah, sin embargo quien se vea forzado sin que sea por propio deseo ni por transgredir...

Es cierto que Allah es Perdonador, Compasivo.

(116) Y no digáis con una mentira que salga de vuestras bocas: Esto es lícito y esto es ilícito para inventar mentiras contra Allah. Cierto que los que inventan mentiras contra Allah, no prosperarán.

(117) Un disfrute exiguo y tendrán un doloroso castigo.

(118) A los judíos les hicimos ilícito lo que te hemos relatado anteriormente y no fuimos injustos con ellos sino que ellos mismos fueron injustos consigo mismos.

(119) Luego, con aquellos que hayan hecho el mal por ignorancia, tu Señor es Perdonador, Compasivo.

(120) Es cierto que Ibrahim reunía en sí todo lo bueno*, era obediente a Allah y tenía una tendencia innata hacia la verdadera creencia sin haber sido nunca uno de los que asocian (dioses con Allah).

* [Lit. era una "umma"]

(121) Agradecido con Sus dones, El lo escogió y lo guió a un camino recto.

(122) Y le dimos en esta vida favor y ciertamente en la Ultima estará con los justos.

(123) Luego te inspiramos a ti para que siguieras la Práctica de Adoración de Ibrahim como hanif sin ser de los que asocian.

(124) Realmente el sábado se les impuso a los que discrepaban sobre él y de cierto que tu Señor juzgará entre ellos el Día del Levantamiento sobre aquello en lo que discrepaban.

(125) Llama al camino de tu Señor por medio de la Sabiduría, la buena exhortación y convenciéndolos de la mejor manera,

verdaderamente tu Señor conoce a quien se extravía de Su camino y conoce a los guiados.*

* [Esta aleya estaría abrogada, en principio, por la aleya de la espada, la n.° 5 de la sura 9. No obstante también se considera que su contenido es siempre válido y que el uso de la fuerza adquiere sentido en el caso de aquéllos incrédulos con los que no sirven de nada las buenas maneras pero no con aquéllos que siendo musulmanes, son desobedientes, en cuyo caso muchos consideran el contenido de esta aleya como un juicio válido hasta el final de los tiempos.]

(126) Y si castigáis, hacedlo en la misma medida en que fuisteis dañados, pero si tenéis paciencia, esto es mejor para los que la tienen*.

* [Muchos comentaristas explican que esta aleya descendió acerca del caso de Hamza cuando una vez muerto en Uhud le abrieron el vientre y el Profeta dijo: Si Allah me da victoria sobre ellos haré un escarmiento con setenta de ellos y entonces descendió la aleya y el Profeta, que Allah bendiga y salve, renunció a su juramento.]

(127) Y sé paciente pues tu paciencia no es sino por Allah. Y no te entristezcas por ellos ni estés en estrechez por lo que traman.

(128) Es cierto que Allah está con los que Le temen y con los que hacen el bien.

17. SURA DEL VIAJE NOCTURNO

Mequí a excepción de las aleyas 26, 32, 33 y 57 y desde la aleya 73 hasta el final de la aleya 80 que es medinense. Sus aleyas son 111 y descendió después de la sura "Los Relatos".

En el nombre de Allah, el Misericordioso, el Compasivo.

(1) ¡Gloria a Quien una noche hizo viajar a Su siervo desde la Mezquita Inviolable hasta la Mezquita más lejana, aquella cuyos alrededores hemos bendecido, para mostrarle parte de Nuestros signos!.
Verdaderamente El es Quien oye y Quien ve.

(2) A Musa le dimos el Libro y lo hicimos una guía para los hijos de Israel: No toméis aparte de Mí nadie a quien encomendaros.

(3) ¡Descendientes de aquéllos que llevamos con Nuh —realmente Nuh era un siervo agradecido!

(4) Y en el Libro decretamos para los hijos de Israel: Por dos veces corromperéis en la tierra y os llenaréis de una gran soberbia.

(5) Y cuando llegó lo prometido en relación a la primera de ellas, enviamos contra ellos siervos Nuestros de una gran violencia que penetraron en el interior de las casas y fue una promesa cumplida.

(6) Luego os dimos el turno contra ellos y os dimos abundancia de riqueza e hijos y os hicimos más numerosos en tropas.

(7) Si hacéis el bien, lo haréis para vosotros mismos, y si hacéis el mal lo haréis en contra vuestra.
Y cuando llegó lo prometido en relación a la última de las veces, fue para que os humillaran y para que entraran en la Mezquita como lo habían hecho la primera vez y arrasaran todo lo que conquistasen.

(8) Tal vez vuestro Señor se apiade de vosotros. Pero si reincidís, reincidiremos. Hemos hecho que Yahannam sea una prisión para los que se niegan a creer.

(9) Es cierto que esta Recitación* guía a la vía más recta y anuncia a los creyentes que practican las acciones de rectitud la buena noticia de que tendrán una enorme recompensa.

* [Corán]

(10) Y que a los que no creen en la Ultima Vida les hemos preparado un doloroso castigo.

(11) El hombre pide el mal de la misma manera que pide el bien, el hombre es siempre precipitado.

(12) Y hemos hecho de la noche y del día dos signos, el signo de la noche lo hemos borrado y el del día lo hemos hecho de forma que en él fuera posible ver, para que así pudiérais buscar el favor de vuestro Señor y saber el número de años y el cálculo. Hemos explicado cada cosa con precisión.

(13) A todo ser humano le hemos atado su destino al cuello y el Día del Levantamiento le sacaramos un libro que encontrará abierto.

(14) ¡Lee tu libro! Hoy te bastas a ti mismo para llevar tu cuenta.

(15) Quien se guía, lo hace en favor de sí mismo y quien se extravía lo hace en contra de sí mismo. A nadie se le cargará con la carga de otro.

Y no castigamos sin antes haber enviado un mensajero.

(16) Y cuando queremos destruir a una ciudad ordenamos a los habitantes que han caído en la molicie de la opulencia para que siembren la corrupción en ella y así es como se cumple la palabra decretada en su contra y la destruimos por completo.

(17) Y cuántas ciudades hemos destruido después de Nuh. Tu Señor se basta para conocer perfectamente y ver las transgresiones de Sus siervos.

(18) Quien desee la vida efímera... En ella damos a quien queremos lo que queremos y luego le destinamos a Yahannam donde entrará censurado y despreciado.

(19) Pero quien desee la Ultima Vida y se afane en su esfuerzo hacia ella siendo creyente... A ésos se les agradecerá su esfuerzo.

(20) A todos damos largueza, a unos y a otros, como parte del favor de tu Señor; el favor de tu Señor no está restringido.

(21) Observa como hemos favorecido a unos sobre otros. Pero la Ultima Vida es superior en grados y en preferencia.

(22) No pongas junto a Allah a ningún otro dios pues te quedarías reprobado y abandonado.

(23) Tu Señor ha ordenado que sólo Lo adoréis a El y que hagáis el bien con los padres. Y si a alguno de ellos, o a los dos juntos, les llega la vejez junto a ti, no les digas "uff" ni los rechaces, háblales con buenas palabras.

(24) Baja sobre ellos el ala de la humildad que viene de la misericordia y di: ¡Señor mío! Ten piedad de ellos igual que ellos me criaron cuando era pequeño.

(25) Vuestro Señor sabe mejor lo que hay dentro de vosotros mismos. Si sois rectos... Es cierto que El perdona a los que se remiten a El.

(26) Y da a los parientes próximos lo que les corresponde así como a los mendigos y al hijo del camino, pero no malgastes en derrochar.

(27) Verdaderamente los derrochadores son hermanos de los demonios y el Shaytán es ingrato con tu Señor.

(28) Y si tuvieras que apartarte de ellos para buscar una misericordia de tu Señor que esperas, háblales con palabras suaves.

(29) Y no tengas el puño cerrado, asfixiándote, ni lo abras del todo, pues te quedarías reprobado y desnudo.

(30) Es cierto que tu Señor da la provisión con largueza a quien quiere y también la restringe, El está perfectamente informado de Sus siervos y es Quien ve.

(31) No matéis a vuestros hijos por temor a la miseria, Nosotros les proveemos a ellos y a vosotros. Que les matéis es una falta enorme.

(32) Y no os acerquéis a la fornicación pues ello es una indecencia y un mal camino.

(33) Y no matéis a nadie que Allah haya hecho inviolable a menos que sea por derecho. Si alguien muere habiendo sido matado injustamente, damos autoridad a su walí,* pero que no cometa ningún exceso en matar pues realmente ha sido amparado.

* [Se refiere al pariente o miembro del clan responsable del derecho del muerto y de aplicar el talión.]

(34) Y no os acerquéis a la riqueza del huérfano, a menos que sea de la mejor manera, hasta que no haya alcanzado la pubertad. Y cumplid los pactos, verdaderamente se os pedirán cuentas por ellos.

(35) Cumplid con las medidas cuando las deis y sed justos en el peso, esto es mejor y tiene un final más hermoso.

(36) Y no persigas aquello de lo que no tienes conocimiento pues es cierto que del oído, la vista y el corazón, de todo ello, se pedirán cuentas.

(37) Y no camines por la tierra con arrogancia porque no podrás traspasar la tierra ni alcanzar la altura de las montañas.

(38) Todo esto es una maldad detestable ante tu Señor.

(39) Es parte de lo que tu Señor te ha inspirado de la Sabiduría.
Y no pongas a otro dios junto a Allah pues en ese caso serías arrojado a Yahannam, reprobado y despreciado.

(40) ¿Cómo podéis pensar que vuestro Señor iba a daros el privilegio de tener hijos varones mientras El tomaba para sí, de entre los ángeles, hembras?
De verdad que es grave lo que decís.

(41) Hemos alternado las aclaraciones en esta Recitación para que recapacitaran, sin embargo su aversión no ha hecho sino ir a más.

(42) Di: Si hubiera con El otros dioses, como dicen, buscarían el medio de acceder al Dueño del Trono.

(43) Sea glorificado y ensalzado, muy por encima y a gran altura de lo que dicen.

(44) Los siete cielos y la tierra Lo glorifican así como quienes en ellos están.
No hay nada que no Lo glorifique alabándolo, sin embargo vosotros no entendéis su glorificación. Es cierto que El es Benévolo, Perdonador.

(45) Y siempre que recitas el Corán ponemos entre tú y los que no creen en la Ultima Vida un velo protector.

(46) Y cubrimos sus corazones para que no comprendan y ponemos sordera en sus oídos. Y cuando en el Corán mencionas la unicidad de tu Señor, vuelven la espalda con desprecio.

(47) Nosotros sabemos mejor lo que escuchan cuando te escuchan y cuando se hacen confidencias, cuando los injustos dicen: No seguís sino a un hombre que está embrujado.

(48) Mira con qué te asemejan y se extravían. Y no pueden encontrar ningún camino.

(49) Y dicen: ¿Cuando ya seamos huesos y restos, vamos a ser levantados en una nueva creación?

(50) Di: Sed piedras o hierro.

(51) O cualquier cosa creada que en vuestros pechos os imponga mayor respeto. Y dirán: ¿Quién nos va a hacer volver?
Di: Quien os creó por primera vez. Y te dirán volviéndote la cabeza: ¿Cuándo será eso?
Di: Puede que sea pronto.

(52) El día que os llame y respondáis con Su alabanza y penséis que sólo permanecisteis (en las tumbas) un poco.

(53) Y di a Mis siervos que hablen con las mejores palabras, porque es cierto que el Shaytán siembra discordia entre ellos; realmente el Shaytán es un enemigo declarado del hombre.

(54) Vuestro Señor os conoce y si quiere tendrá misericordia de vosotros y si quiere os castigará. Pero no te hemos enviado a ellos como guardián.

(55) Tu Señor es Quien mejor conoce a cuantos están en los cielos y en la tierra. Hemos dado preferencia a unos profetas sobre otros.
Y a Daud le dimos los Salmos.

(56) Di: Llamad a quienes deis realidad aparte de El, ellos no tienen poder ni para libraros del mal ni para cambiarlo.

(57) Esos a los que invocan buscan ellos mismos el medio de acercarse a su Señor, a cual más cerca.
Esperan Su misericordia y temen Su castigo. Realmente el castigo de tu Señor es digno de ser temido.

(58) No hay ninguna ciudad que no vayamos a destruir antes del Día del Levantamiento o a castigarla con un fuerte castigo. Esto está escrito en el Libro.

(59) Y que los antiguos desmintieran es lo que Nos ha impedido enviar los signos*.
Dimos a los Zamud la camella como una prueba clara pero

fueron injustos con ella.

Y no enviamos Nuestros signos sino para infundir temor.

* [Es decir, si os enviáramos a vosotros los prodigios que solicitáis y después de eso no creyerais, tendríais que ser castigados como ya ocurrió con los antiguos cuando desmintieron.]

(60) Y cuando te dijimos: Realmente tu Señor rodea a los hombres. Y la visión* que te mostramos no fue sino como una prueba para los hombres así como lo es el árbol maldito* en el Corán. Los atemorizamos, aunque eso no hace sino que se pasen aún más de los límites.

* [Según algunos comentaristas se refiere a lo que vió durante el viaje nocturno y parte de ello fue el Jardín y el Fuego y el árbol de Zaqqum.]

* [El árbol de Zaqqum. Cuando los Quraysh oyeron que en Yahannam había un árbol se burlaron diciendo: "¿Cómo puede haber un árbol en el fuego, si el fuego quema los árboles?" Y Abu Yahl dijo :"No conozco más zaqqum que los dátiles con mantequilla"; puesto que zaqqum era como llamaban a los dátiles con mantequilla.]

(61) Y cuando les dijimos a los ángeles: Postraos ante Adam y se postraron. Sin embargo Iblis dijo: ¿He de postrarme ante quien has creado del barro?

(62) Dijo: Mira a éste que has honrado por encima de mí. Si me das plazo hasta el Día del Levantamiento pondré bajo mi dominio a toda su descendencia, a excepción de unos pocos.

(63) Dijo: Vete de aquí, y quien de ellos te siga... Yahannam será vuestro pago; cumplida recompensa.

(64) Seduce con tu voz a quien puedas, reúne contra ellos tu caballería e infantería, asóciate a ellos en los bienes e hijos y hazles tener falsas esperanzas. Sin embargo lo que el Shaytán les promete no es sino un engaño.

(65) Es cierto que sobre Mis siervos, no tienes ningún poder. Y tu Señor basta como Guardián.

(66) Vuestro Señor es el que empuja en vuestro beneficio la nave en el mar para que busquéis parte de Su favor, realmente El es Compasivo con vosotros.

(67) Y cuando en el mar os alcanza una desgracia desaparecen todos los que invocáis menos El.

Pero una vez os hemos puesto a salvo en tierra firme os apartáis. El hombre es siempre ingrato.

(68) ¿Acaso estáis libres de que parte de la tierra no se hunda con vosotros o de que se envíe un huracán contra vosotros? Después no encontraríais quien os guardara.

(69) ¿O estáis libres de que de nuevo os devuelva a él* y envíe contra vosotros un viento destructor y os ahoguéis por haber sido desagradecidos?

Después no ibais a encontrar quien Nos persiguiera por ello.

* [El mar]

(70) Hemos honrado verdaderamente a los hijos de Adam.

Los llevamos por la tierra y por el mar, les damos cosas buenas como provisión y les hemos favorecido con gran preferencia por encima de muchas de las criaturas.

(71) El día en que llamemos a cada grupo de hombres con el libro de sus acciones. Aquel al que se le dé su libro en la mano derecha... Esos leerán su libro y no sufrirán injusticia ni en el filamento de la ranura de un hueso de dátil.

(72) Y quién esta ciego aquí, lo estará también en la Ultima Vida y más extraviado aún del camino.

(73) A punto han estado los asociadores de desviarte de lo que te hemos inspirado para que inventaras acerca de Nosotros otra cosa distinta a ello. Y entonces sí que te habrían tomado por amigo fiel.

(74) De no haber sido por la firmeza que te dimos no hubiera faltado mucho para que te hubieras inclinado un poco hacia ellos

(75) Y en ese caso te habríamos hecho probar el doble de la vida y el doble de la muerte* y después no habrías encontrado quien te auxiliara de Nosotros.

* [Es decir, el doble castigo de esta vida y de la Otra]

(76) A punto han estado de intimidarte y hacer que te fueras del país. Entonces, sólo unos pocos hubieran permanecido después de irte.

(77) La práctica acostumbrada en relación con Nuestros mensajeros enviados antes de ti.

Y no encontrarás en Nuestra práctica acostumbrada ninguna alteración.

(78) Establece el salat desde que el sol comienza a declinar hasta la llegada de la oscuridad de la noche, así como la recitación del

alba. Es cierto que la recitación del alba queda atestiguada.

* [En esta aleya están implícitas las cinco oraciones preceptivas, pues el sol comienza su declive tras el cénit del mediodía.]

(79) Y vela parte de la noche como un acto voluntario para ti, puede que tu Señor te eleve a una estación digna de alabanza*.

* [Uno de los aspectos de esta estación, exclusiva del Profeta, es la capacidad de intercesión en el Día del Levantamiento.]

(80) Y di: Señor mío, hazme entrar por una entrada de sinceridad y hazme salir por una salida de sinceridad y concédeme procedente de ti un poder que me ayude.

(81) Y di: Ha venido la verdad y la falsedad se ha desvanecido, es cierto que la falsedad se desvanece.

(82) Y con el Corán hacemos descender una cura y una misericordia para los creyentes, sin embargo los injustos no hacen sino aumentar su perdición.

(83) Y cuando favorecemos al hombre se aparta y se retira a lo suyo, pero cuando le toca el mal se queda desesperado.

(84) Di: Que cada uno actúe a su manera, pero vuestro Señor sabe mejor quién está en un camino con mejor guía.

(85) Y te preguntan acerca del espíritu. Di: El espíritu procede de la orden de mi Señor y no os ha sido dado sino un poco de conocimiento.

(86) Y si quisiéramos nos llevaríamos lo que te hemos inspirado, luego no encontrarías a quien recurrir para ello contra Nosotros.

(87) No es sino por una misericordia de tu Señor, es cierto que Su favor contigo es grande.

(88) Di: Si se juntaran los hombres y los genios para traer algo parecido a este Corán no podrían traer nada como él aunque se ayudaran unos a otros.

(89) Hemos mostrado en este Corán a los hombres toda clase de ejemplos, sin embargo la mayoría de ellos ha rehusado todo lo que no fuera negarse a creer.

(90) Y dicen: No creeremos en ti hasta que no hagas por nosotros que surja un manantial de la tierra.

(91) O poseas un jardín de palmeras y vides y hagas nacer entre ellas ríos que fluyan.

16

(92) O que hagas caer el cielo en pedazos sobre nosotros, como afirmas, o traigas a Allah y a los ángeles por delante.

(93) O poseas una casa de oro o subas al cielo, y aún así no creeríamos en tu ascensión hasta que no hicieras descender sobre nosotros un libro que pudiéramos leer.
Di: Gloria a mi Señor. ¿Acaso soy algo más que un ser humano enviado como mensajero?

(94) Y lo que impide a los hombres creer cuando les llega la guía es que dicen: ¿Es que Allah ha mandado como mensajero a un ser humano?

(95) Di: Si hubiera en la tierra ángeles que caminaran tranquilamente, haríamos descender desde el cielo un ángel que fuera un mensajero para ellos.

(96) Di: Allah es suficiente como testigo entre vosotros y yo.
Es cierto que El conoce perfectamente a Sus siervos y los ve.

(97) Y al que Allah guía es el que está guiado y al que extravía... No encontrarás quien lo proteja fuera de El.
Y el Día del Levantamiento los reunirá boca abajo, ciegos, mudos y sordos.
Su refugio será Yahannam y cada vez que se calme lo avivaremos.

(98) Esta será su recompensa por haber negado Nuestros signos y haber dicho:
¿Acaso cuando ya seamos huesos y polvo vamos a ser levantados, creados de nuevo?

(99) ¿Pero no ven que Allah, que es Quien creó los cielos y la tierra, tiene capacidad para crear otro tanto como ellos y que les ha asignado un término sobre el que no hay duda?
Los injustos rechazan todo lo que no sea negarse a creer.

(100) Di: Si fuerais vosotros los dueños de las despensas de la misericordia de mi Señor, la retendríais con avaricia por temor a gastar.
El hombre es avaro.

(101) Dimos a Musa nueve señales evidentes. Pregunta a los hijos de Israel cuando se presentó ante ellos y dijo Firaún:
Realmente, Musa, te tengo por un embrujado.

(102) Dijo: Sabes que estos (signos) no los ha hecho descender sino el Señor de los cielos y de la tierra como evidencias y en verdad Firaún te tengo por perdido.

(103) Quiso hacerlos huir de la tierra y lo anegamos a él y a los que con él estaban sin excepción.

(104) Y después les dijimos a los hijos de Israel: Habitad la tierra y cuando llegue la promesa de la Ultima Vida os haremos venir a todos juntos.

(105) Con la verdad lo hemos hecho descender y con la verdad ha descendido.

Y no te hemos enviado sino como un portador de buenas noticias y un advertidor.

(106) Es un Corán que hemos dividido en partes para que lo recites a los hombres gradualmente. Y así lo hemos hecho descender en revelaciones sucesivas.

(107) Di: Creed en él o no creáis, es cierto que los que recibieron el conocimiento antes de él, cuando se les recita caen postrados de bruces.

(108) Y dicen: ¡Gloria a mi Señor! Verdaderamente la promesa de nuestro Señor se ha cumplido

(109) Caen de bruces llorando y les hace tener más humildad.

(110) Di: Llamad a Allah o llamad al Misericordioso, como quiera que Le invoquéis, El tiene los nombres más hermosos.

Y no subas la voz en tu oración ni la silencies* sino que busca un camino intermedio.

* [Según un comentario bien basado, esta aleya descendió en relación a que, en la etapa de Meca, el Profeta, que Allah le dé Su gracia y paz, al recitar durante el salat con sus compañeros en voz alta, era escuchado por los asociadores que insultaban al Corán y a Allah. También se dice que descendió en relación a la oración de súplica. Y también, que se refiere a las oraciones preceptivas que se dicen en silencio y las que se dicen en voz alta. Y también que se refiere a no subir la voz demasiado en la oración para evitar la ostentación ante la gente ni silenciarla por miedo a ellos.]

(111) Y di: Las alabanzas a Allah que no ha tomado para Sí ningún hijo ni tiene copartícipe en la soberanía ni necesita de nadie que lo proteja contra la humillación. Ensálzalo proclamando Su grandeza.

18. SURA DE LA CAVERNA.

Mequí a excepción de la aleya 38 y desde la 83 hasta el final de la aleya 101 que son de Medina. Tiene 110 aleyas y descendió después de la sura del Envolvente.

En el nombre de Allah, el Misericordioso, el Compasivo.

(1) Las alabanzas a Allah que ha hecho descender a Su siervo el Libro y no ha puesto en él nada que fuera tortuoso.

(2) Sino que es directo para advertir de una gran violencia de Su parte y anunciar a los creyentes, ésos que practican las acciones de rectitud, que tendrán una hermosa recompensa,

(3) permaneciendo en ello para siempre.

(4) Y para advertir a los que dicen: Allah ha tomado para Sí un hijo.

(5) Ni ellos ni sus padres tienen conocimiento de eso, es una palabra grave que sale de sus bocas. Lo que dicen es sólo una mentira.

(6) Y tal vez te vayas a consumir de pena en pos de ellos si no creen en este relato.

(7) Hemos puesto lo que hay sobre la tierra como un adorno que le es propio para probar cuál de ellos sería mejor en actuar.

(8) Y ciertamente haremos que todo lo que hay en ella quede en suelo pelado.

(9) ¿No te has parado a pensar que los compañeros de la Caverna y al-Raqim* fueron parte de los signos sorprendentes de tu Señor?

* [Raqim significa inscripción. Los comentaristas difieren en identificar este nombre; algunos dicen que era el nombre del perro que estaba con ellos, otros, un letrero con sus nombres que había en la puerta de la cueva; otros, el nombre de la cueva o de la ciudad que había cerca de la cueva, otros el de un libro donde estaba escrita su religión. E Ibn Abbas dijo: "No sé qué es al-Raqim"]

(10) Cuando los jóvenes se refugiaron en la caverna y dijeron: ¡Señor nuestro, concédenos una misericordia de Tu parte y resuelve nuestra situación dándonos una dirección correcta!

(11) Y los dejamos dormidos dentro de la caverna durante un determinado número de años.

(12) Luego les despertamos para saber cual de las dos partes* podría calcular el límite de tiempo que habían estado (dormidos).

* [Según la generalidad de los comentaristas, una de las dos partes serían los propios jóvenes cuya sensación era la de haber estado dormidos poco tiempo, y la otra parte serían los habitantes de la ciudad a la que fueron los jóvenes después de despertar.]

(13) Nosotros vamos a contarte su historia con la verdad: Eran unos jóvenes que creían en su Señor y los habíamos acrecentado en guía.

(14) Y habíamos puesto firmeza en sus corazones, de manera que se levantaron y dijeron: Nuestro Señor es el Señor de los cielos y de la tierra, no invocaremos aparte de El a ningún dios pues si lo hiciéramos estaríamos diciendo algo falso.

(15) Estos, nuestra gente, han tomado dioses fuera de El a pesar de que no les aportan un poder claro. ¿Quién es más injusto que quien inventa mentiras contra Allah?

(16) Una vez que os hayáis* apartado de ellos y de lo que adoran fuera de Allah, refugiaros en la caverna y vuestro Señor os cubrirá con Su misericordia y resolverá vuestro asunto favorablemente.

* [Los comentaristas explican esta segunda persona del plural referida a uno de ellos hablando a sus propios compañeros.]

(17) Y podías ver cómo el sol naciente se alejaba de la caverna por la derecha dejándolos al ocultarse por la izquierda mientras ellos permanecían en un espacio abierto.

Esto es parte de los signos de Allah.

A quien Allah guía es el que está guiado y a quien extravía, no encontrarás para él ni quien le proteja ni quien le guíe rectamente.

(18) Te habría parecido que estaban despiertos, sin embargo dormían. Los cambiábamos de posición, a la derecha y a la izquierda, mientras su perro permanecía con las patas extendidas junto a la entrada.

De haberlos descubierto te habrías alejado de ellos huyendo y te habrías llenado de terror.

(19) Y entonces los despertamos para que se hicieran preguntas.
Dijo uno de ellos: ¿Cuánto tiempo habéis estado?
Dijeron: Hemos estado un día o parte de un día.
Dijeron: Vuestro Señor sabe mejor lo que habéis permanecido, enviad a uno de vosotros a la ciudad con el dinero
que tenéis para que mire cuál es el alimento más puro y os
traiga provisión de él; pero que actúe con sutileza de manera
que no haga notar la presencia de ninguno de vosotros,

(20) pues es cierto que si os descubren os apedrearán u os harán
volver a su forma de adoración y entonces nunca tendríais
éxito.

(21) Y de este modo hicimos que los descubrieran para que supieran que la promesa de Allah es verdadera y que la hora es
indubitable.
Y discutiendo el caso entre ellos, dijeron: Levantad una edificación encima de donde están. Su Señor los conoce mejor.
Dijeron los que eran mayoría: Haremos un lugar de oración·
encima de donde están.

(22) Dirán: Eran tres y con el perro cuatro. Y dirán: Cinco y el
sexto el perro, haciendo conjeturas sobre lo desconocido.
Y dirán: Siete y su perro el octavo.
Di: Mi Señor sabe mejor su número que sólo unos pocos conocen. Y no discutas acerca de ellos si no es con un argumento claro ni consultes a nadie sobre ellos.

(23) Y no digas respecto a algo: Lo haré mañana a menos que
añadas: Si Allah quiere.

(24) Y recuerda a tu Señor cuando olvides y di:
Puede ser que mi Señor me guíe a algo que se acerque más
que esto a la guía recta.

(25) Habían estado en su caverna trescientos años y nueve más.

(26) Di: Allah sabe mejor lo que estuvieron, Suyo es lo desconocido de los cielos y de la tierra, nadie oye y ve como Él.
Fuera de Él no tienen quien les proteja y a nadie hace copartícipe en Su juicio.

(27) Y recita lo que del Libro de tu Señor te ha sido inspirado, no
hay quien pueda sustituir Sus palabras y aparte de Él no encontrarás ningún refugio.

(28) Y sé constante en la compañía de aquellos que invocan a su Señor mañana y tarde anhelando Su faz, no apartes tus ojos de ellos por deseo de la vida de este mundo ni obedezcas a aquel del que hemos hecho que su corazón esté descuidado de Nuestro recuerdo; y sigue su pasión y su asunto está desbocado.

(29) Y di: La verdad procede de mi Señor, así pues que crea el que quiera y que se niegue a creer el que quiera

Verdaderamente hemos preparado para los injustos un fuego cuya muralla los cercará; y si piden auxilio serán socorridos con una agua como la pez que les quemará la cara. ¡Qué mala bebida y qué mal reposo!

(30) Es cierto que los que creen y llevan a cabo las acciones de bien... No dejaremos que se pierda la recompensa de quien actúe haciendo el bien.

(31) Esos tendrán los jardines de Adn por cuyo suelo corren los ríos, en ellos se adornarán con pulseras de oro y llevarán vestidos verdes de raso y brocado, recostados en divanes.

¡Qué excelente recompensa y qué hermoso reposo!

(32) Y ponles el ejemplo de dos hombres: A uno de ellos le habíamos dado dos jardines de vides que habíamos rodeado de palmeras poniendo entre ambos sembrados.

(33) Cada uno de los jardines daba su fruto sin ninguna pérdida y habíamos hecho que en medio de ellos manara un río.

(34) Y tenía abundante riqueza; entonces le dijo a su compañero con réplica: Yo tengo más riquezas que tú y tengo más poder en gente.

(35) Y entró en su jardín injusto consigo mismo y dijo: No creo que todo esto vaya a desaparecer nunca.

(36) Ni creo que la hora vaya a llegar, y en el caso de que sea devuelto a mi Señor seguro que encontraré a cambio algo mejor que estos dos jardines.

(37) Y su compañero, contestándole, dijo: ¿Eres ingrato con Aquel que te creó de la tierra, luego de una gota de semen y luego te dió forma como hombre?

(38) Pero El es Allah, mi Señor y yo no asocio con mi Señor a nadie.

(39) Mas te habría valido si al entrar en tu jardín hubieras dicho:
Que sea lo que Allah quiera, no hay poder sino por Allah.
Y si ves que tengo menos riquezas e hijos que tu...

(40) Puede ser que mi Señor me dé algo mejor que tu jardín y
mande contra él algún castigo del cielo que lo deje como
tierra lisa.

(41) O que su agua se pierda bajo la tierra sin que puedas encon-
trarla.

(42) Entonces su riqueza fue destruida y amaneció golpeándose
las palmas de las manos por lo que se había gastado en él
cuando ahora había quedado asolado hasta las raíces y dijo:
¡Ojalá y no hubiera asociado a nadie con mi Señor!

(43) Y no tuvo ningún grupo que lo auxiliara aparte de Allah ni él
mismo pudo ayudarse.

(44) Allí la victoria fue de Allah, la Verdad y El es Quien mejor recompensa y Quien mejor castiga.

(45) Compárales la vida del mundo al agua que hacemos caer del
cielo, con la que se mezclan las plantas de la tierra y luego se
convierten en hierba seca y rota que el viento desparrama.
Allah tiene poder sobre todas la cosas.

(46) La riqueza y los hijos son el adorno de la vida de este mundo
pero las palabras y acciones rectas que perduran son mejor
ante tu Señor en cuanto a recompensa y esperanza.

(47) El día que hagamos que las montañas se desplacen por la superficie de la tierra, veas la tierra al desnudo y los reunamos
a todos sin excepción.

(48) Serán presentados ante tu Señor en filas: Habéis venido a Nos
y así fue como os creamos la primera vez y sin embargo afirmabais que no os íbamos a dar cita.

(49) Y se colocará el libro, entonces veréis a los que hayan hecho el
mal atemorizados por lo que pueda contener.
Dirán: ¡Ay de nosotros! ¿Qué tiene este libro que no deja
nada ni pequeño ni grande sin enumerar? Y encontrarán delante lo que hicieron.
Tu Señor no va a tratar injustamente a nadie.

(50) Y cuando dijimos a los ángeles: Postraos ante Adam y se postraron, aunque no Iblis que era de los genios y no quiso obedecer la orden de su Señor.

¿Vais a tomarlo a él y a su descendencia como protectores fuera de Mí cuando ellos son para vosotros enemigos?

¡Que mal cambio el que hacen los injustos!

(51) No los tomé como testigos de la creación de los cielos y de la tierra ni lo hice de su propia creación como tampoco tomé a los extraviadores como auxiliares.

(52) Y el día en que diga: Llamad a Mis asociados, ésos que pretendíais. Los llamarán pero no les responderán y pondremos entre ellos una barrera.*

* [La palabra traducida aquí por barrera "mawbiq" es también el nombre de un río de Yahannam de sangre y pus.]

(53) Y los que hayan hecho el mal verán el Fuego y sabrán que irán a caer en él pero no encontrarán cómo escapar.

(54) Hemos explicado a lo largo de esta Recitación todo tipo de ejemplos para los hombres, sin embargo el hombre es lo más discutidor que existe.

(55) Y lo que a los hombres les impide creer cuando les llega la guía y pedir perdón a su Señor, no es sino que debe cumplirse en ellos lo que ya ocurrió con las generaciones primitivas o que tiene que llegarles el castigo ante sus propios ojos.

(56) Y no enviamos a los enviados sino como gente que da buenas noticias y advierte. Pero los que no creen, discuten con falsedad para anular así la verdad y toman Mis signos y aquello de lo que se les advierte a burla...

(57) ¿Y quién es más injusto que aquel que habiendo sido amonestado con los signos de su Señor se aparta de ellos y se olvida de lo que sus manos tendrán que presentar?

Es cierto que les hemos cubierto los corazones para que no puedan comprender y hemos puesto sordera en sus oídos de manera que si los llamas a la guía no podrán seguirla nunca.

(58) Y tu Señor es el Perdonador, Dueño de la misericordia.

Si los tomara en cuenta por lo que adquirieron les habría acelerado el castigo, sin embargo tienen una cita y no encontrarán fuera de El ningún refugio.

(59) Ahí están las ciudades, las destruimos cuando fueron injustos y pusimos un plazo para su destrucción.

(60) Y cuando Musa le dijo a su criado: No cesaré hasta alcanzar la confluencia de los dos mares o haber andado durante mucho tiempo.

(61) Y cuando llegaron a la confluencia de los dos mares se olvidaron del pez que tenían y éste tomó su camino hacia el mar como a través de un túnel.

(62) Y una vez hubieron cruzado le dijo al criado: Trae nuestra comida pues a causa del viaje nos hallamos fatigados.

(63) Dijo: Mira lo que ha pasado: Al guarecernos en la roca me olvidé del pez, sólo el Shaytán me hizo olvidarme de él, y éste emprendió su camino hacia el mar prodigiosamente.

(64) Dijo: Eso es lo que estábamos buscando y volvieron sobre sus pasos rastreando.

(65) Así dieron con uno de Nuestros siervos al que le habíamos concedido una gracia procedente de Nosotros y al que habíamos enseñado un conocimiento de Nuestra parte.

(66) Musa le dijo: ¿Puedo seguirte para que me enseñes una guía recta de lo que se te ha enseñado?

(67) Dijo: Realmente no podrás tener paciencia conmigo.

(68) ¿Cómo podrías tener paciencia con algo de lo que no puedes comprender lo que esconde?

(69) Dijo: Si Allah quiere me hallarás paciente y no te desobedeceré en nada.

(70) Dijo: Si me sigues no me preguntes por nada si yo no te hago mención de ello.

(71) Así partieron hasta que cuando habían subido en una embarcación, le hizo un agujero. Entonces dijo: ¿Lo has hecho para ahogar a los que van en ella?
Realmente has cometido algo grave.

(72) Dijo: ¿No te dije que no podrías tener paciencia conmigo?

(73) Dijo: No me tomes en cuenta mi olvido ni me impongas algo difícil.

(74) Y se pusieron a andar hasta que dieron con un muchacho al que mató, dijo: ¿Has matado a un ser puro sin haber sido a

cambio de otro? Verdaderamente has cometido un hecho reprobable.

(75) Dijo: ¿No te dije que no podrías tener paciencia conmigo?

(76) Dijo: Si en lo sucesivo vuelvo a pedirte explicaciones no dejes que te acompañe más, mis excusas ante ti se han agotado.

Y así partieron hasta que llegaron a la gente de una ciudad a los que pidieron de comer pero ellos se negaron a darles hospitalidad.

Allí encontraron un muro que amenazaba derrumbarse y lo enderezó.

(77) Dijo: Si quisieras podrías pedir un pago por ello.

(78) Dijo: Esta es la diferencia entre tú y yo.

Voy a decirte la interpretación de aquello con lo que no has podido tener paciencia :

(79) En cuanto a la embarcación, pertenecía a unos pobres que trabajaban en el mar y quise estropearla porque les perseguía un rey que se apropiaba a la fuerza de todas las embarcaciones.

(80) El muchacho tenía padres creyentes y temíamos que les obligara a la rebelión y a la incredulidad.

(81) Y quisimos que su Señor les diera a cambio uno mejor que él, más puro y más propenso a la compasión.

(82) Y en cuanto al muro, era de dos muchachos de la ciudad que eran huérfanos y debajo del mismo había un tesoro que les pertenecía. Su padre había sido de los justos y tu Señor quiso que llegaran a la madurez y pudieran sacar su tesoro como una misericordia de parte de tu Señor; no lo hice por mi cuenta. Esta es la interpretación de aquello con lo que no pudiste tener paciencia.

(83) Y te preguntan sobre Dhul Qarnayn, di: Voy a recitaros una mención sobre él.

(84) Verdaderamente le dimos poder en la tierra y de cada cosa le dimos un medio.

(85) Y siguió uno de ellos.

(86) Así cuando hubo alcanzado el poniente del sol, encontró que éste se ponía en un manantial cenagoso y halló junto a él a una gente.

Dijimos: ¡Dhul Qarnayn: O los castigas o adoptas con ellos una actitud de bien!*

* [Llamándoles a lo correcto]

(87) Dijo: Al que sea injusto lo castigaremos y después volverá a su Señor que lo castigará con un castigo abominable.

(88) Pero quien crea y actúe con rectitud tendrá la recompensa de lo más hermoso, y le decretaremos de Nuestro mandato, lo fácil.

(89) Luego siguió un camino.

(90) Hasta que llegó a donde nacía el sol y encontró que salía sobre una gente que no tenía nada que los protegiera de él.

(91) Así fue y teníamos un conocimiento preciso de su situación.

(92) Luego siguió un camino.

(93) Hasta que al alcanzar las barreras de las dos montañas encontró detrás de ellas a una gente que apenas comprendían una palabra.

(94) Dijeron: ¡Dhul Qarnayn! En verdad Yayuÿ y Mayuÿ* son corruptores en la tierra. ¿Quieres que te entreguemos un tributo para que hagas entre ellos y nosotros una muralla?

* [Gog y Magog]

(95) Dijo: El poderío que mi Señor me ha dado es mejor. Ayudadme con fuerza física y pondré una barrera entre vosotros y ellos.

(96) Traedme lingotes de hierro. Y cuando hubo nivelado las dos vertientes de la montaña dijo: Soplad. Y una vez que había hecho fuego dijo: Traedme cobre fundido para verterlo encima.

(97) Y no pudieron escalarla ni hacerle ningún socavón.

(98) Dijo: Esto es una misericordia de mi Señor, pero cuando la promesa de mi Señor llegue, la reducirá a polvo; la promesa de mi Señor es verdadera.

(99) Y ese día dejaremos que unos se mezclen con otros, se soplará en el cuerno y los reuniremos a todos.

(100) Y ese día mostraremos Yahannam a los injustos sin reserva.

(101) Esos cuyos ojos estaban velados en relación a Mi recuerdo y no podían prestar atención.

(102) ¿Acaso los incrédulos creen que pueden tomar a siervos míos como protectores fuera de Mí? Realmente hemos preparado Yahannam como hospedaje para los incrédulos.

(103) Di: ¿Queréis saber quienes serán los más perdedores por sus obras?

(104) Aquellos cuyo celo por la vida del mundo los haya extraviado o los que creyeron que hacían el bien con lo que hacían.

(105) Esos serán los que habían negado los signos de su Señor y el encuentro con El, sus obras se hicieron inútiles y el Día del Levantamiento no tendrán ningún peso.

(106) Esta será su recompensa: Yahannam, a causa de lo que negaron y por haber tomado Mis signos y Mis mensajeros a burla.

(107) Es cierto que los que creen y llevan a cabo las acciones de rectitud tendrán como hospedaje el Jardín del Firdaus.

(108) Allí serán inmortales y no desearán ningún cambio de situación.

(109) Di: Si el mar fuera la tinta para la palabras de mi Señor, se agotaría antes de que las palabras de mi Señor se acabaran, incluso si trajéramos otro tanto.

(110) Di: No soy mas que un ser humano como vosotros, me ha sido inspirado que vuestro dios es un Dios Unico; así pues, el que espere el encuentro con su Señor que actúe con rectitud y que al adorar a su Señor no Le asocie a nadie.

19. SURA DE MARYAM

Mequí a excepción de la aleya 58 que es de Medina. Tiene 98 aleyas y descendió después de la sura al-Fatir (El Originador).

En el nombre de Allah, el Misericordioso, el Compasivo

(1) Kaf, Ha, Ya, Ayn, Sad.

(2) Este es el recuerdo de la misericordia de tu Señor con Su siervo Zakariyya.

(3) Cuando llamó a su Señor en súplica escondida.

(4) Dijo: ¡Señor mío! Mis huesos se han debilitado y mi cabello ha encanecido y nunca, Señor, en lo que te he pedido, he sido decepcionado.

(5) Temo por mis parientes cuando yo no esté; y mi mujer es estéril, concédeme de Tu parte un hijo

(6) que sea mi heredero y herede de la familia de Yaqub y hazlo, Señor, complaciente.

(7) ¡Zakariyya! Te anunciamos un hijo cuyo nombre será Yahya, nadie antes de él ha recibido ese nombre.

(8) Dijo: ¡Señor! ¿Y cómo tendré un hijo siendo mi mujer estéril y habiendo llegado yo, a causa de mi edad, a la decrepitud?

(9) Dijo: Así lo ha dicho tu Señor, eso es simple para Mí, igual que una vez te creé y no eras nada.

(10) Dijo: ¡Señor mío! Dáme un signo. Dijo: Tu signo será que durante tres noches y sin que tengas ningún impedimento para ello, no podrás hablar a la gente.

(11) Así apareció ante su gente desde el lugar de oración y les dijo por señas que glorificaran mañana y tarde.

(12) ¡Yahya! ¡Toma el libro con fuerza!. Y siendo un niño le dimos el juicio,

(13) así como ternura procedente de Nosotros y pureza, y era temeroso (de su Señor).

(14) Y bueno con sus padres sin ser ni arrogante ni rebelde.

(15) Paz sobre él el día en que nació, el día de su muerte y el día en que sea devuelto a la vida.

(16) Y recuerda en el Libro a Maryam cuando se apartó de su familia retirándose en algún lugar hacia oriente.

(17) Entonces se ocultó de ellos con un velo y le enviamos a Nuestro espíritu* que tomó la apariencia de un ser humano completo.

* [Yibril]

(18) Dijo: Me refugio de ti en el Misericordioso, si eres temeroso (de El)

(19) Dijo: Yo sólo soy el mensajero de tu Señor para concederte un niño puro.

(20) Dijo: ¿Cómo habría de tener un niño si ningún mortal me ha tocado y no soy una fornicadora?

(21) Dijo: Así lo ha dicho tu Señor: Eso es simple para Mí, para hacerlo un signo para los hombres y una misericordia de Nuestra parte.
Es un asunto decretado.

(22) Así pues lo concibió y se retiró a un lugar apartado.

(23) Y le sobrevino el parto junto al tronco de la palmera.
Dijo: ¡Ojalá y hubiera muerto antes de ésto desapareciendo en el olvido!

(24) Y la llamó desde abajo: No te entristezcas, tu Señor ha puesto un arroyo a tus pies.

(25) Sacude hacia ti el tronco de la palmera y caerán dátiles maduros y frescos.

(26) Come y bebe, y refresca tus ojos. Y si ves a algún humano dile: He hecho promesa de ayuno al Misericordioso y hoy no puedo hablar con nadie.

(27) Y llegó a su gente llevándolo en sus brazos, dijeron: ¡Maryam! Has traído algo muy grave.

(28) ¡Hermana de Harún! Tu padre no ha sido un hombre de mal ni tu madre una fornicadora.

(29) Entonces hizo un gesto señalándolo, dijeron: ¿Cómo vamos a hablar con un niño de pecho?

(30) Dijo: Yo soy el siervo de Allah. El me ha dado el Libro y me ha hecho profeta.

(31) Y me ha hecho bendito dondequiera que esté y me ha encomendado la Oración y la purificación* mientras viva.
* [El salat y el zakat, la purificación de la riqueza]

(32) Y ser bondadoso con mi madre; no me ha hecho ni insolente ni rebelde.

(33) La paz sea sobre mí el día en que nací, el día de mi muerte y el día en que sea devuelto a la vida.

(34) Ese es Isa, el hijo de Maryam, la palabra de la Verdad, sobre el que dudan.

(35) No es propio de Allah tomar ningún hijo. ¡Gloria a El! Cuando decide algo, sólo dice: Sea, y es.

(36) Y verdaderamente Allah es mi Señor y el vuestro, adoradle pues. Este es un camino recto.

(37) Pero los partidos que había entre ellos discreparon.
¡Perdición para los que no creyeron porque habrán de comparecer en un día transcendente!

(38) ¡Cómo verán y cómo oirán el día que vengan a Nos! Pero hoy los injustos están en un claro extravío.

(39) Y adviérteles del Día de la Lamentación cuando el asunto quede decidido. Y sin embargo ellos están descuidados y no creen.

(40) Es cierto que Nosotros heredaremos la tierra y a quien haya en ella y a Nosotros regresarán.

(41) Y recuerda en el Libro a Ibrahim, él fue realmente sincero y profeta.

(42) Cuando dijo a su padre: ¡Padre mío! ¿Por qué adoras lo que ni oye ni ve ni te sirve de nada?

(43) ¡Padre! Me ha llegado un conocimiento que no te ha llegado a ti, sígueme y te guiaré por un camino llano.

(44) ¡Padre! No adores al Shaytán, pues ciertamente el Shaytán es rebelde con el Misericordioso.

(45) ¡Padre! Temo de verdad que te llegue un castigo del Misericordioso y seas de los que acompañen al Shaytán.

(46) Dijo: ¿Acaso desprecias a mis dioses, Ibrahim? Si no dejas de hacerlo te lapidaré; aléjate de mí durante mucho tiempo.

(47) Dijo: Paz contigo, pediré perdón por ti a mi Señor, es cierto que El es Complaciente conmigo.

(48) Me alejaré de vosotros y de lo que adoráis fuera de Allah e invocaré a mi Señor, tal vez no quede decepcionado en mi súplica de Él.

(49) Y cuando los dejó junto a todo lo que adoraban fuera de Allah, le concedimos a Ishaq y a Yaqub y a ambos los hicimos profetas.

(50) Les concedimos parte de Nuestra misericordia y les dimos una lengua de veracidad, sublime.

(51) Y recuerda en el Libro a Musa, él estaba entregado y fue mensajero y profeta.

(52) Lo llamamos desde la ladera derecha del monte y hablándole en confidencia lo acercamos a Nos.

(53) Y le concedimos por Nuestra Misericordia a su hermano Harún como profeta.

(54) Y recuerda en el Libro a Ismail, él fue cumplidor de la promesa y fue mensajero y profeta.

(55) Mandaba a su gente la oración y la purificación de la riqueza*
y era satisfactorio para su Señor.
* [El salat y el zakat]

(56) Y recuerda en el Libro a Idris, él fue veraz y profeta.

(57) Lo elevamos a un alto lugar.

(58) Esos son los que Allah ha favorecido entre los profetas de la descendencia de Adam, los que llevamos con Nuh, la descendencia de Ibrahim e Israel* y los que guiamos y escogimos. Cuando se les recitaban los signos del Misericordioso caían postrados llorando.
* [Es decir Yaqub, puesto que Israel es otro nombre del profeta Yaqub.]

(59) Después les sucedió una generación que abandonó la Oración*
y siguió las pasiones pero ya encontrarán perdición.
* [El salat]

(60) Con la excepción de los que se volvieron atrás, creyeron y obraron con rectitud, pues ellos entrarán en el Jardín y no se les hará injusticia en nada.

(61) Los jardines de Adn que el Misericordioso ha prometido a Sus siervos antes de que los hayan visto, verdaderamente Su promesa llegará.

17

(62) Allí no oirán ninguna frivolidad, sino: Paz. Y en eiios tendrán su sustento mañana y tarde.

(63) Ese es el Jardín que haremos heredar a quien de Nuestros siervos se guarde.

(64) Y no bajamos sino por orden de tu Señor*, Suyo es lo que tenemos por delante, lo que tenemos detrás y lo que hay en medio. Y tu Señor no es olvidadizo.

* [Estas son palabras en boca de Yibril]

(65) El Señor de los cielos y de la tierra y de lo que hay entre ambos. ¡Adoradle pues y sed constantes en vuestra adoración! ¿Conoces a alguien que tenga Su nombre?

(66) Y dice el hombre: ¿Acaso cuando esté muerto seré resucitado?

(67) ¿Es que ya no recuerda el hombre que fue creado antes, cuando no era nada?

(68) Por tu Señor que los reuniremos, así como a los demonios y luego los haremos comparecer en torno a Yahannam, arrodillados.

(69) Después, de cada grupo arrancaremos a los más obstinadamente rebeldes contra el Misericordioso.

(70) Y ciertamente Nosotros sabemos mejor quienes son los que merecen más entrar en él.

(71) Y no hay ninguno de vosotros que no vaya a llegar a él, esto es para tu Señor una decisión irrevocable.

(72) Luego salvaremos a los que hayan sido temerosos (de su Señor) y abandonaremos en él a los injustos, arrodillados.

(73) Y cuando Nuestros signos claros se les recitan, los que se niegan a creer les dicen a los que creen: ¿Cuál de las dos partes tiene mejor situación y mejor lugar de reunión?

(74) ¿Cuántas comunidades mejores que ellos en posesiones y en aspecto, destruimos?

(75) Di: A los que están en el extravío, el Misericordioso los dejará así hasta que cuando vean lo que les fue prometido, ya sea el castigo o la Hora, sabrán quien tiene el peor lugar y es más débil en tropas.

(76) Y a aquéllos que hayan seguido la guía, el Misericordioso los incrementará en ella. Y las palabras y acciones perdurables y rectas son mejor ante tu Señor en recompensa y en resultado.

(77) ¿No has visto a quien niega Nuestros signos como dice: Se me darán riquezas e hijos?

(78) ¿Es que acaso tiene acceso a lo Desconocido o ha hecho algún pacto con el Misericordioso?

(79) ¡Pero no! Escribiremos lo que dice y le prolongaremos el castigo.

(80) Le haremos heredero de lo que dice y vendrá a Nosotros solo.

(81) Y han tomado dioses fuera de Allah para que sean un poder para ellos.

(82) ¡Pero no! Estos renegarán de su adoración y se pondrán en su contra.

(83) ¿Es que no ves que hemos enviado a los demonios contra los incrédulos y los incitan seduciéndoles?

(84) No te apresures contra ellos, verdaderamente les llevamos una cuenta.

(85) El día en que reunamos ante el Misericordioso a los temerosos en grupos.

(86) Y llevemos a los malhechores a Yahannam como ganado al abrevadero.

(87) No habrá para ellos ninguna intercesión a excpeción de quien tenga un pacto con el Misericordioso.

(88) Y dicen: El Misericordioso ha tomado un hijo.

(89) Ciertamente traéis una calamidad.

(90) A punto están los cielos de rasgarse, la tierra de abrirse y las montañas de derrumbarse por su causa.

(91) Porque atribuyen un hijo al Misericordioso.

(92) Y no es propio del Misericordioso tomar un hijo.

(93) Todos los que están en los cielos y en la tierra no se presentan ante el Misericordioso sino como siervos.

(94) Y verdaderamente El conoce su número y los tiene bien contados.

(95) Todos vendrán a El por separado el Día del Levantamiento.

(96) Realmente a los que creen y practican las acciones de rectitud, el Misericordioso les dará amor.

(97) Y es verdad que lo hemos hecho fácil a tu lengua para que así, al recitarlo, des buenas noticias a los temerosos y adviertas a una gente que se obstina.

(98) Y cuantas generaciones hemos destruido antes de ellos.
¿Percibes a alguno de ellos o les escuchas algún murmullo?

20. SURA TA, HA.

Mequí a excepción de las aleyas 13 y 131 que son de Medina. Tiene 135 aleyas y descendió después de la sura de Maryam.

En el nombre de Allah, el Misericordioso, el Compasivo.

(1) Ta, Ha*.
  * [Según Ibn Abbas estas letras quieren decir: ¡Oh hombre! Pero también indican uno de los nombres del Profeta, que Allah le dé Su gracia y paz]

(2) No hemos hecho descender sobre ti el Corán para que te agobies.

(3) Sino como una amonestación para quien se guarde.

(4) Es un descenso de Aquel que ha creado la tierra y los excelsos cielos.

(5) El Misericordioso que se asentó sobre el trono.

(6) Suyo es cuanto hay en los cielos y en la tierra, lo que hay entre ambos y lo que hay bajo el suelo.

(7) Y hables en voz alta... (o no), El conoce lo secreto y aún más que eso.

(8) Allah, no hay dios sino El, Suyos son los nombres más hermosos.

(9) ¿Te ha llegado el relato de Musa?

(10) Cuando vio un fuego y dijo a su familia: Permaneced aquí, he divisado un fuego y tal vez pueda traeros alguna brasa o encuentre en él alguna guía.

(11) Y cuando llegó a él, oyó una llamada: ¡Musa!:

(12) Yo soy tu Señor, quítate las sandalias pues estás en el purificado valle de Tuwa.

(13) Te he elegido, así pues pon atención a lo que se inspira:

(14) Yo soy Allah, no hay dios excepto Yo; adórame y establece la Oración para recordarme.

(15) La hora vendrá con toda seguridad, y casi la tengo oculta para Mí mismo, para pagar a cada uno en lo que se haya esforzado.

(16) Que no te aparte de ella quien no crea en ella y siga sus pasiones, pues te perderías.

(17) ¿Qué tienes en tu mano derecha Musa?

(18) Dijo: Es mi bastón, en él me apoyo, con él vareo los árboles para mi ganado y en él tengo otras utilidades.

(19) Dijo: ¡Tíralo, Musa!

(20) Lo tiró y era una serpiente que reptaba con rapidez.

(21) Dijo: Tómalo y no temas, lo devolveremos a su forma original.

(22) Ponte la mano bajo el brazo y saldrá blanca, sin que sea debido a ningún mal. Será otro signo.

(23) Es para mostrarte parte de Nuestros grandes signos.

(24) Ve a Firaún pues realmente él ha sobrepasado todo límite.

(25) Dijo: Señor mío, abre mi pecho,

(26) haz fácil mi misión

(27) y desata el nudo de mi lengua

(28) para que puedan comprender lo que digo.

(29) Y dame alguien de mi familia que me asista

(30) A mi hermano Harún.

(31) Fortalece mi espalda con él.

(32) Y asóciale a mi misión

(33) para que Te glorifiquemos mucho.

(34) Y Te recordemos mucho.

(35) Es cierto que Tú nos ves.

(36) Dijo: Tu petición te ha sido concedida, Musa.

(37) Ya te habíamos agraciado en otra ocasión,

(38) cuando inspiramos a tu madre lo que le fue inspirado:

(39) Ponlo en la canasta y déjalo en el río, el río le arrojará a la orilla y será recogido por un enemigo Mío y suyo.
Deposité en ti amor procedente de Mí para que te criaras bajo Mí mirada.

(40) Cuando fue tu hermana y dijo: ¿Queréis que os muestre quien puede criarlo? Y te devolvimos a tu madre para consuelo de sus ojos y para que no se entristeciera.
Y mataste a una persona y te salvamos del aprieto poniéndote a prueba.
Estuviste unos años entre la gente de Madyan y luego, por un decreto, viniste, Musa.

(41) Y te elegí para Mí.

(42) ¡Id tú y tu hermano llevando Mis signos y no flaqueéis en recordarme!

(43) Id los dos a Firaún pues él ha sobrepasado todo límite.

(44) Y habladle de manera suave, tal vez recuerde y se guarde.

(45) Dijeron: Señor nuestro, tememos que se precipite contra nosotros o abuse.

(46) Dijo: No temáis, Yo estaré con vosotros oyendo y viendo.

(47) ¡Id a él! y decidle: Somos mensajeros de tu Señor, deja ir con nosotros a los hijos de Israel y no los castigues, hemos venido a ti con un signo de tu Señor. Y que la paz sea con quien siga la guía.

(48) Verdaderamente se nos ha inspirado que el castigo caerá sobre el que desmienta y se aparte.

(49) Dijo: ¿Y quién es vuestro Señor, Musa?

(50) Dijo: Nuestro Señor es Aquel que ha dado a cada cosa su creación y luego la ha encaminado.

(51) Dijo: ¿Y qué me decís de las generaciones anteriores?

(52) Dijo: Su conocimiento está junto a mi Señor en un Libro. A mi Señor no se le escapa nada ni olvida.

(53) El os ha puesto la tierra como asiento y os ha trazado en ella caminos. Hace descender agua desde el cielo para que con ella broten especies de plantas diversas.

(54) ¡Comed y apacentad vuestros rebaños! Es cierto que en ello tenéis signos para los que poseen inteligencia.

(55) De ella os creamos, a ella os devolveremos y de ella os haremos salir de nuevo.

(56) Y realmente le hicimos ver Nuestros signos todos, pero negó su verdad y no quiso saber nada.

(57) Dijo: ¿Habéis venido a nos para echarnos de nuestra tierra con tu magia, Musa?

(58) Vamos a traerte una magia similar, fija una cita entre nosotros a la que ni tú ni nosotros faltemos y que sea en un lugar intermedio.

(59) Dijo: La cita que pedís será el día de fiesta, que la gente se reúna por la mañana.

(60) Firaún dió la espalda y reunió su estratagema, luego acudió.

(61) Musa les dijo: ¡Ay de vosotros! No inventéis ninguna mentira contra Allah pues El os destruiría con un castigo.
Verdaderamente todo el que fabrica falsedades fracasa.

(62) Entonces deliberaron entre ellos su plan y guardaron secreto.

(63) Dijeron: Realmente estos son dos magos que quieren echaros de vuestra tierra con su magia y acabar así con vuestra forma de vida sin igual.

(64) Así pues reunid vuestra astucia y luego venid en filas.
Hoy, quien sobresalga, triunfará.

(65) Dijeron: ¡Musa! Tira tú o lo haremos nosotros primero.

(66) Dijo: ¡Tirad! Y entonces sus cuerdas y bastones, por la magia que habían utilizado, le crearon la ilusión de que reptaban.

(67) Y Musa sintió miedo en su interior.

(68) Dijimos: No tengas miedo, tú eres el más alto.

(69) Arroja lo que tienes en la mano derecha y se tragará lo que han manipulado, pues no es más que un truco de mago y el que usa la magia, venga de donde venga, no tendrá éxito.

(70) Entonces los magos cayeron postrados y dijeron: "Creemos en el Señor de Harún y Musa".

(71) Dijo: ¿Creéis en él sin que yo os haya dado permiso?
Ahora veo que él es vuestro maestro, el que os ha enseñado la magia. Os cortaré una mano y un pie del lado contrario y os crucificaré en un tronco de palmera. Así sabréis de verdad quién de nosotros castiga con más severidad y duración.

(72) Dijeron: No te preferimos a las evidencias que nos han llegado y a Quien nos creó, decide pues lo que tengas que decidir pues tú sólo decides en esta vida de aquí.

(73) Nosotros creemos en nuestro Señor para que nos perdone las faltas y la magia a la que nos forzaste. Allah es mejor y permanece.

(74) Es cierto que quien llega hasta su Señor siendo de los que han hecho el mal, tendrá Yahannam donde ni vivirá ni morirá.

(75) Pero quien llegue a El siendo creyente y habiendo practicado las acciones de rectitud, tendrán los grados más altos.

(76) Los jardines de Adn por cuyo suelo corren los ríos, allí serán inmortales. Esa es la recompensa de quien se purifica.

(77) Verdaderamente inspiramos a Musa: Vete de noche llevándote a Mis siervos y ábreles un camino seco en el mar y no tengas miedo de que te alcancen ni tengas temor.

(78) Firaún los siguió con sus ejércitos y ¡cómo los cubrió el mar!

(79) Firaún extravió a su gente y no la guió.

(80) ¡Hijos de Israel! Os salvamos de vuestro enemigo y os dimos cita en la ladera derecha del monte e hicimos que descendiera sobre vosotros el maná y las codornices.

(81) ¡Comed de las cosas buenas que os damos como provisión y no abuséis de ello, pues entonces se desataría Mi enojo sobre vosotros y aquel sobre quien se desata Mi enojo cae en lo más bajo.

(82) Y es cierto que Yo soy Indulgente con el que se vuelve a Mí, cree, actúa con rectitud y se guía.

(83) ¿Y que te hizo adelantarte a tu gente, Musa?

(84) Dijo: Ellos iban siguiendo mis huellas y me adelanté a Tu encuentro, Señor, buscando Tu complacencia.

(85) Dijo: Es cierto que, en tu ausencia, hemos puesto a prueba a tu gente y el Samirí los ha extraviado.

(86) Entonces Musa regresó a su gente enojado y dolido, y dijo: ¡Gente mía! ¿Acaso no os hizo vuestro Señor una hermosa promesa? ¿Se os ha hecho largo el plazo o es que queréis que el enojo de vuestro Señor caiga sobre vosotros?
Habéis incumplido lo que me prometísteis.

(87) Dijeron: No hemos faltado a la promesa que te hicimos por iniciativa propia sino que nos hicieron cargar con el peso de las alhajas de la gente y las arrojamos como hizo el Samirí*.
* [Es decir las arrojaron al fuego para fundirlas y hacer con ello el becerro de oro, animados por el Samirí.]

(88) Y les hizo la figura de un becerro que mugía. Dijeron: Este es vuestro dios y el dios que Musa olvidó.

(89) ¿Es que no veían que no les contestaba ni tenía el poder de perjudicarles o beneficiarles?

(90) Harún ya les había advertido: ¡Gente mía! Con esto sólo se os está poniendo a prueba, realmente vuestro Señor es Misericordioso, seguidme y obedeced lo que os mando.

(91) Dijeron: No vamos a césar de estar dedicados a su culto hasta que no regrese Musa a nosotros.

(92) Dijo: ¡Harún! ¿Qué te impidió seguirme al ver que se extraviaban?

(93) ¿Es que desobedeciste mi orden?

(94) Dijo: ¡Hijo de mi madre! No me agarres por la barba ni por la cabeza, de verdad que temí que dijeras: Has creado separación entre los hijos de Israel y no has esperado mi palabra.

(95) Dijo: Y tú Samirí, ¿qué tienes que decir?

(96) Dijo: He visto lo que ellos no ven, así que he tomado un puñado de la tierra en la que dejó sus huellas el mensajero y lo he arrojado. Esto es lo que me ha sugerido mi alma.*

* [El Samirí vió el caballo de Yibril, que es el mensajero aquí mencionado, y fue inspirado en su ánimo: Si tomas un puñado de tierra de la huella de este caballo y lo arrojas sobre algo se convertirá en lo que quieras. Los judíos habían tomado las joyas de la familia de Firaún y las habían fundido, entonces el Samirí arrojó sobre ello un puñado de tierra de las huellas del caballo de Yibril y tomó la forma de un becerro que mugía.]

(97) Dijo: ¡Vete! Durante toda tu vida tendrás que decir: No me toques*. Y tienes una cita a la que no faltarás.

Mira a tu dios, ése al que te entregaste, lo quemaremos y esparciremos sus cenizas por el mar.

* [Musa le impuso como castigo no poder tocar ni acercarse a nadie.]

(98) Ciertamente vuestro dios no es sino Allah, no hay más dios que El, abarca todas las cosas con Su conocimiento.

(99) Así es como te contamos algunas de las noticias de lo que pasó antes. Te hemos dado un recuerdo procedente de Nos.

(100) Quien se aparte de él... El Día del Levantamiento llevará una carga.

(101) En la que serán inmortales. Y qué mala carga será la suya en el Día del Levantamiento.

(102) El día que se soplará en el cuerno y en el que reuniremos a los malhechores que, ese día, tendrán los ojos en blanco y el rostro ennegrecido.

(103) Hablarán entre ellos en voz baja: Sólo estuvimos diez (días).

(104) Nosotros sabemos mejor lo que van a decir cuando el más certero de ellos diga: Sólo permanecimos un día.

(105) Y te preguntan acerca de las montañas, di: Mi Señor las pulverizará por completo.

(106) Y las dejará como llanuras lisas,

(107) sin que veas ningún altibajo en ellas.

(108) Ese día seguirán una llamada, que no será posible eludir, y todas las voces se humillarán ante el Misericordioso. Sólo escucharás un murmullo.

(109) Ese día ninguna intercesión servirá de nada a excepción de quien sea autorizado por el Misericordioso y su palabra sea aceptada.

(110) El conoce lo que tienen por delante y lo que tienen detrás, ellos no pueden abarcarlo con su conocimiento.

(111) Todos los rostros se humillarán ante el Viviente, el Sustentador, y habrá perdido quien lleve injusticia.

(112) Pero quien practique las acciones de rectitud y sea creyente que no tema injusticia ni menoscabo.

(113) Así es como lo hemos hecho descender, como una recitación árabe y hemos reiterado en él promesas amenazantes por si se guardaban o les servía de exhortación.

(114) Y exaltado sea Allah, el Rey verdadero. Y no te adelantes recitando antes de tiempo aquello del Corán que esté descendiendo sobre tí. Y di: ¡Señor! Concédeme más conocimiento.

(115) Ya hicimos antes un pacto con Adam, pero olvidó y no le encontramos resolución.

(116) Y cuando dijimos a los ángeles: Postraos ante Adam, y se postraron. Sin embargo Iblis se negó.

(117) Y dijimos: ¡Adam! Realmente él es un enemigo para ti y para tu pareja, que no os saque del Jardín pues conocerías la penalidad.

(118) Verdaderamente en él no sentirás ni hambre ni desnudez.

(119) Ni tampoco sufrirás la sed y el calor.

(120) Pero el Shaytán le susurró diciéndole: ¡Adam! ¿Quieres que te diga cuál es el árbol de la inmortalidad y un dominio que no se acaba?

(121) Y ambos comieron de él. Entonces se les mostraron sus partes pudendas y comenzaron a taparse con hojas del Jardín.
Adam desobedeció a su Señor y malogró (lo que tenía).

(122) Luego su Señor lo escogió, volvió sobre él y lo guió.

(123) Dijo: Descended ambos de él*, seréis mutuos enemigos.

Y si os llega una guía procedente de Mí... Quien siga Mi guía no se extraviará ni será desgraciado.

* [Es decir, Iblis por un lado y Adam y Hawá por otro]

(124) Pero quien se aparte de Mi recuerdo... Es cierto que tendrá una vida mísera y el Día del Levantamiento le haremos comparecer ciego.

(125) Dirá: Señor mío: ¿Por qué me has hecho comparecer ciego, si antes podía ver.

(126) Dirá: Del mismo modo que cuando te llegaron Nuestros signos los olvidastes, así hoy eres tú olvidado.

(127) De esta forma pagaremos a quien se haya excedido y no haya creído en los signos de tu Señor. Y el castigo de la Ultima Vida es realmente más severo y más durarero.

(128) ¿No les sirve de guía ver cómo antes de ellos destruimos generaciones enteras por cuyas moradas caminan? Es cierto que en ello hay signos para gente dotada de inteligencia.

(129) De no haber sido por una palabra previa de tu Señor y por la existencia de un plazo fijado, habría sido inevitable.

(130) Ten pues paciencia con lo que dicen y glorifica a tu Señor con la alabanza que Le es debida antes de la salida del sol y antes de su ocaso así como en parte de las horas de la noche.

Y en los (dos) extremos de la claridad diurna glorifícalo también, tal vez quedes satisfecho.

(131) Y no dirijas tu mirada hacia los placeres que hemos dado a algunos de ellos como flor de la vida de este mundo para ponerlos a prueba.

La provisión de tu Señor es mejor y más duradera.

(132) Ordena a tu gente el salat y persevera en él.

No te pedimos sustento, Nosotros te sustentamos.

Y el buen fin pertenece al temor (de Allah).

(133) Y dicen: ¿Cómo es que no nos trae un signo de su Señor?

¿Acaso no les llegó la evidencia de las primeras escrituras?

(134) Si les hubiésemos destruido por medio de un castigo antes de su venida, habrían dicho: ¡Señor nuestro! ¿Por qué no enviaste algún mensajero de manera que hubiéramos podido

seguir Tus signos antes de haber caído en la humillación y en la vergüenza?

(135) Di: Todos estamos a la espera, así que seguid esperando que ya sabréis quienes serán los compañeros del camino llano y quienes tendrán guía.

21. SURA DE LOS PROFETAS

Mequí, tiene 112 aleyas y descendió después de la sura de Ibrahım.

En el nombre de Allah, el Misericordioso, el Compasivo.

(1) Está cerca para los hombres el momento de rendir cuentas y sin embargo ellos, descuidados, se desentienden.

(2) No les llega ningún recuerdo nuevo de su Señor que no escuchen mientras juegan,

(3) con el corazón distraído. Y se dicen en secreto los injustos: ¿Quién es este sino un ser humano como vosotros? ¿Recurriréis a la magia cuando podéis ver?

(4) Di: Mi Señor sabe lo que se dice en los cielos y en la tierra y El es Quien oye y Quien sabe.

(5) No obstante dicen: Son delirios confusos, lo ha inventado, es un poeta. Que venga con una señal como las que se les mandaban a las comunidades primeras.

(6) Antes de ellos ninguna de las ciudades que destruimos creyó. ¿Van a creer ellos?

(7) Antes de ti no hemos enviado sino hombres que recibieron Nuestra inspiración, preguntad a la gente del Recuerdo si vosotros no sabéis.

(8) No les dimos cuerpos que no necesitaran alimento ni eran inmortales.

(9) Luego fuimos veraces en lo que habíamos prometido y los salvamos a ellos y a cuantos quisimos, destruyendo a los transgresores.

(10) Y es cierto que hemos hecho que descendiera a vosotros un Libro en el que está vuestro recuerdo. ¿No váis a razonar?

(11) ¿Cuántas ciudades que eran injustas arrasamos, dando origen después a otra gente?

(12) Cuando sintieron Nuestra furia, huyeron precipitadamente de ellas.

(13) No huyáis, volved a la vida placentera que llevabais y a vuestras moradas, tal vez se os pidan explicaciones.

(14) Dijeron: ¡Ay de nosotros! Verdaderamente hemos sido injustos.

(15) Y ésta fue su continua llamada hasta que los dejamos extintos, como mies segada.

(16) No hemos creado el cielo, la tierra y lo que entre ambos hay como un juego.

(17) Si quisiéramos tomar alguna distracción, de hacerlo, lo haríamos de junto a Nos.

(18) Sin embargo arrojamos la verdad contra la falsedad para que la derrote y entonces se desvanezca. Tendréis la perdición por lo que decíais.

(19) De El son quienes hay en los cielos y en la tierra; y quienes están a Su lado no dejan, por soberbia, de adorarle ni se cansan.

(20) Glorifican día y noche sin decaer.

(21) ¿Acaso los dioses de la tierra que han adoptado son capaces de devolver la vida?

(22) Si hubiera en ambos* otros dioses que Allah, se corromperían. ¡Gloria a Allah, el Señor del Trono, por encima de lo que le atribuyen!
* [En el cielo y en la tierra]

(23) A El no se le pedirán explicaciones de lo que hace, pero ellos sí serán preguntados.

(24) ¿Es que han tomado algún dios fuera de El? Di: Traed la prueba.
Este es el recuerdo de los que están conmigo y el recuerdo de los de antes. Sin embargo la mayoría de ellos no conoce la verdad y están descuidados.

(25) Antes de ti no enviamos ningún mensajero al que no le fuera inspirado: No hay dios excepto Yo. ¡Adoradme!

(26) Han dicho: El Misericordioso ha tomado un hijo. ¡Sea glorificado! Por el contrario son siervos distinguidos.

(27) No se Le adelantan en la palabra y actúan siguiendo lo que les manda.

(28) Sabe lo que tienen delante y lo que tienen detrás.
Sólo quien es aceptado puede interceder por ellos. Y están temerosos por miedo de El.

(29) Y quien de ellos diga: Yo soy un dios aparte de El... A ése le pagaremos con Yahannam. Así es como pagamos a los injustos.

(30) ¿Es que no ven los que se niegan a creer que los cielos y la tierra estaban juntos y los separamos? ¿Y que hemos hecho a partir del agua toda cosa viviente? ¿No van a creer?

(31) Y hemos puesto en la tierra cordilleras para que no se moviera con ellos encima. Y desfiladeros como caminos para que pudieran guiarse.

(32) E hicimos del cielo un techo protegido. Sin embargo ellos se apartan de Sus signos.

(33) El es Quien creó la noche y el día, el sol y la luna. Cada uno navega en una órbita.

(34) A ningún hombre anterior a ti le hemos dado la inmortalidad. Si tu has de morir, ¿Por qué iban a ser ellos inmortales?

(35) Toda alma ha de probar la muerte. Os pondremos a prueba con lo bueno y con lo malo y a Nosotros volveréis.

(36) Y cuando los que se niegan a creer te ven, no hacen sino tomarte a burla: ¿Es éste el que se acuerda de nuestros dioses? Mientras ellos reniegan del recuerdo del Misericordioso.

(37) El hombre ha sido creado de precipitación. Os haré ver Mis signos, no Me urjáis.

(38) Y dicen: ¿Cuándo tendrá lugar esta promesa si sois veraces?

(39) Si supieran los que se niegan a creer que llegará un momento en el que no podrán apartar de sus rostros y espaldas el Fuego ni serán socorridos.

(40) Y que por el contrario les llegará de repente, dejándolos desconcertados sin que puedan impedirlo ni se les dé ningún plazo de espera.

(41) Ciertamente se burlaron de los mensajeros anteriores a ti, sin embargo aquello mismo de lo que se burlaban atrapó a los que lo hacían.

(42) Di: ¿Quién os guardará de noche y de día del Misericordioso? ¿Y aún se apartan del recuerdo de su Señor?

(43) ¿Acaso tienen dioses que les puedan defender, fuera de Nosotros? Ni siquiera pueden ayudarse a sí mismos y menos aún librarse de Nosotros.

(44) No obstante a éstos les hemos dado cosas de las que disfrutar, así como a sus padres, y han tenido una larga vida.

¿Es que no ven que vamos a la tierra reduciéndola por sus extremos?* ¿Son ellos los vencedores?

* [Ver nota de la aleya 41 de la sura 13, el Trueno.]

45) Di: No hago sino advertiros tal y como se me ha inspirado pero los sordos no oyen la llamada cuando se les advierte.

(46) Bastaría con un soplo del castigo de tu Señor para que dijeran: ¡Ay de nosotros, realmente hemos sido injustos!

(47) Y pondremos las balanzas justas para el Día del Levantamiento y nadie sufrirá injusticia en nada.

Y aunque sea del peso de un grano de mostaza, lo tendremos en cuenta; Nosotros bastamos para contar.

(48) Y es verdad que ya les dimos a Musa y a Harún la Distinción y una iluminación y un recuerdo para los que tuvieran temor (de Allah).

(49) Esos que temen a su Señor sin haberle visto y están temerosos de la Hora.

(50) Esto es un Recuerdo Bendito que hemos descendido. ¿Lo negaréis?

(51) Es verdad que anteriormente le dimos a Ibrahim la dirección correcta para él y tuvimos conocimiento suyo

(52) cuando le dijo a su padre y a su gente: ¿Qué son estas estatuas a las que dedicáis vuestra adoración?

(53) Dijeron: Encontramos a nuestros padres adorándolas.

(54) Dijo: Realmente vosotros y vuestros padres estáis en un evidente extravío.

(55) Dijeron: ¿Nos traes la verdad o eres de los que juegan?

(56) Dijo: Muy al contrario. Vuestro Señor es el Señor de los cielos y de la tierra, Quien los creó.

Y yo soy uno de los que dan testimonio de ello.

(57) Y por Allah que he de tramar algo contra vuestros ídolos una vez que hayáis dado la espalda.

(58) Entonces los hizo pedazos con la excepción de uno grande que tenían, para que así pudieran volver su atención hacia él.

(59) Dijeron: ¿Quién ha hecho esto con nuestros dioses? Ciertamente es un injusto.

18

(60) Dijeron: Hemos oído a un joven referirse a ellos, le llaman Ibrahim.

(61) Dijeron: Traedlo a la vista de todos, quizás pueda atestiguar.

(62) Dijeron: ¿Eres tú el que has hecho esto con nuestros dioses, Ibrahim?

(63) Dijo: No; ha sido éste, el mayor de ellos. Preguntadle, si es que puede hablar.

(64) Volvieron sobre sí mismos y se dijeron entre sí: En verdad sois injustos.

(65) Luego, recayendo en su estado anterior, dijeron: ¡Sabes perfectamente que éstos no hablan!

(66) Dijo: ¿Es que adoráis fuera de Allah lo que ni os beneficia ni os perjudica en nada?

(67) ¡Lejos de mí vosotros y lo que adoráis fuera de Allah! ¿Es que no podéis razonar?

(68) Dijeron: Quemadlo y ayudad así a vuestros dioses, si sois capaces de actuar.

(69) Dijimos: Fuego, sé frío e inofensivo para Ibrahim.

(70) Pretendieron con ello hacer una trampa, pero ellos fueron los que más perdieron.

(71) Y a él y a Lut los pusimos a salvo en la tierra que habíamos hecho bendita para todos los pueblos.

(72) Y le concedimos a Ishaq y como obsequio a Yaqub, y a ambos los hicimos de los justos.

(73) Y los hicimos dirigentes que guiaban siguiendo Nuestra orden. Les inspiramos que hicieran buenas acciones, que establecieran la Oración y entregaran el zakat.
Y fueron fieles a Nuestra adoración.

(74) Y a Lut le dimos juicio y conocimiento; y lo salvamos de la ciudad que cometía las obscenidades.
Realmente era gente de mal que se había salido de la obediencia.

(75) Y le hicimos entrar en Nuestra Misericordia, es cierto que era de los justos.

(76) Y cuando anteriormente Nuh suplicó y le respondimos salvándolo a él y a su gente de la gran calamidad.

(77) Y lo protegimos de la gente que negaba la verdad de Nuestros signos, eran realmente gente de mal e hicimos que todos se ahogaran.

(78) Y Daud y Sulayman cuando juzgaron en relación al sembrado en el que una noche había entrado a pacer el ganado de alguien y fuimos testigos de su juicio.

(79) Pero le dimos comprensión de ello a Sulayman*. Y a ambos les dimos juicio y conocimiento. Y subordinamos las montañas a Daud para que le acompañaran en sus cantos de glorificación así como las aves. Y lo hicimos.

* [Dos hombres acudieron a Daud con un litigio, el ganado de uno de ellos había entrado de noche en el sembrado del otro y lo había destrozado. Daud sentenció que el dueño del sembrado se quedara con el ganado del otro. Pero Sulayman al enterarse le sugirió a su padre que el dueño del ganado se ocupara de cuidar la tierra hasta devolverla a su estado inicial y mientras tanto se quedara con el ganado del otro beneficiándose de su leche y lana como compensación por su pérdida, lo cual fue aceptado por Daud que modificó su juicio. Sulayman tenía once años.]

(80) Y le enseñamos a hacer cotas de malla para vuestro beneficio, para que así pudierais protegeros de vuestra agresividad. ¿Estaréis agradecidos?

(81) Y a Sulayman (le subordinamos) el viento tempestuoso que corría obedeciendo su mandato hasta la tierra que habíamos bendecido. Fuimos Conocedores de cada cosa.

(82) Y había demonios que buceaban para él* realizando aparte de eso otros trabajos.
Eramos sus Guardianes.
* [Buscando perlas y gemas]

(83) Y Ayyub cuando imploró a su Señor: El mal me ha tocado pero Tú eres el más Misericordioso de los misericordiosos.

(84) Y le respondimos apartando de él el mal que tenía. Y le devolvimos a su familia dándole además otro tanto, como misericordia de Nuestra parte y recuerdo para los adoradores.

(85) E Ismail, Idris y Dhul-Kifl* todos de la gente de constancia.
* [Se dice que es Ilyas y se dice que Zakariya. Y se dice que un profeta enviado a un sólo hombre e incluso que no era un profeta sino un hombre justo. Dhul-Kifl significa el dotado de suerte procedente de Allah.]

(86) Los pusimos bajo Nuestra misericordia, es cierto que eran de los justos.

(87) Y Dhun-Nun* cuando se marchó enfadado sin pensar que lo
íbamos a poner en aprietos. Así clamó en las tinieblas*: No
hay dios sino Tú, Gloria a Ti. Verdaderamente he sido de los
injustos.*

* [Yunus]

* [La noche, el fondo del mar, el vientre de la ballena].

* [Yunus había sido enviado a la ciudad de Nínive y sus habitantes lo habían
negado. Entonces él los amenazó con el castigo y los dejó. Cuando tuvieron
certeza de ello, se marcharon todos al desierto con familias y bienes y allí suplicaron a Allah que les levantara el castigo. Yunus mientras tanto había em-
barcado en el mar y el barco zozobró; sus ocupantes decidieron entonces que
uno de ellos debía ser arrojado al mar para poder salvarse. Al echar a suertes
le tocó a Yunus por tres veces consecutivas y así fue arrojado al mar donde
se lo tragó la ballena.]

(88) Y le respondimos y lo libramos de la angustia. Así es como
salvamos a los creyentes.

(89) Y Zakariyya cuando llamó a su Señor: ¡Señor mío! No me
dejes solo. Y tú eres el mejor de los herederos.

(90) Y le respondimos y le concedimos a Yahya restableciendo
para él a su esposa. Todos ellos se apresuraban a las buenas
acciones, Nos pedían con anhelo y temor y eran humildes
ante Nos.

(91) Y aquella que conservó su virginidad*, soplamos en ella parte
de Nuestro espíritu e hicimos de ella y de su hijo un signo
para todos los mundos.

* [Maryam]

(92) Verdaderamente la nación que formáis es una y Yo soy vuestro Señor, adoradme pues.

(93) Pero escindieron entre ellos lo que tenían, todos han de volver a Nosotros.

(94) Quien practique las acciones de bien y sea creyente...
No habrá ingratitud para su esfuerzo y verdaderamente se lo
escribiremos.

(95) Es inexorable para una ciudad que hemos destruído, ya no
volverán.

(96) Hasta que no se les abra* a Yayuy y Mayuÿ y aparezcan pre-
cipitándose desde cada lugar elevado.

* [Es decir, la barrera que los retiene]

(97) La promesa de la verdad se acerca, y cuando llegue, las miradas de los que se negaron a creer se quedarán fijas : ¡Ay de nosotros estábamos desentendidos de ésto y fuimos injustos!

(98) Ciertamente que vosotros y lo que adorabais fuera de Allah seréis combustible de Yahannam donde entraréis.

(99) Si éstos hubieran sido dioses no habríais entrado en él. Allí serán todos inmortales.

(100) En él se lamentarán suspirando y no podrán oír.

(101) Aquellos para los que hayamos decretado de antemano "lo más hermoso" estarán alejados de él.

(102) No oirán su crepitar y serán inmortales en lo que sus almas deseen.

(103) El Gran Espanto no les afligirá y los ángeles saldrán a su encuentro: Este es el día que se os había prometido.

(104) El día en que enrollemos el cielo como un manuscrito.
Igual que comenzamos por vez primera la creación, la repetiremos, es una promesa a la que Nos comprometemos. Es cierto que hacemos las cosas.

(105) Ya habíamos escrito en los Salmos después del Recuerdo* que Mis siervos justos heredarían la tierra.
* [Alusión a la Torá o a la Tabla Protegida.]

(106) Realmente en esto hay suficiente mensaje para la gente de adoración.

(107) Y no te hemos enviado sino como misericordia para todos los mundos.

(108) Di: Se me ha inspirado en verdad que vuestro dios es un Unico Dios. ¿Seréis de los que se someten?*
* [Musulmanes]

(109) Pero si se apartan, di: Os he dado el mensaje a todos por igual. No sé cuán lejos o cerca está lo que os he prometido.

(110) El sabe de cierto lo que se habla en voz alta y sabe lo que calláis.

(111) Y no sé si tal vez se trate de una prueba para vosotros dejándoos disfrutar hasta un tiempo.

(112) Di: ¡Señor mío! Juzga con la verdad. Nuestro Señor es el Misericordioso, Aquel a Quien recurrir contra lo que atribuís.

22. SURA DE LA PEREGRINACION

Medinense a excepción de las aleyas 52, 53, 54 y 55 que están entre Meca y Medina. Tiene 78 aleyas y descendió después de la Sura de la Luz.

En el nombre de Allah el Misericordioso, el Compasivo.

(1) ¡Hombres! Temed a vuestro Señor, pues en verdad el temblor de la Hora será algo terrible.

(2) El día que la veáis, las mujeres que estén amamantando se despreocuparán de lo que estén amamantando y las embarazadas darán a luz lo que lleven en sus vientres y verás a los hombres ebrios pero no estarán ebrios, sino que el castigo de Allah será intenso.

(3) Pero hay algunos que te discuten sobre Allah sin conocimiento y siguen a todo demonio rebelde.

(4) Se ha prescrito en relación a' él, que quien lo tome por protector, será extraviado y lo conducirá al castigo del Sair.

(5) ¡Hombres! Si estáis en duda sobre la vuelta a la vida...
Ciertamente os creamos a partir de tierra, de una gota de esperma, de un coágulo, de carne bien formada o aún sin formar, para hacéroslo claro.
Y en las matrices vamos conformando lo que queremos hasta que se cumple un plazo determinado y luego hacemos que salgáis siendo niños y que después alcancéis la madurez;
y de vosotros hay unos que son llevados y otros a los que dejamos llegar hasta la edad más decrépita de la vida para que después de haber sabido no sepan nada.
Y ves la tierra yerma, pero cuando hacemos caer agua sobre ella se agita, se hincha y da toda clase de espléndidas especies.

(6) Eso es porque Allah es la Verdad y porque El da vida a lo muerto y tiene poder sobre todas las cosas.

(7) Y porque la Hora viene, no hay duda en ello, y Allah levantará a los que están en las tumbas.

(8) Hay hombres que discuten sobre Allah sin tener conocimiento, ni guía, ni Libro luminoso.

(9) Dando la espalda con soberbia para extraviarse del camino de Allah. Tendrán deshonra en esta vida, y en el Día del Levantamiento el castigo del Hariq.

(10) Esto es por lo que sus manos presenten y porque Allah no es injusto con los siervos.

(11) Y hay hombres que adoran a Allah como al borde de un precipicio; si les viene un bien se tranquilizan con ello pero si les viene una prueba cambian de cara perdiendo esta vida y la otra. Esa es la auténtica perdición.

(12) Invocan fuera de Allah lo que ni les daña ni les beneficia. Ese es el profundo extravío.

(13) Invocan a aquel cuyo daño está más próximo que su beneficio. ¡Qué mal protector y qué mal compañero!

(14) Es cierto que Allah hará entrar a quienes creen y practican las acciones de bien en jardines por cuyo suelo corren los ríos. Verdaderamente Allah hace lo que quiere.

(15) Quien piense que Allah no va a ayudarle* en esta vida y en la Ultima que eche una cuerda al techo* y se ahorque, y que mire si su astucia elimina lo que le mortificaba.

* [Esta aleya tiene dos interpretaciones principales. La primera entiende que el pronombre "le" de "ayudarle" se refiere al Profeta y la segunda que se refiere a "quien". Esta es la que prefiere Ibn Yuzay por considerar que sigue el sentido de las aleyas anteriores y en particular con la 11.]

* [El término árabe significa literalmente "cielo" que expresa también cualquier cosa que está encima y de ahí haber traducido techo; no obstante y según la primera interpretación podría traducirse también: "...que extienda una cuerda al cielo e intente cortar la ayuda..."]

(16) Así es como lo hemos hecho descender en signos claros, es cierto que Allah guía a quien quiere.

(17) Los que creen, los que practican el judaísmo, los sabeos, los cristianos, los adoradores del fuego y los que asocian... Allah hará distinciones entre ellos el Día del Levantamiento, realmente Allah es Testigo de cada cosa.

(18) ¿Es que no ves que ante Allah se postra cuanto hay en los cielos y en la tierra, la tierra, el sol, la luna, las estrellas, los árboles, las bestias y muchos de los hombres? Y hay muchos también que deben ser castigados. A quien Allah envilece no hay quien lo honre, es cierto que Allah hace lo que quiere.

(19) Son dos adversarios que discuten sobre su Señor.
A los que no creyeron se les cortarán vestidos de fuego y se les derramará agua hirviendo sobre la cabeza.

(20) Con ella se derretirá lo que haya en sus vientres y la piel.

(21) Y habrá para ellos mazas de hierro.

(22) Cada vez que angustiados quieran salir de allí, serán devueltos. ¡Gustad el castigo del Hariq!

(23) Es cierto que Allah hará que los que creen y practican las acciones de bien entren en jardines por cuyo suelo corren los ríos; allí seran adornados con brazaletes de oro y perlas y su vestido será seda.

(24) Dirigíos a la palabra buena, dirigíos al camino digno de alabanza.

(25) En verdad que a los que se niegan a creer y apartan del camino de Allah y de la Mezquita Inviolable que hemos establecido para los hombres, tanto para el residente en ella como para el visitante, y a los que busquen en ella cualquier desviación con injusticia, les haremos probar un doloroso castigo.

(26) Y cuando preparamos para Ibrahim el lugar de la Casa: No asocies nada conmigo, purifica Mi casa para los que dan vueltas alrededor de ella y los que rezan en pie, inclinados y postrados.

(27) Y llama a la gente a la Peregrinación, que vengan a ti a pie o sobre cualquier montura, que vengan desde cualquier remoto camino.

(28) Para que den testimonio de los beneficios que han recibido y mencionen el nombre de Allah en días determinados sobre los animales de rebaño que les he proporcionado. Así pues comed de ellos y alimentad al desvalido y al necesitado.

(29) Luego que se limpien de la suciedad, que cumplan sus votos y que den las vueltas a la Casa Antigua.

(30) Así ha de ser, y quien sea reverente con las cosas inviolables de Allah, será mejor para él ante su Señor.
Son lícitos para vosotros los animales de rebaño con la excepción de los que se os han mencionado. Pero absteneos de la abominación que son los ídolos así como de la palabra falsa.

(31) Reconociendo la unidad de Allah* y sin asociarle nada. Quien asocia algo a Allah es como si se cayera del cielo y las aves de rapiña se lo llevaran o el viento lo remontara hasta un lugar lejano.
* [Como hanifes]

(32) Así es; y quien sea reverente con los ritos de Allah... ello es parte del temor de los corazones.

(33) En ellos hay beneficios para vosotros hasta un término fijado, luego su conclusión* tiene lugar en la Casa Antigua.
* [Finalizando el estado de inviolabilidad y con el tawaf al-Ifada. Esta interpretación es mencionada por el Imam Malik en el Muwata.]

(34) Para cada comunidad hemos instituido un lugar de ritos, para que mencionen el nombre de Allah sobre las cabezas de ganado que les hemos proporcionado.
Así pues, vuestro dios es un Unico Dios, someteos a El.
Y anuncia las buenas noticias a los sumisos.

(35) Esos cuyo corazón se estremece cuando el nombre de Allah es recordado y tienen paciencia con lo que les viene.
Esos que establecen el salat y gastan de la provisión que les damos.

(36) Y hemos hecho para vosotros los camellos corpulentos como parte de los ritos de Allah, en ellos tenéis un bien. Recordad el nombre de Allah sobre ellos cuando estén alineados y una vez hayan caído sobre sus costados; después comed de ellos y alimentad a los necesitados y a los mendigos. Así es como os los hemos subyugado para que quizás fuérais agradecidos.

(37) Ni su sangre ni su carne ascienden a Allah, lo que llega a Allah es vuestro temor de El.
Así es como os los ha puesto a vuestro servicio para que ensalcéis a Allah por haberos guiado.
Y da las buenas noticias a los que hacen el bien.

(38) Es cierto que Allah defiende a los que creen. Allah no ama a ningún traidor, renegado.

(39) A quienes luchen por haber sido víctimas de alguna injusticia, les está permitido luchar y verdaderamente Allah tiene poder para ayudarles.*
* [Esta es la primera aleya que descendió dando autorización para la lucha y fue revelada en el momento de la emigración a Medina.]

(40) Los que fueron expulsados de sus casas sin derecho, sólo porque habían dicho: Nuestro Señor es Allah. Si Allah no se hubiera servido de unos hombres para combatir a otros, habrían sido destruidas ermitas, sinagogas, oratorios y mezquitas, donde se menciona en abundancia el nombre de Allah. Es cierto que Allah ayudará a quien le ayude.
Verdaderamente Allah es Fuerte y Poderoso.

(41) Esos que si les damos poder en la tierra establecen el salat, entregan el zakat y ordenan lo reconocido como bueno y prohiben lo reprobable.
A Allah pertenece el resultado de los asuntos.

(42) Y si niegan la verdad... Ya lo hicieron antes que ellos la gente de Nuh, Ad y Zamud.

(43) Así como la gente de Ibrahim y la gente de Lut.

(44) Y los compañeros de Madyan. Y también Musa fue tachado de mentiroso. Consentí por un tiempo a los que se negaban a creer pero luego los sorprendí. Y cómo fue Mi reprobación.

(45) ¡Cuántas ciudades que eran injustas hemos destruido quedando en ruinas sobre sus cimientos! ¡Y cuántos pozos quedaron desiertos y cuántos elevados palacios!

(46) ¿Es que no van por la tierra teniendo corazones con los que comprender y oídos con los que escuchar?
Y es verdad que no son los ojos los que están ciegos sino que son los corazones que están en los pechos los que están ciegos.

(47) Te apremian con el castigo pero Allah no falta a Su promesa. Es cierto que un día junto a tu Señor es como mil años de los que contáis.

(48) A cuántas ciudades que eran injustas dejamos seguir para luego castigarlas. Hacía Mí se ha de volver.

(49) Di: ¡Hombres! Yo sólo soy para vosotros un claro advertidor.

(50) Los que crean y lleven a cabo las acciones de bien, tendrán perdón y una generosa provisión.

(51) Y quienes se esfuerzan en eliminar Nuestros signos pensando que ganarán, ésos son los compañeros del Yahim.

(52) Antes de ti no hemos enviado ningún mensajero ni profeta al que no le ocurriera que al recitar (lo que le era inspirado), no interpusiera el Shaytán algo en su recitación.

Pero Allah anula lo que el Shaytán inspira.

Luego Allah afirma Sus signos y Allah es Conocedor, Sabio.

* [Según Ibn Yuzay y otros reconocidos comentaristas, la causa del descenso de esta aleya es que el Profeta, que Allah le dé Su gracia y paz, recitó la sura del Astro en la Mezquita Haram de Meca en presencia de un grupo de asociadores y de musulmanes y cuando llegó a las palabras: "¿Qué opinión os merecen al-Lata y al Uzza y Manawa, la tercera, la otra?", el Shaytán intercaló "Estas son las preciosas más altas cuya intercesión se espera". Y los asociadores al oír esto se alegraron y dijeron: "Muhammad habla de nuestras divinidades según nuestros deseos". No obstante se discrepa sobre el cómo de esta intercalación, siendo la opinión más admitida y admisible, que Shaytán dijo estas palabras haciendo creer a la gente que procedían del Profeta y entonces descendió esta aleya.

No obstante hay comentaristas que ponen en duda este relato; en concreto el Qadi Iyad rechaza esta transmisión por dudar de su veracidad. Según esto último habría que traducir, siguiendo el significado más corriente de la voz "amniya" y de su forma verbal, como deseo o algo que se espera: "Antes de ti no hemos enviado ningún mensajero ni profeta que cuando deseara algo, el Shaytán no interpusiera algún susurro en sus deseos..."]

(53) Para hacer de lo que infunde el Shaytán una prueba para los que tienen una enfermedad en el corazón y los que lo tienen endurecido.

Es cierto que los injustos están en una profunda oposición.

(54) Y para que sepan aquéllos a los que se les ha dado el conocimiento que es la verdad que viene de tu Señor, crean en ello y se tranquilicen así sus corazones. Realmente Allah es el Guía de los que creen y los conduce a un camino recto.

(55) Y los que se niegan a creer no dejarán de dudar acerca de ello hasta que no les llegue de repente la Hora o el castigo de un día sin continuidad.

(56) Ese día el dominio será de Allah que juzgará entre ellos.

Los que hayan creído y llevado a cabo la acciones de bien estarán en los Jardines de la Delicia.

(57) Y quienes hayan descreído y negado la verdad de Nuestros signos, ésos tendrán un castigo envilecedor.

(58) Y los que hayan emigrado en el camino de Allah y luego los hayan matado o hayan muerto, Allah les dará una hermosa provisión; es cierto que Allah es el mejor en proveer.

(59) Y les hará entrar por una entrada que les complacerá.

Verdaderamente Allah es Conocedor, Benévolo.

(60) Así es. Y quien devuelva una injusticia con otra semejante a la que se le hizo y luego se cometa algún abuso contra él, es cierto que Allah le ayudará. Allah es Indulgente, Perdonador.

(61) Eso es porque Allah es Quien hace que la noche penetre en el día y el día penetre en la noche y porque Allah es Quien oye y Quien ve.

(62) Eso es porque Allah es la Verdad y lo que invocáis aparte de El es lo falso. Allah es el Excelso, el Grande.

(63) ¿Es que no ves que Allah hace que caiga agua del cielo y con ella reverdece la tierra?
Verdaderamente Allah es Benévolo, Conocedor al detalle.

(64) Suyo es lo que hay en los cielos y en la tierra y realmente El es el Rico, el Digno de alabanza.

(65) ¿Es que no ves que Allah ha puesto a vuestro servicio todo lo que hay en la tierra así como la nave que navega por el mar gracias a Su mandato y que sostiene el cielo para que no caiga sobre la tierra a menos que sea con Su permiso?
Es cierto que Allah es para todos los hombres Clemente y Compasivo.

(66) El es Quien os dio la vida, luego os hará morir y luego os dará la vida. En verdad el hombre es desagradecido.

(67) A cada comunidad le hemos dado unos ritos que debe cumplir; que no te discutan las órdenes. Llama (a la gente) a tu Señor. Y ten la seguridad de que sigues una guía recta.

(68) Y si te discuten di: Allah sabe lo que hacéis.

(69) Allah juzgará entre vosotros el Día del Levantamiento sobre aquello en lo que discrepabais.

(70) ¿Es que no sabes que Allah conoce lo que hay en el cielo y en la tierra? Está todo en un Libro; verdaderamente eso es fácil para Allah.

(71) Y adoran, fuera de Allah, aquello sobre lo que no se ha hecho descender ningún poder y sobre lo que carecen de conocimiento. No hay nadie que pueda auxiliar a los injustos.

(72) Y cuando se les recitan Nuestros signos claros reconoces la repulsa en el rostro de los que se niegan a creer, poco les falta para abalanzarse contra los que recitan Nuestros signos.

Di: ¿Queréis saber algo peor que eso?: El fuego que Allah ha prometido a los que se nieguen a creer! ¡Qué mal lugar de vuelta!

(73) ¡Hombres! Se os pone un ejemplo, prestadle atención: Los que invocáis fuera de Allah no serían capaces ni de crear una mosca, aunque se juntaran para ello. Y si una mosca les quitara algo no podrían recuperarlo.

¡Qué débil buscador y qué débil buscado!

(74) No han apreciado a Allah en Su verdadera magnitud. Realmente Allah es Fuerte, Irresistible.

(75) Allah escoge mensajeros entre los ángeles y entre los hombres. Es verdad que Allah es Quien oye y Quien ve.

(76) Sabe lo que hay por delante y lo que hay por detrás de ellos y a El vuelven todos los asuntos.

(77) ¡Vosotros que creéis!: Inclinaos y postraos, adorad a vuestro Señor y haced el bien para que así podáis tener éxito.

(78) Luchad por Allah como se debe luchar por El.

El os ha elegido y no ha puesto ninguna dificultad en la Práctica de Adoración, la religión de vuestro padre Ibrahim, él os llamó antes musulmanes.

El Mensajero es testigo para vosotros de ello así como vosotros lo sois para los hombres.

Así pues, estableced el salat, entregad el zakat y aferraos a Allah. El es vuestro Dueño.

¡Qué excelente Dueño y qué excelente Protector!

23. SURA DE LOS CREYENTES

Mequí. Tiene 118 aleyas y descendió después de la sura de los Profetas.

En el nombre de Allah, el Misericordioso, el Compasivo

(1) Habrán triunfado los creyentes.

(2) Aquellos que en su salat están presentes y se humillan.

(3) Los que de la frivolidad se apartan.

(4) Los que hacen efectivo el zakat.

(5) Y preservan sus partes privadas

(6) excepto con sus esposas o las que poseeen sus diestras en cuyo caso no son censurables.

(7) Pero quien busque algo más allá de eso... Esos son los transgresores.

(8) Y aquéllos que con lo que se les confía y de sus compromisos son cumplidores.

(9) Y los que cumplen sus oraciones*.

* [Preceptivas, los salats]

(10) Ellos son los herederos,

(11) que heredarán el Firdaus, donde serán inmortales.

(12) En verdad creamos al hombre de una esencia extraída del barro.

(13) Luego hicimos que fuera una gota de esperma dentro de un receptáculo seguro.

(14) Luego transformamos la gota de esperma creando un coágulo de sangre y el coágulo de sangre creando un trozo de carne y el trozo de carne en huesos que revestimos de carne haciendo de ello otra criatura.
Bendito sea Allah, el mejor de los creadores.

(15) Y luego, después de eso, tendréis que morir.

(16) Después, el Día del Levantamiento, seréis devueltos a la vida.

(17) Y hemos creado por encima de vosotros siete vías.
No estamos descuidados de la Creación.

(18) Hacemos que caiga agua del cielo en una determinada cantidad y la asentamos en la tierra, pero es cierto que tenemos poder como para llevárnosla.

(19) Y por medio de ella originamos para vosotros jardines de palmeras y vides de los que obtenéis muchos frutos y de los que coméis.

(20) Y un árbol que crece en el monte Sinaí que produce grasa y aderezo para disfrute de los que lo comen.

(21) Y por cierto que en los animales de rebaño tenéis una lección: Os damos de beber de lo que hay en sus vientres y de ellos obtenéis muchos beneficios. De ellos coméis.

(22) Y ellos y las naves os sirven de transporte.

(23) Enviamos a Nuh a su gente y dijo: Gente mía, adorad a Allah no tenéis otro dios que El. ¿No váis a temerle?

(24) Y dijeron los magnates, que eran los que de su pueblo se habían negado a creer: No es más que un hombre como vosotros que busca la supremacía entre vosotros, si Allah hubiera querido habría hecho bajar ángeles.

No habíamos oído nada de esto a nuestros primeros padres.

(25) No es más que un hombre poseso, dadle un tiempo de espera.

(26) Dijo: ¡Señor mío, ayúdame ya que me tratan de mentiroso!

(27) Entonces le inspiramos: Construye una nave bajo Nuestra mirada e inspiración.

Cuando Nuestra orden llegue y el horno se inunde*, embarca en ella a dos ejemplares de cada especie y a tu gente con la excepción de aquel contra el que se haya decretado una palabra previa.

Y no me hables en favor de los injustos pues en verdad han de perecer ahogados.

* [Según algunos comentaristas la expresión "horno" se refiere a la tierra. Sin embargo hay muchos que entienden esto como un signo que Allah dispuso para indicar a Nuh cuando comenzaría la destrucción de su pueblo.]

(28) Cuando Tú y quienes están contigo hayáis subido en la nave, di: Las alabanzas pertenecen a Allah que nos ha salvado de la gente injusta.

(29) Y di: ¡Señor mío! Haz que arribe a un lugar bendito.

Tú eres el mejor en hacer llegar a buen término.

(30) Es cierto que en eso hay signos. No hicimos sino ponerlos a prueba.

(31) Luego, una vez pasaron, originamos otra generación.

(32) Y les enviamos un mensajero que era uno de ellos: Adorad a Allah, no tenéis otro dios que Él.
¿No vais a temerle?

(33) Dijeron los magnates, que eran los que de su gente no creían y negaban la veracidad del encuentro de la Ultima Vida y a quienes habíamos dado una vida regalada en este mundo: ¿Quien es éste sino un humano como vosotros que come de lo que coméis y bebe de lo que bebéis?

(34) Si obedecéis a un hombre que es como vosotros, estáis perdidos.

(35) Os asegura que cuando estéis muertos y seáis tierra y huesos se os hará salir;(de las tumbas).

(36) Qué lejos, qué remoto es lo que os asegura.

(37) Sólo existe esta vida nuestra de aquí, vivimos y morimos y no seremos devueltos a la vida.

(38) No es mas que un hombre que ha inventado una mentira sobre Allah, nosotros no le creemos.

(39) Dijo: ¡Señor mío! Auxíliame ya que me tratan de mentiroso.

(40) Dijo: Pronto os arrepentiréis.

(41) El grito de la verdad los agarró y los dejamos convertidos en despojos. Fuera con la gente injusta.

(42) Después, una vez pasaron, originamos otras generaciones.

(43) Ninguna comunidad puede adelantar o atrasar su plazo.

(44) Luego fuimos enviando sucesivamente a Nuestros mensajeros. Cada vez que uno de los mensajeros llegaba a una comunidad era tachado de mentiroso.
Fueron pasando unas tras otras y las convertimos en casos ejemplares. ¡Fuera con una gente que no cree!.

(45) Después enviamos a Musa y a su hermano Harun con Nuestros signos y un poder visible

(46) a Firaún y su corte, pero ellos se llenaron de soberbia y fueron altivos.

(47) Dijeron: ¿Cómo vamos a creer en dos seres humanos como nosotros cuyo pueblo es esclavo nuestro?

(48) Negaron la verdad que decían y fueron destruídos.

(49) Y le dimos el Libro a Musa para que pudieran guiarse.

(50) E hicimos del hijo de Maryam y de su madre un signo. A ambos les dimos cobijo en una colina fértil con agua corriente.

(51) Mensajeros, comed de las cosas buenas y obrad con rectitud que Yo sé lo que hacéis.

(52) Y realmente vuestra comunidad es una única comunidad y Yo soy vuestro Señor, por lo tanto tened temor de Mí.

(53) Pero fragmentaron lo que tenían, en escrituras.
Y cada facción quedó contenta con lo suyo.

(54) Déjalos en su confusión hasta que llegue un momento.

(55) ¿Acaso creen que esas riquezas e hijos que con tanta largueza les concedemos...

(56) son porque somos solícitos con ellos en darles bienes?
Por el contrario no se dan cuenta.

(57) En verdad los que están estremecidos por temor de su Señor,

(58) ésos que creen en los signos de su Señor,

(59) y que no asocian a otros con su Señor

(60) los que dan de lo que se les da y sienten temor en su corazón porque saben que han de retornar a su Señor,

(61) ésos son los que se apresuran en hacer el bien y son primeros en ello.

(62) No obligamos a nadie sino en la medida de su capacidad.
Junto a Nos hay un Libro que dice la verdad y ellos no sufrirán ninguna injusticia.

(63) Pero sus corazones están cerrados a ello y además hay acciones que no podrán sino llevar a cabo.

(64) Hasta que sorprendamos con el castigo a los que de ellos han caído en la vida fácil, entonces pedirán socorro.

(65) No pidáis socorro hoy porque no recibiréis auxilio de Nosotros

(66) Ya se os recitaron Mis signos pero os volvísteis sobre vuestros talones.

(67) Llenos de soberbia por ello, habláis groseramente en reuniones nocturnas.

(68) ¿Acaso no han meditado la Palabra? ¿O es que les ha llegado algo que no les llegara ya a sus primeros padres?

(69) ¿O es que no reconocen a Su Mensajero y por ello lo niegan?

(70) ¿O es que dicen: Está poseído? Por el contrario les ha llegado la verdad pero a la mayoría de ellos la verdad les repugna.

(71) Si la verdad siguiera sus deseos, los cielos y la tierra y lo que hay en ellos se corromperían.
Por el contrario les hemos traído su recuerdo, pero ellos se apartan de lo que les hace recordar.

(72) ¿O es que les pides un tributo? El tributo de tu Señor es mejor. El es Quien mejor provee.

(73) Y verdaderamente tú los llamas a un camino recto.

(74) Pero los que no creen en la Otra Vida están desviados del camino.

(75) Y aunque tuviéramos misericordia con ellos y los libráramos del mal que les afecta, persistirían en andar errantes fuera de los límites.

(76) Ya les habíamos tocado con el castigo y no se humillaron ni suplicaron ante su Señor.

(77) Pero llegará un momento en que les abramos una puerta que da a un castigo intenso y queden en él sin esperanza.

(78) El es Quien ha creado para vosotros el oído, la vista y el corazón. Poco es lo que agradecéis.

(79) Y El es Quien os ha repartido por la tierra y hacia El iréis a reuniros.

(80) El es Quien os da la vida y os da la muerte y Suya es la alternancia de la noche y el día. ¿No váis a entender?

(81) Sin embargo hablan como hablaban los primitivos.

(82) Decían: ¿Acaso cuando hayamos muerto y seamos tierra y huesos se nos devolverá a la vida?

(83) Ya se nos amenazó con esto a nosotros y a nuestros padres antes, pero no son más que patrañas de los antiguos.

(84) Di: ¿De Quien son la tierra y los que hay en ella si es que sabéis?

(85) Dirán: De Allah. Di: ¿Es que no vais a recapacitar?

(86) Di: ¿Quien es el Señor de los siete cielos y del Trono Inmenso?

(87) Dirán: Son de Allah. Di: ¿No Le temeréis?

(88) Di: ¿Quien tiene en Sus manos el dominio de todas las cosas y ampara pero no es amparado, si sabéis?

(89) Dirán: Allah. Di: ¿Por qué entonces estáis hechizados?

(90) Pero aunque les hemos traído la verdad ellos mienten.

(91) Allah no ha tomado hijo alguno ni hay con Él ningún dios. Porque si así fuera cada dios se llevaría lo que hubiera creado y se dominarían unos a otros.

¡Ensalzado sea Allah por encima de lo que Le puedan atribuir!

(92) El conoce el No-Visto y lo Aparente, sea ensalzado por encima de lo que Le asocian.

(93) Di: ¡Señor mío! Si me muestras lo que les has prometido

(94) no me pongas con la gente injusta.

(95) Verdaderamente tenemos poder para mostrarte lo que les hemos prometido.

(96) Responde a la maldad de la mejor manera. Nosotros sabemos mejor lo que atribuyen.

(97) Y di: Señor, en Ti me refugio de los susurros de los demonios.

(98) Y me refugio en Ti de su presencia.

(99) Y cuando le llegue la muerte a uno de ellos, entonces dirá: Señor déjame volver

(100) para que pueda actuar con rectitud en lo que descuidé.

Pero no, sólo son palabras que dice.

Ante ellos habrá un período intermedio hasta que llegue el día en que sean devueltos a la vida.

(101) Entonces se soplará el cuerno. Ese día no habrá entre ellos consanguinidad ni se preguntarán unos a otros.

(102) Aquellos cuyas obras pesen en la balanza...

Esos serán los afortunados.

(103) Y aquellos cuyas obras no tengan peso en la balanza...

Esos serán los que se habrán perdido a sí mismos y serán inmortales en Yahannam.

(104) El Fuego les abrasará la cara y quedarán desfigurados.*

* [La expresión árabe sugiere la cara de un perro cuando enseña los dientes o cuando se asa la cabeza de un cordero y quedan los dientes a la vista]

(105) ¿Acaso no se os recitaron Mis signos y vosotros negasteis su verdad?

(106) Dirán: ¡Señor nuestro! Nuestra propia desgracia pudo más que nosotros y fuimos gente extraviada.

(107) ¡Señor nuestro! Sácanos de él y si reincidimos, entonces seremos injustos.

(108) Dirá: Sed arrojados en él con desprecio y no Me habléis.

(109) Es cierto que había una parte de Mis siervos que decía: ¡Señor nuestro! Creemos, perdónanos y ten misericordia de nosotros; Tú eres el mejor de los misericordiosos.

(110) Los tomasteis a burla hasta el punto de olvidar Mi recuerdo y os reísteis de ellos.

(111) Verdaderamente hoy les hemos recompensado porque fueron pacientes y ellos son los que han tenido éxito.

(112) Dirá: ¿Cuántos años estuvisteis en la tierra?

(113) Dirán: Estuvimos un día o parte de un día, pregunta a los que pueden contar.

(114) Dirá: Fue poco lo que estuvisteis, si hubierais sabido.

(115) ¿Acaso pensasteis que os habíamos creado únicamente como diversión y que no habríais de volver a Nosotros?

(116) ¡Ensalzado sea Allah, el Rey Verdadero, no hay dios sino El, el Señor del noble Trono.

(117) Quien invoque a otro dios junto a Allah sin tener pruebas, tendrá que rendir cuentas ante su Señor. En verdad que los que se niegan a creer no tendrán éxito.

(118) Y di: ¡Señor mío! Perdona y ten misericordia, Tú eres el mejor de los misericordiosos.

24. SURA DE LA LUZ

Medinense. Tiene 64 aleyas y descendió después de la sura de "La Concentración".

En el nombre de Allah, el Misericordioso, el Compasivo.

(1) Es una sura que hemos hecho descender, haciendo de ella un precepto y revelando en ella signos claros para que podáis recordar.

(2) A la fornicadora y al fornicador, dadle a cada uno de ellos cien azotes y si creéis en Allah y en el Ultimo Día, que no se apodere de vosotros ninguna compasión por ellos que os impida cumplir el juicio de Allah.

Y que estén presentes siendo testigos de su castigo un grupo de creyentes.

(3) Un hombre que haya fornicado sólo habrá podido hacerlo con una fornicadora o con una asociadora y una mujer que haya fornicado sólo habrá podido hacerlo con un fornicador o un asociador.

Y esto es ilícito para los creyentes.*

* [La expresión más aparente de esta aleya sería: "El fornicador sólo podrá desposar a una fornicadora o a una asociadora..."; sin embargo la mayor parte de los comentaristas han interpretado siempre que el término "desposar" significa más bien cohabitar o fornicar, es decir que un fornicador o una fornicadora sólo tendrán relación con alguien que sea de su condición puesto que no es propio de creyentes cometer tal acto. No obstante incluso si la aleya se toma en su significado más aparente, en el sentido de que un fornicador sólo puede desposar a una fornicadora etc..., la aleya habría sido posteriormente abrogada en su juicio legal, según la opinión de una mayoría. Y finalmente también puede entenderse en el sentido de que no es propio que un fornicador se case excepto con alguien de su condición aunque lo contrario no esté prohibido.]

(4) Y a los que acusen a las mujeres honradas sin aportar seguidamente cuatro testigos, dadles ochenta azotes y nunca más aceptéis su testimonio.

Esos son los descarriados.

(5) A excepción de los que se retracten después de haberlo hecho y rectifiquen, pues en verdad Allah es Perdonador y Compasivo.

(6)   Y los que acusen a sus esposas sin tener más testigos que ellos mismos, deberán jurar cuatro veces por Allah que dicen la verdad.

(7)   Y una quinta pidiendo que caiga la maldición de Allah sobre él si miente.

(8)   Y ella quedará libre de castigo si atestigua cuatro veces por Allah que él está mintiendo.

(9)   Y una quinta pidiendo que la ira de Allah caiga sobre ella si él dice la verdad.

(10) Si no fuera por el favor de Allah para con vosotros y por Su misericordia y porque Allah se vuelve al siervo y es Sabio...

(11) En verdad los que vinieron con esa calumnia son un grupo de vosotros, no lo consideréis un mal para vosotros, por el contrario es un bien.

Cada uno de ellos tendrá la parte de delito que haya adquirido y el que de ellos es reponsable de lo más grave tendrá un castigo inmenso.*

* [Esta aleya y las siguientes descendieron acerca de la calumnia de la que fue objeto Aishah y su inocencia. La historia es que Aishah había salido junto al Profeta, que Allah le dé Su gracia y paz, en la expedición de banu Mustalaq, y en un alto en el camino de vuelta perdió su collar quedándose rezagada para buscarlo. La expedición, sin notar su ausencia, partió. Más tarde pasó junto a ella un hombre llamado Safwan b. Mutal que la reconoció y le ofreció su camello para llevarla hasta donde estaba el grueso de la expedición. Al verla llegar en compañía de este hombre, un grupo de hipócritas extendió un rumor calumnioso. Un mes después descendieron estas aleyas declarando la inocencia de Aisha.]

(12) ¿Por qué los creyentes y las creyentes, cuando lo oísteis, no pensaron bien por sí mismos y dijeron: Está bien claro que es una calumnia?

(13) ¿Por qué no trajeron cuatro testigos de ello?

Puesto que no pudieron traer ningún testigo, ésos son ante Allah los mentirosos.

(14) De no haber sido por el favor de Allah sobre vosotros y por Su misericordia en esta vida y en la Otra, os habría alcanzado un inmenso castigo por haberos enredado en murmuraciones.

(15) Cuando lo tomábais unos de otros con vuestras lenguas diciendo por vuestra boca algo de lo que no teníais conocimiento y lo considerabais poca cosa cuando ante Allah era grave.

(16) ¿Por qué cuando lo escuchasteis no dijisteis: no es propio de nosotros hablar de esto?
¡Gloria a Ti! Esto es una enorme calumnia.

(17) Allah os exhorta a que no volváis jamás a algo parecido si sois creyentes.

(18) Y Allah os hace claros los signos, y Allah es Conocedor y Sabio. Verdaderamente aquéllos de entre los que creen que aman que se propague la indecencia, tendrán un castigo doloroso en esta vida y en la Otra.
Allah sabe y vosotros no sabéis.

(20) Y si no fuera por el favor de Allah con vosotros y por Su misericordia y porque Allah es Clemente y Compasivo...

(21) ¡Vosotros que creéis! No sigáis los pasos del Shaytán. Y quien siga los pasos del Shaytán, el sólo manda la indecencia y lo reprobable. De no haber sido por el favor de Allah con vosotros y por Su misericordia ninguno de vosotros se habría purificado jamás; pero Allah purifica a quien quiere; y Allah es Quien oye y Quien sabe.

(22) Y que no juren, los que de vosotros tengan de sobra y estén holgados, dejar de dar a los parientes,* a los pobres y a los emigrados en el camino de Allah; sino que perdonen y lo pasen por alto. ¿No os gusta que Allah os perdone a vosotros? Allah es Perdonador y Compasivo.

* [Esta aleya descendió en relación a Abu Bakr as-Siddiq cuando juró dejar de ayudar a un pariente pobre que tenía llamado Mustah porque había participado en las murmuraciones sobre Aishah.]

(23) En verdad los que acusan a las mujeres creyentes, recatadas y faltas de malicia, serán malditos en esta vida y en la Otra y tendrán un enorme castigo.

(24) El día en que su lengua, manos y pies den testimonio contra ellos de lo que hicieron,

(25) ese día, Allah les pagará su verdadera cuenta y sabrán que Allah es la Verdad evidente.

(26) Las malas para los malos y los malos para las malas. Y las buenas para los buenos y los buenos para las buenas. Esos están libres de lo que digan, tendrán perdón y una generosa provisión.

(27) ¡Vosotros que creéis! No entréis en casas ajenas sin antes haber pedido permiso y haber saludado a su gente.

Eso es mejor para vosotros, para que podáis recordar.

(28) Y si no encontráis a nadie en ellas no entréis hasta que no se os dé permiso. Y si os dicen: volveos, hacedlo; eso es más puro para vosotros.

Allah sabe lo que hacéis.

(29) No incurrís en falta si entráis en casas deshabitadas en las que haya algún provecho para vosotros.

Allah sabe lo que mostráis y lo que ocultáis.

(30) Di a los creyentes que bajen la mirada y guarden sus partes privadas, eso es más puro para ellos.

Es cierto que Allah sabe perfectamente lo que hacen.

(31) Y di a las creyentes que bajen la mirada y guarden sus partes privadas, y que no muestren sus atractivos a excepción de los que sean externos; y que se dejen caer el tocado sobre el escote y no muestren sus atractivos excepto a sus maridos, padres, padres de sus maridos, hijos, hijos de sus maridos, hermanos, hijos de sus hermanos, hijos de sus hermanas, sus mujeres*, los esclavos que posean, los hombres subordinados carentes de instinto sexual o los niños a los que aún no se les haya desvelado la desnudez de la mujer.

Y que al andar no pisen golpeando los pies para que no se reconozcan adornos* que lleven escondidos.

Y volveos a Allah todos, oh creyentes, para que podáis tener éxito.

* [Es decir, las demás mujeres musulmanas.]

* [Aquí se hace referencia en concreto a las ajorcas que las mujeres llevaban en los pies y que algunas hacían sonar para atraer a los hombres.]

(32) Y casad a vuestros solteros y a vuestros esclavos y esclavas que sean rectos. Si son pobres, Allah les enriquecerá con Su favor.

Allah es Magnánimo, Conocedor.

(33) Pero los que no encuentren medios para casarse que se abstengan hasta que Allah les enriquezca con Su favor.

Y los esclavos que tengáis que deseen la escritura de emançipación, si sabéis que en ellos hay bien, concedédsela.

Y dadles algo de la riqueza que Allah os dió.

No obliguéis a vuestras esclavas a prostituirse en contra de
su deseo de ser honradas, persiguiendo lo que ofrece la vida
de este mundo. Pero si son forzadas...
es cierto que Allah, una vez que hayan sido forzadas, es Perdonador, Compasivo.

(34) Y es verdad que hemos hecho que descendieran para vosotros signos clarificadores y ejemplos de quienes hubo antes
de vosotros así como una exhortación para los que tienen
temor (de Allah).

(35) Allah es la luz de los cielos y la tierra. Su luz es como una hor-
nacina en la que hay una lámpara; la lámpara está dentro de
un vidrio y el vidrio es como un astro radiante.
Se enciende gracias a un árbol bendito, un olivo que no es ni
oriental ni occidental, cuyo aceite casi alumbra sin que lo
toque el fuego. Luz sobre luz.
Allah guía hacia Su luz a quien quiere.
Allah llama la atención de los hombres con ejemplos y Allah
conoce todas las cosas.

(36) En casas que Allah ha permitido que se levanten y se recuerde
ellas Su nombre y en las que Le glorifican mañana y tarde

(37) hombres a los que ni el negocio ni el comercio les distraen del
recuerdo de Allah, de establecer el salat y de entregar el
zakat. Temen un día en el que los corazones y la vista sean
desencajados.

(38) Para que Allah les recompense por lo mejor que hayan hecho
y les incremente Su favor. Allah provee a quien quiere fuera
de cálculo.

(39) Y los que se niegan a creer, sus acciones son como un espejismo en un llano; el sediento cree que es agua hasta que al
llegar a él no encuentra nada, pero sí encontrará a Allah junto
a él que le retribuirá la cuenta que le corresponda. Allah es
Rápido en llevar la cuenta.

(40) O son como tinieblas en un mar profundo al que cubren olas
sobre las que hay otras olas que a su vez están cubiertas por
nubes. Tinieblas sobre tinieblas. Cuando saca la mano apenas
la ve. A quien Allah no le da luz, no tendrá ninguna luz.

(41) ¿Es que no ves que a Allah Lo glorifican cuantos están en los cielos y en la tierra, así como las aves con sus alas desplegadas en el aire?

Cada uno conoce su propia oración y su forma de glorificar. Allah sabe lo que hacen.

(42) De Allah es la soberanía de los cielos y de la tierra, hacia Él hay que volver.

(43) ¿Acaso no ves que Allah empuja las nubes y las acumula en capas y ves la lluvia salir de sus entrañas y hace que del cielo, de montañas que en él hay, caiga granizo con el que daña a quien quiere y del que libra a quien quiere?

El fulgor de su relámpago casi los deja sin vista.

(44) Allah hace que se alternen la noche y el día, es cierto que en esto hay un motivo de reflexión para los que tienen visión.

(45) Y Allah creó todo ser vivo a partir de agua; y de ellos unos caminan arrastrándose sobre su vientre, otros sobre dos patas y otros sobre cuatro, Allah crea lo que quiere, es cierto que Allah tiene poder sobre todas las cosas.

(46) Es verdad que hemos hecho descender signos claros, pero Allah guía a quien quiere hacia el camino recto.

(47) Y dicen: Creemos en Allah y en el Mensajero y obedecemos. Pero luego, después de haberlo dicho, una parte de ellos se desentiende.

Esos no son los creyentes.

(48) Y cuando se les llama a Allah y a Su Mensajero para que juzgue entre ellos, hay una parte que se aparta.

(49) Pero si tuvieran ellos la razón vendrían dóciles a él.

(50) ¿Es que tienen una enfermedad en el corazón o acaso sienten recelo o temor de que Allah y Su Mensajero les opriman?

Por el contrario, ellos son los injustos.

(51) Lo que dicen los creyentes cuando se les llama a Allah y a Su Mensajero para que juzgue entre ellos, es:

Oímos y obedecemos.

Y ésos son los que cosechan éxito.

(52) Quien obedece a Allah y a Su Mensajero y tiene temor de Allah...

Esos son los triunfadores.

(53) Y juran por Allah con los más solemnes juramentos que si tú lo ordenas saldrán (a luchar en el camino de Allah).

Di: No juréis, obedeced como es debido. Realmente Allah está perfectamente informado de lo que hacéis.

(54) Di: Obedeced a Allah y obedeced al Mensajero.

Pero si os apartáis, a él sólo se le pedirán cuentas de aquéllo que se le ha encomendado así como se os pedirán a vosotros do lo que se os ha encomendado.

Y si le obedecéis, seréis guiados.

Al Mensajero no le corresponde sino transmitir con claridad.

(55) Allah les ha prometido a los que de vosotros crean y practiquen las acciones rectas que les hará sucesores en la tierra como ya hiciera con sus antepasados y que les reafirmará la Práctica de Adoración que tienen, que es la que El ha querido para ellos, y que cambiará su miedo por seguridad.

Me servirán sin asociarme nada. Quien reniegue después de eso... Esos son los descarriados.

(56) Y estableced el salat, entregad el zakat y obedeced al Mensajero para que se os pueda dar misericordia.

(57) No pienses que los que se niegan a creer podrán escapar en la tierra, su refugio es el Fuego. ¡Qué mal lugar de vuelta!

(58) ¡Vosotros que creéis! Que aquéllos que poseen vuestras diestras y los que de vosotros no hayan llegado a la pubertad os pidan permiso en tres ocasiones: antes de la oración del alba, cuando al mediodía aligeráis vuestros vestidos y después de la oración de la noche pues son tres momentos de intimidad que tenéis; fuera de ellos no hay falta si os frecuentáis unos a otros. Así es como os aclara Allah Sus signos.

Y Allah es Conocedor y Sabio.

(59) Pero cuando vuestros niños hayan alcanzado la pubertad, que pidan permiso como lo han hecho siempre sus antecesores*. Así os aclara Allah Sus signos,

y Allah es Conocedor, Sabio.

* [Es decir, en todo momento.]

(60) Y las mujeres que hayan llegado a la menopausia y ya no esperan casarse, no hay inconveniente en que relajen su vestimenta sin pretender dejar al descubierto ningún atractivo.

Y que se abstengan es mejor para ellas. Allah es Quien oye y Quien sabe.

(61) No hay inconveniente para el ciego, el lisiado o el enfermo* ni para ninguno de vosotros en que comáis de lo que haya en vuestras casas o en las de vuestros padres o en las de vuestras madres o en las de vuestros tíos paternos o en las de vuestras tías paternas o en la de vuestros tíos maternos o de las de vuestras tías maternas o en aquellas de vuestros amigos cuyas llaves poseáis.

No hay inconveniente en que comáis juntos o por separado.

Pero cuando entréis en las casas saludaos con un saludo de Allah, bendito y bueno. Así es como os aclara Allah los signos para que podáis comprender.

* [Al estar estos tres tipos de personas excusados del yihad, se avergonzaban de comer en las casas de los que habían salido en expedición.]

(62) Realmente los creyentes son los que creen en Allah y en Su Mensajero y son aquéllos que cuando están con él por algo que los ha reunido no se retiran sin antes pedirle permiso.

Los que te piden permiso son los que creen en Allah y en Su Mensajero.

Y cuando te pidan permiso para algo que les afecte, concédeselo a quien de ellos quieras y pide perdón a Allah por ellos; verdaderamente Allah es Perdonador, Compasivo.

(63) No llameis al Mensajero como os llamáis entre vosotros.

Allah conoce a quienes de ellos se retiran con disimulo.

Que se guarden los que se oponen a Su mandato de que no les venga una prueba o un castigo doloroso.

(64) ¿Acaso no es de Allah cuanto hay en los cielos y en la tierra? El sabe aquello en lo que estáis. Y el día en que volváis a El os hará saber lo que hayáis hecho.

Y Allah es Conocedor de cada cosa.

25. SURA DEL DISCERNIMIENTO

Mequí a excepción de las aleyas 68, 69 y 70 que son de Medina. Tiene 77 aleyas y descendió después de la sura Ya-Sin.

En el nombre de Allah, el Misericordioso, el Compasivo

(1)   ¡Bendito sea Aquel que ha hecho descender a Su siervo el Discernimiento para que fuera una advertencia a todos los mundos!

(2)   Aquel a Quien pertenece la soberanía de los cielos y la tierra y no ha tomado ningún hijo ni comparte la soberanía con nadie. El ha creado cada cosa y la ha determinado en todo.

(3)   Pero habéis tomado dioses fuera de El que no crean nada, ellos son creados, ni tienen capacidad para dañarse o beneficiarse ni tienen dominio sobre la vida, la muerte y el resurgimiento.

(4)   Dicen los que se niegan a creer: No es mas que una mentira que se ha inventado con la ayuda de otros.
Es cierto que éstos vienen con injusticia y falsedad.

(5)   Y dicen: Son leyendas de los antiguos que él manda escribir y que le dictan mañana y tarde.

(6)   Di: Lo ha hecho descender Aquel que conoce el secreto en los cielos y la tierra; realmente El es Perdonador y Compasivo.

(7)   Dicen: ¿Cómo es que este Mensajero toma alimentos y anda por los mercados? ¿Por qué no se hace bajar a un ángel que le acompañe en su misión de advertir?

(8)   ¿O por qué no se hace bajar un tesoro o tiene un jardín del que pueda comer? Dicen los injustos: No estáis siguiendo sino a un hombre hechizado.

(9)   Mira cómo te ponen ejemplos y se extravían sin poder encontrar el camino.

(10)   ¡Bendito sea Aquel que si quiere te dará algo mejor que todo eso: Jardines por cuyo suelo corren los ríos. Y alcázares!

(11)   Sin embargo niegan la veracidad de la Hora.
Hemos preparado para quien niegue la Hora un fuego encendido.

(12) Cuando éste los vea desde lejos lo oirán enfurecido y con rabia.

(13) Y cuando sean arrojados a él, hacinados en un lugar angustioso, pedirán que se acabe con ellos.

(14) Hoy no sólo pediréis perecer una sóla vez sino muchas veces.

(15) Di: ¿Es eso mejor o el Jardín de la inmortalidad que ha sido prometido a los temerosos? Será para ellos recompensa y lugar de regreso.

(16) En él tendrán cuanto quieran y serán inmortales. Es, para tu Señor, una promesa exigible.

(17) El día en que los reunamos con lo que adoraron fuera de Allah y diga: ¿Fuisteis vosotros los que extraviasteis a éstos Mis siervos o fueron ellos los que se extraviaron del camino?

(18) Dirán: ¡Gloria a Ti! No nos pertenecía tomar fuera de Ti protectores, sin embargo los dejaste disfrutar a ellos y a sus padres hasta el punto de que olvidaron el Recuerdo y fueron gente perdida.

(19) Así pues, han renegado de lo que dijisteis y no podréis cambiar ni ser auxiliados y a quien de vosotros sea injusto le haremos probar un enorme castigo.

(20) Antes de ti no hemos mandado ningún enviado que no comiera alimentos y anduviera por los mercados. Hemos hecho de algunos de vosotros una prueba para los otros.
¿Seréis pacientes? Tu Señor ve.

(21) Y dicen quienes no esperan encontrarse con Nosotros: ¿Por qué no se han hecho descender ángeles o no vemos a nuestro Señor? Se han considerado demasiado grandes a sí mismos y se han llenado de una gran insolencia.

(22) El día que vean a los ángeles, ese día, no habrá buenas noticias para los malhechores. Y éstos les dirán: Hay una barrera infranqueable.

(23) Iremos a las acciones que hayan hecho y las convertiremos en polvo disperso.

(24) Ese día, los compañeros del Jardín tendrán un lugar de permanencia mejor y un reposo más apacible.

(25) Y el día en que el cielo se raje con las nubes y se hagan descender los ángeles sucesivamente.

(26) Ese día la verdadera soberanía será del Misericordioso; y será un día difícil para los incrédulos.

(27) Será el día en que el injusto se morderá las manos y dirá: ¡Ojalá y hubiera tomado un camino junto al Mensajero!

(28) ¡Ay de Mí! ¡Ojalá y no hubiera tomado a fulano por amigo!

(29) Me extravió del recuerdo después de haberme venido.
El Shaytán es para el hombre una decepción.

(30) Y dirá el Mensajero: ¡Señor mío! Mi gente se desentendió de esta Recitación.

(31) Del mismo modo le pusimos a cada mensajero un enemigo de entre los que hacían el mal. Pero tu Señor es Suficiente como Guía y Protector.

(32) Dicen los que se niegan a creer: ¿Por qué no le ha descendido el Corán de una sóla vez?
Es así para dar firmeza con ello a tu corazón, lo hemos ido dilucidando fragmento a fragmento.

(33) Y no hay ejemplo con el que te puedan venir que no te traigamos la verdad y una explicación mejor.

(34) Aquellos que sean arrastrados a Yahannam de cara, ésos tendrán el peor lugar y el camino más extraviado.

(35) Es verdad que le dimos a Musa el Libro y le asignamos a su hermano Harún como asistente.

(36) Y dijimos: ¡Id a la gente que niega la verdad de Nuestros signos! Los aniquilamos a todos.

(37) Y la gente de Nuh cuando tomaron por mentirosos a los mensajeros; los anegamos e hicimos de ellos un signo para los hombres.
Hemos preparado para los injustos un castigo doloroso.

(38) Y los Ad y los Zamud y los dueños del pozo y muchas generaciones intermedias.

(39) Todos fueron llamados con ejemplos y a todos los aniquilamos por entero.

(40) Ellos pasaban junto a la ciudad sobre la que se hizo caer la lluvia del mal. ¿Acaso no repararon en ella?
Pero ellos no esperaban ser devueltos a la vida.

(41) Cuando te ven no te toman sino a burla: ¿Es éste el que Allah ha enviado de mensajero?

(42) A punto ha estado de desviarnos de nuestros dioses de no haber sido porque nos hemos mantenido fieles a ellos.
Ya sabrán cuando vean el castigo quién estaba en un camino más extraviado.

(43) ¿Qué opinión te merece quien hace de su deseo su dios?
¿Vas a ser tú su guardián?

(44) ¿O acaso cuentas con que la mayoría de ellos va a escuchar o a entender cuando no son sino como animales de rebaño o aún más extraviados del camino?

(45) ¿Es que no ves como tu Señor extiende la sombra y que si hubiera querido la habría hecho inmóvil? Y hemos hecho que el sol la muestre.

(46) Para luego recogerla hacia Nos suavemente.

(47) El es Quien ha hecho de la noche un vestido para vosotros y del sueño un descanso. Y ha hecho el día como dispersión.

(48) El es Quien envía los vientos como preludio de Su misericordia. Y hacemos descender del cielo un agua pura (y purificante).

(49) Para vivificar con ella a una tierra muerta y dar de beber a los animales de rebaño y a muchos seres humanos de los que hemos creado.

(50) Lo* hemos dilucidado entre ellos para que pudieran recapacitar; sin embargo la mayoría de los hombres se niegan a todo menos a ser desagradecidos.
* [El pronombre se refiere al Corán, aunque hay comentaristas que entienden que se refiere al agua, en árabe de género masculino, mencionada en la aleya anterior, con lo cual cambia por completo el sentido de la aleya y habría que traducir: "La repartimos entre ellos para que recapaciten..."]

(51) Si hubiéramos querido habríamos hecho surgir un advertidor en cada ciudad.

(52) Así pues, no obedezcas a los incrédulos y combáteles con él* en una lucha sin cuartel.
* [Con el Corán]

(53) El es Quien ha hecho confluir los dos mares, uno dulce y agradable y otro salado y salobre. Entre ambos puso un espacio intermedio y una barrera infranqueable.

(54) Y El es quién creó un ser humano a partir del agua y le dió linaje y parentesco por matrimonio. Tu Señor es Poderoso.

(55) Sin embargo adoran fuera de Allah lo que ni les beneficia ni les perjudica. El incrédulo es una ayuda contra su Señor.

(56) No te hemos enviado sino como anunciador de buenas noticias y advertidor.

(57) Di: No os pido ningún pago por ello, excepto que alguno quiera tomar un camino hacia su Señor.

(58) Y confíate al Viviente, El que no muere, y glorifícalo con Su alabanza. El se basta como Conocedor al detalle de las faltas de Sus siervos.

(59) El es Quien creó los cielos, la tierra y lo que hay entre ellos en seis días y luego se asentó en el Trono. El Misericordioso, pregunta por El a quien tenga conocimiento.

(60) Y cuando se les dice postraos ante el Misericordioso, dicen: ¿Y quién es el Misericordioso?
¿Es que vamos a postrarnos ante quien nos mandéis?
Y se alejan aún más.

(61) ¡Bendito sea Aquel que puso en el cielo constelaciones y puso una lámpara y una luna luminosa!

(62) El es Quien hizo sucederse a la noche y el día para quien quisiera recapacitar o agradecer.

(63) Los siervos del Misericordioso son aquéllos que caminan por la tierra humildemente y que cuando los ignorantes les dirigen la palabra, dicen: Paz.

(64) Y los que pasan la noche postrados y en pie, por su Señor.

(65) Y los que dicen: ¡Señor nuestro! Aparta de nosotros el castigo de Yahannam;
realmente su castigo es un tormento permanente.

(66) Y es un mal hospedaje y una mala residencia.

(67) Y aquellos que cuando gastan ni derrochan ni son avaros, sino un término medio entre ambas cosas.

(68) Y los que no invocan junto a Allah a ningún otro dios ni matan a nadie que Allah haya hecho inviolable a menos que sea con derecho; ni fornican, pues quien lo haga, encontrará la consecuencia de su falta.

69) El Día del Levantamiento le será doblado el castigo y en él será inmortal, envilecido.

(70) Excepto quien se vuelva atrás, crea y obre rectamente, a ésos Allah les sustituirá sus malas acciones por buenas. Allah es Perdonador y Compasivo.

(71) Y quien se vuelva atrás y actúe rectamente, se habrá vuelto verdaderamente a Allah.

(72) Los que no prestan atención a la mentira y cuando pasan junto a la frivolidad lo hacen con nobleza.

(73) Y aquéllos que cuando se les mencionan los signos de su Señor no pretenden ni oirlos ni verlos.

(74) Y los que dicen: ¡Señor nuestro! Concédenos en nuestras esposas descendencia y frescura de ojos y haznos un modelo para los que tienen temor (de Allah).

(75) Esos tendrán como recompensa la Estancia más alta porque fueron pacientes. Y serán recibidos con saludo y paz.

(76) Allí serán inmortales. ¡Qué hermosa morada y lugar de permanencia!

(77) Di: ¿Qué atención os iba a prestar Mi Señor de no ser por vuestra súplica?
Pero habéis negado la verdad y (el castigo) será inseparable (de vosotros).

26. SURA DE LOS POETAS

Mequí a excepción de la aleya 197 y desde la 224 hasta el final de la sura que son de Medina. Tiene 227 aleyas y descendió después de la sura al-Waqiah, "Lo que ha de ocurrir"

En el nombre de Allah, el Misericordioso. el Compasivo.

(1)   Ta, Sin, Mim.

(2)   Estos son los signos del Libro explícito.

(3)   Tal vez te esté matando el hecho de que no sean creyentes.

(4)   Si quisiéramos, haríamos descender sobre ellos un signo del cielo y sus cuellos se quedarían ante él humillados.

(5)   No les viene ningún nuevo recuerdo del Misericordioso sin que no se aparten de él.

(6)   Han negado la verdad pero ya les llegarán las noticias de aquello de lo que se burlaban.

(7)   ¿Es que no ven la tierra y cuantas nobles especies hemos hecho crecer en ella?

(8)   Es cierto que en eso hay un signo, pero la mayoría de ellos no son creyentes.

(9)   Y realmente tu Señor es el Irresistible, el Compasivo.

(10)   Cuando tu Señor llamó a Musa: ¡Ve donde la gente injusta!

(11)   La gente de Firaún. ¿Es que no van a ser temerosos?

(12)   Dijo: Señor, temo que me tachen de mentiroso

(13)   y mi pecho se estreche y mi lengua no se suelte, envía conmigo a Harún.

(14)   Ellos me reclaman un delito y temo que me maten.

(15)   Dijo: En absoluto. Id ambos con Nuestros signos, que estaremos junto a vosotros escuchando.

(16)   Presentaos ante Firaún y decidle: Somos portadores de un mensaje del Señor de los mundos

(17)   para que dejes ir con nosotros a los hijos de Israel.

(18)   Dijo: ¿Acaso no te criamos con nosotros cuando eras niño y permaneciste entre nosotros años de tu vida

(19)   e hiciste lo que hiciste convirtiéndote en un renegado?

(20)   Dijo: Cuando lo hice estaba entre los extraviados

(21) Y al sentir miedo huí de vosotros, entonces mi Señor me concedió juicio y me hizo uno de los enviados.

(22) Y éste es el favor que tu me hiciste: esclavizar a los hijos de Israel.

(23) Dijo Firaún: ¿Y quién es el Señor de los mundos?

(24) Dijo: El Señor de los cielos y de la tierra y de lo que hay entre ambos, si tuvierais certeza.

(25) Dijo a quienes estaban a su alrededor: ¿Habéis oído?

(26) Dijo: Es vuestro Señor y el Señor de vuestros primeros padres.

(27) Dijo: Verdaderamente vuestro mensajero, el que os ha sido enviado, es un poseso.

(28) Dijo: El Señor del oriente y del occidente y de lo que hay entre ambos, si comprendierais.

(29) Dijo: Si tomas otro dios que yo, te dejaré entre los prisioneros.

(30) Dijo: ¿Incluso si te traigo algo evidente?

(31) Dijo: Tráelo, si eres de los que dicen la verdad.

(32) Y arrojó su vara, y entonces fue una serpiente evidente.

(33) Sacó su mano y fue blanca* para los que lo presenciaban.
   * [Ver la nota de la aleya 108 de la sura 7]

(34) Le dijo al consejo de nobles que estaba a su alrededor: Realmente es un mago experto

(35) que quiere haceros salir de vuestra tierra con su magia, ¿qué deliberáis?

(36) Dijeron: Dales un plazo a él y a su hermano y manda reclutadores a las ciudades

(37) que te traigan a todo mago experto.

(38) Y se reunieron los magos en el lugar de la cita, el día fijado.

(39) Se dijo a la gente: ¿Os reuniréis?

(40) Tal vez sigamos a los magos si son los vencedores.

(41) Y cuando los magos se presentaron, le dijeron a Firaún: ¿Tendremos alguna recompensa si somos los vencedores?

(42) Dijo: sí, si es así estaréis entre los próximos (a mí).

(43) Les dijo Musa: Arrojad lo que arrojáis.

(44) Y arrojaron sus cuerdas y varas diciendo: ¡Por el poder de Firaún, seremos los vencedores!

(45) Y arrojó Musa su bastón y se tragó la mentira que habían creado.

(46) Entonces cayeron los magos postrados.

(47) Dijeron: Creemos en el Señor de los mundos

(48) el Señor de Musa y de Harún.

(49) Dijo: ¿Creéis en él sin mi permiso? El es, en verdad, vuestro cabecilla, el que os ha enseñado la magia, pero vais a saber: Os cortaré la mano y el pie contrarios y os crucificaré a todos.

(50) Dijeron: No hay mal, pues verdaderamente hemos de volver a nuestro Señor.

(51) Realmente esperamos con anhelo que nuestro Señor nos perdone las faltas por haber sido los primeros creyentes.

(52) E inspiramos a Musa: Sal de noche con Mis siervos pues seréis perseguidos.

(53) Y envió Firaún reclutadores a las ciudades:

(54) Estos no son mas que un pequeño número.

(55) y ciertamente nos han enfurecido.

(56) Somos una sociedad que está en guardia.

(57) Así los sacamos de jardines y manantiales.

(58) Y de tesoros y de una noble posición.

(59) Así fue. Y se lo dimos en herencia a los hijos de Israel.

(60) Y les persiguieron al salir el sol.

(61) Cuando ambos grupos se divisaron, dijeron los compañeros de Musa: Hemos sido alcanzados.

(62) Dijo: No, mi Señor está conmigo y El me guiará.

(63) E inspiramos a Musa: Golpea con tu vara en el mar.
Y se abrió, y cada lado era como una enorme montaña.

(64) Y atrajimos allí a los otros.

(65) Salvamos a Musa y a todos los que estaban con él;

(66) luego ahogamos a todos los demás.

(67) Verdaderamente en eso hay un signo. La mayoría de ellos no eran creyentes.

(68) Y es cierto que tu Señor es el Irresistible, el Compasivo.

(69) Cuéntales la historia de Ibrahim

(70) cuando le dijo a su padre y a su gente: ¿Qué es lo que adoráis?

(71) Dijeron: Adoramos ídolos a cuyo culto estamos dedicados.

(72) Dijo: ¿Acaso os escuchan cuando los invocáis?

(73) ¿U os benefician u os perjudican?

(74) Dijeron: Sin embargo encontramos a nuestros padres que así hacían.

(75) Dijo: ¿Habéis visto lo que adoráis

(76) vosotros y vuestros padres antiguos?

(77) Ellos son mis enemigos, al contrario del Señor de los mundos.

(78) Que me creó y me guía.

(79) Que me alimenta y me da de beber

(80) y que, cuando estoy enfermo, me cura.

(81) Y El que me hará morir y luego me devolverá a la vida.

(82) Y de Quien espero con anhelo que me perdone las faltas el Día de la Rendición de cuentas.

(83) ¡Señor mío! Dame juicio y tenme entre los justos.

(84) Concédeme que los que vengan después hablen de Mí con verdad.

(85) Hazme de los herederos del Jardín de la Delicia

(86) y perdona a mi padre, él ha sido de los extraviados.

(87) Y no me entristezcas el día en que sean devueltos a la vida.

(88) El día en que ni la riqueza ni los hijos servirán de nada

(89) Sólo quien venga a Allah con un corazón sano.

(90) El Jardín será acercado a los temerosos

(91) Y el Yahim se mostrará a los extraviados

(92) Y se les dirá: ¿Dónde está lo que adorabais

(93) fuera de Allah?, ¿pueden ayudaros o ayudarse a sí mismos?

(94) Entonces serán arrojados en él unos encima de otros, ellos y los que se extraviaron.

(95) Y los ejércitos de Iblis, todos juntos.

(96) Y dirán, discutiendo en él:

(97) ¡Por Allah que estábamos en un claro extravío!

(98) Cuando le atribuimos iguales al Señor de los mundos.

(99) No nos extraviaron sino los malhechores.

(100) Y no tenemos a nadie que interceda por nosotros;

(101) ni ningún amigo ferviente.

(102) Ojalá y tuviéramos una oportunidad más para poder ser creyentes.

(103) Verdaderamente en eso hay un signo, pero la mayoría de los hombres no son creyentes.

(104) Y es cierto que tu Señor es el Irresistible, el Compasivo.

(105) La gente de Nuh negó a los enviados,

(106) cuando su hermano Nuh les dijo: ¿No vais a tener temor?

(107) Yo soy para vosotros un mensajero fiel.

(108) Así pues temed a Allah y obedecedme.

(109) No os pido ningún pago por ello, mi recompensa sólo incumbe al Señor de los mundos.

(110) Así pues, temed a Allah y obedecedme.

(111) Dijeron: ¿Vamos a creer en ti cuando los que te siguen son los más bajos?

(112) Dijo: No me corresponde saber lo que hacen.

(113) Su cuenta no incumbe sino a mi Señor, si fuerais conscientes.

(114) Y yo no voy a rechazar a los creyentes.

(115) Yo sólo soy un advertidor explícito.

(116) Dijeron: Si no dejas de hacerlo, Nuh, date por lapidado.

(117) Dijo: ¡Señor mío! Realmente mi gente me ha negado.

(118) Dicta un juicio entre ellos y yo y sálvame a mí y a los creyentes que están conmigo.

(119) Y lo salvamos a él y a quien con él estaba en la nave henchida.

(120) Luego ahogamos a los que quedaron.

(121) Realmente en eso hay un signo. La mayoría de ellos no eran creyentes.

(122) Es cierto que tu Señor es el Irresistible, el Compasivo.

(123) Los Ad negaron a los enviados

(124) cuando su hermano Hud les dijo: ¿No vais a temer?

(125) Yo soy para vosotros un mensajero fiel.

(126) Así pues temed a Allah y obedecedme

(127) No os pido por ello ningún pago, mi recompensa sólo incumbe al Señor de los mundos.

128) ¿Cómo es que edificáis señales en los lugares elevados de cada camino por capricho?

(129) ¿Y os construís fortalezas como si fuerais a ser inmortales?

(130) ¿Y cuando atacáis, os comportáis como tiranos?

(131) ¡Temed a Allah y obedecedme!

(132) ¡Temed a Aquel que os ha agraciado con lo que sabéis!

(133) Os ha agraciado con ganado e hijos,

(134) jardines y manantiales.

(135) De verdad temo para vosotros el castigo de un día grave.

(136) Dijeron: Nos da igual que nos exhortes o que te quedes sin exhortarnos.

(137) Esto no es mas que la manera de ser de los antiguos.

(138) Y no vamos a ser castigados.

(139) Negaron la verdad que traía y los destruimos, es verdad que en eso hay un signo. La mayoría de ellos no eran creyentes.

(140) Realmente tu Señor es el Irresistible, el Compasivo.

(141) Los Zamud negaron a los enviados

(142) cuando su hermano Salih les dijo: ¿No vais a tener temor?

(143) Yo soy para vosotros un mensajero fiel

(144) así pues, temed a Allah y obedecedme.

(145) No os pido ningún pago por ello, mi recompensa sólo incumbe al Señor de los mundos.

(146) ¿Acaso vais a ser dejados a salvo en lo que tenéis?

(147) ¿En jardines y manantiales

(148) cereales y palmeras de tiernos brotes?

(149) ¿Y esculpís casas en las montañas con arrogancia?

(150) Temed a Allah y obedecedme.

(151) Y no obedezcáis lo que os mandan los que van más allá de los límites.

(152) Esos que siembran corrupción en la tierra en vez de corregir.

(153) Dijeron: Tú no eres mas que un hechizado,

(154) no eres mas que un ser humano como nosotros, trae una señal si eres de los que dicen la verdad.

(155) Dijo: Esta camella tendrá su turno de bebida y vosotros el vuestro, un día fijado.

(156) No le hagáis ningún daño para que no os agarre el castigo de un día grave.

(157) Pero la desjarretaron y amanecieron arrepentidos.

(158) El castigo les agarró, realmente en esto hay un signo. La mayoría de ellos no eran creyentes.

(159) Y es verdad que tu Señor es el Irresistible, el Compasivo.

(160) La gente de Lut negó a los enviados.

(161) Cuando su hermano Lut les dijo: ¿No vais a temer?

(162) Yo soy para vosotros un mensajero fiel

(163) así pues, temed a Allah y obedecedme.

(164) No os pido ningún pago a cambio, mi recompensa sólo incumbe al Señor de los mundos.

(165) ¿Vais a todos los varones del mundo

(166) dejando las esposas que Allah creó para vosotros? Sois gente que excede los límites.

(167) Dijeron: Si no te detienes, Lut, te encontrarás entre los expulsados.

(168) Dijo: Yo soy de los que aborrecen lo que hacéis.

(169) ¡Señor! Líbrame a mí y a mi familia de lo que hacen.

(170) Y lo salvamos a él y a su familia, a todos,

(171) menos a una vieja que fue de los que se quedó.

(172) Luego aniquilamos a los demás

(173) E hicimos caer sobre ellos una lluvia. ¡Qué mala lluvia la de los que han sido advertidos!

(174) Realmente ahí hay un signo. La mayoría de ellos no eran creyentes.

(175) Es verdad que tu Senor es el Irresistible, el Compasivo.

(176) Los dueños de al-Ayka* negaron lo que decían los enviados.

* [Si se lee "Lavka" es el nombre de una ciudad, si no, significa el bosque o la espesura.]

(177) Cuando Shuayb les dijo: ¿No vais a temer?

(178) Yo soy para vosotros un mensajero fiel

(179) así pues, temed a Allah y obedecedme.

(180) No os pido ningún pago a cambio, mi recompensa sólo incumbe al Señor de todos los mundos.

(181) Sed justos al medir sin perjudicar a la gente en ello.

(182) Y pesad con la balanza equilibrada

(183) sin menguar a la gente sus cosas. Y·no cometáis maldades en la tierra como corruptores.

(184) Y temed a Aquel que os ha creado a vosotros y a las generaciones primeras.

(185) Dijeron: No eres mas que uno de esos hechizados.

(186) Tan sólo eres un ser humano como nosotros y no te consideramos sino como uno de los que mienten.

(187) Haz que caiga sobre nosotros un trozo de cielo si dices la verdad.

(188) Dijo: Mi Señor conoce mejor lo que hacéis.

(189) Y lo negaron y les agarró el castigo del día de la nube que les dió sombra*, ciertamente fue el castigo de un día grave.

* [Dicen los comentaristas que Allah les envió un calor terrible que les hizo salir de sus casas huyendo hacia el campo; allí una nube los cubrió del sol y entonces se llamaron unos a otros para protegerse bajo la nube, y una vez que estaban debajo de ella, Allah les envió un fuego y murieron todos abrasados.]

(190) Verdaderamente ahí hay un signo. La mayoría de ellos no fueron creyentes.

(191) Es cierto que tu Señor es el Poderoso, el Compasivo.

(192) Y es cierto que él* es una revelación del Señor de los mundos.

* [El Corán]

(193) Descendió con él el espíritu fiel*

* [Yibril]

(194) hasta tu corazón, para que fueras uno de los advertidores

(195) en clara lengua árabe.

(196) Está en las escrituras de las primeras comunidades.

(197) ¿No les sirve de prueba que lo conozcan los sabios de los hijos de Israel?

(198) Si lo hubiéramos hecho descender a uno que no hubiera sido árabe

(199) y lo hubiera recitado para ellos, no habrían creído en él.

(200) Así es como lo imbuimos en los corazones de los que hacen el mal.

(201) No creerán en él hasta que no vean el castigo doloroso.

(202) El cual les llegará de repente sin que se den cuenta.

(203) Y dirán: ¿Es que se nos va a dar un tiempo de espera?

(204) ¿Acaso quieren acelerar la llegada de Nuestro castigo?

(205) ¿Qué te parece si los dejamos disfrutar unos años

(206) y luego les llega lo que les fue prometido?

(207) Las posesiones de las que hayan disfrutado no les servirán de nada.

(208) No hemos destruido ciudad alguna que no haya tenido advertidores

(209) para hacer recordar. No hemos sido injustos.

(210) Y no lo han hecho descender los demonios

(211) Ni les corresponde ni pueden.

(212) A ellos no se les permite escuchar.

(213) Y no invoques a otro dios junto a Allah porque serías de los que sufran el castigo.

(214) Y advierte a tu clan, a los que están más próximos a ti.

(215) Y baja tus alas en favor de los creyentes que te siguen.

(216) Pero si te desobedecen, di: Soy inocente de lo que hacéis.

(217) Y confíate al Poderoso, al Compasivo.

(218) Aquel que te ve cuando te pones en pie

(219) y en tus distintos movimientos entre los que se postran.

(220) El es Quien oye y Quien sabe.

(221) ¿Queréis que os diga sobre quien descienden los demonios?

(222) Descienden sobre todo embustero malvado

(223) que presta oído. La mayoría de ellos son unos mentirosos.

(224) Así como sobre los poetas a los que siguen los descarriados.

(225) ¿Es que no ves como divagan en todos los sentidos?

(226) ¿Y que dicen lo que no hacen?

(227) Con la excepción de los que creen, llevan a cabo las acciones rectas, recuerdan mucho a Allah y se defienden cuando han sido vejados.*

Y ya sabrán los que fueron injustos a qué lugar definitivo habrán de volver.

* [Alusión a las sátiras de algunos poetas musulmanes contra los incrédulos después de que éstos hubieran satirizado al Profeta, que Allah le dé Su gracia y paz.]

27. SURA DE LAS HORMIGAS

Mequí y tiene 93 aleyas, descendió después de la sura de los Poetas.

En el nombre de Allah, el Misericordioso, el Compasivo

(1)   Ta, Sin. Estos son los signos del Corán y de un Libro explícito.

(2)   Guía y buenas noticias para los creyentes.

(3)   Los que establecen el salat, dan el zakat y tienen certeza de la Ultima Vida

(4)   A los que no creen en la Ultima Vida, les hemos embellecido sus acciones y están desorientados.

(5)   Esos son los que tendrán el peor castigo y en la Ultima Vida serán los que más pierdan.

(6)   Verdaderamente te ha descendido el Corán procedente de un Sabio, Conocedor.

(7)   Cuando Musa dijo a su familia: He divisado un fuego, alguna noticia o alguna brasa encendida para que os podáis calentar; os traeré de él.

(8)   Y cuando llegó a él, una voz lo llamó: ¡Bendito sea todo aquel que esté donde este fuego y quien esté a su alrededor y gloria a Allah el Señor de todos los mundos!

(9)   ¡Musa! Yo soy Allah el Poderoso, el Sabio

(10)   Tira tu vara. Y cuando la vió reptar como si fuera una serpiente se alejó dando la espalda sin volverse.
¡Musa! No temas, los enviados no temen ante Mí.

(11)   Pero sí quien haya sido injusto a menos que reemplace el mal por bien pues es cierto que Allah es Perdonador y Compasivo.

(12)   E introdúcete la mano en el escote y saldrá blanca, sin tener ningún mal, como parte de los nueve signos dirigidos a Firaún y a su gente.
Realmente son gente descarriada.

(13)   Y cuando les llegaron Nuestros signos evidentes dijeron: Esto es pura magia.

(14)   Pero los negaron, en contra de la certeza que sus almas tenían sobre ellos, por injusticia y arrogancia. Mira cómo acabaron los corruptores.

(15) Es cierto que a Daud y a Sulayman les dimos conocimiento y dijeron: Las alabanzas a Allah que nos ha preferido sobre muchos de Sus siervos creyentes.

(16) Y Sulayman fue el heredero de Daud, dijo: ¡Hombres! Se nos ha enseñado el lenguaje de las aves y se nos ha dado de todo, realmente esto es un favor evidente.

(17) Y se reunieron para Sulayman sus ejércitos de genios, hombres y pájaros, y fueron puestos en orden de batalla.

(18) Así llegaron al valle de las hormigas; entonces dijo una de ellas: ¡Hormigas! Entrad en vuestras viviendas no vaya a ser que Sulayman y sus ejércitos os aplasten sin darse cuenta.

(19) Entonces sonrió risueño por sus palabras y dijo: ¡Señor! Muéveme a agradecerte la merced con la que me has favorecido a mí al igual que a mis padres y a que actúe con una rectitud que sea de Tu beneplácito, e inclúyeme en Tu misericordia, entre Tus siervos justos.

(20) Y pasó revista a las aves, entonces dijo: ¿Qué ocurre que no veo a la abubilla?, ¿acaso es uno de los que están ausentes?

(21) La castigaré con un duro castigo o la degollaré a menos que venga con una prueba evidente.

(22) Mas había permanecido no muy lejos y entonces dijo: Me he enterado de algo que tu no alcanzas a saber y he venido hasta ti desde Saba con una noticia cierta.

(23) He hallado a una mujer que reina sobre ellos y a la que se le ha dado de todo; posee un magnífico trono.

(24) La encontré a ella y a su pueblo postrándose ante el sol en lugar de ante Allah; el Shaytán les ha embellecido sus acciones y les ha desviado del camino, y no tienen guía.

(25) ¿Por qué no se postran ante Allah que es Quien hace salir lo que está escondido en los cielos y en la tierra y sabe lo que ocultan y lo que muestran?

(26) Allah, no hay dios excepto El, el Señor del Trono inmenso.

(27) Dijo: Veremos si es verdad lo que dices o si eres de los que mienten.

(28) Ve con este escrito mío y déjalo caer sobre ellos, luego retírate y espera su reacción.

(29) Dijo ella: ¡Consejo de nobles! Me han arrojado un escrito noble.

(30) Es de Sulayman y es en el nombre de Allah, el Misericordioso, el Compasivo:

(31) No os levantéis contra mí, venid a mí sometidos.

(32) Dijo ella: ¡Consejo de nobles! Dadme un dictamen sobre mi caso, no tomaré ninguna decisión hasta que no os pronunciéis

(33) Dijeron: Nosotros tenemos fuerza y una poderosa ofensiva, pero tuya es la decisión, mira pues lo que vas a ordenar.

(34) Dijo: Cuando los reyes entran en una ciudad la alteran por completo humillando a sus habitantes poderosos.
Así es como actúan.

(35) Voy a enviarles un regalo y esperaré lo que traigan de vuelta los mensajeros.

(36) Y cuando llegó a Sulayman dijo: Me tentáis con riquezas cuando lo que Allah me ha dado es mejor de lo que os ha dado a vosotros y no obstante os contentáis con vuestros regalos.

(37) Vuelve a ellos, que vamos a ir con ejércitos a los que no podrán enfrentarse, les expulsaremos de ella humillados y quedarán empequeñecidos.

(38) Dijo: ¡Mis nobles! ¿Cuál de vosotros me traerá su trono antes de que vengan a mí sometidos (musulmanes)?

(39) Dijo un genio Ifrit: Yo te lo traeré antes de que que te levantes de tu asiento*, yo tengo fuerza para ello y soy digno de confianza.
* [El lugar desde el que juzgaba y permanecía desde la mañana al mediodía]

(40) Y dijo el que tenía conocimiento del Libro: Yo te lo traeré antes de que vuelva a tí tu mirada.
Y cuando lo vió instalado ante él, dijo: Esto es parte del favor de mi Señor para probarme si soy agradecido o ingrato, y quien es agradecido sólo lo es para sí mismo, pero quien es ingrato... Realmente mi Señor es Rico, Generoso.

(41) Dijo: Hacedle irreconocible el trono para que comprobemos si tiene guía o si es de los que no tienen guía.

(42) Y cuando ella vino, le preguntaron: ¿Es así tu trono? Respondió: Parece él. Pero nosotros habíamos recibido el conocimiento antes que ella y éramos musulmanes.*
* [Son palabras de Sulayman]

(43) Mientras que a ella la había desviado lo que adoraba fuera de Allah, realmente pertenecía a un pueblo de incrédulos.

(44) Se le dijo: Entra en el palacio. Y cuando lo vió creyó que era una superficie de agua y se descubrió las piernas.
Dijo: Es un palacio de cristal pulido.* Dijo ella: ¡Señor mío! He sido injusta conmigo misma pero me someto, junto con Sulayman, a Allah, el Señor de todos los mundos.
* [Al parecer los genios no querían que Sulayman desposara a la reina de Saba y le dijeron que su intelecto no regía bien y que tenía las piernas como las patas de un burro. Sulayman la quiso poner a prueba, primeramente transformando su trono para comprobar si era capaz de reconocerlo, y luego haciendo construir un suelo de cristal debajo del cual había agua y peces. Así cuando le mandó entrar, ella pensó que era agua e instintivamente se remangó el vestido.]

(45) Y he aquí que a los Zamud les enviamos a su hermano Salih: ¡Adorad a Allah! Y entonces se dividieron en dos bandos que discutían.

(46) Dijo: ¡Gente mía! ¿Por qué pedís que se apresure lo malo antes que lo bueno? Si pidierais perdón a Allah podríais ser tratados con misericordia.

(47) Dijeron: Vemos un mal presagio para ti y para quien está contigo. Dijo: Vuestro presagio está junto a Allah, sin embargo sois un pueblo que está siendo puesto a prueba.

(48) En la ciudad había nueve individuos que en vez de mejorar las cosas sembraban la corrupción en la tierra.

(49) Dijeron: Hemos de jurarnos por Allah que le atacaremos de noche a él y a su familia y que luego diremos a su deudo que no fuimos testigos de la matanza de su familia y que decimos la verdad.

(50) Urdieron un plan y Nosotros urdimos otro sin que ellos se dieran cuenta.

(51) Mira cómo terminó su plan, en verdad los exterminamos a ellos y a sus familias, a todos.

(52) Ahí quedaron sus casas vacías por haber sido injustos.
Es cierto que en eso hay un signo para gente que sabe.

(53) Y salvamos a los que habían creído y tenían temor (de Allah).

(54) Y Lut, cuando le dijo a su gente: ¿Os entregáis a la aberración a pesar de que lo veis?

(55) ¿Cómo es que buscáis sexualmente a los hombres en vez de a las mujeres? Realmente sois un pueblo de ignorantes.

(56) Pero la única respuesta de su gente fue decir: ¡Expulsad a la familia de Lut de vuestra ciudad! Es gente que se purifica.

(57) Le salvamos a él y a su familia con la excepción de su mujer para la que habíamos decretado que estaría con los que se quedaron atrás.

(58) E hicimos caer sobre ellos una lluvia. ¡Qué pésima lluvia la de los que fueron advertidos!

(59) Di: Las alabanzas a Allah y la paz sea con Sus siervos elegidos. ¿Qué es mejor, Allah o lo que asocian con El?

(60) ¿Acaso Quien ha creado los cielos y la tierra y hace que del cielo caiga agua para vosotros y que con ella crezcan jardines espléndidos cuyos árboles vosotros nunca hubiérais podido hacer crecer...? ¿Puede haber otro dios con Allah?
No, sino que son gente que equipara (otras cosas con Allah).

(61) ¿Acaso Quien ha hecho de la tierra un lugar para vivir y ha intercalado en ella ríos y le ha puesto cordilleras y ha puesto entre los dos mares una barrera...?
¿Es que hay acaso otro dios con Allah?
No, sin embargo la mayoría de ellos no sabe.

(62) ¿Quién responde al que se ve en necesidad llevándose el mal y os ha hecho representantes (Suyos) en la tierra?
¿Puede haber algún dios con Allah? Qué poco recapacitáis.

(63) ¿Quién os guía en las tinieblas de la tierra y del mar y quién envía los vientos como preludio de Su misericordia.
¿Puede haber algún dios con Allah?
¡Sea exaltado Allah por encima de lo que Le asocian!

(64) ¿Quién puede crear una vez primera y luego volver a crear, y Quién os provee desde el cielo y la tierra?.
¿Hay algún dios con Allah?
Di: Traed la prueba que tengáis si sois de los que dicen la verdad

(65) Di: Ninguno de los que están en los cielos y en la tierra conoce el No-Visto, sólo Allah lo conoce, y ni siquiera son conscientes de cuando serán devueltos a la vida.

28. SURA DEL RELATO

Mequí, menos desde la aleya 52 hasta el final de la 55 que son de Medina y la 85 y el resto durante la Hiyra, entre Meca y Medina.
Tiene 88 aleyas y descendió después de la sura de las Hormigas.

En el nombre de Allah, el Misericordioso, el Compasivo.

(1) Ta, Sin, Mim

(2) Estos son los signos del Libro claro.

(3) Te vamos a contar, con la verdad, parte de las noticias de Musa y de Firaún, para la gente que cree.

(4) Realmente Firaún fue un tirano altivo en la tierra.
Dividió a sus habitantes en clases y subyugó a una parte de ellos, degolló a sus hijos y dejó vivir a las mujeres.
Era un corruptor.

(5) Y quisimos favorecer a los que habían sido subyugados en la tierra, hacerlos dirigentes y convertirlos en los herederos.

(6) Les dimos sitio en la tierra y en ellos le hicimos ver a Firaún, a Hamam* y a sus huestes lo que se temían.
* [Un ministro o un general de Firaún]

(7) E inspiramos a la madre de Musa: Amamántalo y cuando temas por él, déjalo en el río, y no temas ni te entristezcas porque te lo devolveremos y haremos de él uno de los enviados.

(8) Y lo recogió la familia de Firaún para que fuera para ellos un enemigo y un motivo de tristeza; verdaderamente Firaún, Hamam y sus ejércitos estaban descarriados.

(9) Y dijo la mujer de Firaún: Será un frescor para mis ojos y para los tuyos, no le matéis, puede ser que nos beneficie o le adoptemos como hijo. Pero ellos no se daban cuenta.

(10) Y la madre de Musa se quedó vacía en lo más hondo y a punto estuvo de revelarlo de no haber sido porque reconfortamos su corazón para que fuera de los creyentes.

(11) Le dijo a su hermana: sigue su rastro; y entonces lo vió desde un lugar apartado sin que se dieran cuenta.

(12) Hasta entonces no habíamos permitido que ninguna nodriza pudiera amamantarlo, entonces dijo: ¿Queréis que os indique una familia que puede cuidarlo para vosotros criándolo bien?

(13) Y así se lo devolvimos a su madre para consuelo de sus ojos y para que no se entristeciera y supiera que la promesa de Allah es verídica.

Sin embargo la mayoría de ellos no saben.

(14) Y cuando hubo alcanzado la madurez y tomó su forma, le dimos juicio y conocimiento. Así es como recompensamos a los que hacen el bien.

(15) Y en un momento de descuido de sus habitantes entró en la ciudad y encontró en ella dos hombres luchando, uno era de los suyos y el otro un enemigo; entonces el que era de los suyos le pidió ayuda contra el que era de sus enemigos y Musa le golpeó con el puño acabando con él.

Dijo: Esto es un acto del Shaytán, realmente él es un claro enemigo que extravía.

(16) Dijo: Señor mío, he sido injusto conmigo mismo, perdóname.

Y le perdonó, es cierto que El es el Perdonador, el Compasivo.

(17) Dijo: ¡Señor mío, puesto que me has concedido esta gracia no seré más auxiliador de los malhechores!

(18) Y amaneció en la ciudad medroso y vigilante.

Entonces el que el día anterior le había pedido ayuda le pidió socorro a voces.

Musa le dijo: Eres un perdido sin ninguna duda.

(19) Y cuando se disponía a agredir al que era enemigo de ambos, éste dijo: ¡Musa! ¿Acaso quieres matarme como hiciste con uno ayer? ¿Es que únicamente deseas ser un tirano en la tierra en vez de mejorar las cosas?

(20) Y vino un hombre corriendo desde la parte más alejada de la ciudad, y dijo: ¡Musa! Los magnates están conspirando contra ti, véte pues, yo soy para ti un consejero.

(21) Y salió de ella medroso y alerta, dijo: ¡Señor mío! Sálvame de la gente injusta.

(22) Y mientras iba en la dirección de los Madyan, dijo: Puede que mi Señor me guíe al camino recto.

(23) Y cuando llegó a la aguada de los Madyan encontró a un grupo de gente abrevando a sus rebaños y apartadas de ellos a dos mujeres que mantenían a su ganado alejado, les dijo: ¿Qué os pasa? Dijeron: No podremos abrevar hasta que no se vayan los pastores, nuestro padre es muy anciano.

(24) Entonces abrevó para ellas retirándose al terminar a la sombra. Y dijo: ¡Señor mío! Realmente me hallo en necesidad de que hagas descender algún bien.

(25) Y vino a él una de las dos caminando con pudor, dijo: Mi padre te invita para compensarte que hayas abrevado para nosotras. Y cuando llegó a su presencia y le contó su historia, dijo: No temas, estás a salvo de la gente injusta.

(26) Dijo una de ellas: ¡Padre! Tómalo como asalariado pues nadie mejor que él, fuerte y digno de confianza, para contratar sus servicios.

(27) Dijo: Quiero casarte con una de mis hijas a cambio de que trabajes para mí durante ocho años aunque si culminas hasta diez será cosa tuya, no quiero hacértelo difícil;
si Allah quiere encontrarás que soy justo.

(28) Dijo: Esto es algo entre tú y yo; y cualquiera de los dos plazos que cumplas no me causará ningún perjuicio.
Allah es Garante de lo que decimos.

(29) Y habiendo Musa concluido el plazo y partido con su familia, distinguió en la ladera del Monte un fuego y dijo a su familia: ¡Esperad! He visto un fuego y quizás pueda volver con alguna noticia o con algún tizón con el que podáis calentaros.

(30) Y cuando llegó a él, una voz le llamó desde el margen derecho del valle en el lugar bendito en la dirección del árbol: ¡Musa, Yo soy Allah el Señor de todos los mundos!

(31) ¡Tira tu bastón! Y al verlo reptar como un víbora se apartó espantado sin volverse atrás.
¡Musa! ven y no temas, tú eres de los que están a salvo.

(32) Desliza tu mano por el escote y saldrá blanca* sin que tenga ningún mal. Y apriétate el pecho con la mano para vencer el miedo. Estas son las dos pruebas de tu Señor para Firaún y su corte, realmente son gente corrupta.
* [Ver nota de la aleya 108 de la sura 7.]

(33) Dijo: ¡Señor! Maté a uno de ellos y temo que me maten.

(34) Y mi hermano Harún se expresa con más soltura y claridad que yo, envíalo conmigo como ayudante que confirme mis palabras pues realmente temo que me desmientan.

(35) Dijo: Fortaleceremos tu brazo con tu hermano y os daremos autoridad de manera que gracias a Nuestros signos no podrán haceros nada.

Vosotros y quien os siga seréis los vencedores.

(36) Y cuando Musa se presentó ante ellos con Nuestros signos evidentes, dijeron: ¿Qué es esto sino magia bien elaborada, no oímos hablar de esto a nuestros primeros padres?

(37) Y dijo Musa: Mi Señor sabe mejor quien ha venido con la guía de Su parte y quién obtendrá la Morada Final, verdaderamente los injustos no prosperan.

(38) Y dijo Firaún: ¡Consejo de nobles! No sé que tengáis otro dios que yo, así pues Haman cuece barro para mí y hazme una torre para que pueda subir hasta el dios de Musa pues realmente le tengo por mentiroso.

(39) Y se llenó de soberbia en la tierra junto con sus ejércitos, fuera de la verdad. Y pensaron que no habrían de volver a Nos.

(40) Entonces lo agarramos a él y a sus ejércitos y los arrojamos al mar; mira cómo acabaron los injustos.

(41) Los habíamos hecho dirigentes cuya llamada conducía al Fuego.

(42) Y en la vida del mundo hicimos que les siguiera una maldición. El Día del Levantamiento formarán parte de los que serán desfigurados.

(43) Y después de haber destruido a las primeras generaciones le dimos el Libro a Musa para que los hombres pudieran ver, y como guía y misericordia para que pudieran recordar.

(44) Y no estabas en la ladera occidental cuando comprometimos a Musa con Nuestro mandato ni eras uno de los que estaban presentes.

(45) Sin embargo suscitamos generaciones que tuvieron larga vida. Y Tú no estuviste viviendo entre los Madyan recitándoles Nuestros signos, pero Nosotros te hemos hecho mensajero.

(46) Ni estabas en la ladera del Monte cuando hicimos la llamada, sino que es una misericordia de tu Señor para que adviertas a aquéllos a los que no les llegó antes de tí ningún advertidor; tal vez recuerden.

(47) Para que no dijeran, si a causa de los que sus manos presentaban les venía alguna desgracia:
Señor nuestro ¿Por qué no nos enviaste algún mensajero para que hubiéramos podido seguir Tus signos y haber sido creyentes?

(48) Pero cuando les ha llegado la verdad procedente de Nos, han dicho: ¿Por qué no se le ha dado algo como lo que se le dió a Musa? ¿Acaso no habían negado antes lo que le fue dado a Musa? Dicen: Son dos magos confabulados, no creemos en ninguno de ellos.

(49) Di : ¡Traed un libro de la parte de Allah que contenga más guía que éstos y entonces yo lo seguiré, si es verdad lo que decís.

(50) Y si no te responden, sabe que únicamente están siguiendo sus pasiones. ¿Y quién está más extraviado que aquel que sigue sus pasiones sin ninguna guía de Allah?
Es cierto que Allah no guía a la gente injusta.

(51) Y realmente les hemos hecho llegar la Palabra para que puedan recordar.

(52) Los que recibieron el Libro antes, creen en él.

(53) Y cuando se les lee, dicen: Creemos en él, es la verdad que procede de nuestro Señor;
realmente ya éramos antes musulmanes.

(54) Esos recibirán su recompensa dos veces por haber sido pacientes, por haber rechazado el mal con bien y haber gastado de la provisión que les dábamos.

(55) Y porque cuando oían alguna palabra vana se apartaban de ella y decían: Para nosotros serán nuestras acciones y para vosotros las vuestras.
Paz con vosotros, no buscamos a los ignorantes.

(56) Ciertamente tú no guías a quien amas sino que Allah guía a quien quiere y El sabe mejor quienes pueden seguir la guía.

(57)   Y dicen: Si seguimos la guía junto a ti seremos arrancados de nuestra tierra. ¿Acaso no hemos establecido para ellos un lugar inviolable donde se hace acopio de frutos de toda clase como sustento de Nuestra parte?
Sin embargo la mayoría de ellos no saben.

(58)   ¡Cuántas ciudades destruimos por no haber reconocido el favor en el que vivían! Ahí están sus moradas, sólo unas pocas volvieron a ser habitadas después de ellos y fuimos Nosotros los herederos.

(59)   Tu Señor no destruye ninguna ciudad sin haber enviado antes un mensajero a su comunidad que les recita Nuestros signos. Y sólo cuando sus habitantes son injustos destruimos las ciudades.

(60)   Sea lo que sea lo que se os haya dado en disfrute como parte de la vida del mundo y su apariencia, lo que hay junto a Allah es mejor y más permanente.
¿Es que no vais a entender?

(61)   ¿Acaso aquel al que le hemos dado una hermosa promesa que verá realizada es como aquel a quien le dejamos disfrutar el disfrute de la vida del mundo pero que luego el Día del Levantamiento es de los que tendrán que comparecer?

(62)   El día en que los llame y les diga: ¿Dónde están ésos que según afirmabais eran Mis asociados?

(63)   Dirán aquéllos irremediablemente sentenciados: Señor nuestro, a éstos que extraviamos, los extraviamos igual que nos extraviamos nosotros, nos declaramos inocentes ante Ti, no era a nosotros a quienes adoraban.

(64)   Y se dirá: ¡Llamad a vuestros asociados! Entonces los llamarán pero no les responderán, y verán el castigo.
¡Si hubieran seguido la guía!

(65)   El día en que los llame y diga: ¿Qué respondisteis a los enviados?

(66)   Ese día las noticias los cegarán y no se harán preguntas entre sí.

(67)   Quien se haya vuelto de sus faltas, haya creído y haya obrado con bien podrá ser de los que tengan éxito.

(68) Tu Señor crea lo que quiere y elige (a quien quiere) mientras que ellos no tienen elección. ¡Gloria a Allah y ensalzado sea por encima de lo que Le asocian!

(69) Tu Señor sabe lo que esconden los pechos y lo que manifiestan

(70) Y El es Allah, no hay dios sino El, Suyas son las alabanzas en la Vida Primera y en la Ultima y Suyo es el juicio. A El habéis de volver.

(71) Di: ¿Qué os parecería si Allah hiciera que para vosotros fuera constantemente de noche hasta el Día del Levantamiento, qué dios que no fuera Allah podría traeros claridad? ¿Es que no prestáis atención?

(72) Di: ¿Qué os parecería si Allah hiciera que para vosotros fuera de día constantemente hasta el Día del Levantamiento; qué dios que no fuera Allah os traería de nuevo la noche en la que podéis descansar? ¿Es que no vais a ver?.

(73) Como parte de Su misericordia os dió la noche y el día para que en ella descansarais y en él buscarais Su favor; si pudierais agradecer.

(74) El día en que los llame y diga: ¿Dónde están esos asociados que afirmabais?

(75) Y saquemos un testigo de cada comunidad y digamos: Aportad vuestra prueba y sabed que la verdad pertenece a Allah y entonces no podrán encontrar lo que inventaban.

(76) Qarún era uno de la gente de Musa que abusó contra ellos. Le habíamos dado tesoros cuyas llaves habrían hecho tambalearse a un grupo de hombres fuertes; entonces le dijo su gente: No te regocijes pues realmente Allah no ama a los que se vanaglorian.

(77) Busca en lo que Allah te ha dado la morada de la Ultima Vida sin olvidar tu parte en ésta, y haz el bien igual que Allah hace contigo y no busques corromper la tierra;
es cierto que Allah no ama a los corruptores.

(78) Dijo: Lo que se me ha dado es gracias a un conocimiento que tengo. ¿Acaso no sabía que Allah había destruido a generaciones dentro de las cuales había gente con mayor poderío y más acumulación de riqueza que él? Y no se esperará que los malhechores expliquen sus faltas.

(79) Y apareció ante su pueblo con sus adornos; entonces dijeron los que querían la vida de este mundo: ¡Ojalá y tuviéramos lo mismo que se le ha dado a Qarún, realmente tiene una suerte inmensa!

(80) Y dijeron aquéllos que habían recibido conocimiento: ¡Ay de vosotros! La recompensa de Allah es mejor para el que cree y actúa con rectitud, pero no la consiguen sino los pacientes.

(81) Entonces hicimos que la tierra se lo tragara junto con su casa y no hubo ninguna guardia que pudiera socorrerle fuera de Allah ni pudo defenderse a sí mismo.

(82) Los que el día anterior habían ansiado su posición amanecieron diciendo: ¡Cómo acrecienta Allah la provisión a quien quiere de Sus siervos o la restringe! De no haber sido porque Allah nos agració, nos habría tragado la tierra. ¡Qué cierto es que los incrédulos no cosechan éxito!

(83) Esa es la Morada de la Ultima Vida que concedemos a quienes no quieren ser altivos en la tierra ni corromper.

Y el buen fin es para los que tienen temor (de Allah).

(84) Quien venga con buenas acciones tendrá algo mejor que ellas, y quien venga con malas acciones...

Los que lleven a cabo las malas acciones no serán recompensados sino por lo que hicieron.

(85) Es cierto que Quien ha hecho del Corán un precepto para ti te hará volver a un lugar de regreso.

Di: Mi Señor sabe mejor quien viene con la guía y quien está en un claro extravío.

(86) No esperabas que te fuera revelado el Libro; no es sino una misericordia de tu Señor, así pues no seas una ayuda para los que se niegan a creer.

(87) Y que no te aparten de los signos de Allah una vez que se te han hecho descender, invoca a tu Señor y no seas de los que Le asocian.

(88) Y no invoques a otro dios junto a Allah. No hay dios sino El, todo perecerá excepto Su faz. Suyo es el juicio y a El habéis de regresar.

29. SURA DE LA ARAÑA

Mequí a excepción de las aleyas 1 hasta la 11 que son de Medina. Tiene 69 aleyas y descendió después de la sura de los Romanos.

En el nombre de Allah, el Misericordioso, el Compasivo.

(1) Alif, Lam, Mim.

(2) ¿Es que cuentan los hombres con que se les va a dejar decir: creemos y no van a ser puestos a prueba?

(3) Es verdad que ya probamos a los que les precedieron. Para que Allah sepa quienes son sinceros y quienes son los falsos.

(4) ¿O acaso creen los que hacen el mal que podrán escapar de Nosotros? ¡Qué mal juzgan!

(5) Quien está a la espera del encuentro con Allah...
El plazo de Allah llegará y El es Quien oye y Quien sabe.

(6) Y quien se esfuerce, no lo hará sino en beneficio propio; realmente Allah es Rico y no necesita de las criaturas

(7) Y a los que crean y lleven a cabo las acciones de bien les cubriremos sus malas acciones y los recompensaremos por lo mejor que hayan hecho.

(8) Hemos encomendado al hombre tratar con bondad a sus padres, pero si luchan contra ti para que asocies conmigo algo de lo que no tienes conocimiento, entonces no les obedezcas. Habréis de volver a Mí y os haré saber lo que hayáis hecho.

(9) Y a los que creen y llevan a cabo las acciones de bien les incluiremos entre los justos.

(10) Hay hombres que dicen: Creemos en Allah pero cuando sufren algún perjuicio por la causa de Allah, equiparan la prueba de los hombres al castigo de Allah.
Y si viene una victoria gracias a tu Señor, dicen: Realmente estábamos con vosotros.
¿Es que no sabe Allah mejor, lo que encierran los pechos de las criaturas?

(11) Y sabe perfectamente quienes creen y quienes son hipócritas.

(12) Y dicen los que se niegan a creer a quienes creen: ¡Seguid nuestro camino y cargaremos con vuestras faltas!

Pero ellos no van a cargar con ninguna de sus faltas, son realmente mentirosos.

(13) Pero lo que sí es cierto es que tendrán que cargar con sus faltas y con otras además y el Día del Levantamiento se les preguntará por lo que inventaban.

(14) Y he aquí que enviamos a Nuh a su gente y estuvo con ellos mil años menos cincuenta. La inundación los sorprendió mientras eran injustos.

(15) Pero a él y a los que iban en la nave los pusimos a salvo e hicimos de ella un signo para todo el mundo.

(16) E Ibrahim cuando le dijo a su gente: ¡Adorad a Allah y temedle, ello es mejor para vosotros si sabéis!

(17) En realidad lo que adoráis fuera de Allah sólo son ídolos y estáis creando una mentira; ésos que adoráis fuera de Allah no tienen poder para daros sustento;

así pues buscad la provisión junto a Allah y adoradlo y agradecedle, porque a El habéis de volver.

(18) Pero si negáis la verdad... Ya lo hicieron naciones anteriores a vosotros.

Al Mensajero sólo le incumbe transmitir con claridad.

(19) ¿Es que no ven como Allah crea una primera vez y luego lo hace de nuevo? Realmente eso es simple para Allah.

(20) Di: ¡Id por la tierra y mirad cómo empezó la creación!

Luego Allah hará surgir la última creación, es cierto que Allah tiene poder sobre todas las cosas.

(21) Castiga a quien quiere y se apiada de quien quiere.

A El habréis de retornar.

(22) No tendréis escape ni en la tierra ni en cielo, ni tendréis fuera de Allah ni protector ni defensor.

(23) Y los que se niegan a creer en los signos de Allah y en el encuentro con El, ésos desesperan de Mi misericordia y tendrán un doloroso castigo.

(24) Y la única respuesta de su gente fueron las palabras: ¡Matadlo o quemadlo! Pero Allah lo salvó del fuego, realmente en eso hay signos para gente que cree.

(25) Y dijo: Lo que habéis tomado fuera de Allah, por el amor que existe en vosotros por la vida del mundo, no son más que ídolos; pero después, el Día del Levantamiento, renegaréis unos de otros y os maldeciréis mutuamente.

Vuestro refugio será el Fuego y no tendréis quien os auxilie.

(26) Y Lut creyó en él y dijo: He de emigrar por mi Señor, es cierto que El es el Irresistible, el Sabio.

(27) Le concedimos a Ishaq y a Yaqub y le dimos a su descendencia la Profecía y el Libro, y le dimos a él su recompensa en esta vida.

Verdaderamente en la otra estará con los justos.

(28) Y Lut, cuando dijo a su gente: Estáis cometiendo una indecencia que ninguna criatura ha cometido antes.

(29) ¿Cómo podéis buscar a los hombres, asaltar los caminos y hacer cosas reprobables en vuestras reuniones? Pero la única respuesta de su gente fueron las palabras: Tráenos el castigo de Allah si es verdad lo que dices.

(30) Dijo: ¡Señor mío! Ayúdame contra la gente corruptora.

(31) Y cuando llegaron Nuestros emisarios a Ibrahim llevando la buena noticia, dijeron: Vamos a destruir a los habitantes de esta ciudad puesto que sus habitantes son injustos.

(32) Dijo: Lut está en ella. Dijeron: Nosotros sabemos mejor quien está en ella. A él y a su familia les salvaremos con la excepción de su mujer que será uno de los que se queden atrás.

(33) Y cuando se presentaron Nuestros emisarios Lut se entristeció a causa de ellos y se angustió.

Le dijeron: No temas ni te entristezcas pues en verdad nosotros vamos a salvarte a ti y a tu familia con la excepción de tu mujer que será uno de los que se queden atrás.

(34) Vamos a hacer que baje un castigo del cielo contra los habitantes de esta ciudad por haberse pervertido.

(35) Es verdad que hicimos de ella un signo claro para la gente que entendiera.

(36) Y a los Madyan (les enviamos) a su hermano Shuayb, que dijo: ¡Gente mía! Adorad a Allah y estad a la espera del Ultimo Día, y no hagáis el mal en la tierra como corruptores.

(37) Pero lo negaron y les agarró la Sacudida, y amanecieron en sus hogares caídos de bruces.

(38) Y los Ad y los Zamud. Lo podéis ver con claridad en sus moradas. El Shaytán les embelleció sus acciones y les desvió del camino a pesar de que tenían visión.

(39) Y Qarún, Firaún y Haman. Musa les trajo las pruebas evidentes pero se llenaron de soberbia en la tierra y no pudieron adelantarse (escapar).

(40) A cada uno le castigamos por sus faltas.

A unos les mandamos un viento huracanado, a otros los agarró el Grito, a otros hicimos que se los tragara la tierra y a otros los ahogamos.

Allah no fue injusto con ellos en nada sino que fueron ellos mismos los injustos.

(41) Los que han tomado fuera de Allah protectores son como la araña que se ha hecho una casa.

Y sin duda la casa de la araña es la más frágil de las casas, si supieran.

(42) Allah conoce lo que invocais fuera de El.

El es el Irresistible, el Sabio.

(43) Esas son las semblanzas con las que golpeamos la atención de los hombres pero sólo los que saben las comprenden.

(44) Allah creó los cielos y la tierra con la verdad.

Realmente en ello hay un signo para los creyentes.

(45) Recita lo que se te ha inspirado del Libro y establece el salat, es cierto que el salat impide la indecencia y lo reprobable. Pero el recuerdo de Allah es mayor*, y Allah sabe lo que hacéis.

* [Según muchos comentaristas esta frase significa: "El recuerdo de Allah por vosotros es mayor que el vuestro de El". Y en este sentido existe un hadiz que lo corrobora. También se dice que significa: "Vuestro recuerdo de Allah en el salat es mejor que todo", y en este sentido el salat sería llamado "recuerdo de Allah". Otro sentido es que el recuerdo de Allah con continuidad es mejor para impedir lo reprobable que el salat, y otro sentido posible sería que el recuerdo de Allah es mejor que el resto de los actos de adoración incluído el salat.]

(46) Y no discutas con la gente del Libro sino de la mejor manera, a excepción de los que hayan sido injustos.*

Y decid: Creemos en lo que os ha hecho descender a vosotros, nuestro Dios y vuestro Dios es Uno y nosotros estamos sometidos a El (somos musulmanes).
* [Esta aleya está abrogada por la aleya n.º 5 de la sura novena, la aleya de la espada, y es por lo tanto anterior al precepto de combatir a los incrédulos.]

(47) Y del mismo modo hemos hecho que te descendiera a ti el Libro; de manera que aquéllos a los que les habíamos dado el Libro creen en él y algunos de éstos también creen en él.
Sólo los que se niegan a creer niegan Nuestros signos.

(48) Antes de él ni leías ni escribía tu mano ningún libro. Si hubiera sido así habrían tenido dudas los que dicen falsedades.

(49) Por el contrario en los pechos de aquéllos a los que se les dio conocimiento, son signos evidentes.
Sólo los injustos niegan Nuestros signos.

(50) Y dicen: ¿Por qué no se le hacen descender signos procedentes de su Señor? Di: Los signos están junto a Allah y yo solo soy un advertidor claro.

(51) ¿Es que no les basta que hayamos hecho que te descendiera el Libro que recitas?
Verdaderamente en él hay misericordia y recuerdo para la gente que cree.

(52) Di: Allah es suficiente Testigo entre vosotros y yo, El conoce lo que hay en los cielos y en la tierra.
Y aquéllos que creen en lo falso y se han negado a creer en Allah, ésos son los perdedores.

(53) Te están pidiendo que te apresures en traerles el castigo; y de no ser porque hay un plazo fijado, el castigo les llegaría y los agarraría de repente sin que lo advirtieran.

(54) Te urgen que les muestres el castigo cuando en realidad Yahannam rodea a los incrédulos.

(55) El día en que el castigo les envuelva por arriba y bajo sus pies y diga: ¡Gustad lo que hacíais!

(56) ¡Siervos míos que creéis! ¡Ancha es Mi tierra, adoradme sólo a Mí!

(57) Toda alma ha de gustar la muerte, luego regresaréis a Nosotros.

(58) Y a los que hayan creído y llevado a cabo las acciones de bien los hospedaremos en elevadas estancias del Jardín por cuyo suelo corren los ríos y en el que serán inmortales.
¡Qué excelente recompensa la de los que actúan!

(59) Los que fueron pacientes y se confiaron en su Señor.

(60) ¿A cuántos animales que no llevan consigo su provisión, Allah los provee, al igual que hace con vosotros?
El es Quien oye y Quien sabe.

(61) Y si les preguntas quién creó los cielos y la tierra y subordinó al sol y a la luna, sin duda que dirán: Allah.
¿Cómo entonces inventan?

(62) Allah hace abundante la provisión para quien quiere de Sus siervos y la hace restringida (para quien quiere).
Realmente Allah tiene conocimiento de todas las cosas.

(63) Y si les preguntas quién hace que caiga agua del cielo con la que da vida a la tierra después de haber estado muerta, dirán sin duda: Allah. Di: Las alabanzas pertenecen a Allah, pero la mayor parte de los hombres no entienden.

(64) La vida del mundo no es sino juego y distracción, la verdadera vida es la morada de la Ultima Vida, si supieran.

(65) Y cuando embarcan en la nave invocan a Allah con un reconocimiento sincero de que sólo El debe ser adorado;
pero cuando los ponemos a salvo en la tierra, Le asocian copartícipes.

(66) Pero que renieguen con ingratitud de lo que les damos y disfruten, que ya sabrán.

(67) ¿Es que no ven que hemos hecho un lugar inviolable y seguro, fuera del cual la gente alrededor comete todo tipo de desmanes?
¿Van a creer en lo falso negando la merced de Allah?

(68) ¿Hay alguien más injusto que aquel que inventa una mentira contra Allah y niega la verdad cuando le llega?
¿No es Yahannam refugio para los que se niegan a creer?

(69) A los que luchan por Nosotros, les guiaremos a Nuestro camino, es cierto que Allah está con los que hacen el bien.

30. SURA DE LOS ROMANOS

Mequí a excepción de la aleya 17 que es de Medina.
Tiene 60 aleyas y descendió después de la sura de la Hendidura.

En el nombre de Allah, el Misericordioso, el Compasivo.

(1) Alif, Lam, Mim.

(2) Los Romanos han sido vencidos
* [Se refiere a la victoria de Cosroes, rey de los persas, sobre los bizantinos.]

(3) en la tierra más próxima. Pero ellos, a pesar de su derrota, vencerán
* [Se dice que la victoria tuvo lugar el día de Badr y se dice también que el día de Hudaybiya.]

(4) dentro de algunos años. El mandato pertenece a Allah antes y después. Ese día se alegrarán los creyentes*
* [Puesto que los bizantinos eran gente del Libro.]

(5) por el auxilio de Allah. Él auxilia a quien quiere y Él es el Conocedor, el Compasivo.

(6) Promesa de Allah y Allah no falta a Su promesa, sin embargo la mayor parte de los hombres no saben.

(7) Conocen una parte superficial de la vida del mundo pero viven despreocupados de la Otra Vida.

(8) ¿Es que no han reflexionado en su interior?
Allah no ha creado los cielos y la tierra y lo que hay entre ambos sino con la verdad y con un plazo fijado.
Y es cierto que muchos de los hombres niegan que habrán de encontrarse con su Señor.

(9) ¿Es que no han ido por la tierra y han visto cómo acabaron los que les precedieron?
Eran más fuertes que ellos en poderío y cultivaron la tierra y florecieron en ella más de lo que ellos han florecido y vinieron a ellos sus mensajeros con las pruebas claras.
Pero Allah no fue injusto con ellos en nada sino que fueron ellos los injustos consigo mismos.

(10) Luego, aquéllos que habían cometido maldades tuvieron el peor fin, por haber negado la veracidad de los signos de Allah y haberse burlado de ellos.

(11) Allah inicia la creación, luego la reproduce y luego volvéis a
     El.

(12) El día que llegue la Hora, ese día los malhechores enmude-
     cerán desesperados.

(13) No tendrán ningún intercesor entre los que ellos asociaban (a
     Allah) y renegarán de esos asociados.

(14) El día que llegue la Hora, ese día se separarán:

(15) Los que creyeron y llevaron a cabo las acciones de bien es-
     tarán deleitándose en un vergel.

(16) Pero los que se negaron a creer y negaron la veracidad de
     Nuestros signos y del encuentro de la Ultima Vida, estarán
     permanentemente en el castigo.

(17) Así pues, ¡Glorificado sea Allah! cuando entráis en la tarde y
     cuando amanecéis,

(18) Suyas son las alabanzas en los cielos y en la tierra. Y(Glo-
     rificado sea) al caer la tarde y cuando entráis en el mediodía.

(19) Hace salir lo vivo de lo muerto y lo muerto de lo vivo y le da
     vida a la tierra después de muerta.
     Y así será como saldréis vosotros (de las tumbas).

(20) Parte de Sus signos es que os creó de tierra y luego llegasteis a
     ser seres humanos con capacidad para desenvolveros.

(21) Y parte de Sus signos es que os creó esposas sacadas de vo-
     sotros mismos para que encontrarais sosiego en ellas y puso
     entre vosotros amor y misericordia;
     realmente en eso hay signos para gente que reflexiona.

(22) Y parte de Sus signos es la creación de los cielos y de la tierra
     y la diversidad de vuestras lenguas y colores.
     Realmente en eso hay signos para las criaturas.

(23) Y parte de Sus signos es vuestro sueño de noche y de día y
     vuestra búsqueda de Su favor;
     realmente en esto hay signos para la gente que escucha.

(24) Y parte de Sus signos es que os hace ver el relámpago con
     temor y anhelo y hace que caiga agua del cielo con la que vi-
     vifica la tierra después de muerta;
     realmente en eso hay signos para gente que entiende.

(25) Y parte de Sus signos es que el cielo y la tierra se sostienen

por Su mandato. Luego cuando se os llame una vez desde la tierra, saldréis.

(26) Suyos son quienes están en los cielos y en la tierra, todos están sujetos a El.

(27) El es Quien crea al principio y luego vuelve a crear; y esto es aún más fácil para El.

El tiene el más alto parangón en los cielos y en la tierra y El es el Irresistible, el Sabio.

(28) Os pone un ejemplo extraído de vosotros mismos:

¿Acaso hay entre aquéllos que poseen vuestras diestras alguno que tenga parte en lo que os damos como provisión de forma que no hay diferencias y los teméis como os teméis entre vosotros?

Así es como explicamos los signos a una gente que razona.

(29) Sin embargo los injustos siguen sus pasiones sin conocimiento. ¿Y quién guiará a quien Allah ha extraviado?

No tendrán quien les auxilie.

(30) Mantén tu rostro orientado hacia la Adoración debida, como hanif, el estado natural en el que Allah creó a los hombres.

No se puede reemplazar la creación de Allah.

Esa es la Práctica de Adoración genuina, sin embargo la mayoría de los hombres no saben.

(31) Vueltos hacia El*.

Y temedle, estableced el salat y no seáis de los que asocian.

* [Está conectado con "Mantén tu rostro orientado a la Adoracion debida... volviéndoos (tú Muhammad y los creyentes) hacia El"]

(32) De ésos que han creado divisiones en su Práctica de Adoración y se han fragmentado en sectas.

Cada facción está contenta con lo suyo.

(33) Y cuando algún perjuicio afecta a los hombres, suplican a su Señor recurriendo a El, pero luego cuando les da a probar una misericordia procedente de El, una parte de ellos asocia a otros con su Señor,

(34) para de esta manera ser ingratos con lo que les dimos.

Pero disfrutad que ya sabréis.

(35) ¿O es que acaso hemos hecho descender sobre ellos alguna prueba que hable a favor de lo que asocian?

(36) Cuando les hacemos probar a los hombres una misericordia se alegran con ella, pero si les sobreviene algún mal, a causa de los que sus manos presentan, entonces se desesperan.

(37) ¿Es que no ven que Allah expande la provisión a quien quiere y la restringe (a quien quiere)?
Es cierto que en eso hay signos para gente que cree.

(38) Da, pues, el derecho que le corresponde al pariente y al pobre y al viajero. Ello es mejor para los que buscan la faz de Allah. Y ésos son los que cosecharán éxito.

(39) Y lo que déis de más* para que os revierta aumentado en la riqueza de la gente, no crecerá junto a Allah.
Pero lo que déis con generosidad buscando la faz de Allah... A ésos se les multiplicará.

* [En árabe la palabra es "riba", incremento o usura. La aleya se referiría a lo que se da de más esperando un interés usurario por ello; sin embargo para muchos comentaristas, aquí se refiere a un incremento permitido que consiste en que alguien en una transacción, da espontáneamente más de lo que corresponde esperando algún beneficio por ello, o que alguien regale algo esperando algún beneficio a cambio, lo cual si bien no es ilícito no tiene ante Allah ninguna recompensa.]

(40) Allah es Quien os crea y luego os sustenta, luego os hará morir y luego os devolverá a la vida. ¿Hay alguno de vuestros asociados que pueda hacer algo de eso?
¡Glorificado sea El y exaltado por encima de lo que asocian!

(41) La corrupción se ha hecho patente en la tierra y en el mar a causa de lo que las manos de los hombres han adquirido, para hacerles probar parte de lo que hicieron y para que puedan echarse atrás.

(42) Di: Id por la tierra y mirad cual fue el fin de los que hubo antes. La mayoría de ellos eran asociadores.

(43) Dirige tu rostro hacia la Práctica de Adoración auténtica antes de que llegue un día en el que Allah no dará posibilidad de volver. Ese día serán separados.

(44) Quienes se hayan negado a creer, sobre ellos pesará su incredulidad, y quienes hayan obrado con rectitud se habrán preparado el terreno a sí mismos.

(45) Para que El recompense con Su favor a quienes hayan creído y llevado a cabo las acciones de bien; es cierto que El no ama a los incrédulos.

(46) Y parte de Sus signos es que envía los vientos anunciando buenas noticias para haceros probar parte de Su misericordia, para que navegue la nave gracias a Su mandato y para que busquéis Su favor y podáis ser agradecidos.

(47) Y he aquí que antes de ti enviamos mensajeros a sus respectivos pueblos. Fueron a ellos con las pruebas evidentes y Nos vengamos de los que hicieron el mal. Era un deber para Nosotros auxiliar a los creyentes.

(48) Allah es Quien envía los vientos que remueven las nubes a las que extiende en el cielo como quiere y las fragmenta, y ves como la lluvia sale de su interior. Y cuando la hace caer sobre aquéllos de Sus siervos que El quiere se llenan de júbilo.

(49) A pesar de haber perdido ya la esperanza de que la hiciéramos caer sobre ellos.

(50) Así pues, mira las huellas de la misericordia de Allah: Como le da vida a la tierra después de haber estado muerta.
Ese es El que devolverá la vida a los muertos y El que tiene poder sobre todas las cosas.

(51) Pero si enviamos un viento y ven que todo se pone amarillo, seguramente empezarán a dejar de creer por su causa.

(52) Y por cierto que tu no vas a hacer que oigan los muertos ni que los sordos escuchen la llamada mientras se alejan dando la espalda.

(53) Tú no puedes guiar a los ciegos sacándoles de su extravío y sólo puedes hacer que escuchen aquéllos que creen en Nuestros signos y están sometidos (son musulmanes).

(54) Allah es Quien os ha creado de debilidad y después de ser débiles os ha dado fortaleza y después, tras haberla tenido, os da debilidad de nuevo y vejez. El crea lo que quiere y es el Conocedor, el Poderoso.

(55) El día en que ocurra la Hora, los que hayan hecho el mal jurarán no haber permanecido (en las tumbas) sino una hora. Del mismo modo mentían.

(56) Y dirán aquéllos a los que se les dió el conocimiento y la creencia: Realmente habéis permanecido, tal y como está en el Libro de Allah, hasta el Día del Resurgimiento y éste es el Día del Resurgimiento, sin embargo vosotros no lo sabíais.

(57) Ese día ninguna excusa les servirá a los que fueron injustos ni tendrán oportunidad de complacer (a su Señor).

(58) Realmente en este Corán le hemos puesto al hombre toda clase de comparaciones;

pero aunque fueras a ellos con un prodigio, los que no quieren creer dirían: No sois mas que farsantes.

(59) Así es como Allah marca los corazones de los que no saben.

(60) Ten pues paciencia porque en verdad la promesa de Allah es verídica, que no te inquieten los que no tienen certeza.

31. SURA DE LUQMAN

Mequí a excepción de las aleyas 27, 28 y 29 que son de Medina. Tiene 34 aleyas y descendió después del sura de las Filas.

En el nombre de Allah, el Misericordioso, el Compasivo.

(1) Alif, Lam, Mim.

(2) Estos son los signos del Libro Sabio.

(3) Guía y misericordia para los que hacen el bien.

(4) Los que establecen el salat, dan el zakat y tienen certeza de la Ultima Vida.

(5) Esos están afirmados en una guía de su Señor y son los que tendrán éxito.

(6) Hay hombres que compran palabras frívolas* para extraviar del camino de Allah sin conocimiento y las toman a burla.*
Esos tendrán un castigo infame.

* [Se dice que esta aleya descendió en relación a uno de los Quraysh que compró una esclava cantora para que cantara canciones de sátira y de burla contra el Profeta, que Allah le dé Su gracia y paz.]

* [Las aleyas del Corán o el camino de Allah, puesto que en árabe "sabil" — camino— puede ser de género femenino.]

(7) Y cuando se les recitan Nuestros signos se dan la vuelta con soberbia como si no los oyeran, como si tuvieran sordera en los oídos.
Anúnciales un castigo doloroso.

(8) Es cierto que los que creen y llevan a cabo las acciones de bien tendrán los Jardines del Deleite

(9) en los que serán inmortales. Promesa de Allah verdadera, El es el Poderoso, el Sabio.

(10) Creó los cielos sin pilares que pudierais ver y puso en la tierra cordilleras para que no se moviera con vosotros y repartió por ella todo tipo de seres vivos.
Y hacemos que caiga agua del cielo con la que hacemos crecer todo tipo de especies nobles.

(11) Esta es la creación de Allah, mostradme lo que han creado los que (adoráis) fuera de El.
Por el contrario, los injustos están en un claro extravío.

(12) Y he aquí que le dimos a Luqman la Sabiduría: ¡Sé agradecido con Allah! Pues quien agradece lo hace en beneficio propio, pero quien es ingrato...
Realmente Allah es Rico, Digno de alabanza.

(13) Y cuando Luqman le dijo a su hijo aconsejándole: ¡Hijo mío! No asocies nada ni nadie a Allah pues hacerlo es una enorme injusticia.

(14) Hemos encomendado al hombre que trate bien a sus padres. Su madre lo llevó en su vientre fatiga tras fatiga y fue destetado a los dos años. Sé agradecido conmigo y con tus padres. A Mí has de volver.

(15) Pero si se empeñan en que Me asocies algo de lo que no tienes conocimiento, entonces no les obedezcas.
Pero acompáñalos en este mundo como es debido. Y sigue el camino de los que se vuelven a Mí en todo.
Después habréis de volver a Mí y os haré saber lo que hacíais.

(16) ¡Hijo mío! Incluso el peso de un grano de mostaza dentro de una roca o en los cielos o en la tierra, Allah lo traería a colación; es cierto que Allah es Sutil, Penetrante.

(17) ¡Hijo mío! Establece la oración, ordena lo Reconocido, prohíbe lo Reprobable y ten paciencia con lo que venga, es cierto que eso es parte de los asuntos que requieren entereza.

(18) Y no pongas mala cara a la gente ni andes por la tierra con insolencia pues es verdad que Allah no ama al que es presumido y jactancioso.

(19) Sé moderado al caminar y baja la voz pues ciertamente la voz más desagradable es la voz del asno.

(20) ¿Es que no veis que Allah os ha subordinado todo lo que hay en los cielos y en la tierra y os ha colmado de Su favor tanto externa como internamente?
Hay hombres que discuten sobre Allah sin ningún conocimiento ni guía ni Libro luminoso.

(21) Y cuando se les dice: ¡Seguid lo que Allah ha hecho descender! Dicen: Seguimos más bien aquello que encontramos haciendo a nuestros padres.
¿Y si el Shaytán los estuviera llamando al castigo del Sair?

(22) Aquel que somete su frente a Allah y hace el bien, se habrá aferrado al asidero más firme y en Allah desembocan los asuntos.

(23) Y quien se niegue a creer... Que no te entristezca su incredulidad. (Todos) Habrán de retornar a Nos y les haremos saber lo que hicieron.
Es cierto que Allah conoce lo que hay dentro de los pechos.

(24) Les dejaremos que disfruten un poco y luego les conduciremos forzados al durísimo castigo.

(25) Si les preguntas quien creó los cielos y la tierra, te dirán: Allah. Di: Las alabanzas a Allah.
Sin embargo la mayoría de ellos no saben.

(26) De Allah es cuanto hay en los cielos y en la tierra, El es el Rico, el Digno de alabanza.

(27) Aunque los árboles de la tierra fueran cálamos y el mar junto con otros siete mares más (tinta), las palabras de Allah no se agotarían. Es cierto que Allah es Poderoso, Sabio.

(28) Crearos a vosotros y haceros resurgir es como crear a uno sólo; es cierto que Allah es Quien oye y Quien ve.

(29) ¿Acaso no ves que Allah hace que la noche penetre en el día y el día en la noche y que ha subordinado al sol y a la luna de manera que cada uno discurre con un plazo fijado, y que sabe perfectamente lo que hacéis?

(30) Eso es porque Allah es el Real y aquello que invocáis fuera de El es lo falso y porque Allah es Excelso, Grande.

(31) ¿Acaso no ves que la nave navega en el mar por la gracia de Allah para mostraros así algunos de Sus signos? En esto hay un signo para todo el que es paciente y agradecido.

(32) Y si los cubre una ola como una nube suplican a Allah reconociendo, en un momento de sinceridad, que sólo El debe ser adorado. Pero cuando les ponemos a salvo en tierra sólo algunos de ellos se mantienen fieles a ello.
Y no niega Nuestros signos sino el que es pérfido e ingrato.

(33) ¡Hombres! Temed a vuestro Señor y temed un día en el que ningún padre podrá pagar por su hijo ni ningún recién nacido pagará por su padre; realmente la promesa de Allah es

verdadera, que no te seduzca la vida del mundo ni que te seduzca, apartándote de Allah, el Seductor.

(34) Allah tiene con El el conocimiento de la Hora y hace que caiga la buena lluvia y sabe lo que hay en las matrices.

Nadie sabe lo que le deparará el mañana ni en qué tierra morirá, es cierto que Allah es Conocedor y está perfectamente Informado.

32. SURA DE LA POSTRACION

Mequí a excepción de la aleyas 16 hasta la 20 que son de Medina. Tiene 30 aleyas y descendió después de la sura del Creyente.

En el nombre de Allah, el Misericordioso, el Compasivo

(1) Alif, Lam, Mim.

(2) Es una revelación del Señor de todos los mundos el Libro en el que no hay duda.

(3) ¿O es que dicen que se lo ha inventado?

Pero no, es la verdad procedente de tu Señor para que adviertas a unas gentes a las que antes de ti no les había llegado ningún advertidor.

Quizás se puedan guiar.

(4) Allah es Quien creó los cielos y la tierra y lo que hay entre ellos en seis días, a continuación se asentó en el Trono.

Fuera de El no tenéis quien os proteja ni quien interceda por vosotros. ¿No vais a recapacitar?

(5) Los asuntos que decreta bajan desde el cielo a la tierra y luego ascienden a El en un día que equivale a mil años de los que contáis.

(6) Ese es el que conoce el No-Visto y lo Aparente, el Poderoso, el Compasivo.

(7) Aquel que todo lo que ha creado lo ha hecho bien y comenzó la creación del hombre a partir de barro.

(8) E hizo que su descendencia se produjera a partir de una gota de agua insignificante.

(9) Luego le dio forma e insufló en él parte de Su espíritu. Y os dio el oído, la vista y el corazón.

¡Qué poco agradecéis!

(10) Y dicen: ¿Acaso cuando hayamos desaparecido bajo la tierra iremos a ser creados de nuevo?

Pero no, ellos se niegan a creer que habrán de encontrarse con su Señor.

(11) Di: El ángel de la muerte, que está encargado de vosotros, os tomará, luego volveréis a vuestro Señor.

(12) Y si pudiérais ver cuando los malhechores inclinen la cabeza ante su Señor: ¡Señor nuestro! Míranos, escúchanos y déjanos regresar para que actuemos con rectitud, realmente ahora tenemos certeza.

(13) Si hubiéramos querido le habríamos dado a cada uno su guía, sin embargo se ha de cumplir Mi palabra: "Llenaré Yahannam de genios y hombres a la vez"

(14) así pues, gustad, porque olvidasteis que os ibais a encontrar con este día. Nosotros os hemos olvidado.
¡Gustad el castigo de la inmortalidad por lo que hicisteis!

(15) Sólo creen en Nuestros signos aquéllos que cuando se les mencionan caen postrados, glorifican a su Señor con las alabanzas que Le son debidas y no tienen soberbia.

(16) Levantan su costado de los lechos para invocar a su Señor con temor y anhelo y dan de la provisión que les damos.

(17) Nadie sabe la frescura de ojos que les espera como recompensa por lo que hicieron.

(18) ¿Acaso el que es creyente es como el descarriado?
No son iguales.

(19) Los que creen y llevan a cabo las acciones de bien, tendrán como hospedaje, por lo que hicieron, los Jardines del Refugio.

(20) Pero los descarriados tendrán como refugio el Fuego.
Cada vez que quieran salir de él serán devueltos y se les dirá: ¡Gustad el castigo del Fuego cuya realidad negabais!

(21) Y además del castigo mayor les haremos probar el castigo más inmediato por si pudieran volverse atrás.

(22) ¿Y quién es más injusto que aquel al que se le mencionan los signos de su Señor y se aparta de ellos?
Es cierto que nos vengaremos de los que hagan el mal.

(23) Es verdad que le dimos el Libro a Musa, no tengas ninguna duda del encuentro con Nos, y le hicimos un guía para los hijos de Israel.

(24) E hicimos de algunos de ellos dirigentes que guiaban según Nuestro mandato mientras eran pacientes y tenían certeza de Nuestros signos.

(25) Tu Señor resolverá entre ellos el Día del Levantamiento acerca de lo que discrepaban.

(26) ¿Es que no les sirven de guía todas las generaciones anteriores a ellos que hemos destruido?
Caminan por donde vivían.
Realmente en eso hay signos. ¿No prestarán atención?

(27) ¿Acaso no ven que llevamos el agua a una tierra seca y gracias a ella hacemos que broten semillas de las que comen su ganado y ellos mismos?
¿Es que no van a ver?

(28) Y dicen: ¿Cuándo tendrá lugar la victoria si es verdad lo que decís?

(29) Di: El día de la victoria de nada les servirá a los que se negaron a creer que crean ni se les dará un tiempo de espera.

(30) Apártate de ellos y espera, que su caso es sólo cuestión de tiempo.*
* [Esta aleya, en su contenido legal, está abrogada por la aleya de la espada.]

33. SURA DE LOS COLIGADOS.

Medinense. Tiene 73 aleyas y descendió después de la sura de la Familia de Imrán.

En el nombre de Allah, el Misericordioso, el Compasivo.

(1) ¡Profeta! Teme a Allah y no obedezcas a los incrédulos ni a los hipócritas, realmente Allah es Conocedor, Sabio.

(2) Sigue lo que se te inspira procedente de tu Señor, es cierto que Allah está perfectamente informado de lo que hacéis.

(3) Y abandónate en Allah, Allah basta como Protector.

(4) Allah no puso dos corazones en el interior del hombre, ni hizo que vuestras esposas repudiadas* fueran vuestras madres, ni que vuestros hijos adoptivos fueran hijos vuestros.

Esas son las palabras que salen de vuestras bocas pero Allah dice la verdad y guía el camino.

* [A las que divorciéis con la fórmula pre-islámica e inadmisible: "Tú eres para mí como la espalda de mi madre".]

(5) Es más justo ante Allah que (a vuestros hijos adoptivos) les llaméis con los nombres de sus padres, pero si no conocierais a sus padres... Son vuestros hermanos en la Creencia y vuestros compañeros.

No tenéis culpa en aquello que hagáis por error sino en el propósito de vuestro corazón.

Allah es Perdonador, Compasivo.

(6) El Profeta, para los creyentes, está antes que ellos mismos; y sus esposas son madres para ellos.

Y aquéllos a los que les unen lazos de consaguinidad son antes los unos para los otros, en el Libro de Allah, que los demás creyentes y los que emigraron, sin excluir lo que de bien hagáis a vuestros amigos.

Esto está escrito en el Libro.

(7) Y cuando hicimos que los profetas aceptaran su compromiso. El tuyo, el de Nuh, el de Ibrahim, el de Musa y el de Isa hijo de Maryam. Les hicimos aceptar un compromiso firme.

(8) Para que los veraces respondieran de su veracidad.
Para los incrédulos ha preparado un doloroso castigo.

(9) ¡Vosotros que creéis! Recordad la gracia de Allah con vosotros cuando vino a vosotros un ejército y mandamos contra ellos un viento y ejércitos que no veíais.*
Allah ve lo que hacéis.

* [Esta aleya y las siguientes se refieren al episodio del Foso. Las tribus de los Quraysh coligados con las de Gutfan y con los judíos de Quraydha y Banu Nadir, reunieron un ejército de más de diez mil hombres y se dirigieron a Medina para asediarla. El Profeta, que Allah le dé Su gracia y paz, aconsejado por Salmán el Farsi, mandó cavar un foso alrededor de Medina. Luego salió con tres mil hombres y fijó el campamento de manera que el foso les separaba del enemigo. Los musulmanes al verse asediados tuvieron miedo y empezaron las conjeturas quedando de manifiesto la hipocresía de los hipócritas. Después Allah envió un viento tempestuoso contra los coligados en una noche fría y oscura que arrancaba las tiendas y tumbaba a los hombres e hizo descender ángeles que infundieron el terror en sus corazones hasta que se marcharon habiendo fracasado en su intento.]

(10) Cuando os vinieron desde arriba y desde abajo y los ojos se salían de las órbitas, los corazones llegaban hasta la garganta y hacíais suposiciones sobre Allah

(11) Allí los creyentes fueron puestos a prueba y temblaron intensamente.

(12) Cuando los hipócritas y aquéllos en cuyos corazones hay una enfermedad decían: Lo que Allah y Su Mensajero nos han prometido es un engaño.

(13) Y cuando un grupo de ellos dijo: ¡Gente de Yazrib no tenéis una posición estable, volveos!.
Hubo algunos que pidieron dispensa al Profeta diciendo: Nuestras casas están desnudas. Pero no estaban desnudas, sino que querían huir.

* [Medina]

(14) Si les hubieran entrado por los flancos y a continuación les hubieran pedido que renegaran de su creencia, lo habrían hecho sin demasiado reparo.

(15) Y sin embargo antes habían pactado con Allah que no volverían la espalda. El compromiso con Allah puede ser exigido.

(16) Di: Huir no os serviría de nada, si huís de la muerte o de matar; y aún si lo hicierais, disfrutaríais por poco tiempo.

(17) Di: ¿Quién os protegerá de Allah si El quiere un mal para vosotros o si quiere una misericordia?

Fuera de Allah no encontrarán quien los proteja ni quien los defienda.

(18) Allah sabe quienes son los que de entre vosotros ponen obstáculos y les dicen a sus hermanos: ¡Venid a nosotros! Y están poco tiempo en combate.

(19) Son mezquinos con vosotros; y cuando aparece el miedo los ves que te miran con los ojos dando vueltas como el que está en trance de muerte.

Y cuando el miedo se aleja os hieren con sus afiladas lenguas codiciosos de los bienes. Esos no han creído y Allah ha hecho que sus acciones sean inútiles.

Eso es simple para Allah.

(20) No creen que los coligados se hayan marchado. Y si vinieran (de nuevo) ellos desearían estar en el desierto con los beduinos, preguntando las noticias sobre vosotros.

Y en caso de estar entre vosotros combatirían lo mínimo.

(21) Realmente en el Mensajero tenéis un hermoso ejemplo para quien tenga esperanza en Allah y en el Ultimo Día y recuerde mucho a Allah.

(22) Y cuando los creyentes vieron a los coligados, dijeron: Esto es lo que Allah y Su Mensajero nos habían prometido.

Allah y Su Mensajero han dicho la verdad. Y no hizo sino infundirles más creencia y sometimiento.

(23) Entre los creyentes hay hombres que han sido fieles a su compromiso con Allah, algunos han cumplido ya su compromiso y otros esperan sin haber variado en absoluto.

(24) Para que Allah recompense a los veraces por su lealtad y castigue a los hipócritas si quiere o les acepte el arrepentimiento, es cierto que Allah es Perdonador, Compasivo.

(25) Allah ha devuelto a los que se niegan a creer su propio odio; no han conseguido ningún bien.

Allah les basta a los creyentes en el combate,

Allah es Fuerte, Irresistible.

(26) Hizo bajar de sus fortificaciones a aquéllos de la gente del Libro que les habían ayudado, infundiendo terror en sus corazones.*

A unos los matasteis y a otros los tomasteis como cautivos.

* [Se refiere a la tribu judía de los banu Quraydha que habían ayudado a los asociadores de los Quraysh, rompiendo así el pacto que habían contraído con el Mensajero de Allah, que El le dé Su gracia y paz.]

(27) Y os hemos hecho heredar su tierra, casas y riquezas además de una tierra que aún no habéis pisado.

Allah tiene poder sobre todas las cosas.

(28) ¡Profeta! Di a tus esposas: Si queréis la vida del mundo y sus apariencias venid que os dé algún provecho y os deje ir con toda delicadeza.

(29) Pero si queréis a Allah y a Su Mensajero y la Morada de la Ultima Vida...

Es verdad que Allah ha preparado para aquéllas de vosotras que actúen con rectitud una inmensa recompensa.

(30) ¡Oh mujeres del Profeta! La que de vosotras cometa algún acto evidente de indecencia, le será doblado el castigo.

Esto es simple para Allah.

(31) La que de vosotras sea obediente a Allah y a Su Mensajero y actúe con rectitud, le daremos su recompensa dos veces y le prepararemos una generosa provisión.

(32) ¡Mujeres del Profeta! No sois como cualquier otra mujer; si tenéis temor (de Allah).

Así pues no seáis suaves al hablar de manera que aquel en cuyo corazón hay una enfermedad pueda sentir deseo; hablad con palabras adecuadas.

(33) Y permaneced en vuestras casas, no os adornéis con los adornos del tiempo de la ignorancia, estableced el salat y entregad el zakat y obedeced a Allah y a Su Mensajero.

Allah sólo quiere que se mantenga alejado de vosotras lo sucio ¡Oh gente de la casa! y purificaros totalmente.

(34) Y recordad los signos de Allah y la Sabiduría que se mencionan en vuestras casas; es verdad que Allah es Sutil y está perfectamente informado.

(35) Es verdad que a los musulmanes y a las musulmanas, a los creyentes y a las creyentes, a los obedientes y a las obedientes, a los veraces y a las veraces, a los pacientes y a las pacientes, a los humildes y a las humildes, a los que dan con franqueza y a las que dan con franqueza, a los que ayunan y a las que ayunan, a los que guardan sus partes íntimas y a las que las guardan y a los que recuerdan mucho a Allah y a las que recuerdan;

Allah les ha preparado un perdón y una enorme recompensa.

(36) No corresponde a ningún creyente ni a ninguna creyente elegir cuando Allah y Su Mensajero han decidido algún asunto. Quien desobedezca a Allah y a Su Mensajero se habrá extraviado en un extravío indudable.

(37) Y cuando le dijiste a aquel a quien Allah había favorecido y al que tú también habías favorecido, quédate con tu esposa y teme a Allah, mientras escondías en tu alma lo que Allah mostraría después por temor a los hombres, cuando Allah es más digno de ser temido.

De manera que cuando Zayd hubo terminado con lo que le unía a ella te la dimos como esposa para que los creyentes no tuvieran ningún impedimento en poder casarse con las mujeres de sus hijos adoptivos siempre que éstos hubieran terminado lo que les unía a ellas.

La orden de Allah es un hecho.*

* [Esta aleya se refiere al matrimonio del profeta, que Allah le dé Su gracia y paz, con Zaynab bint Yahsh que había sido esposa de su hijo adoptivo Zayd b. Harizah. Zayd quería divorciar a su esposa y el Profeta deseó casarse con ella pero temiendo lo que pudieran decir los calumniadores por casarse con la mujer de su hijo adoptivo, le impidió a Zayd divorciarla renunciando a ello. Entonces Allah hizo descender estas aleyas.]

(38) No hay ninguna falta sobre el Profeta en lo que Allah ha hecho preceptivo para él, así ha sido la práctica constante de Allah con los que ya pasaron.

El mandato de Allah es un decreto fijado.

(39) Los que transmiten los mensajes de Allah y le temen, sin temer a nadie excepto a Allah.

Y Allah basta para llevar la cuenta.

(40) Muhammad no es el padre de ninguno de vuestros hombres sino que es el Mensajero de Allah y el sello de los profetas. Y Allah es Conocedor de todas las cosas.

(41) ¡Vosotros que creéis! Recordad a Allah invocándole mucho.

(42) Y glorificadle mañana y tarde.

(43) El es Quien os bendice así como Sus ángeles piden por vosotros para sacaros de las tinieblas a la luz. Y con los creyentes es Compasivo.

(44) El día en que se encuentren con El, el saludo que recibirán será: Paz. Y les habrá preparado una generosa recompensa.

(45) ¡Oh Profeta! Es verdad que te hemos enviado como testigo, anunciador de buenas nuevas y advertidor.

(46) Y para llamar a Allah con Su permiso y como una lámpara luminosa.

(47) Y anuncia a los creyentes la buena noticia de que tendrán procedente de Allah abundante favor.

(48) Y no obedezcas a los incrédulos ni a los hipócritas ni hagas caso de sus ofensas* y abandónate en Allah; Allah basta como Protector.
  * [Su contenido como juicio legal está abrogado por la aleya de la espada, 5 de la sura 9. Además la expresión árabe puede entenderse también como: "Abandona el causarles ningún daño", lo cual también estaría ..brogado.]

(49) ¡Vosotros que creéis! Cuando desposéis a las creyentes y luego las divorciéis antes de haberlas tocado, no tenéis que contar ningún periodo de espera. Dadles algo de provecho y dejadlas ir con delicadeza.

(50) ¡Profeta! Te hacemos lícitas tus esposas, a las que diste sus correspondientes dotes, y las que tu diestra posee entre las que Allah te haya dado como botín, y las hijas de tus tíos maternos y las de tus tías maternas que hayan emigrado contigo y cualquier mujer creyente que se ofrezca al Profeta si el Profeta quiere tomarla en matrimonio. Esto es exclusivo para ti, no para los creyentes. Sabemos lo que les hemos hecho preceptivo a ellos en lo referente a sus esposas y las que sus diestras poseen. Para que no haya falta sobre ti. Y Allah es Perdonador, Compasivo.

(51) Deja postergada a la que quieras de ellas y une a ti a la que quieras. Y si deseas alguna que hayas mantenido alejada no hay mal en ello para ti. Esto es más conveniente para que sus ojos se refresquen (se consuelen) y no se entristezcan y estén satisfechas con lo que les des.

Allah conoce lo que hay en vuestros corazones.

Allah es Conocedor, Indulgente.*

* [Esta aleya ha sido tradicionalmente entendida en dos sentidos por los comentaristas; según el primero haría referencia a la no obligación, exclusiva para el Profeta, de repartir su atención por igual entre sus esposas, si bien él fue el modelo en ello. Y según el segundo se referiría a tomar o a dejar las mujeres que se ofrecieran a él o a divorciar o a conservar las que tenía.]

(52) Más allá de ésto no son lícitas para ti las mujeres*, ni que dejes a una de tus esposas para sustituirla por otra, aunque te admire su belleza, a excepción de las que posea tu diestra.

Allah está Atento a todas las cosas.

* [Según Ibn Yuzay y de acuerdo con Ibn Abbas esta aleya implica la limitación del número de esposas del Profeta a las que tenía en ese momento, es decir nueve; equivaliendo a las cuatro permitidas para su comunidad. Según esto, sería una aleya que abrogaría la n.° 50 de esta misma sura.]

(53) ¡Vosotros que creéis! No entréis en las habitaciones del Profeta a menos que os dé permiso y os invite a comer, pero no estéis esperando la ocasión.

No obstante si sois invitados entrad, y una vez hayáis comido retiraos y no os quedéis hablando con familiaridad; realmente esto le molesta al Profeta pero le da vergüenza decíroslo.

Sin embargo Allah no se avergüenza de la verdad.

Y cuando les pidáis a ellas algún menester hacedlo desde detrás de una cortina, esto es más puro para vuestros corazones y para los suyos. No es propio de vosotros causar ningún perjuicio al Mensajero de Allah.

Y cuando él ya no esté, no os caséis jamás con sus esposas, realmente esto es grave ante Allah.

(54) Tanto si mostráis algo como si lo mantenéis escondido...

Allah es Conocedor de todas las cosas.

(55) No hay inconveniente para ellas* en cuanto a sus padres, hijos, hermanos, hijos de sus hermanos y de sus hermanas, las mujeres que sean de las suyas y los esclavos que posean.

Y que teman a Allah, es cierto que Allah es Testigo de todas las cosas. Es verdad que Allah bendice al Profeta y Sus ángeles piden por él.

¡Vosotros que creéis! Haced oración por él y saludadlo con un saludo de paz.

* [Se refiere al hecho de no tener que hablar desde detrás de una cortina.]

(56) Los que ofenden a Allah y a Su Mensajero, Allah los maldecirá en esta vida y en la Otra. Ha preparado para ellos un castigo infame.

(57) Y los que ofenden a los creyentes y a las creyentes sin que lo que dicen sea cierto, habrán cargado con una calumnia y un delito indudable.

(58) ¡Profeta! Di a tus esposas e hijas y a las mujeres de los creyentes que se cubran desde arriba con sus vestidos. Esto es lo más adecuado para que se las reconozca y no se las ofenda. Allah es Perdonador, Compasivo.

(60) Si los hipócritas, los que tienen una enfermedad en el corazón, los tendenciosos de Medina, no dejan su actitud, te daremos poder sobre ellos y luego, no serán vecinos tuyos en ella por mucho tiempo.

(61) Malditos, donde quiera que se dé con ellos serán capturados y matados enérgicamente.

(62) Práctica constante de Allah con los que ya pasaron antes. Y no encontrarás en el modo de actuar de Allah ningún cambio.

(63) La gente te pregunta acerca de la Hora, di: Su conocimiento está únicamente junto a Allah; pero, quién sabe si la Hora puede estar cerca.

(64) Es cierto que Allah ha maldecido a los incrédulos y les ha preparado un Fuego inflamado.

(65) En él serán para siempre inmortales y no encontrarán quien les proteja o les defienda.

(66) El día en que sus caras sean pasadas por el fuego, dirán: ¡Ojalá y hubiéramos obedecido a Allah y hubiéramos obedecido al Mensajero!

(67) Y dirán: ¡Señor nuestro! En realidad nosotros obedecimos a nuestros jefes y superiores y fueron ellos los que nos extraviaron del camino.

(68) ¡Señor! Dales a ellos el doble de castigo y maldícelos con una gran maldición.

(69) ¡Vosotros que creéis! No seáis como los que ofendieron a Musa y Allah manifestó su inocencia frente a lo que decían.*
El tenía ante Allah una posición de mucha estima.

* [Alude a la historia de Musa, cuando su gente, debido a que él tenía un enorme pudor y nunca enseñaba ninguna parte de su cuerpo, empezó a decir que ocultaba alguna enfermedad del tipo de la lepra. Un día fue a lavarse al río y dejó la ropa sobre una piedra; al terminar volvió donde la piedra y ésta se había movido por sí misma de su sitio, por lo que tuvo que andar desnudo buscándola siendo visto por un grupo de principales de su gente que pudo comprobar la integridad de su cuerpo desnudo, quedando desmentido el rumor.]

(70) ¡Vosotros que creéis! Temed a Allah y hablad acertadamente.

(71) El hará buenas vuestras acciones y os perdonará las faltas.
Y quien obedece a Allah y a Su Mensajero ha triunfado con gran éxito.

(72) Es cierto que ofrecimos la responsabilidad* a los cielos, la tierra y las montañas pero no quisieron asumirla estremecidos por ello. Sin embargo el hombre la asumió.
Realmente él es injusto consigo mismo e ignorante.

* [En árabe "amana", encomienda, de la misma raíz que "iman", creencia. Implica la asunción de las responsabilidades de la sharia y de la capacidad para acceder al conocimiento divino.]

(73) Para que Allah castigara a los hipócritas y a las hipócritas y a los asociadores y a las asociadoras y se volviera con Su perdón sobre los creyentes y las creyentes.
Allah siempre es Perdonador, Compasivo.

34. SURA DE SABA

Mequí a excepción de la aleya 6 que es de Medina.
Tiene 54 aleyas y descendió después de la sura de Luqmán.

En el nombre de Allah. el Misericordioso, el Compasivo.

(1)   Las alabanzas a Allah a Quien pertenece cuanto hay en los cielos y cuanto hay en la tierra. Suya es la alabanza en la Ultima Vida y El es el Sabio, el Conocedor de lo más recóndito.

(2)   Sabe lo que entra en la tierra y lo que sale de ella, lo que baja desde el cielo y lo que a él asciende. El es el Compasivo, el Perdonador.

(3)   Y dicen los que se niegan a creer: La hora no va a llegarnos. Di: Sí, por mi Señor que os llegará.
El es el Conocedor del No-Visto. No se le escapa el peso de una brizna ni en los cielos ni en la tierra, ni hay nada que sea menor o mayor que ello que no esté en un Libro explícito.

(4)   Para recompensar a los que hayan creído y practicado las acciones de bien. Esos tendrán perdón y una provisión generosa.

(5)   Y los que se esfuerzan en eliminar Nuestros signos pensando que se saldrán con la suya, ésos tendrán un castigo de doloroso tormento.

(6)   Los que recibieron el conocimiento ven que lo que se te ha hecho descender procedente de tu Señor es la verdad y la guía al camino del Poderoso, en sí mismo alabado.

(7)   Y dicen los que se niegan a creer: ¿Queréis que os enseñemos a un hombre que os anuncia que cuando os hayáis quedado reducidos a polvo seréis creados de nuevo?

(8)   ¿Se ha inventado una mentira sobre Allah o es acaso un poseso? Pero no, los que no creen en la Ultima Vida estarán en el castigo y en el extravío profundo.

(9)   ¿Es que no se fijan en el cielo y en la tierra que tienen delante y detrás? Si quisiéramos haríamos que se los tragara la tierra o haríamos caer sobre ellos un trozo de cielo; realmente en eso hay un signo para todo siervo que recurre (a su Señor).

(10) Y así fue como dimos a Daud una gracia procedente de Nos: ¡Montañas, acompañad su glorificación, y las aves también! E hicimos el hierro blando para él.

(11) ¡Haz cotas de malla dándoles su justa proporción! ¡Y obrad con rectitud!, pues es cierto que veo lo que hacéis

(12) Y a Sulayman (le subordinamos) el viento que en una mañana hacía el recorrido de un mes y en una tarde el de otro. E hicimos que manara para él un manantial de cobre fundido. Y había genios que trabajaban para él con permiso de su Señor. Y a quien de ellos se apartara de Nuestro mandato le haríamos gustar el castigo del Sair.

(13) Hacían para él lo que quería: Templos escalonados, estatuas, jofainas como aljibes y marmitas que no se podían mover. ¡Familia de Daud! ¡Obrad con agradecimiento! Son pocos Mis siervos agradecidos.

(14) Y cuando decretamos que muriera lo único que les hizo darse cuenta de su muerte fue que el bicho de la tierra* carcomió su cetro; y así, cuando cayó, se les hizo claro a los genios, que si hubieran conocido el No-Visto no habrían permanecido en el denigrante castigo.
    * [La carcoma]

(15) Realmente la gente de Saba tenía un signo en donde habitaba: Dos jardines a ambos lados: derecha e izquierda. ¡Comed de la provisión de vuestro Señor y agradecedle! Es una buena tierra y El es un Señor Indulgente.

(16) Pero se desviaron y enviamos contra ellos la inundación del dique y convertimos los dos jardines en otros con arbustos espinosos y amargos, tamariscos y algún azufaifo.

(17) Así les pagamos por haber sido desagradecidos. ¿Acaso recibe ese pago alguien que no sea ingrato?

(18) Habíamos dispuesto entre ellos y la ciudades que habíamos bendecido,* ciudades conectadas entre sí de manera que las etapas del viaje venían a la medida. ¡Viajad a salvo, a través de ellas, de noche y de día!
    * [Se refiere a las ciudades de Sham, la Gran Siria]

(19) Pero dijeron: ¡Señor nuestro! Haz las distancias de nuestros viajes más largas. Y fueron injustos consigo mismos.

Les convertimos en relato de la gente e hicimos que se dispersaran completamente. Es cierto que en eso hay signos para todo el que sea paciente, agradecido.

(20) Y así fue que Iblis confirmó en ellos su convicción* y le siguieron con la excepción de un grupo de creyentes.

* [De que los hombres se dejarían seducir por él]

(21) Pero no tenía ningún poder sobre ellos, sólo fue para que distinguiéramos a quien creía en la Ultima Vida de quien estaba en duda sobre ella.

Tu Señor está Atento a todas las cosas.

(22) Di: ¡Llamad a los que afirmáis aparte de Allah!

No tienen el más mínimo dominio ni en los cielos ni en la tierra, ni tienen participación alguna, ni El tiene entre ellos ningún ayudante.

(23) No habrá intercesión que valga ante El excepto la de quien El autorice. Y cuando el miedo se haya ido de sus corazones y se digan: ¿Qué dice vuestro Señor? Dirán: La verdad.

Y El es el Excelso, el Grande.*

* [Ibn Yuzay dice sobre esta aleya que según se pone de manifiesto en los hadices, se refiere a los ángeles que al oir la revelación se llenan de un gran temor y cuando éste desaparece de sus corazones se dicen unos a otros lo que menciona la aleya. Y la conexión con la frase anterior está en que los árabes creían que los ángeles intercedían por ellos.]

(24) Di: ¿Quién os da la provisión desde los cielos y la tierra?

Di: Allah. Y necesariamente uno de los dos, o nosotros o vosotros, está guiado mientras que los otros están en un claro extravío.

(25) Di: No se os preguntará sobre lo que nos hayamos ganado ni a nosotros se nos preguntará por lo que hayáis hecho.*

* [Esta aleya está abrogada en su contenido legal por la aleya de la espada, la n.º 5 de la sura 9.]

(26) Di: Nuestro Señor nos reunirá y luego juzgará entre vosotros con la verdad, El es el Juez clarificador, el Conocedor.

(27) Di: Mostradme aquéllos asociados que habéis atribuido.

Pero no, El es el Inigualable, el Sabio.

(28) Y no te hemos enviado sino como anunciador de buenas noticias y advertidor para todos los hombres; sin embargo la mayor parte de los hombres no saben.

(29) Y dicen: ¿Cuando se cumplirá esta promesa si es verdad lo que decís?

(30) Di: tenéis una cita un día del que no podréis retrasar o adelantar una sola hora.

(31) Y dicen los que se niegan a creer: No creeremos en esta Recitación ni en lo que había antes.
Pero si pudieran ver los injustos cuando estén de pie ante su Señor haciéndose mutuos reproches.
Dirán los que se dejaron llevar a los que fueron soberbios:
De no haber sido por vosotros habríamos sido creyentes.

(32) Y dirán ios que fueron soberbios a los que se dejaron llevar:
¿Cómo es que nosotros os desviamos de la guía después de haberos llegado?
Por el contrario, fuisteis de los que hacen el mal.

(33) Y dirán los que se dejaron llevar a quienes fueron soberbios:
No, era una maquinación de día y de noche para ordenarnos que no creyéramos en Allah y que le atribuyéramos semejantes. Y mostrarán el arrepentimiento al ver el castigo.
Pondremos argollas en los cuellos de los que se niegan a creer. ¿Acaso se les pagará por algo que no sea lo que hayan hecho?

(34) No hemos enviado a ninguna ciudad un advertidor sin que los que en ella se habían entregado a la vida fácil no dijeran:
Nos negamos a creer aquello con lo que se os envía.

(35) Y dijeran: Nosotros tenemos más riquezas e hijos y no vamos a ser castigados.

(36) Di: Es cierto que mi Señor le hace extensa la provisión a quien quiere y se la restringe (a quien quiere);
sin embargo la mayor parte de los hombres no saben.

(37) Y no son ni vuestras riquezas ni vuestros hijos lo que os dará proximidad a Nos; sino creer y actuar con rectitud.
Esos tendrán, por lo que hicieron, una recompensa doblada y estarán a salvo en las altas Estancias.

(38) Y aquéllos que se empeñan en eliminar Nuestros signos pensando que lo lograrán, ésos comparecerán en el castigo.

(39) Di: Es cierto que mi Señor le da extensa provisión a quien quiere de Sus siervos y (también) la restringe.

Cualquier cosa que gastéis El os dará algo a cambio y El es el mejor en proveer.

(40) El día en que los reunamos a todos y luego les digamos a los ángeles: ¿Era a vosotros a quienes éstos adoraban?

(41) Dirán: Gloria a Ti, Tú eres nuestro Protector, no ellos.
Por el contrario adoraban a los genios y la mayoría tenían fe en ellos.

(42) Y hoy no podéis ni perjudicaros ni beneficiaros unos a otros.
Diremos a los que hayan sido injustos: ¡Gustad el castigo del Fuego cuya realidad negabais!

(43) Y cuando se les recitan Nuestros signos claros, dicen:
¿Quién es éste más que un hombre que quiere apartaros de lo que vuestros padres adoraban?
Y dicen: Esto no es más que una mentira inventada.
Y dicen los que se han negado a creer en la verdad cuando les ha llegado: Esto no es más que pura magia.

(44) Y sin embargo antes de ti no les hemos dado ningún libro del que poder aprender ni les hemos enviado ningún advertidor.

(45) Los que hubo antes de ellos negaron la verdad y ellos no han llegado a tener ni la décima parte de lo que les dimos a aquéllos.
Desmintieron a Mis mensajeros, y cómo fue Mi reprobación.

(46) Di: Sólo os exhorto a una cosa: Que os lo propongáis por Allah, en pares o de uno en uno, y reflexionéis: Vuestro compañero no es un poseso sino que es alguien que viene a advertiros de un terrible castigo.

(47) Di: Lo que os pueda pedir como recompensa que sea para vosotros, pues mi recompensa sólo incumbe a Allah y El es testigo de todas las cosas.

(48) Di: Es cierto que mi Señor impone la verdad, El tiene perfecto conocimiento de las cosas que no están a la vista.

(49) Di: La verdad ha venido y lo falso no puede dar comienzo a nada ni repetirlo.

(50) Di: Si me extravío sólo lo haré en perjuicio propio y si me guío es gracias a lo que mi Señor me ha inspirado, es cierto que El es Quien oye y Quien está cercano.

(51) Si vieras cuando, sin escapatoria, huyan asustados y sean agarrados desde un lugar próximo...

(52) Y digan: Creemos en él. Pero ¿cómo podrán acceder a ello, fuera de lugar, tan lejos?

(53) Antes se negaron a creer en ello y hacían conjeturas sobre lo desconocido desde una posición remota.

(54) Y se les cerró el paso a lo que deseaban al igual que se hizo anteriormente con los de su clase;
realmente estaban indecisos en la duda.

35. SURA AL-FATIR (El Originador)

Mequí. Tiene 45 aleyas y descendió después de la sura "El Discernimiento".

En el nombre de Allah, el Misericordioso, el Compasivo.

(1)   Las alabanzas a Allah que dio comienzo a los cielos y a la tierra e hizo que hubiera ángeles mensajeros, con alas dobles, triples y cuádruples.
      El añade a la creación lo que quiere, es cierto que tiene poder sobre todas las cosas.

(2)   La misericordia que Allah dispensa para los hombres no hay quien la impida y la que El retiene no hay, después de El, quien la libere.
      El es el Irresistible, el Sabio.

(3)   ¡Hombres! Recordad la merced de Allah con vosotros.
      ¿Hay, aparte de Allah, algún creador que os dé provisión desde el cielo y la tierra?
      No hay dios sino El. ¿Cómo pues inventáis?

(4)   Y si te dicen que es mentira, ya fueron tachados de mentirosos mensajeros anteriores a ti.
      Pero a Allah vuelven todas las cosas.

(5)   ¡Hombres! Es cierto que la promesa de Allah es verdadera, que no os seduzca la vida del mundo ni os engañe el seductor apartándoos de Allah.

(6)   Realmente el Shaytán es enemigo vuestro, tomadlo como tal.
      El sólo llama a los de su partido a que sean los compañeros del Sair.

(7)   Los que se niegan a creer tendrán un durísimo castigo; pero los que creen y practican las acciones de bien tendrán perdón y una gran recompensa.

(8)   ¿Pero cómo va a ser aquel a quien la maldad de sus acciones le haya sido disfrazada de hermosura...? Es cierto que Allah extravía a quien quiere y guía a quien quiere.
      Que tu alma no se consuma en lamentaciones por ellos; verdaderamente Allah sabe lo que hacen.

(9) Allah es Quien envía los vientos que mueven las nubes; entonces las conducimos a una región muerta y así, a través de ellas, devolvemos la vida a la tierra después de su muerte. Así será el Resurgimiento.

(10) Quien quiera el poder... Todo el poder pertenece a Allah. Hasta Él sube la buena palabra y la acción recta la eleva.*

Los que traman maldades tendrán un durísimo castigo, su maquinación será aniquilada.

* [Los comentaristas han entendido esto de tres maneras: La primera es que Allah eleva la acción recta; la segunda que sólo se acepta la acción recta de quien tiene la buena palabra, que según algunos comentarios es el testimonio de que no hay dios sino Allah; y la tercera es que la acción recta eleva a la buena palabra de manera que no se acepta la palabra excepto de quien tiene acción recta. Y esto último se ha transmitido de Ibn Abbas.]

(11) Y Allah os creó a partir de tierra y luego a partir de una gota de esperma haciéndoos después en parejas.

No hay hembra preñada ni parturienta que Él no lo sepa.

Y no le prolonga la vida a ninguna criatura ni se la acorta sin que esté en un libro; en realidad eso es simple para Allah.

(12) Y no son iguales las dos extensiones de agua: una es agradable, dulce y adecuada para beber mientras que la otra es salada, salobre. Pero de ambas coméis carne fresca y extraéis joyas que os ponéis.

Y ves la nave surcar las olas; para que podáis buscar parte de Su favor y podáis así agradecer.

(13) Hace que la noche penetre en el día y que el día penetre en la noche. Y ha sometido el sol y la luna a Su dominio, cada uno de los cuales gira hasta un término fijado.

Ese es Allah, vuestro Señor, a Él le pertenece la soberanía mientras que los que invocáis, aparte de Él, no poseen ni la piel de un hueso de dátil.

(14) Si los llamáis, no oirán vuestra llamada y aunque pudieran oírla no os responderían.

El Día del Levantamiento renegarán de que los hubierais invocado (asociándolos con Allah). Nadie como uno que conoce hasta lo más recóndito podrá informarte.

(15) ¡Hombres! Vosotros sois los que necesitáis de Allah mientras que Allah es Rico, alabado en sí mismo.

(16) Si quiere puede quitaros de en medio y traer nuevas criaturas.

(17) Eso no es difícil para Allah.

(18) Nadie cargará con la carga de otro. Y si alguno, agobiado por el peso de su carga, le pidiera a otro que se la llevara, nadie podría llevarle nada, aunque fuera un pariente cercano.

Tu advertencia sólo le sirve a quien teme a su Señor sin verlo* y cumple la oración. El que se purifica sólo lo hace por su bien, hacia Allah se ha de volver.

* [También se puede entender: "El que teme a su Señor cuando nadie lo ve"]

(19) Y no es el ciego como el que ve

(20) como no son las tinieblas iguales a la luz

(21) ni es la sombra como la solana.

(22) Ni son iguales los vivos a los muertos.

Es verdad que Allah le hace oír a quien Él quiere pero tú no puedes hacer que los que están en las tumbas oigan.

(23) Tú no eres más que un advertidor.

(24) Es cierto que te hemos enviado con la verdad, para dar buenas noticias y para advertir. No ha habido ninguna comunidad por la que no haya pasado un advertidor.

(25) Y si dicen que es mentira, ya lo hicieron sus antepasados a quienes llegaron sus mensajeros con las pruebas claras, las escrituras y el Libro luminoso.

(26) Después castigué a los que se negaron a creer y ¡cómo fue Mi reprobación!

(27) ¿Es que no ves que Allah hace que caiga agua del cielo y con ella hacemos que salgan frutos de diferentes colores?

¿Y que hay montañas de vetas blancas y rojas, de matices distintos, y hasta de un negro oscuro?

(28) ¿Y que los hombres, las bestias y el ganado también son de distintos colores? En realidad sólo temen a Allah aquéllos de Sus siervos que tienen conocimiento;

es cierto que Allah es Poderoso, Perdonador.

(29) Los que leen el libro de Allah, establecen el salat y gastan de lo que les proveemos en secreto y públicamente esperando un negocio que no tiene pérdida.

(30) Para que les pague la recompensa que les corresponde y les aumente Su favor; es cierto que Él es Perdonador, Agradecido.

(31) Y lo que te hemos inspirado del Libro es la verdad que confirma lo que había.
Allah tiene pleno conocimiento de Sus siervos y los ve.

(32) Después hemos dado en herencia el Libro a aquéllos de Nuestros siervos que hemos elegido.
Y entre ellos, unos serán injustos consigo mismos, otros se mantendrán en el término medio y otros, con permiso de Allah, se pondrán por delante en acciones de bien.
Ese es el gran favor.

(33) Los jardines de Adn en los que entrarán; allí serán adornados con brazaletes de oro y perlas y vestirán de seda.

(34) Y dirán: Las alabanzas a Allah que nos ha quitado todo pesar, es verdad que Nuestro Señor es Perdonador, Agradecido.

(35) Quien ha hecho lícita para nosotros la Morada de la Permanencia gracias a Su favor, en ella ni la fatiga ni la incapacidad nos afectará.

(36) Pero los que se niegan a creer tendrán el fuego de Yahannam.
No se acabará con ellos permitiéndoles morir ni se les aliviará su tormento en nada.
Así pagamos a todos los desagradecidos.

(37) Estando en él gritarán: ¡Señor nuestro! Sácanos y obraremos con rectitud y no como hicimos antes. ¿Acaso no os concedimos una vida larga en la que pudiera recapacitar quien lo hiciere, y acaso no os llegaron advertidores?
¡Así pues, gustad! No habrá nadie que defienda a los injustos.

(38) Es cierto que Allah conoce lo que en los cielos y en la tierra no se muestra a la vista, realmente El sabe lo que encierran los pechos.

(39) El es Quien os hizo representantes (Suyos) en la tierra*.
Así pues, la incredulidad del que se niegue a creer irá en contra suya, y la incredulidad de los que se nieguen a creer no hará sino hacerlos más despreciables para su Señor, y la incredulidad de los que se nieguen a creer no hará sino aumentarles en perdición.

* [También se puede entender: "El es Quien ha hecho que os sucedierais unos a otros en la tierra".]

(40) Di: ¿Os habéis fijado en esos que vosotros habéis asociado, esos que invocáis aparte de Allah?

Mostradme aquello de la tierra que han creado, o si tienen alguna participación en los cielos o si les hemos dado algún Libro, y tienen alguna evidencia de ello. Pero no, los injustos no hacen sino prometerse unos a otros un engaño.

(41) En verdad Allah sujeta los cielos y la tierra para que no decaigan y si tuvieran algún declive nadie, más allá de El, los podría sujetar.

Es cierto que El es el Indulgente, el Perdonador.

(42) Y juran por Allah con los juramentos más solemnes que si les llega algún advertidor seguirán la guía más que cualquier otra comunidad, sin embargo cuando les ha llegado un advertidor no han hecho sino crecer en rechazo.

(43) Con soberbia en la tierra y tramando con maldad, sin embargo el mal que traman no hace sino rodear a sus propios autores. ¿Acaso esperan que les ocurra algo distinto a lo que fue la constante de los que les precedieron?

No encontrarás nada que pueda cambiar la práctica constante de Allah ni encontrarás nada que la altere.

(44) ¿Es que no van por la tierra y ven cómo acabaron los que hubo antes de ellos?

Eran más fuertes en poderío, pero no hay nada que se le resista a Allah ni en los cielos ni en la tierra.

Es cierto que El es Conocedor, Todopoderoso.

(45) Si Allah tomara en cuenta lo que los hombres se buscan, no dejaría sobre su superficie* un sólo ser viviente, sin embargo los demora hasta un plazo fijado.

Pero cuando les llega su plazo...

Realmente Allah ve a Sus siervos.

* [La de la tierra]

4

36. SURA DE YA SIN

Mequí a excepción de la aleya 45 que es de Medina.
Tiene 83 aleyas y descendió después de la sura "Los Genios".

En el nombre de Allah, el Misericordioso, el Compasivo

(1) Ya, Sin*
   * [Según Ibn Abbas, Ibn Masud y otros, significa: ¡Oh hombre!, es decir: "Ya Insan". Otros comentaristas dicen que es uno de los nombres del Profeta, que Allah le dé Su gracia y paz, y según el Imam Malik y otros, es uno de los nombres de Allah.]

(2) ¡Por el Corán sabio!

(3) que tú eres uno de los enviados

(4) en un camino recto.

(5) Revelación que ha hecho descender el Poderoso, el Compasivo

(6) para que adviertas a una gente cuyos padres no fueron advertidos y están en el olvido.

(7) Se ha hecho realidad la palabra dictada contra la mayoría de ellos y no creen.

(8) Cierto que les pondremos en el cuello argollas que les llegarán hasta el mentón y no podrán moverse.

(9) Hemos puesto una barrera por delante de ellos y otra por detrás y les hemos velado, no pueden ver.

(10) Es igual para ellos que les adviertas o que no les adviertas, no creerán.

(11) Sólo admite la advertencia quien sigue el Recuerdo y teme al Misericordioso aunque no lo vea*.
   Anúnciale perdón y una generosa recompensa.
   * [También puede entenderse: cuando nadie lo ve, o en aquellas cosas que no se ven.]

(12) En verdad Nosotros damos la vida a los muertos y escribimos las obras que adelantaron y las huellas que dejaron.
   Cada cosa la recogemos en un registro claro.

(13) Llámales la atención con el ejemplo de los habitantes de la ciudad, cuando llegaron los enviados.*
   * [Según los comentaristas, la ciudad es Antioquía y sobre los mensajeros hay dos opiniones, una que se trata de mensajeros enviados por Isa, sobre él

la paz, para llamar a la gente a la adoración de Allah y otra que se trata de mensajeros de Allah cuyos nombres cita al-Qurtubi como Sadiq, Masduq y Shamiun.]

(14) Cuando enviamos a dos y los negaron; y entonces les reforzamos con un tercero y dijeron:
Hemos sido enviados a vosotros.

(15) Dijeron: No sois sino seres humanos como nosotros y el Misericordioso no ha hecho descender nada, sólo estáis mintiendo.

(16) Dijeron: Nuestro Señor sabe bien que hemos sido enviados a vosotros,

(17) pero no nos corresponde sino hacer llegar el mensaje con claridad.

(18) Dijeron: Realmente tenemos un mal presagio de vosotros, y si no desistís os lapidaremos y recibiréis de nuestra parte un doloroso castigo.

(19) Dijeron: Sea para vosotros vuestro presagio. ¿Es que no vais a recapacitar? Pero no, sois gente que se excede.

(20) Y desde el extremo de la ciudad vino un hombre corriendo que dijo: ¡Gente mía! ¡Seguid a los enviados!

(21) ¡Seguid a quienes no os piden nada a cambio y están guiados!

(22) ¿Cómo podría no adorar a Quien me creó y a Quien habéis de volver?

(23) ¿Vais a tomar, aparte de El, dioses, cuya intercesión no me valdría de nada si el Misericordioso quisiera causarme algún daño y que tampoco podrían salvarme?

(24) Si lo hiciera, estaría claramente extraviado.

(25) Yo creo realmente en vuestro Señor, escuchadme pues.

(26) Se dijo: ¡Entra en el Jardín!
Dijo: ¡Pobre de mi gente! Si supieran

(27) que mi Señor me ha perdonado y me ha puesto entre los que El ha honrado.

(28) Y no mandamos contra ellos, después de él, ningún ejército bajado del cielo, ni lo hemos mandado nunca.

(29) Bastó con un sólo grito y fueron aniquilados.

(30) ¡Qué pena de siervos! No había mensajero que les llegara del que no se burlaran.

(31) ¿Es que no ven cuantas generaciones, que ya no volverán, hemos destruido antes de ellos?

(32) Todos habrán de comparecer ante Nos.

(33) Tienen un signo en la tierra muerta a la que vivificamos y hacemos que en ella broten semillas de las que coméis.

(34) En ella hemos puesto jardines de palmeras y vides, y hemos hecho que nacieran manantiales.

(35) Para que pudieran comer de sus frutos y del trabajo de sus manos.* ¿Es que no van a agradecer?
* [En otra **lectura**: "Frutos que sus manos no trabajan"]

(36) ¡Gloria a Aquel que creó todas las especies: las de la tierra, ellos mismos y otras que no conocen.

(37) Y tienen un signo en la noche, cuando hacemos desaparecer la luz del día y quedan a oscuras.

(38) Y el sol, que corre hacia un lugar de reposo que tiene.
Ese es el decreto del Poderoso, el Sabio.

(39) Y a la luna le hemos fijado casas*, hasta que se hace como una rama de palmera vieja.
* [Veintiocho **casas** por las que va pasando cada día del mes lunar. Se corresponden con **las constelaciones** en las que se proyecta. Luego deja de verse un día o dos **hasta** aparecer de nuevo en el creciente del nuevo mes lunar.]

(40) No procede que el sol alcance a la luna, ni que la noche se adelante al día. Cada uno va en una órbita.

(41) Y hay un signo para ellos en cómo embarcamos a sus progenitores en la nave henchida.

(42) Y hemos creado para ellos, otras (naves) semejantes en las que embarcan.

(43) Y si queremos podemos hacer que se ahoguen sin que tengan quien les socorra ni sean salvados.

(44) A no ser por una misericordia de Nuestra parte y para concederles un disfrute por un tiempo.

(45) Y cuando se les dice: Temed lo que hay tras vosotros y lo que ha de venir, para que se os pueda tener misericordia.

(46) No hay signo de los signos de tu Señor que les llegue del que no se aparten.

(47) Y cuando se les dice: Gastad de la provisión que Allah os ha dado. Los que se niegan a creer les dicen a los que créen:

¿Es que vamos a alimentar nosotros a quien Allah, si quisiera, alimentaría? Sólo estáis en un claro extravío.

(48) Y dicen: ¿Cuándo se cumplirá esta promesa si es verdad lo que decís?

(49) No esperan sino un único grito que los sorprenderá mientras discuten.

(50) Y no podrán hacer testamento ni volver a su familia.

(51) Se soplará en el cuerno, y entonces saldrán rápidamente de los sepulcros, acudiendo a su Señor.

(52) Dirán: ¡Ay de nosotros! ¿Quién nos ha levantado de nuestros lechos? Esto es lo que había prometido el Misericordioso, los enviados decían la verdad.

(53) No habrá más que un sólo grito y todos comparecerán ante Nos.

(54) Ese día nadie será tratado injustamente en nada.
Sólo se os pagará por lo que hicisteis.

(55) Verdaderamente los compañeros del Jardín estarán, ese día, absortos en lo que les ocupe, deleitándose.

(56) Ellos y sus esposas estarán a la sombra y sobre lechos recostados.

(57) En él tendrán fruta y todo lo que pidan.

(58) Paz: Palabra de un Señor Compasivo.

(59) Pero los que hicisteis el mal alejaos hoy.

(60) ¿Acaso no hice un pacto con vosotros, hijos de Adam, de que no adoraráis al Shaytán?
Realmente él es un enemigo declarado para vosotros.

(61) ¿Y que me adoraráis a Mí? Esto es un camino recto.

(62) El ha extraviado a muchas comunidades de vosotros. ¿No vais a entender?

(63) Esto es Yahannam, el que se os había prometido.

(64) Entrad hoy en él por haberos negado a creer.

(65) Hoy les sellaremos la boca y serán sus manos las que nos hablen y serán sus pies los que den testimonio de lo que se ganaron.

(66) Si quisiéramos les borraríamos los ojos y aunque acudieran al camino, ¿cómo iban a ver?

(67) Y si quisiéramos los dejaríamos paralizados en el sitio* y no
       podrían ni avanzar ni retroceder.
       * [También puede significar: "Los convertiríamos en animales", según los co-
       mentaristas: monos y cerdos, o "Los convertiríamos en piedras o en cual-
       quier cosa inerte".]

(68) Al que le damos una vida larga le disminuimos en su consti-
       tución. ¿No vais a entender?

(69) No le hemos enseñado poesía ni es propio de él; no es sino un
       Recuerdo y una Recitación clara.

(70) Para advertir al que esté vivo y para que se haga realidad la
       palabra dictada contra los incrédulos.

(71) ¿Es que no ven que hemos creado para ellos, como parte de lo
       que Nuestras manos han hecho, animales de rebaño sobre los
       que tienen dominio?

(72) Los hemos subordinado a ellos y en ellos montan y de ellos
       comen.

(73) Y en ellos tenéis utilidades y bebida. ¿No agradeceréis?

(74) Han tomado, aparte de Allah, dioses para que les auxilien.

(75) Pero no pueden auxiliarles, aunque son para ellos un ejército
       a su disposición*
       * [También puede entenderse en otro sentido, contrario a éste, es decir: que
       los ídolos serán para ellos, los asociadores, un ejército presente en su
       castigo.]

(76) Pero que no te entristezca lo que dicen, realmente sabemos lo
       que guardan en secreto y lo que declaran.

(77) ¿Es que no ve el hombre que le hemos creado de una gota de
       esperma? Y sin embargo es un puro discutidor.

(78) Nos pone un ejemplo olvidando que él mismo ha sido creado
       y dice: ¿Quién dará vida a los huesos cuando ya estén carco-
       midos?

(79) Di: Les dará vida Quien los originó por primera vez, que es
       Quien conoce a cada criatura.

(80) El que os da fuego de la madera verde del árbol, haciendo
       que con ella encendáis*.
       * [Alusión al pedernal de los árabes, a partir de ramas verdes de dos árboles
       llamados maj y afar. De la madera verde que contiene agua sale fuego que es
       su opuesto...]

(81) ¿Acaso Quien creó los cielos y la tierra no iba a ser Capaz de crear algo como vosotros? Claro que sí, El es el Creador. el Conocedor.

(82) Realmente cuando quiere algo Su orden no es sino decirle: Sé, y es.

(83) ¡Gloria pues, a Aquel en Cuyas manos está el dominio de todas las cosas y a Quien habréis de regresar!

37. SURA DE LOS QUE SE PONEN EN FILAS

Mequí. Tiene 182 aleyas y descendió después de la sura "los Rebaños".

En el nombre de Allah, el Misericordioso, el Compasivo.

(1) ¡Por los que se ponen en filas!

(2) e impulsan en una dirección*
     * [Los ángeles que conducen las nubes.]

(3) y leen un Recuerdo

(4) que realmente vuestro Señor es Uno.

(5) El Señor de los cielos y de la tierra y de lo que hay entre ambos; y el Señor de los orientes.

(6) Hemos embellecido el cielo de este mundo con el adorno de los astros.

(7) Y lo hemos protegido contra todo demonio insolente.

(8) No pueden escuchar al "Consejo Supremo"*, se les arrojan proyectiles desde todas partes
     * [Los ángeles]

(9) para ahuyentarlos. Tendrán un castigo perpetuo.

(10) Aunque alguno consigue arrebatar algo y es perseguido por un lucero fulgurante.

(11) Pregúntales: ¿Han sido ellos más difíciles de crear que quienes hemos creado?
     En realidad los hemos creado de barro viscoso.

(12) Pero tú te sorprendes mientras que ellos se burlan.

(13) Y cuando se les recuerda, no recapacitan.

(14) Y cuando ven un signo, intentan burlarse.

(15) Y dicen: Esto es magia pura:

(16) ¿Acaso cuando estemos muertos y seamos tierra y huesos vamos a ser devueltos a la vida?

(17) ¿Y nuestros primeros padres?

(18) Di: así es, y vosotros seréis humillados.

(19) Será un sólo grito y entonces se quedarán mirando.

(20) Y dirán: ¡Ay de nosotros! Este es el día de la Rendición de Cuentas.

(21) Este es el Día del Juicio cuya realidad habíais negado.

(22) ¡Reunid a los que fueron injustos, a sus esposas y a los que adoraban

(23) fuera de Allah, y conducidlos camino del Yahim!*
    * [Esto son palabras de Allah dirigidas a los ángeles]

(24) Y haced que se detengan que van a ser preguntados.

(25) ¿Qué os pasa que no os ayudáis unos a otros?

(26) Pero no, ese día estarán rendidos.

(27) Irán unos a otros preguntándose.

(28) Dirán: Veníais a nosotros por la derecha.*
    * [Es decir, por el camino del bien para apartarnos de él, o con vuestra fuerza y poder obligándonos a ello o jurando que estabais en la verdad para que os siguiéramos; y en este último caso la palabra "yamin" se tomaría en su significado de juramento.]

(29) Dirán: No, es que vosotros no erais creyentes.

(30) No teníamos ningún poder sobre vosotros, erais gente que se excedía.

(31) Se hizo realidad la palabra de Nuestro Señor en nuestra contra y ahora lo estamos probando.

(32) Y os extraviamos, pues realmente estábamos extraviados.

(33) Ese día estarán compartiendo el castigo.

(34) Así es como actuamos con los que hacen el mal.

(35) Cuando se les decía: No hay dios sino Allah, mostraban su soberbia

(36) y decían: ¿Acaso vamos a dejar a nuestros dioses por un poeta poseso?

(37) Pero no, él ha venido con la verdad confirmando a los enviados.

(38) Es verdad que gustaréis el doloroso castigo.

(39) Pero sólo se os pagará por lo que hayáis hecho.

(40) Se exceptúan los siervos sinceros de Allah.

(41) Esos tendrán una provisión conocida.

(42) Frutos. Y se les honrará

(43) en los Jardines del deleite.

(44) Estarán enfrente unos de otros, echados sobre lechos.

(45) A su alrededor se harán circular copas de un vino de manantial.

(46) Blanco y dulce para quienes lo beban.

(47) No producirá indisposición ni se embriagarán con él.

(48) A su lado habrá unas que sólo tendrán mirada para ellos, de grandes ojos.

(49) Como perlas* escondidas.

* [Lit. "como huevos escondidos". Algunos comentaristas entienden una comparación con los huevos de avestruz que éstas esconden para protegerlos; y su color, blanco amarillento, se considera de máxima belleza. También se ha dicho que se refiere a la finísima membrana interior entre la cáscara y el resto, protegida del exterior]

(50) Y se dirigirán unos a otros preguntándose.

(51) Dirá uno de ellos: Yo tenía un compañero inseparable

(52) que decía: ¿Es que tú eres de los que creen en esas cosas?

(53) ¿Acaso cuando estemos muertos y seamos tierra y huesos se nos van a pedir cuentas?

(54) Y dirá*: ¿Podéis asomaros?

* [El creyente a sus compañeros]

(55) Y se asomará viéndolo en medio del Yahim.

(56) Le dirá: ¡Por Allah que estuviste a punto de perderme!

(57) De no haber sido por una gracia de Mi Señor habría sido de los traídos aquí.

(58) ¿Cómo iba a ser que muriéramos

(59) y todo se redujera a la muerte sin más y no fuéramos castigados?

(60) Realmente esto* es el gran triunfo.

* [El Jardín]

(61) Que para algo así actúen los que lo hagan.

(62) ¿Qué es mejor hospedaje, ésto o el árbol del Zaqqum?

(63) Lo hemos hecho como castigo para los injustos.

(64) Es un árbol que sale de la raíz misma del Yahim

(65) cuyos brotes parecen cabezas de demonios.

(66) De él comerán y se llenarán el estómago.

(67) Y además tendrán una pócima de agua hirviendo.

(68) Luego, su lugar de destino será el Yahim.

(69) Ellos habían encontrado a sus padres extraviados.

(70) Y se dejaron llevar tras sus huellas.

(71) Antes que ellos ya se habían extraviado   la mayor parte las primeras comunidades.

(72) A pesar de que les habíamos enviado advertidores.

(73) Pero mira cómo acabaron los que recibieron la advertencia.

(74) Sin embargo no es así con los siervos de Allah sinceros.

(75) Y así fue como Nuh nos llamó.
¡Qué excelentes respondedores!

(76) Le salvamos a él y a su familia de la gran catástrofe.

(77) E hicimos que fueran sus descendientes los que quedaran.

(78) Y dejamos su memoria para la posteridad.

(79) Paz para Nuh en todos los mundos.

(80) Así es como recompensamos a los que hacen el bien.

(81) El fue uno de Nuestros siervos creyentes.

(82) Luego, a los demás, les ahogamos.

(83) Y por cierto que Ibrahim era de los suyos.

(84) Cuando se presentó ante su Señor con un corazón puro.

(85) Y cuando les dijo a su padre y a su gente:
¿Qué es lo que estáis adorando?

(86) ¿Buscáis dioses fuera de Allah por falsedad?

(87) ¿Y qué pensáis del Señor de los mundos?

(88) Y observó las estrellas.

(89) Y dijo: Realmente voy a enfermar*.
* [Se ha transmitido que su gente tenía una fiesta y le invitaron a que saliera con ellos y les dijo que iba enfermar como excusa para quedarse a solas con los ídolos y destruirlos.
El hecho de que mirara las estrellas alude al conocimiento sobre los astros que existía entre ellos y su uso como predicción, de manera que en este caso les hizo creer que había leído en los astros que se pondría enfermo.]

(90) Entonces se apartaron de él dándole la espalda.

(91) Se fue para sus dioses y dijo: ¿Es que no coméis?

(92) ¿Qué os pasa que no habláis?

(93) Entonces fue sigilosamemte hacia ellos golpeándoles con fuerza.

(94) Y acudieron a él rápidamente.

(95) Dijo: ¿Adoráis lo que vosotros mismos habéis esculpido

(96) cuando Allah os ha creado a vosotros y a lo que hacéis?

(97) Dijeron: Haced una construcción a proposito para él, para arrojadlo a las llamas.

(98) Quisieron tenderle una trampa pero les dejamos reducidos a lo más bajo.

(99) Y dijo: Me voy hacia mi Señor, El me guiará*.
> * [Esto lo dijo después de haber sido salvado del fuego y en este sentido se dice que Ibrahim fue el primero en emigrar por la causa de Allah. También puede entenderse que lo dijo antes de ser arrojado al fuego creyendo que iba a morir.]

(100) ¡Señor mío! Concédeme una descendencia de justos.

(101) Y le anunciamos un niño que habría de tener buen juicio.

(102) Y cuando éste alcanzó la edad de acompañarle en sus tareas, le dijo: ¡Hijo mío! He visto en sueños que te sacrificaba, considera tu parecer. Dijo: ¡Padre! Haz lo que se te ordena y si Allah quiere encontrarás en Mí a uno de los pacientes.

(103) Y cuando ambos lo habían aceptado con sumisión, le tumbó boca abajo.

(104) Le gritamos: ¡Ibrahim!

(105) Ya has confirmado la visión que tuviste. Realmente así es como recompensamos a los que hacen el bien.

(106) Esta es, de verdad, la prueba evidente.

(107) Y le rescatamos poniendo en su lugar una magnífica ofrenda*
> * [Un hermoso carnero del que se dice era del Jardín.]

(108) Y dejamos su memoria para la posteridad.

(109) Paz para Ibrahim.

(110) Así es como recompensamos a los que hacen el bien.

(111) El fue uno de Nuestros siervos creyentes.

(112) Y le anunciamos a Ishaq, profeta de entre los justos.

(113) Y le bendijimos a él y a Ishaq.
Entre su descendencia hubo quien hizo el bien y hubo quien fue claramente injusto consigo mismo.

(114) Y así fue como favorecimos a Musa y a Harún.

(115) Y les salvamos a ellos y a su gente de la gran catástrofe.

(116) Les auxiliamos y fueron los vencedores.

(117) Les dimos el Libro clarificador

(118) y les guiamos por el camino recto.

(119) Dejando su memoria para la posteridad.

(120) Paz para Musa y Harún.

(121) Así es como recompensamos a los que hacen el bien.

(122) Ellos fueron dos de Nuestros siervos creyentes.

(123) E Ilyas, que fue uno de los enviados.

(124) Cuando dijo a su gente: ¿Es que no tenéis temor?

(125) ¿Invocáis a Bala abandonando al mejor de los creadores?

(126) Allah es vuestro Señor y el Señor de vuestros primeros padres.

(127) Le tacharon de mentiroso y se les hará comparecer.

(128) No es así, sin embargo, con los siervos de Allah sinceros.

(129) Dejamos su memoria para la posteridad.

(130) Paz para la gente de Yasin*.

* [Ilyas]

(131) Así es como recompensamos a los que hacen el bien.

(132) Es cierto que era uno de Nuestros siervos creyentes.

(133) Y Lut, que fue uno de Nuestros enviados

(134) cuando le salvamos a él y a todos los de su familia

(135) con la excepción de una vieja que fue de los que se quedaron atrás.

(136) Luego, aniquilamos a los demás.

(137) Vosotros pasáis sobre ellos mañana

(138) y noche. ¿Es que no vais a entender?

(139) Y Yunus, que fue uno de los enviados.

(140) Cuando escapó en la embarcación completamente cargada.

(141) Y echaron a suertes y fue de los perdedores.

(142) El pez se lo tragó y fue así reprendido*.

* [Yunus fue enviado a una gente que lo negó y él huyó enfadado; se embarcó en una embarcación que iba muy cargada; al zozobrar ésta en una tormenta decidieron echar a suertes quien debía ser arrojado al mar.]

(143) De no haber sido porque era de los que glorificaban

(144) habría permanecido en su vientre hasta el día en el que todos serán devueltos a la vida.

(145) Así lo arrojamos a un playa desierta, maltrecho*.

* [Se ha transmitido que era como un niño recién nacido a causa de la fragilidad de su piel.]

(146) e hicimos que creciera sobre él una planta de calabaza*.

* [Esta planta tiene las hojas grandes y da buena sombra, es de tacto suave y repele las moscas, ya que la piel de Yunus no habría podido soportarlo.]

(147) Y le enviamos a un grupo de cien mil o más.

(148) Creyeron, y les dejamos disfrutar por un tiempo.

(149) Pregúntales cómo es que tu Señor tiene hijas y ellos tienen hijos.

(150) O si ha creado a los ángeles hembras y ellos son testigos.

(151) ¿O es que acaso, basándose en sus patrañas, dirán

(152) que Allah ha engendrado? Realmente son mentirosos.

(153) ¿Es que ha escogido tener hijas en vez de tener hijos?

(154) ¿Qué os ocurre?, ¿cómo podéis juzgar así?

(155) ¿Es que no recapacitáis?

(156) ¿O es que acaso tenéis alguna prueba contundente?

(157) Traed pues vuestro libro si es verdad lo que decís.

(158) Y han atribuído relación de parentesco entre El y los genios, cuando los genios saben bien que ellos habrán de comparecer.

(159) ¡Sea glorificado Allah por encima de lo que atribuyen!

(160) Pero no son así los siervos de Allah sinceros.

(161) Y en verdad vosotros y aquéllos a los que adoráis

(162) no podréis extraviar a nadie en contra de Allah.

(163) Sólo quien haya de entrar en el Yahim.

(164) Y no hay ninguno de nosotros que no tenga una estación conocida.*
* [Hablan los ángeles].

(165) Es cierto que vamos en filas.

(166) Y somos glorificadores.

(167) Y es verdad que han dicho:

(168) Si tuviéramos alguna memoria de los que nos precedieron

(169) seríamos servidores sinceros de Allah;

(170) y sin embargo se han negado a creer en él*. Pero ya sabrán.
* [El Corán.]

(171) Ya sucedió antes que dimos Nuestra palabra a Nuestros siervos enviados.

(172) Y fueron auxiliados.

(173) Y es verdad que Nuestros ejércitos fueron vencedores.

(174) Apártate pues de ellos hasta que llegue el momento.

(175) Y obsérvalos que ya verán.

(176) ¿Acaso están pidiendo que se acelere el castigo?

(177) Cuando descienda a sus patios: ¡Qué mal amanecer el de los que fueron advertidos!

(178) Apártate de ellos hasta que llegue el momento.

(179) Y observa que ya verán.

(180) ¡Gloria a tu Señor!, el Señor del poder por encima de lo que atribuyen.

(181) Paz sobre los enviados.

(182) Y las alabanzas a Allah, el Señor de los mundos.

38. SURA DE SAD

Mequí. Tiene 88 aleyas y descendió después de la sura "La Luna".

En el nombre de Allah, el Misericordioso, el Compasivo.

(1) Sad. ¡Por el Corán que contiene el Recuerdo!

(2) Sin embargo los que se niegan a creer muestran arrogancia y oposición.

(3) ¿Cuántas generaciones anteriores a ellos destruimos?
Imploraron cuando ya había pasado el tiempo de salvarse.

(4) Se extrañan de que les haya llegado un advertidor que es uno de ellos; y dicen los que se niegan a creer: Este es un mago farsante.

(5) ¿Acaso pretende que los dioses sean un único dios?
Realmente es algo asombroso.

(6) Sus cabecillas han salido diciendo: Id y seguid fieles a vuestros dioses pues en todo esto se persigue algo contra vosotros.

(7) No lo habíamos oído en la religión anterior, sólo es una invención.

(8) ¿Cómo puede ser que, de entre todos nosotros, se le haya hecho descender el Recuerdo a él?
Pero no es por eso, es que dudan de Mi Recuerdo.
Aún no han probado Mi castigo.

(9) ¿O es que poseen los tesoros de la misericordia de tu Señor, el Irresistible, el Dadivoso?

(10) ¿O tienen el dominio de los cielos y de la tierra y de lo que entre ellos hay? Que suban entonces por los accesos.

(11) Sólo son una tropa más, entre los coligados, que pronto será derrotada.

(12) Antes de ellos ya negaron la verdad la gente de Nuh, los Ad y Firaún el de las estacas.*

* [Según Ibn Abbas se refiere a la perfección y firmeza de sus edificios. Otros dicen que a quien quería atormentar lo ataba en el suelo a cuatro estacas y soltaba escorpiones y serpientes hasta que moría o lo dejaba morir lentamente. Otros indican que la expresión alude a su fuerza y estabilidad o a sus ejércitos y esto último es una explicación bastante extendida.]

(13) Y los Zamud, la gente de Lut y los compañeros de la Espesura*.
Esos eran realmente los coligados*.
* [Se refiere a la gente del profeta Shuayb]
* [Es decir, los que tenían fuerza]

(14) No hubo ninguno que no negara la verdad de los mensajeros
y Mi castigo se hizo realidad.

(15) Y éstos* sólo tendrán que esperar un único grito que no tendrá vuelta atrás.
* [Los asociadores de Meca]

(16) Dicen: ¡Señor nuestro! Adelántanos nuestra parte antes del
Día de la Cuenta.

(17) Ten paciencia con lo que dicen.
Y recuerda a Nuestro siervo Daud, el que había sido dotado
de fortaleza; es cierto que él se volvía mucho a su Señor.

(18) Le subordinamos las montañas que con él glorificaban al anochecer y al amanecer

(19) Y las aves reunidas, todas obedientes a él

(20) Fortalecimos su reino y le dimos Sabiduría y un juicio certero.

(21) ¿Te ha llegado el caso de los litigantes, cuando escalaron hasta lo más alto del templo?

(22) Y se presentaron ante Daud, que sintió miedo de ellos, entonces dijeron: No temas, somos dos litigantes.
Uno de nosotros ha abusado del otro, así que juzga entre nosotros con la verdad, sin inclinarte por ninguno, y guíanos al camino medio.

(23) Este es mi hermano, él tiene noventa y nueve ovejas y yo sólo
tengo una. El me dijo: Déjala a mi cuidado y luego ha podido
más que yo con sus argumentos.

(24) Dijo: El ha sido injusto contigo al pedirte tu oveja para juntarla a las suyas; realmente muchos de los que se asocian con
otros cometen abusos, pero no así los que creen y practican
las obras de bien.
Sin embargo éstos son pocos.
Y entonces Daud se dió cuenta de que le habíamos puesto a
prueba y pidió perdón a su Señor, cayó postrado y se arrepintió.*
* [Alusión a la historia de Daud y la esposa de Urias. La historia más conocida, aunque siempre se refiere con ciertas reticencias, tanto por la fuente

de la misma como por el hecho de que atribuye una conducta que algunos comentaristas consideran en oposición a la imposibilidad de transgresión de los profetas, es en resumen que un día Daud, que tenía noventa y nueve esposas, vió a la mujer de Urías, que sólo tenía una, y se quedó prendado de ella. Al preguntar supo que era la esposa de Urías que además se encontraba en una expedición militar.

Según esta versión, Daud escribió al responsable de la expedición ordenándole que situara a Urías entre los que iban delante del Arca de la Alianza, posición en la que muchos morían. Urías murió y entonces Daud se casó con su esposa, si bien ella le puso como condición que el primer hijo que tuviera fuera su sucesor; y éste fue Sulayman.]

(25) Le perdonamos aquello y es cierto que goza de proximidad ante Nos y de un hermoso lugar de destino.

(26) ¡Daud! Te hemos hecho representante Nuestro en la tierra, juzga pues entre los hombres con la verdad y no sigas los deseos, ya que te extraviarían del camino de Allah; cierto que aquéllos que se extravían del camino de Allah tendrán un violento castigo por haberse olvidado del Día de la Cuenta.

(27) Y no hemos creado el cielo, la tierra y lo que entre ambos hay, en vano, ésa es la opinión de los que se niegan a creer.
¡Ay de los que se niegan a creer! ¡Por el Fuego!

(28) ¿Es que vamos a considerar a los que creen y practican las acciones de bien del mismo modo que a los que corrompen en la tierra?
¿O a los temerosos como a los libertinos?

(29) Es un Libro bendito, que te hemos hecho descender, para que mediten sus signos y para que recuerden los dotados de lo esencial.

(30) Y a Daud le concedimos Sulayman. ¡Qué excelente siervo! Con qué frecuencia se volvía a su Señor.

(31) Una tarde, que le habían mostrado unos magníficos corceles,

(32) dijo: He amado lo bueno más que el recuerdo de mi Señor, hasta el punto de que (el sol) se ha ocultado tras el velo (de la noche).*
* [Se dice que, distraído, se le pasó el tiempo de la oración de la tarde o una oración específica que él solía hacer a esa hora.]

(33) Traedmelos de nuevo.
Y se puso a desjarretarlos y a degollarlos.*
* [Es decir que en vez de utilizarlos para montar y para la guerra, los sacrificó y dió su carne a los pobres.]

(34) Y pusimos a prueba a Sulayman colocando una figura en su trono*, después se volvió a su Señor.

* [Entre las historias acerca del sentido de esta aleya, se cuenta que Sulayman tenía un anillo que le confería su autoridad de soberano y en el que tenía grabado el nombre divino, motivo por el cual cuando se retiraba a sus necesidades se lo quitaba. En una ocasión se lo confió a una sierva y un genio, tomando la imagen de Sulayman, apareció ante ella y le pidió el anillo. Entonces el genio usurpó el trono de Sulayman permaneciendo en él durante cuarenta días mientras la gente creía que era Sulayman. Entretanto Sulayman había tenido que huir. Un día que estaba hambriento pescó un pez y al abrirlo encontró en su interior el anillo que el genio había arrojado al mar. Y así pudo recuperar su reinado.]

(35) Dijo: Señor mío, perdóname y concédeme un reino que nadie más después de mí pueda tener, realmente Tú eres el Dadivoso

(36) Y le subordinamos el viento que corría, bajo su mandato, docilmente y a donde él quería.

(37) Y a todos los demonios, de albañiles y buzos,

(38) y otros encadenados.

(39) "Este es Nuestro don, haz uso de él concediendo o denegando sin ninguna limitación".

(40) Es cierto que él, junto a Nos, tiene proximidad y un hermoso lugar de retorno.

(41) Y recuerda a Nuestro siervo Ayyub cuando clamó a su Señor: ¡El Shaytán me ha tocado con enfermedad y padecimiento!

(42) Golpea el suelo con tus pies y tendrás agua fresca para lavarte y bebida.

(43) Y le concedimos que recuperara a su familia y otro tanto más con ellos, como misericordia procedente de Nos y recuerdo para los que buscan lo esencial de las cosas.

(44) Toma en tu mano un haz de ramas y golpea con él para que así no perjures*. Es verdad que le hallamos paciente. ¡Qué excelente siervo! El se volvía mucho (a su Señor).

* [Ayyub había jurado que cuando sanara le daría a su mujer cien azotes. La razón es que estando ella al cuidado de él, Shaytán la tentó haciéndola desesperar y le propuso decirle a su esposo que si se postraba ante él, le libraría de su enfermedad. Entonces Ayyub se enfadó y juró darle cien azotes. Al sanar, Allah le inspiró que tomara cien ramas, hiciera un haz y le diera un sólo golpe con ellas, aliviándolo a él de su juramento y a ella del castigo.]

(45) Y recuerda a Nuestros siervos Ibrahim, Ishaq y Yaqub, ellos tenían firmeza y sagacidad.

(46) Realmente los escogimos por su entrega al recuerdo de la Morada.

(47) Y ellos están, ante Nos, entre los predilectos, los elegidos.

(48) Y recuerda a Ismail, al-Yasa y a Dhul Kifl, todos predilectos.

(49) Esto es un recuerdo y en verdad que para los temerosos hay un hermoso lugar de retorno:

(50) los Jardines de Adn cuyas puertas estarán abiertas.

(51) Allí, recostados, pedirán abundante fruta y bebida.

(52) A su lado tendrán quienes sólo los mirarán a ellos, de su misma edad.

(53) Esto es lo que se os promete para el Día de la Cuenta.

(54) Esta será Nuestra provisión que no tendrá fin.

(55) Así es, pero es cierto que los que traspasen los límites tendrán el peor lugar de retorno:

(56) Yahannam, cuyo ardor sufrirán dentro de él. ¡Qué mal lugar de descanso!

(57) Así es. Que gusten el agua hirviente y la pus

(58) y otras cosas parecidas del mismo tipo.

(59) Ahí tenéis a un grupo que entrará con vosotros*. No son bienvenidos, ellos también sufrirán el ardor del Fuego.
* [Alude a los seguidores]

(60) Dirán: ¡No, sois vosotros los que no sois bienvenidos, vosotros lo preparasteis para nosotros! ¡Qué mala residencia!

(61) Dirán: ¡Señor nuestro! Dóblale el castigo, en el Fuego, a quien preparó esto para nosotros.

(62) Y dirán: ¿Cómo es que no vemos a unos hombres que considerábamos de los peores?

(63) Los tomábamos a burla, ¿es que no los puede distinguir la vista?

(64) Cierto que esto es verdad; así será la disputa de la gente del Fuego.

(65) Di: Yo sólo soy un advertidor y no hay dios sino Allah, el Unico, el Dominante.

(66) El Señor de los cielos y de la tierra y de lo que hay entre ambos, El Irresistible, el Perdonador.

(67) Di: Es un anuncio de enorme transcendencia

(68) Del que vosotros os apartáis.

(69) No he tenido acceso a conocer la discusión del Consejo Supremo*
* [De los ángeles]

(70) sino que sólo se me ha inspirado que sea un claro advertidor.

(71) Cuando dijo tu Señor a los ángeles: Voy a crear un ser humano a partir del barro.

(72) Y cuando le haya dado forma y haya insuflado en él parte de Mi espíritu: ¡Caed postrados ante él!

(73) Y todos los ángeles se postraron

(74) aunque no así Iblis que se ensoberbeció y fue de los renegados.

(75) Dijo: ¡Iblis! ¿Qué es lo que te impide postrarte ante Quien he creado con Mis manos? ¿Te consideras demasiado grande para ello o es que estás entre los altivos?

(76) Dijo: Yo soy mejor que él, a mi me creaste de fuego y a él lo has creado de barro.

(77) Dijo: ¡Sal de él! Realmente estás maldito.

(78) Mi maldición caerá sobre ti hasta el Día de la Rendición de cuentas.

(79) Dijo: ¡Señor mío! Concédeme un tiempo de espera hasta el día en que se les devuelva a la vida.

(80) Dijo: Estás entre los que serán esperados

(81) hasta el día cuyo momento es conocido.

(82) Dijo: ¡Por Tu poder que los extraviaré a todos!

(83) Con la excepción de aquéllos que sean Tus siervos sinceros.

(84) Dijo: ¡Y por la verdad! Y es verdad lo que digo,

(85) que llenaré Yahannam contigo y con los que de ellos te sigan, todos juntos.

(86) Di: No os pido ninguna recompensa por ello ni soy un impostor.

(87) No es sino un recuerdo para todos los mundos.

(88) Y tened por seguro que, pasado un tiempo, conoceréis lo que anuncia.

39. SURA DE LOS GRUPOS.

*Mequí a excepción de las aleyas 52, 53 y 54 que son de Medina. Tiene 75
aleyas y descendió después de la sura de Sabá.*

En el nombre de Allah, el Misericordioso, el Compasivo.

(1) Descenso del Libro procedente de Allah, el Poderoso, el Sabio.

(2) Hemos hecho que te descendiera el Libro con la verdad, adora
a Allah con sinceridad, ofreciéndole sólo a El la Adoración.

(3) ¿Acaso no se le debe a Allah la Adoración exclusiva?
Los que han tomado protectores fuera de El, (dicen):
Sólo les adoramos para que nos den proximidad a Allah.
Allah juzgará entre ellos sobre aquello en lo que tenían dife-
rencias.
Allah no guía a quien es mentiroso e ingrato.

(4) Si Allah hubiera querido tomar para Sí un hijo, habría escogido lo que hubiera querido de entre Su creación.
El es Allah, el Uno, el Dominante. ¡Glorificado sea!

(5) Ha creado los cielos y la tierra con la verdad, hace que la
noche se enrolle en el día y que el día se enrolle en la noche y
ha sometido a Su mandato al sol y a la luna, que siguen su
curso hasta que se cumpla un plazo fijado.
¿Acaso no es El, el Poderoso, el Muy Perdonador?

(6) Os creó a partir de un sólo ser del que hizo a su pareja e hizo
descender para vosotros ocho especies de ganado. Os crea en
los vientres de vuestras madres creación tras creación a lo
largo de tres tinieblas.
Ese es Allah, vuestro Señor, Suya es la Soberanía; no hay dios
sino El. ¿Por qué entonces os apartáis?

(7) Si se niegan a creer... Allah es Rico y no os necesita y no acepta de Sus siervos la incredulidad.
Pero si agradecéis os lo aceptará complacido.
Nadie cargará con la carga de otro, habréis de regresar a
vuestro Señor que os hará saber lo que hayáis hecho;
realmente El conoce lo que encierran los pechos.

(8) Cuando al hombre le afecta algún daño, ruega a su Señor y se vuelve a El, pero luego, cuando le concede alguna merced que viene de El, olvida que antes rogaba* y le atribuye a Allah semejantes extraviándose de Su camino. Di: Disfruta un poco de tu incredulidad porque tu serás de los compañeros del Fuego.

* [También puede traducirse: "Olvida a Quien antes rogaba", es decir olvida a Allah.]

(9) ¿Acaso quien se entrega a la adoración en las horas de la noche, postrado y en pie, ocupándose de la Ultima Vida y esperando la misericordia de su Señor...? Di: ¿Son iguales los que no actúan y los que sí actúan?

Sólo recapacitarán los que saben reconocer lo esencial.

(10) Di: ¡Siervos míos que creáis y temáis a vuestro Señor! Los que hayan hecho el bien en esta vida, tendrán una hermosa recompensa; la tierra de Allah es ancha y cierto que a los perseverantes se les pagará su recompensa sin límite.

(11) Di: Se me ha ordenado que adore a Allah con sinceridad, ofreciéndole sólo a El la Práctica de Adoración.

(12) Y se me ha ordenado que sea el primero de los musulmanes (de los sometidos).

(13) Di: Temo, si desobedezco a Allah, el castigo de un día transcendente.

(14) Di: Yo adoro a Allah con sinceridad, ofreciéndole sólo a El mi adoración.

(15) Así pues: ¡Adorad lo que queráis fuera de El! Di: Los perdedores serán los que se hayan perdido a sí mismos y a sus familias el Día del Levantamiento.

¿No es esa la clara perdición?

(16) Tendrán sobre ellos las sombras del Fuego y por debajo aún más sombras. Así es como Allah infunde temor a Sus siervos. ¡Siervos míos, temedme!

(17) Los que se apartan de la adoración de los Taguts* y se vuelven a su Señor, tendrán la buena noticia.

¡Anuncia a Mis siervos la buena nueva!

* [Indica a los ídolos y demonios o cualquier cosa que se adora aparte de Allah.]

(18) Aquéllos que escuchan la Palabra y siguen lo mejor de ella, ésos son los que Allah ha guiado y ésos son los que saben reconocer lo esencial.

(19) ¿Acaso aquel sobre el que ha de cumplirse la palabra del castigo...? ¿Puedes tú salvar al que está en el Fuego?

(20) Sin embargo los que temen a su Señor, tendrán estancias sobre las que habrá otras estancias construidas, por debajo de las cuales correrán los ríos; promesa de Allah.
Y Allah no falta a lo prometido.

(21) ¿Es que no has visto que Allah hace que caiga agua del cielo y que se filtre en los manantiales de la tierra y que gracias a ella salgan cereales de color variado que luego se marchitan y los ves amarillentos, convirtiéndolos después en desecho?
Es cierto que en eso hay un recuerdo para los dotados de lo esencial.

(22) ¿Acaso aquel a quien Allah le ha abierto el pecho al Islam y se asienta sobre una luz que viene de su Señor...?
¡Perdición para aquéllos cuyos corazones están endurecidos para el recuerdo de Allah, ésos están en un claro extravío!

(23) Allah ha hecho descender el más hermoso de los relatos: Un Libro homogéneo, reiterativo. A los que temen a su Señor les eriza la piel y ésta y sus corazones se enternecen con el recuerdo de Allah. Esa es la guía de Allah con la que El guía a quien quiere.
Aquel a quien Allah extravía no habrá quien lo guíe.

(24) ¿Acaso quien tema en el Día del Levantamiento el peor de los castigos en su rostro...?
Se les dirá a los injustos: ¡Gustad lo que os estabais ganando!

(25) Los que hubo anteriormente a ellos negaron la verdad y el castigo les vino por donde no pudieron percibirlo.

(26) Allah les hizo saborear la humillación en esta vida, aunque el castigo de la Ultima es mayor, si supieran.

(27) Realmente en esta Recitación hemos llamado la atención de los hombres con toda clase de ejemplos para que pudieran ser temerosos.

(28) Es una Recitación árabe en la que no hay confusión para que puedan temer (a su Señor).

(29) A!lah pone como ejemplo un hombre que sirve a distintos
socios y un hombre que pertenece totalmente a otro.
¿Pueden compararse? La alabanza pertenece a Allah, sin embargo la mayoría de ellos no saben.

(30) Tú morirás y ellos morirán.

(31) Luego, el Día del Levantamiento, disputaréis ante vuestro
Señor.

(32) ¿Y quién es más injusto que quien miente sobre Allah y tacha
de mentira la verdad cuando le llega?
¿Acaso no hay en Yahannam refugio para los incrédulos?

(33) Aquel que viene con la verdad y la confirma, ésos son los temerosos (de Allah).

(34) Tendrán lo que quieran junto a su Señor, ésa es la recompensa
de los que hacen el bien.

(35) Para que Allah les cubra lo peor que hayan hecho y les dé la
recompensa que les corresponda por lo mejor que hayan
hecho.

(36) ¿Es que no le basta Allah a Su siervo? ¿Y pretenden asustarte
con los que no son El?
Al que Allah extravía no tiene quien lo guie.

(37) Y a quien Allah guía no hay quien lo extravíe.
¿Es que no es Allah Poderoso, Capaz de venganza?

(38) Y si les preguntas: ¿Quién creó los cielos y la tierra? Dirán:
Allah. Di: Decidme qué os parece. Si Allah quiere que sufra
yo algún daño, ¿acaso aquéllos que invocáis fuera de Allah
podrían evitar Su daño?
¿O si quiere que reciba alguna misericordia? ¿Podrían ellos
impedir Su-misericordia?
Di· Allah me basta, en El se abandonan los que confían.

(39) Di: ¡Gente mía! Actuad de acuerdo a vuestra posición que yo
también lo haré. Y ya sabréis

(40) a quién le llegará un castigo que lo rebajará y sobre quién se
desatará un castigo permanente.

(41) Hemos hecho que te descendiera el Libro para los hombres,
con la verdad; quien siga la guía lo hará para su propio bien
y quien se extravíe sólo se extraviará en contra de sí mismo.
Tú no eres un guardián para ellos.

(42) Allah se lleva las almas cuando les llega la muerte y se lleva las que aún no han muerto durante el sueño, para luego retener a aquéllas cuya muerte decretó y devolver a las demás hasta que cumplan un plazo fijado, realmente en eso hay signos para la gente que reflexiona.

(43) ¿O es que han tomado, fuera de Allah, intercesores? Di: ¿Y si no tuvieran ningún poder ni fueran capaces de razonar?

(44) Di: A Allah le pertenece toda la intercesión.
Suya es la soberanía de los cielos y de la tierra; luego habréis de regresar a El.

(45) Y cuando es recordado Allah, sin nadie más, los corazones de los que no creen en la Ultima Vida sienten rechazo; sin embargo cuando se recuerda a los que no son El, entonces sus corazones se llenan de gozo.

(46) Di: ¡Oh Allah! Originador de los cielos y de la tierra, Conocedor del No-Visto y de lo Aparente, Tu juzgarás entre Tus siervos acerca de aquello en lo que se oponían.

(47) Y si todo cuanto hay en la tierra y otro tanto perteneciera a los que son injustos lo darían para rescatarse del mal castigo, el Día del Levantamiento. Y aparecerá ante ellos, procedente de Allah, lo que no se esperaban.

(48) Las malas acciones que se ganaron se les mostrarán y les rodeará aquéllo de lo que se burlaban.

(49) Y cuando algún mal afecta al hombre Nos ruega; pero después, si le concedemos alguna merced procedente de Nos, dice: Me ha sido concedida gracias a algún conocimiento. Pero no, es una prueba; sin embargo la mayoría de los hombres no saben.

(50) Ya dijeron lo mismo sus antecesores y no les sirvió de nada lo que habían conseguido.

(51) Y así fue como se les vinieron encima las malas acciones que se habían ganado, al igual que a los que de éstos sean injustos les caerán encima las malas acciones que tengan en su haber y no podrán escaparse.

(52) ¿Es que no saben que Allah expande o restringe Su provisión a quien quiere? Realmente en ello hay signos para la gente que cree.

(53)   Di: ¡Siervos míos que os habéis excedido en contra de vosotros mismos, no desesperéis de la misericordia de Allah, es verdad que Allah perdona todas las faltas, pues El es el Perdonador, el Compasivo!

(54)   Y volveos a vuestro Señor y someteos a El antes de que os llegue el castigo, pues luego no seréis socorridos.

(55)   Y seguid lo mejor de lo que se os ha hecho descender procedente de vuestro Señor antes de que os llegue el castigo de repente sin que os deis cuenta.

(56)   Para que nadie tenga que decir: Desgraciado de mí por haber descuidado lo referente a Allah, yo era de los que se burlaban.

(57)   O diga: Si Allah me hubiera guiado habría sido de los temerosos.

(58)   O diga cuando vea el castigo: Ojalá tuviera otra oportunidad para poder estar entre los que hacen el bien.

(59)   Sin embargo te llegaron Mis signos y negastes su verdad, te ensoberbecistes y fuiste de los incrédulos.

(60)   El Día del Levantamiento verás a quienes mienten sobre Allah con el rostro ennegrecido.
¿Acaso no hay en Yahannam refugio para los soberbios?

(61)   Y Allah salvará a los que hayan sido temerosos en virtud de su triunfo, el mal no les tocará ni se entristecerán.

(62)   Allah es el Creador de todas las cosas y el Protector de todo ello.

(63)   Suyas son las llaves de los cielos y de la tierra. Y los que se niegan a creer en los signos de Allah, ésos son los perdedores.

(64)   Di: ¿Me mandáis que adore a otro que Allah, oh ignorantes?

(65)   En verdad te he inspirado a ti y a los que te precedieron que si asocias algo conmigo se harán inútiles tus obras y serás de los perdedores.

(66)   Así pues, adora a Allah y sé de los agradecidos.

(67)   No han apreciado a Allah en Su verdadera magnitud, cuando la tierra entera esté en Su puño el Día del Levantamiento y los cielos   plegados en Su mano derecha:
¡Gloria a El y sea exaltado por encima de lo que asocian!

(68) Se soplará en el cuerno y quienes haya en los cielos y en la tierra quedarán fulminados con la excepción de quien El quiera, luego soplará en él otra vez y quedarán en pie a la espera.

(69) Y brillará la tierra con la luz de tu Señor, se colocará el Libro, se hará venir a los profetas y a los testigos y se juzgará entre ellos sin que sufran injusticia.

(70) Cada alma será retribuida según sus obras, y El es el que mejor conoce lo que hacen.

(71) Entonces los que se negaron a creer serán conducidos a Yahannam en grupos sucesivos y cuando lleguen a él, se abrirán sus puertas y les dirán sus guardianes: ¿Acaso no os llegaron mensajeros de entre los vuestros que os leían los signos de vuestro Señor y os advertían del encuentro de éste vuestro día?

Dirán: Sí. Sin embargo se habrá hecho realidad la palabra del castigo contra los incrédulos.

(72) Se dirá: Entrad por las puertas de Yahannam para ser inmortales en él. ¡Qué mala morada la de los soberbios!

(73) Y los que temieron a su Señor serán conducidos al Jardín en grupos sucesivos y cuando lleguen a él se abrirán sus puertas y sus guardianes les dirán: "Paz con vosotros", fuisteis buenos, entrad en él para ser inmortales.

(74) Y dirán: Las alabanzas a Allah que ha cumplido Su promesa con nosotros haciéndonos herederos de la tierra.

Nos acomodaremos en el Jardín donde queramos. ¡Qué excelente recompensa la de los que actúan!

(75) Y verás a los ángeles, alrededor del Trono, glorificando a su Señor con alabanzas y se juzgará entre ellos* con la verdad y se dirá: Las alabanzas a Allah el Señor de los mundos.

* [Entre los hombres]

40. SURA DEL PERDONADOR.

(También llamada "El Creyente")

Mequí a excepción de la aleya 56 que es de Medina.
Tiene 85 aleyas y descendió después de la sura de "Los Grupos".

En el nombre de Allah, el Misericordioso, el Compasivo.

(1) Ha, Mim.

(2) Revelación del Libro procedente de Allah, el Poderoso, el Conocedor.

(3) El que perdona las faltas y acepta el arrepentimiento, el Enérgico cuando castiga y El que da con largueza.
No hay dios sino El, a El es el retorno.

(4) Sólo los que se niegan a creer discuten los signos de Allah, que no te lleve a engaño su capacidad de desenvolverse por el país.

(5) Antes de ellos ya había negado la verdad la gente de Nuh y después vinieron los que se confabularon*. Cada comunidad intentó acabar con sus mensajeros. Contestaron con falsedades para refutar con ello la verdad, pero los sorprendí ¡v cómo fue Mi castigo!
* [Se refiere a los pueblos que se aliaron en contra de sus mensajeros como los Ad, los Zamud y demás.]

(6) Y así se hizo realidad la palabra de tu Señor contra los que se habían negado a creer de que serían los compañeros del Fuego.

(7) Los que llevan el Trono y están a su alrededor glorifican a su Señor con alabanzas, creen en El y piden perdón por los que creen: ¡Señor nuestro! Tu misericordia y conocimiento abarcan todas las cosas, perdona pues a los que a Ti se vuelven y siguen Tu sendero y líbralos del castigo del Yahim.

(8) ¡Señor nuestro! Haz que entren en los jardines de Adn que les prometiste a ellos y a todo el que de sus padres, esposas y descendencia fuera recto;
realmente tú eres el Poderoso, el Sabio.

(9) ¡Líbralos de sus malas acciones! Pues el que, ese día, sea librado de las malas acciones...
Habrás tenido misericordia con él; y ese es el gran triunfo.

(10) Y a los que se hayan negado a creer les gritarán: ¿Acaso no es el desprecio de Allah mayor que vuestro propio desprecio cuando se os llamó a creer y no quisisteis creer?

(11) Dirán: Señor nuestro, nos diste la muerte dos veces y nos has dado la vida dos veces, reconocemos nuestras faltas: ¿Hay alguna manera de salir?

(12) Eso es porque cuando se invocaba a Allah, sólo, os negabais a creer pero cuando se le atribuía algún asociado creíais.
Pero el juicio pertenece a Allah, el Excelso, el Grande.

(13) El es Quien os muestra Sus signos y hace descender para vosotros provisión desde el cielo, pero sólo recuerda quien, en todo, se vuelve a El.

(14) Así pues invocad a Allah ofreciéndole, sinceros, sólo a El la adoración, aunque les repugne a los incrédulos.

(15) El es Quien eleva en grados*, el Dueño del Trono, Quien hace caer el espíritu que viene de Su mandato sobre quien quiere de Sus siervos para que se convierta en un advertidor del día del Encuentro.
* [Puede entenderse también: "El de elevados grados"]

(16) El día en que se les haga salir (de las tumbas); no habrá nada de ellos que quede oculto para Allah. ¿Y quién tendrá ese día la supremacía? Allah, el Unico, el Dominante.

(17) Hoy cada uno será recompensado por lo que tenga en su haber.
Y no habrá, hoy, injusticia.
Es cierto que Allah es rápido en la cuenta.

(18) Y adviérteles del día inminente en que los corazones llegarán a la garganta angustiados.
Los injustos no tendrán ningún allegado ni ningún intercesor que pueda ser aceptado.

(19) El conoce los ojos traicioneros y lo que encierran los pechos.

(20) Y Allah juzga con la verdad mientras que los que invocáis fuera de El no juzgan con nada.
Es cierto que Allah es El que Oye y El que Ve.

(21) ¿Es que no han ido por la tierra y han visto cómo acabaron los que hubo antes de ellos?
Tenían más poderío que ellos y sus vestigios en la tierra eran superiores pero Allah les agarró a causa de sus transgresiones y no hubo nadie que les protegiera de Allah.

(22) Eso es porque, habiéndoles llegado sus mensajeros con las pruebas claras, ellos se negaron a creer y entonces Allah les agarró; realmente El es el Fuerte, el Enérgico cuando castiga.

(23) Y así fue como enviamos a Musa con Nuestros signos y una autoridad clara

(24) a Firaún, Haman y Qarún. Estos dijeron: Es un mago farsante.

(25) Y cuando trajo la verdad que venía de Nuestro lado, dijeron: ¡Matad a los hijos de aquéllos que creen con él dejando vivir a las hembras!.
Pero la maquinación de los incrédulos sólo es un fracaso.

(26) Y dijo Firaún: ¡Dejadme matar a Musa y que él llame a su Señor, pues temo en verdad que cambie vuestra forma de adoración y haga surgir la corrupción en la tierra.

(27) Y dijo Musa: Me refugio en mi Señor y el vuestro de todo soberbio que no crea en el día de la Cuenta.

(28) Y dijo un hombre creyente de la familia de Firaún que ocultaba su creencia: ¿Vais a matar a un hombre porque os dice: Mi Señor es Allah, cuando os ha traído pruebas claras que vienen de vuestro Señor y que, en caso de que sea un mentiroso, su mentira se volverá contra él, mientras que si dice la verdad una parte de lo que os asegura os afligirá?
Allah no guía a quien sobrepasa los límites y es un farsante.

(29) ¡Gente mía! Hoy tenéis la supremacía dominando la tierra, pero ¿quién os auxiliará ante la furia de Allah si ésta viene a vosotros? Dijo Firaún: No os hago ver sino lo que veo y únicamente os guío al camino de la recta dirección.

(30) Y dijo el que creía: ¡Gentes! Es verdad que temo para vosotros lo mismo que les ocurrió a todos los que se confabularon*.
* [Contra los profetas]

(31) La misma suerte que corrieron la gente de Nuh, los Ad, los Zamud y los que vinieron después de ellos.
Y Allah no quiere la injusticia para Sus siervos

(32) ¡Gentes mías! Temo para vosotros el día en que unos se llamarán a otros.

(33) El día en que os volveréis dando la espalda y no tendréis quien os defienda de Allah.

A quien Allah extravía no hay quien le guíe.

(34) Y he aquí que Yusuf os trajo anteriormente las pruebas claras, pero os quedásteis dudando de lo que os había traído hasta que cuando él murió dijisteis: Allah no enviará ya ningún otro mensajero después de él. Así es como Allah extravía a quien excede los límites y desconfía.

(35) Aquéllos que discuten los signos de Allah sin tener ninguna prueba que les haya venido.

Grande es la repulsa que provocan en Allah y en los que creen.

Así marca Allah al corazón soberbio y arrogante.

(36) Y dijo Firaún: Haman, constrúyeme una torre para que pueda alcanzar los accesos,

(37) los accesos a los cielos, y subir hasta el dios de Musa, pues reamente lo tengo por embustero. Así fue como a Firaún se le embelleció la maldad de su acción y fue desviado del camino. Sin embargo la estratagema de Firaún no fue sino perdición.

(38) Y dijo el que había creído: ¡Gente mía! Seguidme y os guiaré al camino de la recta dirección.

(39) ¡Gente mía! Esta vida de aquí es simplemente un disfrute pasajero pero la Ultima Vida es el hogar de la Permanencia.

(40) El que haya cometido maldad sólo recibirá el pago equivalente a ella, pero quien haya obrado rectitud, sea varón o hembra, y sea creyente, ésos entrarán en el Jardín donde se les proveerá sin limitación.

(41) ¡Gente mía! ¿Cómo puede ser que yo os esté llamando a la salvación mientras que vosotros me estáis llamando al Fuego?

(42) ¿Me llamáis a que reniegue de Allah y Le asocie aquello de lo que no tengo conocimiento, mientras que yo os llamo al Poderoso, al Perdonador?

(43) No hay duda de que aquello a lo que me llamáis no puede responder a lo que se le pida ni en esta vida ni en la Ultima y a Allah hemos de retornar. Y los que vayan más allá de los límites serán los compañeros del Fuego.

(44) Os acordaréis de lo que digo. Confío mi asunto a Allah, es cierto que Allah ve a los siervos.

(45) Allah le libró de las maldades que tramaron y cayó sobre la gente de Firaún el peor castigo.

(46) El Fuego, al que serán expuestos mañana y tarde. Y el día que llegue la Hora*: ¡Haced que la gente de Firaún entre en el más duro de los castigos!

* [Se dirá a los ángeles]

(47) Y cuando en el Fuego se hagan reproches unos a otros, dirán los débiles a los que fueron soberbios: Fuimos vuestros seguidores: ¿Podéis quitarnos algo del Fuego?

(48) Dirán los que habían sido soberbios: Todos estamos en él, Allah ha juzgado ya entre los siervos.

(49) Y dirán los que están en el Fuego a los encargados de Yahannam: ¡Pedid a vuestro Señor que nos alivie un día del tormento!

(50) Dirán: ¿Acaso no os llegaron vuestros mensajeros trayendo las pruebas claras? Dirán: Sí. ¡Rogad entonces! Sin embargo la súplica de los incrédulos no encontrará ningún camino.

(51) Auxiliaremos a Nuestros mensajeros y a quienes crean, en esta vida y en el día en que se levanten los testigos.

(52) El día en que a los injustos no les servirán de nada sus disculpas y tendrán la maldición y la mala morada.

(53) Y así fue como le dimos a Musa la guía y le dimos el Libro en herencia a los hijos de Israel.

(54) Como guía y recuerdo para los que supieran reconocer lo esencial.

(55) Ten pues paciencia porque la promesa de Allah es verdadera y pide perdón por tus faltas y glorifica a tu Señor con las alabanzas que le son debidas por la tarde y de madrugada.

(56) Realmente los que te discuten los signos de Allah sin que se les haya dado ninguna prueba sólo tienen orgullo en sus pechos y no lo conseguirán.
Busca pues refugio en Allah, El es el que Oye y el que Ve.

(57) La creación de los cielos y de la tierra sobrepasa a la creación de los hombres; sin embargo la mayoría de los hombres no sabe.

(58) No son iguales el ciego y el que ve, como no lo son tampoco los que creen y practican las acciones de bien y los que hacen el mal; poco es lo que recapacitan.

(59) La Hora vendrá y no hay duda en ello, sin embargo la mayoría de los hombres no cree.

(60) Y vuestro Señor ha dicho: Llamadme y os responderé.
Pero es cierto que aquellos cuya soberbia les impida adorarme, entrarán en Yahannam humillados.

(61) Allah es Quien ha hecho para vosotros la noche, para que pudiérais en ella descansar, y el día como claridad.
En verdad Allah posee favor para los hombres, sin embargo la mayoría de los hombres no agradece.

(62) Ese es Allah, vuestro Señor, el Creador de todas las cosas, no hay dios excepto El. ¿Cómo pues podéis inventar?

(63) Así es como se apartan de la verdad los que han negado los signos de Allah.

(64) Allah es Quien ha hecho para vosotros la tierra como lugar en el que estar y el cielo como edificación y os ha dado forma haciendo que fuera la mejor, y os ha proveído de cosas buenas; ese es Allah vuestro Señor.
¡Bendito sea Allah el Señor de todos los mundos!

(65) El es el Viviente, no hay dios sino El, invocadle ofreciéndole con sinceridad, sólo a El, la adoración.
La alabanza pertenece a Allah, el Señor de los mundos.

(66) Di: Se me ha prohibido adorar a los que invocáis fuera de Allah, pues me han llegado las pruebas claras de mi Señor, y se me ha ordenado someterme al Señor de los mundos.

(67) El es Quien os ha creado de tierra y luego de una gota de esperma y de un coágulo de sangre.
Luego hace que salgáis como niños para que después alcancéis la madurez y lleguéis a ser ancianos, habiendo entre vosotros quienes mueren antes, y cumpláis así un plazo fijado.
Puede que razonéis.

(68) El es Quien da la vida y da la muerte y si decide algo simplemente dice: Sé. Y es.

(69) ¿Acaso no has visto cómo se desvían los que discuten los signos de Allah?

(70) Los que han tachado de mentira el Libro y aquello con lo que hemos enviado a Nuestros mensajeros. Pero ya sabrán.

(71) Cuando tengan argollas en el cuello y cadenas, serán llevados a rastras

(72) hacia el agua hirviente y luego serán arrojados al Fuego.

(73) Después se les dirá: ¿Dónde están los que asociábais

(74) aparte de Allah? Dirán: Se han extraviado de nosotros aunque en realidad lo que invocá nos antes no era nada.
Así es como Allah extravía a los incrédulos.

(75) Esto es por haber actuado alegremente en la tierra sin derecho y por haber sido arrogantes.

(76) Entrad por las puertas de Yahannam para, en él, ser inmortales. ¡Que mal refugio el de los soberbios!

(77) Y ten paciencia porque la promesa de Allah es verdad y te haremos ver parte de lo que les hemos prometido o bien te llevaremos con Nosotros.
A Nos han de regresar.

(78) Es verdad que antes de ti ya habíamos enviado mensajeros; te hemos dado noticias de algunos de ellos y de otros no, a ningún mensajero le correspondió traer ningún signo sin que fuera con el permiso de Allah y cuando la orden de Allah llegaba, se decidía con la verdad, siendo la perdición de los que atribuían falsedades.

(79) Allah es Quien os ha dado los animales de rebaño para que los utilizarais de montura y os sirvieran de alimento.

(80) En ellos tenéis beneficios y sobre ellos podéis lograr necesidades que hay en vuestros pechos* y sobre ellos sois transportados al igual que sobre las naves.
*[Como que se acorten las distancias, y puedan cargar con vuestros fardos, etc...]

(81) Y os muestra Sus signos. ¿Que signos de Allah podréis negar?

(82) ¿Es que no han ido por la tierra y no han visto cómo acabaron los que hubo antes de ellos?
Eran más numerosos que ellos, tenían mayor poderío y más vestigios de su presencia en la tierra; pero todo lo que habían conseguido no les sirvió de nada ante Allah.

(83) Cuando llegaron a ellos sus mensajeros con las pruebas claras se contentaron con el conocimiento que tenían y aquello de lo que se habían burlado los rodeó.

(84) Y al ver Nuestra furia, dijeron: Creemos en Allah, El sólo, y renegamos de los asociados que Le atribuíamos.

(85) Pero no les sirvió de nada creer una vez que ya habían visto Nuestra furia, es la práctica constante de Allah que ya ha aplicado antes a Sus siervos.

Allí perdieron los incrédulos.

41. SURA "SE HAN EXPRESADO CON CLARIDAD"

Mequí. Tiene 54 aleyas y descendió después de la sura del "Perdonador".

En el nombre de Allah el Misericordioso, el Compasivo.

(1) Ha, Mim.

(2) Revelación descendida por el Misericordioso, el Compasivo.

(3) Un Libro cuyos signos son un claro discernimiento, que ha sido expresado en una Recitación árabe para gente que sabe.

(4) Es portador de buenas noticias y advertidor, pero la mayoría de ellos se han apartado y no escuchan.

(5) Y dicen: Nuestros corazones están cerrados a lo que nos llamas, en nuestros oídos hay sordera y entre nosotros y tú hay un velo, así pues, actúa en consecuencia, que nosotros también lo haremos.

(6) Di: Yo sólo soy un ser humano como vosotros al que le ha sido inspirado que vuestro dios es un Unico Dios, así pues dirigíos a El sin desviaros y pedidle perdón.
Y perdición para los que le atribuyen asociados.

(7) Los que no dan el zakat y son incrédulos con respecto a la Ultima Vida.

(8) Realmente los que crean y practiquen las acciones de bien, tendrán una recompensa sin interrupción.

(9) Di: ¿Cómo es que os negáis a creer en Aquel que creó la tierra en dos días y le atribuís semejantes?
El es el Señor de los mundos.

(10) Y puso sobre ella cordilleras, la bendijo y repartió con medida sus provisiones, en cuatro días completos, para los que lo quieran saber.

(11) Luego dirigió (Su voluntad) al cielo, que era humo, y le dijo junto con la tierra: Venid a mí de buen grado o a la fuerza; dijeron: Venimos a ti obedientes.

(12) Y en dos días lo culminó en siete cielos, a cada uno de los cuales le inspiró su cometido.
Hemos embellecido el cielo de este mundo con lámparas y protección; ese es el decreto del Poderoso, el Conocedor.

(13) Pero si se apartan, di: Os he advertido de caer fulminados como cayeron los Ad y los Zamud.

(14) Cuando, antes y después, les llegaron mensajeros diciendo: ¡Adorad únicamente a Allah!

Dijeron: Si nuestro Señor quisiera, haría bajar ángeles; así pues nosotros nos negamos a creer en aquello con lo que habéis sido enviados.

(15) Los Ad fueron soberbios en la tierra sin razón, dijeron: ¿Quién tiene más poderío que nosotros? ¿Es que no veían que Allah, que los había creado, tenía más fuerza y poder que ellos? Negaron sistemáticamente Nuestros signos.

(16) Entonces enviamos contra ellos un viento gélido a lo largo de días fatales para que probaran así el castigo de la humillación en esta vida.

Sin embargo el castigo de la Ultima será más humillante y nadie les auxiliará.

(17) Y a los Zamud les dimos la guía, pero ellos prefirieron la ceguera a la guía y les sorprendimos con un castigo fulminante e infame a causa de lo que se habían buscado.

(18) Y salvamos a los que creían y temían (a su Señor).

(19) El día en que reunamos a los enemigos de Allah de cara al fuego, se les conducirá como al ganado.

(20) Y cuando lleguen a él, sus oídos, vista y piel atestiguarán contra ellos por lo que hicieron.

(21) Y le dirán a su piel: ¿Por qué das testimonio en nuestra contra? Dirá: Allah, que hace hablar a todas las cosas, es Quien nos hace hablar.

El os creó por primera vez y a El tenéis que volver.

(22) No os guardasteis de que vuestro oído, vuestra vista y vuestra piel iban a dar testimonio contra vosotros y pensasteis que Allah no sabría gran parte de lo que hacíais.

(23) Y eso que pensasteis sobre vuestro Señor os ha llevado a la ruina y os habéis convertido en perdedores.

(24) Y aunque tengan paciencia... el Fuego será el refugio para ellos.

Y si piden disculpas no serán disculpados.

(25) Les habíamos asignado compañeros inseparables que les embellecieron lo que tenían ante ellos y lo que había de venir, y así fue como la Palabra se hizo realidad en su contra, como ya ocurriera con las comunidades anteriores de genios y de hombres. Fueron, en verdad, perdedores.

(26) Y dicen los que se niegan a creer: no escuchéis esta Recitación, intentad desviar de ella la atención y puede que venzáis.

(27) A los que se niegan a creer les haremos probar un durísimo castigo y les pagaremos por lo peor que hayan hecho.

(28) Esa es la recompensa de los enemigos de Allah: el Fuego.
En él tendrán la morada de la eternidad como recompensa por haber negado Nuestros signos.

(29) Y dirán los que se negaron a creer: ¡Señor nuestro! Muéstranos a aquellos genios y hombres que nos extraviaron para que los pongamos bajo nuestros pies y queden entre los más bajos.

(30) Realmente los que hayan dicho: Mi Señor es Allah y hayan sido rectos, los ángeles descenderán a ellos: No temáis ni os entristezcáis y alegraos con la buena nueva del Jardín que se os había prometido.

(31) Somos vuestros protectores en esta vida y en la Ultima, allí tendréis lo que deseen vuestras almas y todo cuanto pidáis.

(32) Hospedaje de un Perdonador, Compasivo.

(33) ¿Y qué mejor palabra que la de aquel que llama (a los demás) a Allah, obra con rectitud y dice: Yo soy de los musulmanes?

(34) No son iguales la bondad y la maldad; responde con la mejor actitud y aquel con el que tenías enemistad será un amigo ardiente*.
    * [Esta aleya, en cuanto al juicio legal que pueda derivarse de ella, está abrogada por la aleya 5 de la sura novena.]

(35) Pero esto no lo consiguen sino los que tienen paciencia, no lo consigue sino el dotado de una suerte inmensa.

(36) Y si te solivianta una tentación procedente del Shaytán pide refugio en Allah; es cierto que El es el que oye y el que sabe.

(37) Entre Sus signos están la noche y el día, el sol y la luna.
No os postréis ni ante el sol ni ante la luna sino postraos ante Allah que es Quien los ha creado, si sólo a El le adoráis.

(38) Y si muestran soberbia... aquéllos que están junto a tu Señor Le glorifican noche y día y no se hastían.

(39) Y entre Sus signos está cuando ves la tierra humillada y entonces hacemos que caiga agua sobre ella, con la que se estremece y se hincha; realmente Aquel que le da vida es Quien dará vida a los muertos, es verdad que El tiene poder sobre todas las cosas.

(40) Es cierto que aquéllos que se apartan de Nuestros signos no se Nos ocultan. ¿Acaso alguien que va a ser arrojado al Fuego es mejor que quien se presente a salvo el Día del Levantamiento? Haced lo que queráis; El ve lo que hacéis.

(41) Es cierto que los que se han negado a creer en el Recuerdo cuando les ha llegado... Es un Libro sin igual.

(42) Al que no le afecta la falsedad por ningún lado. Y es una Revelación cuyo descenso procede de uno que es Sabio, y en sí mismo Alabado.

(43) No se te ha dicho sino lo que se dijo a los mensajeros anteriores a ti, realmente tu Señor es Poseedor de perdón pero también de un doloroso castigo.

(44) Y si hubiéramos hecho que fuera una Recitación en lengua no árabe, habrían dicho: ¿Por qué no se han expresado con claridad sus signos?

¿No es árabe siendo él árabe*? Di: Para los que creen es una guía y una cura, pero los que no creen tienen sordera en sus oídos y es una ceguera para ellos, es como si los llamaran desde muy lejos.

* [Es decir, "¿Un Corán en lengua no árabe y un profeta árabe?"]

(45) Y en verdad le dimos a Musa el Libro y hubo diferencias sobre él. De no haber sido por una palabra previa de tu Señor se habría decidido entre ellos, que dudaban de él con desconfianza.

(46) Quien obre con rectitud lo hará en su propio bien, y quien obre mal lo hará en contra de sí mismo;

tu Señor no es injusto con los siervos.

(47) A El se remite el conocimiento de la Hora. No hay fruto que salga de su envoltura, ni hembra que quede preñada ni que dé a luz, que no sea con Su conocimiento.

El día en que se les llame: ¿Dónde están los que asociabais conmigo? Dirán: Te anunciamos que no tenemos ningún testigo.

(48) Se les habrá extraviado aquello que antes invocaban y sabrán con certeza que no habrá escapatoria para ellos.

(49) El hombre no se cansa de pedir lo bueno, pero si el mal le toca se queda abatido, desesperado.

(50) Y si después del daño que le tocó le hacemos probar una misericordia de Nuestra parte, dice: Esto es cosa mía, no creo que la Hora vaya a llegar y aún en el caso de que volviera a mi Señor sin duda que tendría junto a El lo más hermoso.
Les haremos saber a los que se negaron a creer lo que hicieron y les haremos gustar parte de un duro castigo.

(51) Y cuando favorecemos al hombre, éste se desentiende y se aleja con arrogancia, pero cuando le toca algún daño se vuelve muy suplicante.

(52) Di: ¿Que me diríais si procediera* de junto a Allah y vosotros os hubierais negado a creer en él?
¿Quién está más extraviado que quien se encuentra en una profunda oposición?
* [El Corán]

(53) Les haremos ver Nuestros signos en el horizonte y en ellos mismos hasta que se les haga evidente que es la verdad. ¿Es que no basta con que Tu Señor es Testigo de todas las cosas?

(54) ¿Acaso no ponen en duda el encuentro con su Señor?
¿Y no rodea El todas las cosas?

42. SURA DE LA CONSULTA

Mequí a excepción de las aleyas 23, 24, 25 y 27 que son de Medina. Tiene 53, y descendió después de la sura "Han sido expresados con claridad".

En el nombre de Allah, el Misericordioso, el Compasivo

(1)   Ha, Mim.

(2)   Ayn, Sin, Qaf.

(3)   Así te inspira, como a los que hubo antes de ti, Allah, el Poderoso, el Sabio.

(4)   Suyo es cuanto hay en los cielos y en la tierra y es el Excelso, el Inmenso.

(5)   A punto están de abrirse de arriba abajo los cielos y la tierra y los ángeles glorifican a su Señor con la alabanza que le es debida y piden perdón por los que están en la tierra.
      ¿Acaso no es Allah el Perdonador, el Compasivo?

(6)   Y a los que han tomado protectores aparte de El; Allah los vigila, tú no eres su guardián.

(7)   Y así es como te hemos inspirado una Recitación árabe para que advirtieras a la madre de las ciudades y a quien hay a su alrededor y advirtieras del Día de la Concentración sobre el que no hay duda.
      Un grupo en el Jardín y un grupo en el Sair.

(8)   Y si Allah hubiera querido habría hecho una sola comunidad, sin embargo El hace entrar en Su misericordia a quien quiere y los injustos no tendrán quien les proteja ni quien les auxilie.

(9)   ¿O es que han tomado protectores aparte de El? Allah es el Protector, El da la vida y da la muerte y tiene poder sobre todas las cosas.

(10) Todo aquello en lo que no estáis de acuerdo, su juicio se remite a Allah. Ese es Allah mi Señor, a El me confío y a El me vuelvo en todo.

(11) El Originador de los cielos y de la tierra, os ha dado, de vosotros mismos, esposas y ha hecho a los animales de rebaño también en parejas, así es como os multiplica.
      No hay nada como El; El es el que oye y el que ve.

(12) Posee las llaves de los cielos y de la tierra y expande y restringe la provisión a quien quiere.
Realmente El es el Conocedor de todas la cosas.

(13) Os ha legislado, dentro de la Práctica de Adoración, lo que encomendó a Nuh, lo que te hemos inspirado a ti y lo que encomendamos a Ibrahim, Musa e Isa: que establecierais firmemente la Práctica de Adoración y no os dividierais en ella. Les resulta excesivo a los asociadores aquello a lo que les llamáis. Allah elige para sí a quien quiere y guía hacia El a quien a El se vuelve.

(14) Y no se dividieron sino después de haberles llegado el conocimiento, por envidias entre ellos. Y si no hubiera sido por una palabra previa que establecía un plazo fijo, se habría decidido entre ellos. Y los que, después de ellos, han heredado el Libro están recelosos en la duda.

(15) Por eso, extiende la llamada, sé recto como se te ha ordenado, no sigas sus deseos y di: Creo en los libros que Allah ha hecho descender y me ha sido ordenado hacer justicia entre vosotros. Allah es nuestro Señor y vuestro Señor, para nosotros serán nuestras obras y para vosotros las vuestras, no hay discusión entre nosotros, Allah nos reunirá y el retorno es hacia El.

(16) Los que cuestionan a Allah, después de la respuesta que ha tenido*, su argumento no tiene ninguna validez ante su Señor. Sobre ellos caerá la ira y tendrán un violento castigo.
* [Es decir, después de la gente que Le ha respondido y ha entrado en el Islam]

(17) Allah es Quien ha hecho descender el Libro con la verdad y la Balanza; y ¿quién sabe si la hora estará próxima?

(18) Los que no creen en ella están pidiendo que se adelante, pero los que creen están estremecidos por su causa y saben que es verdad. ¿Acaso los que discuten la Hora no están extraviados, muy lejos?

(19) Allah es Sutil con Sus siervos, provee a quien quiere y es el Fuerte, el Irresistible.

(20) Quien quiera cultivar la Ultima Vida, le daremos aumento en su cultivo, y quien quiera cultivar esta vida le daremos algo de ella pero no tendrá parte en la Ultima.

(21) ¿O es que tienen asociados* que les han legitimado cosas en la Práctica de Adoración que Allah no ha autorizado?
Si no fuera por la sentencia definitiva*, se habría decidido ya entre ellos, realmente los injustos tendrán un doloroso castigo.
* [Que ellos asocian, como copartícipes, a Allah]
* [En el Día del Levantamiento]

(22) Verás a los injustos aterrados a causa de lo que se ganaron; se les vendrá encima.
Y los que creyeron y practicaron las acciones de bien tendrán en los vergeles de los Jardines, lo que quieran junto a su Señor. Ese es el gran favor.

(23) Estas son las buenas noticias que Allah anuncia a Sus siervos que hayan creído y practicado las acciones de bien. Di: No os pido recompensa alguna por ello, sólo que seáis afectuosos con los parientes próximos.
Quien adquiera en su haber una buena acción se la aumentaremos con un bien mucho mayor; es cierto que Allah es Perdonador, Agradecido.

(24) ¿O es que dicen: Ha inventado una mentira sobre Alläh?
Cuando, si Allah quisiera, sellaría tu corazón. Allah borra lo falso y confirma la verdad con Su palabra; realmente El conoce lo que encierran los pechos.

(25) El es Quien se vuelve sobre Sus siervos pasando por alto sus malas acciones. Y sabe lo que hacen.

(26) El responde a los que creen y practican las acciones de bien y les aumenta Su favor.
Pero los incrédulos tendrán un violento castigo.

(27) Si Allah les hubiera dado a Sus siervos una provisión sin límites, se habrían excedido en la tierra, sin embargo la hace descender en la proporción que El quiere.
Allah tiene pleno conocimiento de Sus siervos y les ve.

(28) El es Quien hace que caiga la lluvia cuando ellos ya han perdido la esperanza y hace Su misericordia extensa.
El es el Amigo, el Digno de alabanza.

(29) Entre Sus signos está la creación de los cielos y de la tierra y los animales que a lo largo de ella repartió; y El tiene poder para reunirlos a todos cuando quiera.

(30) Cualquier dolor que os aflija es a causa de lo que se buscaron vuestras manos, sin embargo El pasa por alto muchas cosas.

(31) No podréis escaparos de El en la tierra ni tendréis, aparte de Allah, quien os proteja ni defienda.

(32) Y entre Sus signos están las naves, como hitos, en el mar.

(33) Si quiere cambia los vientos y entonces se quedan inmóviles en la superficie, es cierto que en eso hay signos para todo el que tenga paciencia y sea agradecido.

(34) O las hace naufragar porque ellos se lo buscaron. Pero perdona muchas cosas.

(35) Y que sepan los que discuten Nuestros signos que no tendrán escapatoria.

(36) Las cosas que se os dan son sólo disfrute de la vida de este mundo, pero lo que hay junto a Allah es, para los que creen y se abandonan en su Señor, mejor y más duradero.

(37) Los que se apartan de las faltas graves y las indecencias y, cuando se enfandan, perdonan.

(38) Y los que responden a su Señor, establecen el salat, se piden consejo en los asuntos y dan de la provisión que les damos.

(39) Y aquéllos que cuando son víctimas de algún abuso se defienden.

(40) La recompensa de una maldad es una maldad semejante a ella, pero quien pasa por alto y se reconcilia... su recompensa incumbe a Allah; es cierto que El no ama a los injustos.

(41) Y quien se defienda después de haber sufrido alguna injusticia... No hay razón para ir contra ellos.

(42) Sólo la habrá contra los que abusen de los hombres y se excedan en la tierra sin derecho;
ésos tendrán un castigo doloroso.

(43) Pero quien tenga paciencia y perdone... Eso es parte de los asuntos que hay que asumir con resolución.

(44) A quien Allah extravía no tendrá a nadie que le proteja aparte de El. Y verás cuando los injustos vean el castigo y digan: ¿Hay alguna forma de volver atrás?

(45) Verás cómo son expuestos ante él, humillados, con la mirada baja a causa de la humillación. Y dirán los que creyeron: Realmente los perdedores son los que se pierden a sí mismos y a sus familias el Día del Levantamiento.

¿Acaso los incrédulos no estarán en un castigo permanente?

(46) No tendrán amigos que les auxilien aparte de Allah.

Y aquel al que Allah extravía no hay camino para él.

(47) Responded a vuestro Señor antes de que os llegue un día en el que no haya vuelta atrás de parte de Allah.

Ese día no tendréis ningún refugio ni podréis negar nada.

(48) Y si se apartan... No te hemos enviado como guardián de ellos, a ti sólo te concierne transmitir.

Y es verdad que cuando al hombre le damos a probar una misericordia que viene de Nos, se alegra, pero si algún mal le afecta a causa de lo que sus manos hicieron, entonces el hombre es desagradecido.

(49) De Allah es la soberanía de los cielos y de la tierra.

El crea lo que quiere concediéndole a quien quiere hembras y a quien quiere varones.

(50) O concediéndole parejas de varones y hembras.

Y a quien quiere lo hace estéril.

Realmente El es Conocedor, Poderoso.

(51) No es propio que Allah le hable a ningún ser humano excepto por inspiración o a través de un velo o por medio de enviar a un mensajero que le inspire con Su permiso lo que El quiera.

Verdaderamente El es el Excelso, el Sabio.

(52) Asímismo te hemos inspirado un espíritu que viene de Nuestra orden; antes no sabías qué era el Libro ni qué era creer, pero lo hemos hecho una luz con la que guiar a quien queremos de Nuestros siervos.

Es cierto que tú guias hacia un camino recto.

(53) El camino de Allah, a Quien pertenece cuanto hay en los cielos y en la tierra.

¿Acaso no vuelven a Allah todas las cosas?

43. SURA DE LOS DORADOS.

Mequí a excepción de la aleya 54 que es de Medin1. Tiene 89 aleyas y descendió después de la sura de "La Consulta".

En el nombre de Allah, el Misericordioso, el Compasivo.

(1) Ha, Mim.

(2) Por el Libro clarificador*
   * [o "Por el Libro claro".]

(3) Lo hemos hecho una Recitación árabe para que pudiérais entender.

(4) Está en la madre del Libro*, ante Nos es sublime, sabio.
   * [Es decir, en la Tabla Protegida, fuente de todos los Libros Revelados y el Libro de la Existencia en el que está escrito el Decreto y el momento de la Hora.]

(5) ¿Acaso íbamos a privaros del Recuerdo* dejándoos de lado porque sois gente que se excede?
   * [El Recuerdo es el Corán, aunque también se puede entender: ¿Acaso íbamos a renunciar de haceros recordar y amonestaros...? y también: ¿Acaso íbamos a dejar de castigaros, perdonándoos...?]

(6) Y ¿cuántos profetas enviamos a las primeras comunidades?

(7) No les llegó ningún profeta del que no se burlaran.

(8) Destruimos a los que de ellos tenían más poderío y el ejemplo de los antiguos forma parte del pasado.

(9) Y si les preguntas quién creó los cielos y la tierra te dirán que los creó el Poderoso, el Conocedor.

(10) El que ha hecho de la tierra, un lecho para vosotros y en ella os ha puesto caminos para que pudierais guiaros.

(11) Y El que hace que caiga agua del cielo en una medida y con ella devolvemos la vida a una tierra muerta.
   Así seréis sacados (de las tumbas).

(12) El que ha creado todas las especies y os dado naves y animales en que montar.

(13) Para que tomarais asiento sobre sus lomos y luego, una vez asentados, recordarais la merced de vuestro Señor y dijerais: Gloria a Aquel que nos subordinó ésto, ya que nosotros no habríamos sido capaces de hacerlo.

(14) Y verdaderamente hemos de retornar a nuestro Señor.

(15) Sin embargo le han atribuido de Sus siervos una parte*;
realmente el hombre es un ingrato declarado.

* [Alude a quienes creían que los ángeles eran las hijas de Allah. La palabra "parte" es en el sentido de que el hijo es un parte del padre y en árabe se usaba a veces la expresión "parte" para referirse a la hembra.]

(16) ¿O es que iba a tqmar, entre Su creación, hijas, escogiendo para vosotros hijos?

(17) Si cuando a uno de ellos le anuncian (el nacimiento) de lo que atribuye al Misericordioso, se le muda el semblante ensombreciéndose y tiene que contener la ira.

(18) ¿O a quien se cria con adornos y no es claro en la discusión?*

* [Muchos comentaristas explican que en esta aleya Allah se refiere a las mujeres, apoyándose en parte en la conexión con las aleyas anteriores; no obstante, otros opinan que es una alusión a los ídolos que se fabricaban de oro o plata, entendiendo el verbo traducido como "criarse" en el sentido de formarse u originarse, sentido que también tiene. De esta manera, la falta de claridad en la discusión se referiría al hecho de que los ídolos no pueden hablar.]

(19) Y tienen a los ángeles, que están junto al Misericordioso, por hembras. ¿Han sido acaso testigos de su creación?
Escribiremos su testimonio y serán preguntados.

(20) Y dicen: si el Misericordioso quisiera no los adoraríamos.
No tienen conocimiento de esto, sólo hacen conjeturas.

(21) ¿O es que le hemos dado un libro anterior a éste en el que se basan con solidez?

(22) Pero no, sino que dicen: Encontramos a nuestros padres siguiendo una determinada forma de vida y nos hemos guiado por sus huellas.

(23) Asímismo, antes de ti, no enviamos ningún advertidor a una ciudad sin que sus magnates no dijeran: Encontramos a nuestros padres en una determinada forma de vida y nos hemos dejado llevar por sus huellas.

(24) Di: ¿Y si yo os hubiera traído una guía mejor que aquélla en la que encontrasteis a vuestros padres? Dicen: Nos negamos a creer aquello con lo que habéis sido enviados.

(25) Y nos vengamos de ellos. Mira como acabaron los que negaron la verdad.

(26)   Y cuando Ibrahim les dijo a sus padres y a su gente: Yo estoy libre de lo que adoráis.

(27)   Pero no de Aquel que me ha creado. El me guiará.

(28)   E hizo de ello una palabra que quedó en su posteridad para que pudieran volverse (a Allah).

(29)   Sin embargo a éstos les he dejado que disfruten, al igual que a sus padres, hasta que les ha llegado la verdad y un mensajero explícito.

(30)   Pero cuando la verdad les ha llegado, han dicho: Esto es magia, nosotros no nos lo creemos.

(31)   Y han dicho: ¿Por qué no se le ha hecho descender esta Recitación a un hombre importante de las dos ciudades*?
   * [Meca y Taif.]

(32)   ¿Acaso son ellos los que reparten la misericordia de Allah? Nosotros repartimos entre ellos sus medios de vida en este mundo y hemos elevado en grados a unos sobre otros, para que unos tomaran a su servicio a otros.
   Pero la misercordia de tu Señor es mejor que lo que reúnen.

(33)   Y si no fuera porque los hombres acabarían siendo una única comunidad*, habríamos hecho que las casas de los que niegan al Misericordioso tuvieran techos de plata y escalinatas para subir por ellas.
   * [Siendo todos incrédulos]

(34)   Y habríamos hecho que sus casas tuvieran puertas y lechos* sobre los que reclinarse
   * [Entiéndanse también de plata]

(35)   y adornos de oro. Sin embargo todo esto no es más que el disfrute de la vida del mundo mientras que la Ultima Vida, junto a tu Señor, será para los que Le teman.

(36)   Y al que está ciego para el recuerdo del Misericordioso le asignamos un demonio que se convierte en su compañero inseparable.

(37)   Y éstos les apartan del camino mientras ellos se creen guiados.

(38)   Así cuando llega a Nos, le dice: ¡Ay de mí! Ojalá hubiera entre tú y yo la distancia de los dos orientes* ¡Qué mal compañero!
   * [Probablemente se refiere a oriente y occidente, puesto que es habitual en árabe llamar a conceptos emparejados por el nombre de uno de ellos, así por ejemplo: el sol y la luna pueden ser llamados las dos lunas.]

(39) Hoy no os servirá de nada que estéis asociados en el castigo puesto que fuisteis injustos.

(40) ¿Acaso tú puedes hacer que el sordo oiga o puedes guiar al ciego o al que está en un claro extravío?

(41) Y si hacemos que te vayas nos vengaremos de ellos.

(42) O te mostraremos lo que les hemos prometido, realmente tenemos poder sobre ellos.

(43) Aférrate pues a lo que te hemos inspirado, es cierto que tu estás en un camino recto.

(44) Y que él* es un recuerdo para ti y para tu gente.
Seréis preguntados.
* [El Corán]

(45) Pregunta a Nuestros mensajeros, a los que enviamos antes de ti. ¿Acaso establecimos que aparte del Misericordioso hubiera otros dioses que adorar?

(46) Y así fue como enviamos a Musa con Nuestros signos a Firaún y su consejo, y dijo:
Yo soy el mensajero del Señor de los mundos.

(47) Pero cuando les trajo Nuestros signos, se rieron de ellos.

(48) A pesar de que no les mostramos ningún signo que no fuera mayor que su compañero. Y les sorprendimos con el castigo para que pudieran volverse, arrepentidos.

(49) Dijeron: ¡Eh tú, mago!, pide por nosotros a tu Señor en virtud de lo que ha pactado contigo y nosotros seguiremos la guía.

(50) Pero cuando les levantamos el castigo no cumplieron.

(51) Y llamó Firaún a su gente, dijo: ¡Gente mía! ¿Acaso no me pertenece la soberanía de Misr* y estos ríos que corren a mis pies? ¿Es que no lo véis?
* [Ver nota de la aleya 61, sura 2.]

(52) ¿Acaso no soy yo mejor que éste, que es insignificante y apenas puede explicarse?

(53) ¿Cómo es que no ha recibido ningún brazalete de oro o han venido con él los ángeles en grupo?

(54) Buscó el punto débil de su pueblo y le obedecieron, realmente eran gente descarriada.

(55) Y cuando causaron Nuestro enojo, nos vengamos de ellos y les ahogamos a todos.

(56) E hicimos de ellos un precedente y un ejemplo para los que vinieran después.

(57) Y cuando se pone como ejemplo al hijo de Maryam, tu gente se aparta de él.

'58) Y dicen: ¿Son mejores nuestros dioses o él? No te ponen esta comparación sino para discutirte, son gente de disputa*.

* [Estas dos aleyas hacen referencia al momento en el que el Profeta recitó a los Quraysh la aleya: "En verdad vosotros y lo que adoráis aparte de Allah sois pasto de Yahannam". Entonces dijo uno de ellos: "¿Esto se refiere a nosotros y a nuestros dioses o incluye a todas las comunidades?" Y el Profeta le contestó que se refería también a todas las comunidades. Entonces le dijo : "¡Por el Señor de la Kaba te he vencido! ¿No afirmas que Isa es un profeta y le has elogiado a pesar de saber que los cristianos le adoran? Pues si Isa está en el fuego, nos gustaría estar con él, junto con nuestros dioses"
Entonces los Quraysh se rieron y el Profeta calló hasta que Allah hizo descender la aleya: "Aquellos para los que se ha decretado previamente de Nuestra parte lo más hermoso, el Jardín, serán alejados de él, el Fuego"; y también descendió esta aleya.]

(59) No es sino un siervo al que favorecimos y al que hicimos un ejemplo para los hijos de Israel.

(60) Y si hubiéramos querido habríamos puesto en la tierra, en vez de vosotros*, ángeles que se sucedieran unos a otros*.

* [También puede entenderse: "Habríamos hecho que de vosotros salieran ángeles que os sucedieran— como vuestros hijos os suceden".]
* [O que os sucedieran a vosotros.]

(61) Y es cierto que él* es un conocimiento de la Hora, así pues no dudéis de ella y seguidme. Esto es un camino recto.

* [Este pronombre puede referirse a Isa, a Muhammad o al Corán; si es a los dos primeros debe entenderse que ellos son un signo de la llegada de la hora y la palabra "ilm" —conocimiento— puede entenderse como signo; Y si se refiere al Corán es porque él transmite el conocimiento de la Hora.]

(62) Y que el Shaytán no os desvíe, él es para vosotros un claro enemigo.

(63) Y cuando vino Isa con las evidencias, dijo: He venido a vosotros con la sabiduría y a haceros claro parte de aquéllo en lo que no estáis de acuerdo; así que temed a Allah y obedecedme.

(64) Allah es mi Señor y el vuestro, adoradle; ésto es un camino recto.

(65) Pero las distintas facciones que había entre ellos discreparon. ¡Ay de aquéllos que fueron injustos por el castigo de un día doloroso!

(66) ¿Qué esperan sino que les llegue la Hora de repente sin que se den cuenta?

(67) Ese día los amigos serán enemigos unos de otros pero no así los temerosos.

(68) ¡Oh siervos míos! Hoy no habrá nada que temer ni os entristeceréis.

(69) Los que creyeron en Nuestros signos y fueron musulmanes.

(70) Entrad en el Jardín vosotros y vuestras esposas y sed agasajados.

(71) Circularán entre ellos con platos de oro y copas en las que habrá lo que las almas deseen y les sea dulce a los ojos. En él seréis inmortales.

(72) Y este es el Jardín que habréis heredado por lo que hayáis hecho.

(73) En él hay abundante fruta de la que comeréis.

(74) Es cierto que los que hayan hecho el mal serán inmortales en el castigo de Yahannam.

(75) No se les aliviará ni tendrán allí esperanza.

(76) Y no habremos sido injustos con ellos sino que ellos habrán sido injustos consigo mismos.

(77) Y pedirán a gritos: ¡Oh Malik*, que tu Señor acabe con nosotros! Dirá: Vosotros habéis de permanecer.
* [Malik es el ángel guardián de Yahannam.]

(78) Os hemos traído la verdad, pero la mayoría de vosotros detesta la verdad.

(79) ¿O acaso se han decidido a hacer algo? Nosotros también Nos hemos decidido*.
* [Esta aleya descendió en relación a la confabulación de los Quraysh para matar al Profeta, que Allah le dé Su gracia y paz. Abu Yahl propuso que tomara parte en el asesinato un miembro de cada tribu para imposibilitar la reclamación de venganza por parte de la tribu de los banu Hashim a la que el Profeta pertenecía, según como establecía la ley tribal. Pero su maquinación fracasó.
Más tarde todos morirían en la batalla de Badr.]

(80) ¿O es que creen que no escuchamos su secreto y sus confidencias? Por el contrario, junto a ellos escriben Nuestros mensajeros*.
* [Los ángeles]

(81) Di: Si el Misericordioso tuviera un hijo yo sería entonces el primero de .os adoradores.

(82) ¡Gloria al Señor de los cielos y de la tierra, el Señor del Trono por encima de lo que atribuyen!

(83) Y déjalos que discutan y jueguen hasta que tengan el encuentro con su día, el que se les ha prometido.

(84) Él es Quien es Dios en el cielo y es Dios en la tierra y es el Sabio, el Conocedor.

(85) Y bendito sea Aquel a Quien pertenece la soberanía en los cielos y en la tierra y en lo que entre ambos hay; junto a Él está el conocimiento de la Hora y a Él habréis de regresar.

(86) Los que invocáis fuera de Él no tienen poder ninguno de interceder*, sólo quienes atestiguan la verdad y tienen conocimiento*.

* [Esto puede entenderse de dos maneras: como referido a los que interceden o a los que son objeto de la intercesión. Si se considera lo primero aludiría a Isa y a los ángeles que eran objeto de adoración.]

(87) Y si les preguntas quién los ha creado, te dirán: Allah. ¿Cómo entonces se desvían?

(88) Y sus palabras*: ¡Señor mío! Realmente esta es una gente que no cree.

* [Es decir, las del Profeta. Esta aleya se considera conectada con la n." 85, siendo una continuación de ella; como si dijera: "...junto a Él está el conocimiento de la Hora....y el conocimiento de sus palabras:..." También la conectan con la n." 80. Y también podría ir conectada con "atestiguan la verdad..." —de la aleya 86— "y (atestiguan) sus palabras"]

(89) **Apártate de ellos y di: Paz. Ya sabréis.***

* [Esta aleya está abrogada por la n." 5 de la sura novena.]

44. SURA DEL HUMO

Mequí. Tiene 59 aleyas y descendió después de la sura "Los Adornos de oro."

En el nombre de Allah, el Misericordioso, el Compasivo.

(1) Ha, Mim.

(2) ¡Por el Libro clarificador!

(3) Lo hicimos descender en una noche bendita; en verdad somos advertidores.

(4) En ella se distribuye todo asunto sabio.

(5) Mandato que procede de Nos.
Nosotros somos Quienes lo hemos enviado.

(6) Como misericordia de tu Señor, El es Quien oye, Quien sabe.

(7) El Señor de los cielos y de la tierra y de lo que entre ambos hay, si tenéis certeza.

(8) No hay dios excepto El, da la vida y da la muerte, es vuestro Señor y el Señor de vuestros primeros padres.

(9) Sin embargo ellos juegan en la duda.

(10) Aguarda el día en que el cielo aparezca con un humo evidente

(11) que envolverá a los hombres. Ese será un día doloroso.

(12) ¡Señor nuestro! Aparta de nosotros el castigo, realmente somos creyentes.

(13) Pero cómo recordarán si ya les vino un mensajero explícito

(14) y se apartaron de él y dijeron: Es un poseso que recibe instrucciones.

(15) Apartaremos el castigo por un tiempo breve, puesto que reincidiréis.

(16) El día en que acometamos con máxima violencia, en verdad que nos vengaremos.

(17) Ya antes de vosotros habíamos puesto a prueba a la gente de Firaún, a la que le llegó un noble mensajero:

(18) Dejad marchad conmigo a los siervos de Allah, realmente soy para vosotros un mensajero fiel.

(19) No os rebeléis contra Allah, os traigo una prueba evidente.

(20) Me refugio en mi Señor y en el vuestro de que me lapidéis.

(21) Y si no me creéis, dejadme en paz.

(22) Y rogó a su Señor: ¡Estos son gente de mal!

(23) ¡Sal de noche con Mis siervos porque vais a ser perseguidos!

(24) Y deja el mar abierto, porque van a ser un ejército anegado.

(25) ¡Cuántos jardines y fuentes dejaron!

(26) ¡Cuántos cultivos y qué noble posición!

(27) ¡Y qué deleites de los que gozaban!

(28) Así fue. Lo dejamos en herencia para otra gente.

(29) Ni el cielo ni la tierra lloraron por ellos ni se les esperó.

(30) Así fue como salvamos a los hijos de Israel del castigo infame

(31) de Firaún. En verdad él destacaba entre los que se exceden.

(32) Y les elegimos, en virtud de un conocimiento, por encima de todos los mundos*.
  * [Es decir, por encima de la gente de su tiempo.]

(33) Y les dimos signos que constituían una evidencia.

(34) Y seguro que éstos van a decir:

(35) No existe más que nuestra primera muerte y no se nos devolverá a la vida

(36) Haced que vengan nuestros antepasados si es verdad lo que decís.

(37) ¿Pero es que son acaso mejores que la gente de Tubba* y sus antecesores a los que destruimos? Ellos hicieron el mal.
  * [Antigua dinastía del Yemen que fue destruida por su incredulidad.]

(38) Y no hemos creado los cielos y la tierra y lo que entre ambos hay para jugar.

(39) No los creamos sino con la verdad, sin embargo la mayoría de ellos no sabe.

(40) Es verdad que el Día de la Distinción será el término fijado para todos ellos.

(41) El día en que ningún amigo cercano podrá hacer nada por el otro ni habrá auxilio.

(42) Sólo para aquel de quien Allah tenga misericordia; es cierto que Él es Poderoso, Compasivo.

(43) Ciertamente el árbol de Zaqqum*
  * [Ver nota aleya 60 de la sura 17, el Viaje Nocturno]

(44) será el alimento del malvado.

(45) Cual metal fundido se derretirá en sus vientres

(46) como el hervor del agua hirviendo.

(47) ¡Agarradlo y llevadlo a rastras en medio del Yahim!

(48) Luego, verted sobre su cabeza parte del tormento del Yahim.

(49) ¡Gústalo! Tú que eres el poderoso y noble*.
   * [Parece ser una alusión a Abu Yahl.]

(50) Esto es, en verdad, de lo que dudabais.

(51) Ciertemente los temerosos estarán en una situación segura:

(52) En jardines y manantiales.

(53) Vestirán de raso y brocado y estarán enfrente unos de otros*.
   * [Sin verse unos a otros la parte trasera.]

(54) Así es. Y los uniremos a unas de piel blanquísima y grandes y hermosos ojos.

(55) Pedirán toda clase de frutas, a salvo.

(56) En ellos no experimentarán la muerte, sólo la que ya conocieron*. Y El los habrá librado del castigo del Yahim.
   * [Literalmente: La primera]

(57) Favor de su Señor. Y ese es el gran triunfo.

(58) Y realmente lo* hemos hecho fácil en tu lengua para que pudieran reflexionar.
   * [El Corán]

(59) Así pues, espera porque ellos están en espera.

45. SURA DE LA ARRODILLADA

Mequí a excepción de la aleya 14 que es de Medina.
Tiene 37 aleyas y descendió después de la sura del "Humo"

En el nombre de Allah, el Misericordioso, el Compasivo.

(1)   Ha, Mim.

(2)   Descenso del Libro procedente del Poderoso, el Sabio.

(3)   En los cielos y en la tierra hay signos para los creyentes.

(4)   Y en vuestra propia creación y en la de las criaturas que ha repartido, hay signos para gente que tenga certeza.

(5)   Y en la sucesión de la noche y el día, en la provisión que Allah hace bajar del cielo con la que le da vida a la tierra después de muerta y en el cambio de los vientos, hay signos para gente que razona.

(6)   Esos son los signos de Allah que te recitamos con la verdad. ¿En qué relato más allá de Allah y de Sus signos creerán?

(7)   ¡Perdición para todo embustero y malvado!

(8)   Que oye los signos de Allah cuando se le recitan y, sin embargo, persiste y se llena de soberbia como si no los hubiera oído. Anúnciale un castigo doloroso.

(9)   Y cuando llegan a su conocimiento Nuestros signos los toma a burla. Esos tendrán un castigo infame.

(10)   Detrás de ellos tienen Yahannam. No les servirá de nada lo que lograron ni los protectores que tomaron fuera de Allah. Tendrán un castigo inmenso.

(11)   Esto es una guía; y los que se nieguen a creer en los signos de su Señor tendrán el castigo de un tormento doloroso.

(12)   Allah es Quien os ha sometido el mar para que la nave navegara en él por mandato Suyo y buscarais parte de Su favor. Tal vez así fuerais agradecidos.

(13)   Y os ha subordinado lo que hay en los cielos y en la tierra, todo gracias a El.
       Realmente en eso hay signos para la gente que reflexiona.

(14) Di a los que creen que perdonen a aquéllos que no esperan los días de Allah; para que Él recompense a una gente por lo que adquirió.

(15) Quien obre con rectitud lo hará para sí mismo y quien obre mal lo hará contra sí mismo, luego regresaréis a vuestro Señor.

(16) Y a los hijos de Israel les dimos el Libro, el Juicio y la Profecía, les dimos cosas buenas como provisión y les preferimos por encima de los mundos.

(17) Y les dimos pruebas claras de lo que debían asumir. No hubo diferencias entre ellos sino después de haberles llegado el conocimiento, a causa de envidias mutuas.

Tu Señor juzgará entre ellos el Día del Levantamiento sobre lo que discreparon.

(18) Luego a ti, dentro de la misma vía, te hemos dado un camino ya trazado*. Síguelo, y no sigas los deseos de los que no saben.

* [Sharia]

(19) Ellos no te van a servir de nada ante Allah. Es cierto que los injustos son amigos unos de otros pero Allah es el Amigo de los que Le temen.

(20) Esto son evidencias para los hombres y una guía y misericordia para la gente que tiene certeza.

(21) ¿O es que piensan los que tienen en su haber malas acciones que los consideraremos como a los que creyeron y practicaron las acciones de bien, y que su vida y su muerte serán iguales? ¡Malo es lo que juzgan!

(22) Allah creó los cielos y la tierra con la verdad.

Y para recompensar a cada alma por lo que adquirió sin ser tratada injustamente.

(23) ¿Has visto a quien toma por dios a su pasión y Allah le extravía en virtud de un conocimiento, sella su oído y su corazón y pone un velo sobre su vista?

¿Quién le guiará fuera de Allah?

¿Es que no vais a recapacitar?

(24) Y dicen: Sólo existe esta vida nuestra de aquí, morimos y vivimos y no es sino el tiempo lo que acaba con nosotros.
Pero no tienen conocimiento de eso, no hacen sino conjeturar.

(25) Y cuando se les recitan Nuestros signos evidentes su único argumento es decir: Traednos a nuestros padres si es verdad lo que decís.

(26) Di: Allah os da la vida, luego os hace morir y luego os reunirá para el Día del Levantamiento acerca del que no hay duda.
Sin embargo la mayoría de los hombres no sabe.

(27) Y a Allah pertenece la soberanía de los cielos y de la tierra; el día que llegue la Hora, ese día perderán los farsantes.

(28) Y verás a todas las comunidades de rodillas, cada una será llamada a su libro: Hoy se os pagará lo que hicisteis.

(29) Este Libro Nuestro habla en vuestra contra con la verdad, habíamos mandado escribir lo que hacíais.

(30) A los que creyeron y practicaron las acciones de bien su Señor les hará entrar en Su misericordia; ése es el triunfo indudable.

(31) Pero a los que se negaron a creer.... ¿No se os recitaron Mis signos y sin embargo vosotros os llenasteis de soberbia y fuisteis gente de mal?.

(32) Y cuando se dijo: La promesa de Allah es verdadera y no hay duda sobre la Hora, dijisteis: No sabemos qué es la Hora, sólo tenemos conjeturas y ninguna certeza.

(33) Pero han aparecido ante ellos las malas acciones que cometieron y aquéllo de lo que se burlaban les ha rodeado.

(34) Y se dirá: Hoy os olvidamos, al igual que vosotros olvidasteis el encuentro de este día vuestro; vuestra morada será el Fuego y no tendréis quien os auxilie.

(35) Eso es por haber tomado los signos de Allah a burla y porque la vida del mundo os sedujo. Hoy no serán sacados de él ni se les pedirá que busquen el agrado (de su Señor).

(36) Y las alabanzas pertenecen a Allah, el Señor de los cielos, el Señor de la tierra y el Señor de los mundos.

(37) Suya es la grandeza en los cielos y en la tierra y El es el Poderoso, el Sabio.

46. SURA AL-AHQAF

(Las Dunas)

*Mequí a excepción de la aleya 10, 15 y 35 que son de Medina. Tiene 35
aleyas y descendió después de la sura "La Arrodillada".*

En el nombre de Allah, el Misericordioso, el Compasivo.

(1) Ha, Mim.

(2) Descenso del Libro procedente de Allah el Poderoso, el Sabio.

(3) No hemos creado los cielos y la tierra y lo que entre ambos
hay, sino con la verdad y por un tiempo determinado.
Pero los que se niegan a creer se apartan de lo que se les
advierte.

(4) Di: ¿Habéis visto lo que invocáis aparte de Allah? Mostradme
qué parte de la tierra han creado o si tienen alguna participación en los cielos.
Traedme un libro anterior a éste o vestigios de algún conocimiento, si es verdad lo que decís.

(5) ¿Y quién está más extraviado que aquel que invoca, fuera de
Allah, a quien el Día del Levantamiento no le responderá y se
desentenderá de su invocación?

(6) Cuando los hombres sean reunidos, ellos serán sus enemigos
y renegarán de la adoración de la que fueron objeto por su
parte.

(7) Y cuando se les recitan Nuestro signos claros, dicen los que se
niegan a creer de la verdad que les llega:
Esto es magia evidente.

(8) O dicen: Lo ha inventado. Di: Si lo hubiera inventado nada
podríais hacer por mí ante Allah. El sabe mejor lo que di-
fundís sobre ello, El basta como Testigo entre vosotros y yo;
y El es el Perdonador, el Compasivo.

(9) Di: No soy una novedad entre los mensajeros y no sé lo que
será de mí ni lo que será de vosotros, sólo sigo lo que se me
ha inspirado y no soy sino un advertidor explícito.

(10) Di: ¿Y si yo os digo que viene de junto a Allah, y vosotros no habéis querido creer, a pesar de que uno de los hijos de Israel lo ha atestiguado tal y como es y ha creído*, mientras vosotros os llenábais de soberbia?.

Es cierto que Allah no guía a la gente injusta.

* [Alude a Abdullah b. Salam, un judío que proclamó entre los suyos que la profecía de Muhammad estaba anunciada en la Torá y se hizo musulmán.]

(11) Y dicen los que se han negado a creer de los que han creído: Si fuera un bien no se nos habrían adelantado en ello.

Y como no han sido guiados, dicen: esto es una vieja patraña.

(12) Antes de él, fue el Libro de Musa, dirección y misericordia.

Y éste es un Libro que es una confirmación en lengua árabe, para que adviertas a los que son injustos y con buenas noticias para los que hacen el bien.

(13) Los que dicen: Nuestro Señor es Allah, y luego son rectos, no tendrán qué temer ni se entristecerán.

(14) Esos son los compañeros del Jardín donde serán inmortales como recompensa por lo que hicieron.

(15) Y le hemos encomendado al hombre que haga el bien a sus padres. Su madre lo llevó en el vientre con fatiga, y con fatiga lo parió, durando su embarazo y la lactancia treinta meses.

Y al alcanzar la madurez, tras haber llegado a los cuarenta años, dice: ¡Señor mío! Infunde en mí que te agradezca el beneficio con el que me has favorecido a mí y a mis padres y que lleve a cabo buenas acciones que sean de Tu agrado; y haz mi descendencia recta.

En verdad a Ti me vuelvo y soy de los sometidos.

(16) Esos son a los que se les aceptará lo mejor que hayan hecho y se les pasarán por alto las malas acciones que hayan cometido junto a los compañeros del Jardín.

Promesa verídica que se les ha hecho.

(17) Y el que le dijo a sus padres: ¡Uf! ¿Acaso me prometéis que se me hará salir de la tumba cuando pasaron antes de mí otras generaciones?

Y ellos pedían auxilio a Allah: ¡Ay de ti! Cree, que la promesa de Allah es cierta.

El decía: ¿Qué es todo esto sino leyendas de los antiguos?

(18) Esos son aquéllos contra los que se hará realidad la Palabra, sumándose así a las comunidades de hombres y genios que hubo antes que ellos.

Realmente estaban perdidos.

(19) Cada uno tiene un grado que le viene de sus acciones.

Y para pagarles como corresponde sus obras sin que se les haga injusticia.

(20) El día en que los que se negaron a creer sean expuestos al Fuego: Habéis consumido las cosas buenas que tuvisteis en vuestra vida de aquí y os habéis contentado con ésta;

así pues, hoy se os pagará con el castigo degradante por haberos llenado de soberbia, sin verdad, en la tierra y por haberos descarriado...

(21) Y recuerda al hermano de los Ad, cuando advirtió a su gente en las dunas*. Antes de él ya habían venido advertidores, como lo harían después: No adoréis sino a Allah, temo por vosotros el castigo de un día grave.

* [Estas se hallaban en el Yemen y era donde habitaban los Ad.]

(22) Dijeron: ¿Has venido a nosotros para apartarnos de nuestros dioses? Tráenos aquello con lo que nos amenazas si eres de los que dicen la verdad.

(23) Dijo: Realmente el conocimiento sólo está junto a Allah, yo no hago sino haceros llegar aquello con lo que he sido enviado; sin embargo os veo gente ignorante.

(24) Y cuando lo vieron como una nube frente a sus valles, dijeron: esta es la nube que nos trae lluvia.

Pero no, es aquéllo cuya venida estabais urgiendo: un viento que encierra un doloroso castigo.

(25) Lo arrasó todo por mandato de su Señor; y amanecieron, y sólo podían verse sus moradas. Así es como recompensamos a la gente que hace el mal.

(26) Les habíamos dado una posición que no os hemos dado a vosotros y les habíamos dado oído, vista y corazón; pero ni su oído, ni su vista ni su corazón les sirvieron de nada cuando negaron los signos de Allah, y aquéllo de lo que se habían burlado les rodeó.

(27) Y es cierto que hemos destruido las ciudades de vuestro alrededor y hemos explicado repetidamente los signos para que pudieran volverse atrás.

(28) Pero, ¿por qué no les auxiliaron aquéllos que habían tomado como objeto de adoración y dioses fuera de Allah?
Ni siquiera pudieron encontrarlos. Y así fue su mentira y lo que habían inventado.

'29) Y cuando te enviamos a un pequeño grupo de genios para que escucharan el Corán y al llegar ante él* se dijeron: ¡Callad!
Y cuando acabó, se volvieron a su gente para advertirles.
* [Ante el Profeta, que Allah le dé Su gracia y paz. Este hecho se vuelve a retomar en la sura de los Genios]

(30) Dijeron: ¡Pueblo nuestro! Hemos oído un Libro que ha descendido después de Musa, que confirma lo que había antes de él y guía a la verdad y a un camino recto.

(31) ¡Pueblo nuestro! Responded al que llama hacia a Allah y creed en él. El os perdonará vuestras faltas y os preservará de un doloroso castigo.

(32) Y quien no responda al que llama hacia a Allah...No tendrá forma de escapar en la tierra y fuera de El no tendrá quien le proteja. Esos están en un extravío evidente.

(33) ¿Acaso no han visto que Allah, que creó los cielos y la tierra y no está fatigado por haberlos creado, tiene el poder de dar la vida a los muertos?
Sí, El tiene poder sobre todas las cosas.

(34) Y el día en que los que se negaron a creer sean expuestos al Fuego... ¿Acaso no es esto verdad? Dirán: Sí por nuestro Señor. Dirá: Gustad pues el castigo por haberos negado a creer.

(35) Así pues, ten paciencia, como la tuvieron los mensajeros dotados de resolución. No pidas que se les apresure.
El día en que vean lo que se les prometió, será como si sólo hubieran permanecido* una hora del día.
Esto es una transmisión.
¿Acaso se destruye a alguien sino a la gente descarriada?
* [En la tumba] .

47. SURA DE MUHAMMAD

Medinense a excepción de la aleya 13 que descendió en el camino entre Meca y Medina durante la Hégira. Tiene 38 aleyas y descendió después de la sura del "Hierro".

En el nombre de Allah, el Misericordioso, el Compasivo.

(1) Los que se niegan a creer y desvian del camino de Allah; El hará que sus obras se pierdan.

(2) Pero los que creen, llevan a cabo las acciones de bien y creen en lo que se le ha hecho descender a Muhammad, que es la verdad que viene de su Señor, El les ocultará sus malas acciones y mejorará lo que surja en sus corazones.

(3) Eso es porque los que se niegan a creer siguen lo falso, mientras que los que creen, siguen la verdad procedente de su Señor. Así es como Allah llama la atención de los hombres con ejemplos que hablan de ellos mismos.

(4) Y cuando tengáis un encuentro con los que se niegan a creer, golpeadles en la nuca; y una vez los hayáis dejado fuera de combate, apretad las ligaduras y luego, liberadlos graciosamente o pedid un rescate. Así hasta que la guerra deponga sus cargas.

Así es, y si Allah quisiera se defendería de ellos, pero lo hace para poneros a prueba unos con otros. Y los que combaten en el camino de Allah, El no dejará que sus obras se pierdan.

(5) Les guiará y arreglará su estado.

(6) Y les hará entrar en jardines que les ha dado a conocer.

(7) ¡Vosotros que creéis! Si ayudáis a Allah, El os ayudará a vosotros y dará firmeza a vuestros pies.

(8) Pero los que se niegan a creer tendrán desprecio y sus acciones se malograrán.

(9) Eso es porque han aborrecido lo que Allah ha hecho descender y El ha invalidado sus obras.

(10) ¿Es que no han ido por la tierra viendo como acabaron los que hubo antes que ellos? Allah los exterminó.

Los incrédulos tendrán algo similar.

(11) Eso es porque Allah es el Defensor de los que creen mientras que los incrédulos no tienen quien les defienda.

(12) Allah hará entrar a quienes creen y practican las acciones de bien en jardines por cuyo suelo corren los ríos.

Pero los que se niegan a creer, se dan al disfrute y comen como los animales de rebaño;

y el Fuego será la morada que tengan.

(13) ¿Cuántas ciudades con un poderío mayor que el de tu ciudad, la que te ha expulsado, destruimos sin que hubiera quien las auxiliara?

(14) ¿Acaso quien se basa en una evidencia de su Señor es como aquel al que se le ha embellecido el mal de su acción y sigue sus deseos?

(15) Esta es la semblanza del Jardín prometido a los temerosos: Ríos de agua de inalterable olor, ríos de leche siempre del mismo sabor, ríos de vino, dulzor para los que beban, y ríos de miel pura.

En él tendrán toda clase de frutos y perdón de su Señor.

¿Es lo mismo que quien será inmortal en el Fuego y se le dará de beber agua hirviendo que le destrozará los intestinos?

(16) Y entre ellos los hay que te escuchan, pero cuando se van de tu lado les dicen a los que han recibido el conocimiento*: ¿Qué dice ahora? Esos son aquéllos a los que Allah les ha marcado el corazón y siguen el deseo.

* [Se refiere a los compañeros del Profeta, que Allah le dé Su gracia y paz, y según algunos comentaristas a alguno de ellos en particular como Ibn Abbas.]

(17) Y a los que siguen la guía les aumenta en guía y les infunde Su temor.

(18) ¿Y qué esperan sino que la hora les llegue de repente cuando sus indicios ya han llegado?

¿De qué les servirá acordarse una vez que haya llegado?

(19) Sabe que no hay Dios sino Allah y pide perdón por tus faltas y por los creyentes y las creyentes.

Allah conoce vuestro ir y venir y vuestra morada.

(20) Y dicen los que creen: ¿Por qué no se hace descender una sura? Pero cuando se hace descender una sura con un juicio termi-

nante en el que se menciona la lucha, ves a los que tienen una enfermedad en el corazón mirarte como mira el moribundo. ¡Ay de ellos!

(21) (Más les valdría) obedecer y decir lo que está bien.

Y si se decide el mandato, sería mejor para ellos que fueran sinceros con Allah.

(22) ¿Y no es cierto que si llegarais a gobernar* sembraríais la corrupción en la tierra y cortaríais los lazos de consanguinidad?

* [También se puede entender: "¿Y no es cierto que si os apartarais (de la creencia y del Corán...) sembraríais la corrupción...?"]

(23) Esos son aquéllos a los que Allah ha maldecido, ha ensordecido y les ha cegado los ojos.

(24) ¿Acaso no meditan el Corán o es que tienen cerrojos en el corazón?

(25) Realmente a los que se han echado atrás, después de haberles quedado clara la guía, el Shaytán les ha seducido y les ha dado falsas esperanzas.

(26) Eso es porque ellos dijeron a quienes aborrecen lo que Allah ha hecho descender: os obedeceremos en algunas cosas*.

Pero Allah conoce sus secretos.

* [Esto es lo que dicen los hipócritas a los judíos, mostrandoles su odio en contra del Profeta, que Allah le dé Su gracia y paz, y en cosas que no les pusieran en evidencia, como excusarse de ir a combatir etc...]

(27) ¿Cómo estarán cuando los ángeles se los lleven golpeándoles la cara y la espalda?

(28) Eso será porque siguieron lo que enoja a Allah y despreciaron lo que Le complace y Él hizo que sus obras se perdieran.

(29) ¿O es que creen los que tienen una enfermedad en su corazón que Allah no hará que afloren sus resentimientos?

(30) Si quisiéramos te los mostraríamos y los reconocerías por sus signos. Y de hecho los reconocerás por el sentido de sus palabras.

Allah conoce sus obras.

(31) Y os pondremos a prueba hasta saber quienes de vosotros son los que luchan y son los pacientes y para probar vuestros actos.

(32) Los que se han negado a creer, se han desviado del camino de Allah y se han opuesto al Mensajero, después de haberles

51. SURA DE LOS QUE LEVANTAN UN TORBELLINO

Mequí. Tiene 60 aleyas y descendió después de la sura de "Las Dunas".

En el nombre de Allah, el Misericordioso, el Compasivo.

(1)   ¡Por los que levantan un torbellino!*
  * [Los vientos]

(2)   ¡Por las que son portadoras de una carga!*
  * [Las nubes]

(3)   ¡Por las que se deslizan con facilidad!*
  * [Las naves]

(4)   ¡Por los que distribuyen un mandato!*
  * [Los ángeles]

(5)   Que lo que se os ha prometido es verdad

(6)   Y la Rendición de Cuentas tendrá lugar

(7)   ¡Por el cielo de caminos hermosos!

(8)   Que decís cosas contradictorias.

(9)   Será apartado quien haya sido apartado
  * [Será apartado de la creencia quien haya sido apartado previamente en el conocimiento de Allah.]

(10) ¡Que mueran los embusteros!

(11) Esos que están inmersos en un abismo.

(12) Preguntarán: ¿Cuándo será el Día de la Retribución?

(13) El día en el que ellos serán puestos al Fuego.

(14) ¡Gustad vuestro tormento! Esto es lo que pedíais con urgencia

(15) Los que hayan sido temerosos estarán en jardines y manantiales

(16) recibiendo lo que su Señor les dé. Antes habían hecho el bien.

(17) Era poco lo que dormían de noche

(18) y en el tiempo anterior al alba pedían perdón.

(19) Y de sus bienes había una parte que era derecho del mendigo y del indigente.

(20) En la tierra hay signos para los que tienen certeza.

(21) Y en vosotros mismos. ¿Es que no vais a ver?

(22) Y en el cielo está vuestro sustento y lo que se os ha prometido.

(23) Y por el Señor del cielo y de la tierra que todo esto es tan cierto como que habláis.

(24) ¿Ha llegado hasta tí el relato de los honorables huéspedes de Ibrahim,

(25) cuando se presentaron ante él y dijeron?: Paz.
Contestó: Paz, gente desconocida

(26) Entonces se retiró a su familia y vino con un hermoso ternero.

(27) Lo acercó a ellos diciendo: ¿No vais a comer?

(28) Entonces sintió recelo de ellos. Dijeron: No temas.
Y le anunciaron un niño sabio.

(29) Y apareció su mujer gritando y dándose palmadas en la cara, y dijo: ¿Una vieja estéril?

(30) Dijeron: Así lo ha dicho tu Señor, El es el Sabio, el Conocedor

(31) Dijo: ¿Y cuál es vuestra misión, enviados?

(32) Dijeron: Hemos sido enviados a una gente que hace el mal

(33) para mandar contra ellos piedras de arcilla

(34) marcadas junto a tu Señor y destinadas a los que excedieron los límites*
* [Se refiere a la gente de Lut.]

(35) y para sacar de allí a los creyentes que haya.

(36) Aunque sólo hemos encontrado una casa de sometidos*.
* [Los musulmanes]

(37) Y dejamos en ella un signo para los que temieran el castigo doloroso.

(38) Y Musa, cuando le enviamos a Firaún con una prueba evidente.

(39) Pero éste, con lo que lo sostenía*, se desentendió y dijo: Es un mago o un poseso.
* [Se refiere a sus ejércitos y a su poder]

(40) Lo agarramos a él y a sus ejércitos arrojándolos al mar, y quedó reprobado.

(41) Y los Ad, cuando mandamos contra ellos el viento aciago.

(42) Nada de lo que alcanzó quedó sin estar marchito.

(43) Y los Zamud cuando se les dijo: Disfrutad hasta que se cumpla un tiempo fijado.

(44) Desobedecieron el mandato de su Señor y fueron fulminados mientras miraban.

(45) No pudieron levantarse y no tuvieron quien les auxiliara.

(46) Y antes, la gente de Nuh.
Era una gente que se había desviado.

(47) Hemos edificado el cielo con solidez. Somos capaces.

(48) Y la tierra la hemos preparado para vivir en ella.
¡Con qué excelencia la hemos extendido!

(49) Y hemos creado dos parejas de cada cosa para que tal vez reflexionarais.

(50) Así pues refugiaos en Allah, pues realmente yo soy, de Su parte, un claro advertidor para vosotros.

(51) Y no pongáis junto a Allah a otro dios pues realmente yo soy, de Su parte, un claro advertidor.

(52) Así es. No hubo mensajero de los venidos a los antepasados del que no dijeran:
Es un mago o un poseso.

(53) ¿Es que os lo habéis encomendado unos a otros?
Pero no, sólo son una gente que va más allá de los límites.

(54) Apártate de ellos porque tu no serás reprochado.

(55) Y hazles recordar, porque llamar al recuerdo beneficia a los creyentes.

(56) Y no he creado a los genios y a los hombres sino para que Me adoren.

(57) No quiero de ellos provisión ni quiero que Me alimenten.

(58) Allah es Quien provee, el Dueño del poder, el Fuerte.

(59) Los que han sido injustos tendrán una suerte similar a la de sus compañeros. Que no Me apremien.

(60) Y ¡Ay! de los que se niegan a creer por ese día que se les ha prometido.

52. SURA DEL MONTE

Mequí. Tiene 49 aleyas y descendió después de la sura de la "Postración".

En el nombre de Allah, el Misericordioso, el Compasivo.

(1) ¡Por el Monte*!
   * [Se refiere al monte en el que Allah le habló a Musa. El término Coránico original, "Tur", parece que es una palabra que en siríaco significaba monte y según Ibn Abbas se aplica a un monte con vegetación.]

(2) ¡Por un Libro escrito

(3) en un pergamino desenrollado*!
   * [Según la mayor parte de los comentaristas se refiere al Corán que los creyentes leen en los pergaminos y los ángeles en la Tabla Protegida.]

(4) ¡Por la Casa Visitada*!
   * [Alude a una casa del cielo paralela a la Kaba en la que cada día entran setenta mil ángeles.]

(5) ¡Por el techo elevado!

(6) ¡Por el mar rebosante!

(7) Que el castigo de tu Señor ha de ocurrir

(8) y no habrá quien lo pueda impedir

(9) El día en que el cielo se agite en sacudidas

(10) y las montañas echen a andar.

(11) ¡Ay! ese día de los que negaron la verdad.

(12) Esos que, confundidos, jugaban.

(13) El día que sean empujados al fuego de Yahannam con desprecio:

(14) Éste es el Fuego cuya realidad negabais.

(15) ¿Es magia o es que vosotros no veis?

(16) Entrad en él, es igual que tengáis o que no tengáis paciencia. Sólo se os pagará por lo que hicisteis.

(17) Los temerosos estarán en jardines y deleite

(18) disfrutando de lo que su Señor les dé.
    Su Señor los habrá librado del castigo del Yahim.

(19) ¡Comed y bebed en perfecto bienestar por lo que hicisteis!

(20) Estarán reclinados sobre divanes alineados y los desposaremos con las de ojos hermosísimos.

(21) Y a quienes hayan creído y su descendencia les haya seguido en la creencia, les juntaremos con ellos y no habrá ningún menoscabo de sus acciones.
Cada hombre es rehén de lo que se forjó.

(22) Les colmaremos de frutos y carne de la que apetezcan.

(23) Allí, se pasarán unos a otros una copa, en la que no habrá ni frivolidad ni maldad.

(24) E irán pasando en torno a ellos mancebos como las perlas semiocultas.

(25) Y se encontrarán frente a frente haciéndose preguntas.

(26) Dirán: Antes, cuando estábamos entre los nuestros, fuimos temerosos.

(27) Y Allah nos ha favorecido y nos ha librado del castigo del Simún*.
* [Implica el calor más extremo, es el nombre de un viento caliente del desierto y se dice que es uno de los nombres de Yahannam.]

(28) Es verdad que antes le rogábamos y que El es el Bondadoso, el Compasivo.

(29) Así pues, llama al recuerdo que, por el favor de tu Señor, tú no eres ni un adivino ni un poseso.

(30) ¿O es que acaso dicen?: Es un poeta, aguardemos que le llegue su hora.

(31) Di: Esperad que yo también esperaré con vosotros.

(32) ¿Son sus sueños los que les mandan esto o sólo son gente que se excede?

(33) ¿O es que dicen?: Se lo ha inventado. Pero no, es que no creen.

(34) Que traigan un relato semejante, si es verdad lo que dicen.

(35) ¿O es que acaso han sido creados espontáneamente o se han creado a sí mismos?

(36) ¿O han creado los cielos y la tierra?
Por el contrario; no tienen certeza.

(37) ¿O es que son los dueños de los tesoros de tu Señor o poseen la soberanía?

(38) ¿O es que tienen una escalera desde la que escuchan?
El que de ellos lo haga que traiga una prueba clara.

(39) ¿O acaso tiene El hijas mientras que los hijos son para vosotros?

(40) ¿O es que les pides algún pago y tal impuesto les tiene agobiados?

(41) ¿O tienen delante el No-Visto y pueden tomar nota?

(42) ¿O es que quieren tender una trampa? Porque son los que se niegan a creer los que han caído en una trampa.

(43) ¿No será que tienen otro dios que no es Allah?
¡Gloria a Allah por encima de lo que Le asocian!

(44) Si vieran un trozo de cielo cayéndose dirían: Es una acumulación de nubes.

(45) Déjalos hasta que se encuentren con su día, ese en el que han de caer muertos.

(46) El día en que su maquinación no les servirá de nada ni tendrán quien les auxilie.

(47) Y por cierto que los que fueron injustos tendrán antes que eso un castigo*, sin embargo la mayoría de ellos no sabe.
* [Puede aludir a un castigo en este mundo o al castigo de la tumba.]

(48) Espera con paciencia el juicio de tu Señor porque realmente tu estás bajo Nuestros ojos.
Y glorifica a tu Señor con Su alabanza cuando te levantes.

(49) Y glorifícalo durante parte de la noche así como al ocultarse las estrellas*.
* [Alusión a los dos rakat de Faÿr antes de Subh.]

53. SURA DEL ASTRO

Mequí a excepción de la aleya 32 que es de Medina. Tiene 62 aleyas y descendió después de la sura de "La Adoración Pura" (Al-Ijlas).

En el nombre de Allah, el Misericordioso, el Compasivo.

(1)   ¡Por el Astro cuando desaparece!

(2)   Que vuestro compañero no está extraviado ni en un error.

(3)   Ni habla movido por el deseo.

(4)   No es sino una revelación inspirada.

(5)   Le enseña alguien de gran poder

(6)   y fortaleza. Que tomó su verdadera forma

(7)   sobre el horizonte más alto.
* [Yibril]

(8)   Y se acercó y se humilló*.
* [El profeta, que Allah le dé Su gracia y paz, ante Allah.]

(9)   Y estuvo de El a la distancia de dos arcos o aún más cerca.

(10) Y le inspiró a Su siervo lo que le inspiró.

(11) No mintió el corazón en lo que vio.

(12) ¿Podéis acaso negar lo que vio?

(13) Ya lo había visto en otra revelación

(14) junto al Loto del límite.*
* [Según el comentario del Qurtubi, se refiere al Profeta Muhammad, que Allah le dé Su gracia y paz, que vio con su corazón a Allah en esta otra ocasión que se menciona aquí.]

(15) a cuyo lado está el jardín del Refugio.

(16) Cuando al Loto lo cubrió lo que lo cubrió.

(17) No se desvió la mirada ni se propasó.

(18) Y vio algunos de los mayores signos de su Señor.

(19) ¿Qué opinión os merecen al-Lata y al-Uzza,

(20) y Manawa*, la tercera, la otra?
* [Tres divinidades de la época de la ignorancia anterior al Islam.]

(21) ¿Tenéis vosotros los varones y El las hembras?

(22) Eso sería un injusto reparto.

(23) No son sino nombres que vosotros y vuestros padres les habéis dado. Allah no ha hecho descender nada que les autorice. No siguen sino suposiciones y deseos de sus almas, a

pesar de que les ha llegado ya la guía de su Señor.

(24) ¿Acaso ha de tener el hombre lo que él quiera?

(25) De Allah son la Ultima Vida y la Primera.

(26) ¿Cuántos ángeles hay en el cielo cuya intercesión no sirve de nada, a menos que Allah lo autorice en favor de quien quiera y sea de Su agrado?

(27) Los que no creen en la Ultima Vida le dan a los ángeles nombres femeninos,

(28) sin tener conocimiento de ello. No siguen sino suposiciones y la suposición carece de valor frente a la verdad.

(29) Apártate de quien le da la espalda a Nuestro recuerdo y sólo quiere la vida de este mundo.

(30) Ese es todo el conocimiento al que llegan. Cierto que tu Señor sabe mejor quien se extravía de Su camino y sabe mejor quien tiene la guía.

(31) De Allah es cuanto hay en los cielos y cuanto hay en la tierra. Para recompensar a los que hicieron el mal por lo que hicieron y recompensar con lo más hermoso a quienes hicieron el bien.

(32) Los que no incurren en los delitos graves ni en las indecencias repulsivas, aunque sí lo hagan en faltas leves.
Realmente tu Señor es Magnánimo perdonando y os conoce mejor, pues os creó de la tierra y luego fuisteis embriones en el vientre de vuestras madres. Así pues, no os vanagloriéis.
El sabe mejor quien Le teme.

(33) ¿Has visto a quien se desentiende,

(34) ese que da poco y es tacaño?

(35) ¿Acaso posee conocimiento del No-Visto y puede ver?

(36) ¿No se le ha dicho lo que contienen las páginas de Musa,

(37) y las de Ibrahim, el fiel cumplidor,

(38) en cuanto a que nadie cargará con la carga de otro,

(39) y que el hombre sólo obtendrá aquello por lo que se esfuerce?

(40) Pero que su esfuerzo se verá.

(41) Y luego será recompensado con una recompensa total

(42) Y que el destino final es hacia tu Señor

(43) y que El hace reir y hace llorar

(44) da la muerte y da la vida.

(45) Y creó a la pareja: macho y hembra,

(46) de una gota de esperma eyaculada

(47) Y que a El le incumbe volver a crear otra vez.

(48) Y que El es Quien enriquece y quien empobrece.

(49) Y es el Señor de Shira.*

* [Estrella a la que se le rendía culto en la época pre-Islámica. Probablemente es Sirio.]

(50) Y que El destruyó a los antiguos Ad

(51) y a los Zamud, sin dejar a ninguno.

(52) Y al pueblo de Nuh, antes.

Ellos fueron más injustos y transgresores.

(53) Y que hizo que cayeran las ciudades que fueron puestas del revés*.

* [Es decir, las ciudades de Lut a las que Yibril levantó del suelo dejándolas caer después.]

(54) A las que las cubrió lo que las cubrió.

(55) ¿Qué dones de vuestro Señor pondrás en duda?

(56) Este* es un advertidor del mismo género que los primeros advertidores.

* [Referido al Profeta, que Allah le dé Su gracia y paz, o al Corán.]

(57) Lo que ha de venir se acerca ya.

(58) Nadie que no sea Allah podrá revelarlo.

(59) ¿Acaso os asombráis de lo que se os relata?

(60) ¿Y reís en vez de llorar,

(61) mientras estáis distraidos?

(62) ¡Postraos ante Allah y adoradlo!

54. SURA DE LA LUNA

Mequí a excepción de las aleyas 44, 45 y 46 que son de Medina. Tiene 55 aleyas y descendió después de la sura at-Tariq ("El que viene de noche").

En el nombre de Allah, el Misericordioso, el Compasivo.

(1) La Hora se acerca y la luna se ha partido en dos*.
   * [Alude al momento en que los Quraysh le dijeron al Profeta, que Allah le dé Su gracia y paz: Si es verdad lo que dices haz que la luna se parta en dos. Y así sucedió pero, a pesar de haberlo visto con sus propios ojos, dijeron que era magia, a lo que alude la aleya siguiente.]

(2) Si ven un signo se desentienden y dicen: Es magia persistente.*
   * [El término árabe puede significar también "pasajera".

(3) Han negado la verdad siguiendo sus pasiones.
   Pero cada asunto conlleva un resultado definitivo.

(4) Y lo cierto es que les han llegado ya, del pasado, noticias disuasorias.

(5) Una sabiduría llevada a su extremo. ¿Pero de qué les han servido las advertencias?

(6) Así pues, apártate de ellos. El día en que el proclamador anuncie algo espantoso.

(7) La mirada rendida, saldrán de las tumbas como saltamontes desorientados.

(8) Acudiendo apresuradamente hacia quien les llamó dirán los incrédulos: Este es un día difícil.

(9) Antes que ellos ya habían negado la verdad la gente de Nuh.
   Negaron a Nuestro siervo y dijeron: Es un poseso.
   Y lo rechazaron con amenazas.

(10) Entonces rogó a su Señor: ¡Me han vencido, auxíliame!

(11) Y abrimos las puertas del cielo con un agua torrencial,

(12) e hicimos que la tierra se abriera en manantiales y se encontraron las aguas por un mandato que había sido decretado.

(13) Y lo llevamos en una embarcación hecha de tablas y clavos

(14) que navegó bajo Nuestra mirada. Recompensa para el que había sido negado.

(15) La hemos dejado como un signo.

(16) ¡Y cómo fueron Mi castigo y Mi advertencia!

(17) Realmente hemos hecho el Corán fácil para recordar. ¿Hay alguien que haga recordar?

(18) Negaron la verdad los Ad y cómo fueron Mi castigo y Mi advertencia.

(19) Enviamos contra ellos un viento helado en un día nefasto y sin fin.

(20) Se llevaba a los hombres como palmeras arrancadas de cuajo.

(21) ¡Y cómo fueron Mi castigo y Mi advertencia!

(22) Realmente hemos hecho el Corán fácil para recordar. ¿Hay alguien que haga recordar?

(23) Los Zamud no tomaron en serio las advertencias.

(24) Y dijeron: ¿Es que vamos a seguir a quien no es más que un ser humano, uno de nosotros? Si lo hiciéramos estaríamos en un extravío y en una locura.

(25) ¿Cómo es que de entre todos nosotros ha sido precisamente a él al que se le ha revelado el Recuerdo? Por el contrario no es más que un embustero con pretensiones.

(26) Ya sabrán el día de mañana quien era el embustero con pretensiones.

(27) Y es verdad que enviamos a la camella como una prueba para ellos: estáte atento a lo que hacen y ten paciencia.

(28) Y anúnciales que al agua habrá de ser compartida y que cada uno tendrá su turno de bebida.

(29) Entonces llamaron a su compañero que tuvo la osadía y la desjarretó.

(30) ¡Y cómo fueron Mi castigo y Mi advertencia!

(31) Enviamos contra ellos un solo grito y quedaron como el ramaje pisoteado por el ganado en un aprisco.

(32) Y es verdad que hemos hecho el Corán fácil para recordar. ¿Hay alguien que llame al recuerdo?

(33) La gente de Lut no tomó en serio las advertencias.

(34) Y enviamos contra ellos una pedrisca de la que fue librada la familia de Lut, a los que salvamos al amanecer

(35) como una gracia de Nuestra parte; así es como pagamos a quien es agradecido.

(36) Ya les había advertido de Nuestra furia pero ellos dudaron de las advertencias.

(37) Intentaron seducir a sus huéspedes y cegamos sus ojos. ¡Gustad Mi castigo y Mi advertencia!

(38) Y les llegó por la mañana un castigo permanente.

(39) ¡Gustad Mi castigo y Mi advertencia!

(40) Hemos hecho el Corán fácil para recordar. ¿Hay alguien que llame al recuerdo?

(41) Y les llegaron Mis advertencias a la gente de Firaún.

(42) Negaron la veracidad de todos Nuestros signos y les agarramos con el castigo de un Irresistible, Todopoderoso.

(43) ¿Acaso son mejores que ellos los que de vosotros se niegan a creer? ¿O es que aparece en las escrituras alguna inmunidad para vosotros?

(44) ¿O acaso dicen: Somos un grupo invencible?

(45) Tal grupo será derrotado y darán la espalda.

(46) Pero la Hora será su cita y ella será aún más terrible y más amarga.

(47) Es cierto que los que hacen el mal están en un extravío y en una locura.

(48) El día en que sean arrojados de cara al Fuego. ¡Gustad el tacto de Saqar*!

* [Es un nombre propio que designa a Yahannam.]

(49) Es cierto que hemos creado cada cosa en una medida.

(50) Nuestra orden es como un cerrar y abrir de ojos, una sola vez.

(51) Y ya destruimos antes a vuestros congéneres. ¿Habrá alguien que recapacite?

(52) Cada una de las cosas que hicieron está en las escrituras.

(53) Todo, pequeño o grande, está registrado.

(54) Es cierto que los temerosos estarán en jardines y ríos.

(55) En un lugar de reposo verdadero, junto a un Señor Todopoderoso.

55. SURA DEL MISERICORDIOSO.

Medinense. Tiene 78 aleyas y descendió después de la sura del Trueno.

En el nombre de Allah, el Misericordioso, el Compasivo.

(1)   El Misericordioso

(2)   ha enseñado el Corán,

(3)   ha creado al hombre,

(4)   le ha enseñado a hablar*.
   * [En árabe "al-bayan", que implica la capacidad de expresarse por medio del lenguaje, poder distinguir las cosas y explicarlas.]

(5)   El sol y la luna discurren por dos órbitas precisas.

(6)   Y el astro y el árbol se postran.

(7)   Ha elevado el cielo y ha puesto la balanza

(8)   para que no abusarais al pesar

(9)   y cumplierais el peso con equidad sin menoscabo.

(10) Ha hecho la tierra para las criaturas

(11) En ella hay frutas y palmeras con brotes en espatas.

(12) Semillas, que se convertirán en paja y arrayanes.

(13) ¿Qué dones de vuestro Señor podréis ambos* negar?
   * [Referido a los genios y a los hombres.]

(14) Creó al hombre de barro seco cual cerámica

(15) y creó a los genios de puro fuego.

(16) ¿Qué dones de vuestro Señor podréis ambos negar?

(17) Señor de los dos nacientes y de los dos ponientes.*
   * [Según los comentaristas, puede referirse a la salida y puesta del sol y la luna o a las diferencias de la salida y puesta del sol en verano y en invierno.]

(18) ¿Qué dones de vuestro Señor podréis ambos negar?

(19) Ha dejado que los dos mares se encuentren libremente.

(20) Entre ambos hay un espacio que no traspasan.

(21) ¿Qué dones de vuestro Señor podréis ambos negar?

(22) De ambos se obtienen perlas y coral.

(23) ¿Qué dones de vuestro Señor podréis ambos negar?

(24) Suyas son las naves cuyas velas se alzan en el mar como picos montañosos.

(25) ¿Qué dones de vuestro Señor podréis ambos negar?

(26) Todo cuanto en ella* hay, es perecedero.
   * [La tierra]

(27) Pero la faz de tu Señor, Dueño de Majestad y Honor, permanece.

(28) ¿Qué dones de vuestro Señor podréis ambos negar?

(29) A El le piden todos los que están en los cielos y en la tierra. Cada día, El está en algún asunto.*

* [En un hadiz transmitido por Abu Dardá, el Profeta, que Allah bendiga y le dé paz, dijo: "Parte de Su asunto es perdonar una falta, librar de alguna aflicción y elevar a unos rebajando a otros." Según ésto, la aleya se entiende en el sentido de que cada día o cada momento, Allah está decidiendo y actuando sobre Su Creación.]

(30) ¿Qué dones de vuestro Señor podréis ambos negar?

(31) Nos encargaremos de vosotros, los dos que tenéis la responsabilidad*.

* [Lit.: Las dos cargas o los dos pesos. Hay quien interpreta que el hombre y los genios son llamados "los dos pesos" porque pesan sobre la tierra.]

(32) ¿Qué dones de vuestro Señor podréis ambos negar?

(33) ¡Genios y hombres juntos!
Si podeis saliros de los confines del cielo y de la tierra hacedlo... Pero no tendréis salida si no es con una autorización.

(34) ¿Qué dones de vuestro Señor podréis ambos negar?

(35) Se mandará contra vosotros una llamarada de fuego y cobre fundido y no os podréis auxiliar unos a otros.

(36) ¿Qué dones de vuestro Señor podréis ambos negar?

(37) Cuando el cielo se raje y sea como el cuero rojo.

(38) ¿Qué dones de vuestro Señor podréis ambos negar?

(39) Ese día a ningún genio ni hombre habrá que preguntarle por sus faltas.

(40) ¿Qué dones de vuestro Señor podréis ambos negar?

(41) Los malhechores serán reconocidos por sus marcas y agarrados por el pelo y los pies.

(42) ¿Qué dones de vuestro Señor podréis ambos negar?

(43) Este es Yahannam cuya existencia negaban los malhechores.

(44) Irán y volverán entre su fuego y un agua hirviendo.

(45) ¿Qué dones de vuestro Señor podréis ambos negar?

(46) Y quien haya temido la comparecencia ante su Señor, tendrá dos jardines.

(47) ¿Qué dones de vuestro Señor podréis ambos negar?

(48) De gran frondosidad.

(49) ¿Qué dones de vuestro Señor podréis ambos negar?

(50) En ellos habrá dos manantiales surtiendo.

(51) ¿Qué dones de vuestro Señor podréis ambos negar?

(52) En ellos habrá dos parejas de cada fruto.

(53) ¿Qué dones de vuestro Señor podréis ambos negar?

(54) Estarán recostados en divanes tapizados de brocado.
Los frutos de ambos jardines estarán al alcance de la mano.

(55) ¿Qué dones de vuestro Señor podréis ambos negar?

(56) Allí habrá, unas de mirada recatada a las que antes de ellos no habrá tocado hombre ni genio.

(57) ¿Qué dones de vuestro Señor podréis ambos negar?

(58) Parecerán rubíes y coral.

(59) ¿Qué dones de vuestro Señor podréis ambos negar?

(60) ¿No es el bien la recompensa del bien*?
* [En árabe "ihsan". Ibn Abbas contó que el Profeta, que Allah le dé Su gracia y paz, recitó esta aleya y dijo: Allah quiere decir: "¿No es la recompensa de aquel a quien he favorecido con Mi conocimiento (marifa) y con el testimonio de Mi unicidad (tawhid) sino hacerle habitar Mi Jardín y el recinto vedado de Mi pureza por medio de Mi misericordia?"]

(61) ¿Qué dones de vuestro Señor podréis ambos negar?

(62) Y además de ésos habrá dos jardines más.

(63) ¿Qué dones de vuestro Señor podréis ambos negar?

(64) Tupidos.

(65) ¿Qué dones de vuestro Señor podréis ambos negar?

(66) En ellos habrá dos fuentes manando.

(67) ¿Qué dones de vuestro Señor podréis ambos negar?

(68) En ellos habrá frutas, palmeras y granados.

(69) ¿Qué dones de vuestro Señor podréis ambos negar?

(70) Habrá unas, elegidas y hermosas.

(71) ¿Qué dones de vuestro Señor podréis ambos negar?

(72) De ojos hermosísimos; resguardadas en tiendas.

(73) ¿Qué dones de vuestro Señor podréis ambos negar?

(74) Antes de ellos ningún hombre ni genio las habrá tocado.

(75) ¿Qué dones de vuestro Señor podréis ambos negar?

(76) Estarán recostados sobre verdes cojines y hermosos lechos.

(77) ¿Qué dones de vuestro Señor podréis ambos negar?

(78) ¡Bendito sea el nombre de tu Señor, Dueño de la Majestad y del Honor!

56. SURA DE LO QUE HA DE OCURRIR

Mequí a excepción de las aleyas 81 y 82 que son de Meaína.
Tiene 96 aleyas y descendió después de la sura "Ta, Ha".

En el nombre de Allah, el Misericordioso, el Compasivo.

(1) Cuando tenga lugar lo que ha de ocurrir.

(2) No habrá nadie que pueda negar su acontecer.

(3) Rebajará (a unos) y elevará (a otros)

(4) Cuando la tierra se mueva convulsivamente,

(5) las montañas caigan desmoronadas

(6) y se conviertan en polvo esparcido

(7) y vosotros seáis de tres clases:

(8) Los compañeros de la derecha.
¡Oh los compañeros de la derecha!

(9) Y los compañeros de la izquierda.
¡Oh los compañeros de la izquierda!

(10) Y los adelantados. ¡Oh los ad^lantados!

(11) Esos serán los que tengan proximidad

(12) en los jardines del Deleite.

(13) Muchos de los primeros

(14) y pocos de los últimos*.
* [Los comentaristas entienden en general que se refiere a que los adelantados serán muchos de los primeros musulmanes y pocos de los que vengan después.]

(15) Estarán sobre divanes tejidos de oro,

(16) recostados unos frente a otros.

(17) En torno a ellos irán pasando muchachos eternamente jóvenes

(18) con copas, vasijas y vasos de un vino que manará de un manantial

(19) y no les provocará dolor de cabeza ni embriaguez.

(20) Tendrán las frutas que elijan

(21) y la carne de ave que les apetezca.

(22) Y unas de ojos hermosísimos,

(23) parecidas a las perlas semiocultas.

(24) Como recompensa por lo que hicieron.

(25) Allí no oirán frivolidad ni incitación al mal,

(26) tan sólo la palabra: Paz, paz.

(27) Y los compañeros de la derecha.
    ¡Oh los compañeros de la derecha!

(28) Estarán entre azufaifos sin espinas

(29) y exhuberantes árboles de plátano.

(30) En sombras perennes,

(31) agua en continuo fluir

(32) y abundantes frutas

(33) que no dejarán de producirse ni serán inaccesibles.

(34) En lechos elevados.

(35) Realmente las habremos creado de nuevo*.
    * [Se refiere a las mujeres de este mundo que serán recreadas jóvenes y en la
    forma más hermosa aunque mueran viejas. También puede referirse a las
    huríes y en este sentido habría que entender: "Las habremos creado a pro-
    pósito..."]

(36) y las habremos hecho vírgenes,

(37) amorosas y de la misma edad*.
    * [Que sus esposos; es decir, treinta y tres años.]

(38) Para los compañeros de la derecha.

(39) Muchos de los primeros

(40) y muchos de los últimos.

(41) Y los compañeros de la izquierda.
    ¡Oh los compañeros de la izquierda!

(42) Estarán en un viento ardiente y agua hirviendo,

(43) a la sombra de una humareda abrasante

(44) ni fresca ni generosa.

(45) Es cierto que antes habían estado entregados a la vida fácil,

(46) aferrados al gran error

(47) y diciendo: ¿Acaso cuando hayamos muerto y seamos tierra y
    huesos se nos devolverá a la vida?

(48) ¿O lo serán nuestros primeros padres?

(49) Di: En verdad que ios primeros y los últimos,

(50) serán reunidos en el lugar de encuentro de un día conocido.

(51) Luego vosotros, los extraviados, los que negasteis la verdad

(52) comeréis de un árbol de Zaqqum*
    * [Ver nota aleya 60 de la sura 17, el Viaje Nocturno.]

(53) con el que llenaréis vuestros vientres

(54)   y sobre ellos beberéis agua hirviendo.

(55)   Beberéis como bebe el camello enfermo que no puede calmar su sed.

(56)   Este será su hospedaje el día de la Retribución.

(57)   ¿No os hemos creado?, ¿por qué entonces no dáis fe?

(58)   ¿Os habéis fijado en lo que eyaculáis?

(59)   ¿Sois vosotros los que lo creáis o somos Nosotros los creadores?

(60)   Hemos decretado que exista la muerte entre vosotros y no podéis impedirnos a Nosotros

(61)   que pongamos en vuestro lugar a otros semejantes a vosotros ni que os creemos como no conocéis.

(62)   Ya habéis conocido vuestra primera creación*.
        ¿No váis a recordar?
        * [La segunda creación sería la vuelta a la vida tras la muerte.]

(63)   ¿Os habéis fijado en lo que cultiváis?

(64)   ¿Sois vosotros los que hacéis germinar o somos Nosotros los germinadores?

(65)   Si quisiéramos lo convertiríamos en rastrojo y os quedaríais lamentándoos:

(66)   ¡Hemos sido castigados!

(67)   Y más aún, hemos caído en desgracia.

(68)   ¿Os habéis fijado en el agua que bebéis?

(69)   ¿Sois vosotros los que la hacéis caer de la nube o somos Nosotros?

(70)   Si hubiéramos querido la habríamos hecho salobre.

(71)   ¿Os habéis fijado en el fuego que encendéis?

(72)   ¿Sois vosotros los que habéis creado el árbol que le sirve de leña o somos Nosotros los creadores?

(73)   Lo hemos hecho un recuerdo y beneficio para los viajeros.

(74)   Así pues glorifica el nombre de tu Señor, el Inmenso.

(75)   Y juro por el ocaso de los astros

(76)   lo cual, si supiérais es un gran juramento,

(77)   que es una Recitación noble

(78)   en un Libro oculto

(79)   que no tocan sino los purificados.

(80)   Revelación descendida por el Señor de todos los mundos.

(81)   ¿Sois capaces de no ser sinceros con este relato?

(82)   ¿Y agradecéis negando la verdad?

(83)   ¿Acaso cuando el aliento vital llega a la garganta

(84)   y estáis pendientes, mirando

(85)   no estamos Nos más cerca de él que vosotros, aunque no lo veáis?

(86)   ¿Por qué entonces, si es verdad que no vais a rendir cuentas,

(87)   no lo devolvéis a la vida, si sois veraces?

(88)   Y si fue de los próximos:

(89)   alivio, generosa provisión y un jardín de delicias.

(90)   Y si fue de los compañeros de la derecha:

(91)   Paz a ti entre los compañeros de la derecha.

(92)   Pero si fue de los que negaron la verdad, de los extraviados:

(93)   un hospedaje de agua hirviendo

(94)   y abrasarse en el Yahim.

(95)   Esto es, con certeza, la pura verdad.

(96)   Glorifica pues el nombre de tu Señor, el Inmenso.

57. SURA DEL HIERRO

Medinense. Tiene 29 aleyas y descendió después de la sura del "Temblor".

En el nombre de Allah, el Misericordioso, el Compasivo.

(1) Todo lo que hay en los cielos y en la tierra glorifica a Allah y El es el Poderoso, el Sabio.

(2) Suya es la soberanía de los cielos y de la tierra, da la vida y da la muerte y es Poderoso sobre todas las cosas.

(3) El es el Primero y el Ultimo, el Manifiesto y el Oculto y es Conocedor de todas las cosas.

(4) El es Quien creó los cielos y la tierra en seis días y a continuación se asentó en el Trono.Conoce lo que entra en el seno de la tierra y lo que sale de ella, lo que cae del cielo y lo que a él asciende. Y está con vosotros dondequiera que estéis. Allah ve lo que hacéis.

(5) Suya es la soberanía de los cielos y de la tierra y a Allah regresan los asuntos.

(6) Hace que la noche penetre en el día y que el día penetre en la noche y es el Conocedor de lo que encierran los pechos.

(7) Creed en Allah y en Su Mensajero y gastad de aquello que ha delegado en vosotros porque los que de vosotros crean y den con generosidad tendrán una enorme recompensa.

(8) ¿Cómo es que no creéis en Allah cuando el Mensajero os está llamando a que creáis en vuestro Señor y tiene vuestro compromiso, si sois creyentes?

(9) El es quien hace descender sobre Su siervo signos clarificadores para sacaros de las tinieblas a la luz. Allah es Indulgente y Compasivo con vosotros.

(10) Y ¿cómo es que no gastáis en el camino de Allah cuando a Allah le pertenece la herencia de los cielos y la tierra? No son iguales los que de vosotros gastaron antes de la conquista y combatieron, pues éstos tienen el mayor grado, y los que gastaron después y combatieron. A ambos Allah les ha prometido lo más Hermoso. Allah sabe pefectamente lo que hacéis.

30

(11) ¿Quién le hará a Allah un hermoso préstamo para que se lo multiplique y obtenga una generosa recompensa?

(12) El día en que veas a los creyentes y a las creyentes, y su luz mostrándose por delante de ellos y a su derecha. Hoy vuestras buenas nuevas son jardines por cuyo suelo corren los ríos, en los que serán inmortales.

Ese es el inmenso triunfo.

(13) El día en que los hipócritas y las hipócritas les digan a los que creyeron: Esperad que nos podamos iluminar con vuestra luz.

Se les dirá: Volveos sobre vuestros pasos y buscad una luz.

Y quedarán separados por un muro que tendrá una puerta tras la cual habrá misericordia, mientras que fuera, ante ella, estará el castigo.

(14) Les llamarán: ¿Acaso no estuvimos con vosotros?

Dirán: No, por el contrario. Os traicionasteis a vosotros mismos, estuvisteis esperando y dudasteis; y las falsas esperanzas os sedujeron hasta que llegó la orden de Allah.

Os engañó el Seductor apartándoos de Allah.

(15) Así pues hoy no se os aceptará ningún rescate como tampoco se les aceptará a los que se negaron a creer.

Vuestro refugio será el Fuego. El se encargará de vosotros.

¡Qué mal lugar de destino!

(16) ¿Acaso no les ha llegado a los que creen el momento de que sus corazones se sometan al recuerdo de Allah y a lo que ha descendido de la Verdad y no sean como aquéllos a los que se les dio el Libro anteriormente cuyo tiempo fue largo, y sus corazones se endurecieron, estando muchos de ellos descarriados?

(17) Sabed que Allah vivifica la tierra después de muerta.

Os hacemos claros los signos para que podáis entender.

(18) A los que den y a las que den con generosidad y le hagan a Allah un hermoso préstamo, esto les será multiplicado y tendrán una generosa recompensa.

(19) Y los que creen en Allah y en Su Mensajero, ésos son los veraces y los que dan testimonio ante su Señor.

Tendrán su recompensa y su luz.

Pero los que se niegan a creer y niegan la verdad de Nuestros signos, ésos son los companeros del Yahim.

(20) Sabed que la vida del mundo es, en realidad, juego y distracción, así como apariencia, jactancia entre vosotros y rivalidad en riqueza e hijos.

Es como una lluvia que admira a los sembradores por las plantas que genera, pero que después se secan y las ves amarillentas hasta convertirse en deshecho.

En la Ultima Vida habrá un duro castigo, y también perdón de Allah y beneplácito.

La vida del mundo no es más que el disfrute del engaño.

(21) Tomad delantera hacia un perdón de vuestro Señor y un Jardín cuya anchura son los cielos y la tierra, que ha sido preparado para los que crean en Allah y en Su Mensajero.

Ese es el favor de Allah que da a quien quiere.

Y Allah es Dueño del inmenso favor.

(22) No hay nada que ocurra en la tierra o en vosotros mismos, sin que esté en un libro antes de que lo hayamos causado.

Eso es fácil para Allah.

(23) Para que no os desesperéis por lo que perdáis ni os alegréis, arrogantes, por lo que os da.

Allah no ama al que se vanagloria o es jactancioso.

(24) Esos que escatiman y conminan a la gente a la tacañería.

Y quien se desentienda... Allah es Rico, en Sí mismo alabado.

(25) Y así fue como enviamos a Nuestros mensajeros con las pruebas claras e hicimos descender con ellos el Libro y la Balanza, para que los hombres pudieran establecer la equidad.

E hicimos descender el hierro, que encierra tanto un gran poder de agresión como utilidad para los hombres.

Y para que Allah supiera quienes, sin verlo, le ayudaban a El y a Sus mensajeros.

Es cierto que Allah es Fuerte, Irresistible.

(26) Y así fue como enviamos a Nuh y a Ibrahim y pusimos en su descendencia la Profecía y el Libro.

Entre ellos los hubo que siguieron la guía pero fueron muchos los que se desviaron.

(27) Luego, a continuación de ellos, hicimos que vinieran Nuestros mensajeros e hicimos venir a Isa, el hijo de Maryam, al que le dimos el Inyil. Y pusimos en los corazones de los que le siguieron piedad, misericordia y el monacato, novedad que ellos instituyeron sin que se lo hubiéramos prescrito, buscando únicamente el beneplácito de Allah.

Pero no lo cumplieron como debía ser cumplido.

A los que de ellos creyeron les daremos su recompensa, pero son muchos los perdidos.

(28) ¡Vosotros que creéis! Temed a Allah y creed en Su Mensajero y os dará de Su misericordia doblemente, os conferirá una luz con la que caminaréis y os perdonará.

Allah es Perdonador, Compasivo.

(29) Para que la gente del Libro sepa que no tiene ningún poder sobre el favor de Allah, sino que el favor está en las manos de Allah y El lo da a quien quiere.

Allah es Dueño del inmenso favor.

58. SURA DE LA DISCUSION

Medinense. Tiene 22 aleyas y descendió después de la sura "Los hipócritas"

En el nombre de Allah, el Misericordioso, el Compasivo.

(1)   Allah ha escuchado las palabras de la que recurrió a ti para defenderse de su esposo y en su queja suplicaba a Allah; y Allah escuchaba vuestra discusión.
Realmente Allah es Quien oye y Quien ve.

* [Esta aleya y las siguientes descendieron acerca de una mujer a la que su marido había divorciado con un procedimiento de divorcio llamado dhihar, que consistía en decirles: "Tú eres para mí como la espalda de mi madre". Este divorcio era practicado en la época de la yahiliya y suponía que la mujer no volvía jamás a ser lícita para el hombre.

Así pues, la mujer fue al Profeta, que Allah le dé Su gracia y paz, y le dijo: Ausa, que era el nombre de su marido, ha consumido mi juventud y le he dado hijos y ahora que he envejecido y mi familia ha muerto me ha repudiado con el dhihar; y el Profeta le dijo: No veo sino que has pasado a ser ilícita para él. Y ella le dijo: No lo hagas, oh Mensajero de Allah, estoy sola y no tengo más familia que él; y entonces descendió esta aleya y el Profeta hizo que su marido la volviera a aceptar.]

(2)   Aquéllos de vosotros que repudien a sus mujeres (diciendoles: tú eres para mí como la espalda de mi madre)...
Ellas no son vuestras madres. Sus madres son las que los parieron y en verdad que lo que dicen es digno de repulsa y es una falsedad.
Es cierto que Allah es Indulgente, Perdonador.

(3)   Quienes repudien así a su mujeres pero luego se retracten de lo que dijeron, deberán liberar a un esclavo antes de volver a tener relación con ellas*.
Así se os exhorta y Allah sabe perfectamente lo que hacéis.

* [Cuando esto descendió, el Profeta, que Allah le dé Su gracia y paz, mandó llamar a Ausa y le dijo: Libera a un esclavo. Y él contestó: No puedo. Y le dijo el Profeta: ¿Ayunarás dos meses consecutivos? Y contestó: Por Allah que no puedo. Y entonces el Profeta le dijo: Alimenta entonces a sesenta pobres; y contestó: No tengo con qué, a menos que el Mensajero de Allah me ayude y pida por mí. Entonces el Profeta le dió alimento y pidió por él; y él compensó haber repudiado a su mujer mediante el dhihar alimentando a sesenta pobres y se quedó con su esposa.]

(4) Y quien no encuentre, que ayune dos meses consecutivos antes de tener relación, y quien no pueda que dé de comer a sesenta pobres.
Esto es para que creáis en Allah y en Su Mensajero.
Esos son los límites de Allah.
Los incrédulos tendrán un castigo doloroso.

(5) Los que se enfrentan a Allah y a Su Mensajero serán exterminados como lo fueron los que les precedieron.
Hemos hecho descender signos clarificadores, pero los incrédulos tendrán un castigo infame.

(6) El día en que Allah les haga a todos volver a la vida y les haga saber lo que hicieron... Allah les tomaba cuenta de todo pero ellos lo olvidaron, Allah es Testigo de todas las cosas.

(7) ¿Es que no ves que Allah conoce lo que hay en los cielos y lo que hay en la tierra? No hay confidencia de tres en la que Él no sea el cuarto, o de cinco en la que Él no sea el sexto, ni de menos o más que eso sin que Él no esté con ellos dondequiera que estén.
Luego el Día del Levantamiento les hará saber lo que hicieron. Es cierto que Allah es Conocedor de todas las cosas.

(8) ¿Qué te parecen ésos a los que se les había prohibido hablar en secreto y sin embargo volvieron a hacer lo que se les había prohibido, haciéndolo con maldad, enemistad y rebeldía contra el Mensajero?*
Y cuando vinieron a ti con un saludo que no es el que Allah te da, diciendo para sus adentros: ¿Por qué no nos castiga Allah por lo que decimos? Yahannam bastará para ellos, en él se abrasarán.
¡Qué mal lugar de destino!
* [Esta aleya descendió acerca de los judíos y los hipócritas que se reunían en secreto para hablar mal de los musulmanes]

(9) ¡Vosotros que creéis! Cuando habléis en secreto, no lo hagáis con maldad, enemistad o desobediencia hacia el Mensajero, sino que hacedlo con obediencia y temerosidad.
Y temed a Allah para cuyo encuentro seréis reunidos.

(10) Realmente las habladurías en secreto proceden del Shaytán para entristecer a los que creen, pero éste no les causará

ningún daño, si no es con el permiso de Allah.

En Allah se abandonan los creyentes.

(11) ¡Vosotros que creéis! Cuando se os diga que hagáis sitio en alguna reunión, hacedlo; y Allah os hará sitio a vosotros.

Y cuando se os diga que os levantéis, hacedlo; Allah elevará en un grado a los que de vosotros crean y a los que han recibido el conocimiento.

Allah sabe perfectamente lo que hacéis.*

* [Toda esta aleya se refiere en particular a la cortesía requerida al sentarse en compañía del Mensajero de Allah, que El le dé Su gracia y paz, cortesía que los judíos y los hipócritas descuidaban.]

(12) ¡Vosotros que creéis! Cuando queráis hablar en privado con el Mensajero ofreced previamente alguna liberalidad*.

Eso es mejor para vosotros y más puro, pero si no encontráis como, Allah es Perdonador, Compasivo.

* [Para los necesitados.]

(13) ¿Os asusta tener que ofrecer dádivas antes de vuestras confidencias? Si no lo hacéis, Allah siempre se vuelve a vosotros con Su perdón. Pero estableced el salat, dad el zakat y obedeced a Allah y a Su Mensajero.

Allah sabe perfectamente lo que hacéis.

(14) ¿Qué te parece ésos que toman como protectores a unos con los que Allah se ha enojado? Esos no son de los vuestros ni de ellos. Juran con mentiras y ellos lo saben*.

* [Esta aleya descendió en relación a unos hipócritas que se aliaron con unos judíos]

(15) Allah les ha preparado un fuerte castigo.

¡Qué malo es lo que hacen!

(16) Se escudan en sus juramentos mientras apartan del camino d Allah. Tendrán un castigo infame.

(17) Ni sus riquezas ni sus hijos les servirán de nada ante Allah.

Esos son los compañeros del Fuego en el que serán inmortales

(18) El día en que Allah les devuelva a todos a la vida, le jurarán como os juraban a vosotros y pensarán que tienen donde asirse. ¿Acaso no son los que mienten?

(19) El Shaytán se apoderó de ellos y les hizo olvidar el recuerdo de Allah. Ellos son el partido del Shaytán.

¿Y no son los del partido del Shaytán los perdedores?

(20) Los que se enfrentan a Allah y a Su Mensajero...
Esos estarán entre los más bajos.

(21) Allah ha escrito: Yo venceré, y también Mis mensajeros.
Es cierto que Allah es Fuerte, Invencible.

(22) No encontraréis a nadie que creyendo en Allah y en el Ultimo
Día sienta afecto por quien se opone a Allah y a Su Mensajero, aunque se trate de sus padres, sus hijos, sus hermanos o
los de su tribu.

Ha escrito la creencia en sus corazones, les ha ayudado con
un espíritu procedente de El y les hará entrar en jardines por
cuyo suelo corren los ríos, donde serán inmortales.

Allah estará satisfecho de ellos y ellos lo estarán de El, ésos
son el partido de Allah.

¿Acaso no son los del partido de Allah los triunfadores?

59. SURA DE LA CONCENTRACION

Medinense. Tiene 24 aleyas y descendió después de la sura "La Evidencia"

En el nombre de Allah, el Misericordioso, el Compasivo.

* [Esta sura descendió en relación con los judíos de banu Nadir. Habitaban unas fortificaciones cercanas a Medina y habían pactado con el Mensajero de Allah, que El le dé Su gracia y paz, pero lo traicionaron y entonces él marchó contra ellos y los sitió durante veintiuna noches hasta que capitularon aceptando el exilio.]

(1)   Todo lo que hay en los cielos y en la tierra glorifica a Allah y El es el Poderoso, el Sabio.

(2)   El es Quien sacó de sus hogares en la Primera Concentración*, a aquéllos de la gente del Libro que se habían negado a creer No pensasteis que iban a salir y ellos pensaron que sus fortalezas los defenderían de Allah, sin embargo Allah les llegó por donde no esperaban y arrojó el miedo en sus corazones. Arruinaban sus casas con sus propias manos, además de las de los creyentes*.

Sacad pues una lección de ello, vosotros que tenéis visión.

* [Sobre la expresión: Primera Concentración, hay cuatro interpretaciones: Una es la que se refiere al hecho al que alude la aleya cuando la tribu judía de los banu Nadir fueron expulsados de sus fortificaciones. Según ésto, la otra concentración sería la reunión del Día del Levantamiento, que es la conocida.

Otra, es la que se refiere al lugar donde se reunieron después de ser expulsados, que fue Sham, pues de hecho la mayoría de los banu Nadir fueron a Sham. Y se ha transmitido que la reunión del Día del Levantamiento tendrá lugar precisamente en tierra de Sham.

Otra, es que la Primera Concentración sería la expulsión mencionada en la aleya, mientras que la segunda sería la posterior expulsión de los judíos de Jaybar.

Y una última, según la cual la palabra concentración aludiría a que ésa fue la primera vez que los musulmanes se reunieron para combatir a una tribu judía.]

(3)   De no haber sido porque Allah había escrito el destierro para ellos, los habría castigado en este mundo.

En la Ultima Vida tendrán el castigo del Fuego.

(4)   Eso es por haberse opuesto a Allah y a Su Mensajero.

Quien se opone a Allah... Allah es Fuerte castigando.

(5) Las palmeras que cortasteis, como las que dejasteis en pie sobre sus raíces, fue con permiso de Allah y para humillar a los descarriados.*

    * [Esto es porque en la expedición contra los Banu Nadir, al llegar a sus fortificaciones, que estaban en un oasis, los musulmanes cortaron algunas de las palmeras y quemaron otras. Los judíos le reprocharon al Profeta, que Allah le dé Su gracia y paz, lo que habían hecho, diciéndole: "¿A qué viene este daño cuando tú prohíbes la corrupción?" Y entonces descendió esta aleya]

(6) Y lo que Allah le dio a Su Mensajero en calidad de botín, procedente de ellos, fue sin que tuvierais que hacer correr caballo o camello alguno. Allah da poder a Sus mensajeros por encima de quien quiere.

    Allah tiene poder sobre todas las cosas.

(7) Lo que Allah le dió a Su Mensajero en calidad de botín*, procedente de los habitantes de las aldeas, pertenece a Allah y al Mensajero, a los parientes y a los huérfanos, a los pobres y a los viajeros; para que así no haya privilegios para vuestros ricos. Y lo que os da el Mensajero tomadlo, pero lo que os prohíba dejadlo.

    Y temed a Allah, es cierto que Allah es Fuerte castigando.

    * [Esta aleya se refiere únicamente al botín que se obtiene sin combatir, llamado al-fay, distinto del "ganima" que es el que se logra después de combatir, por lo tanto no entra en contradicción con el juicio de la sura de los Botines —al-Anfal — ni se puede hablar de abrogación a pesar de la opinión de algunos comentaristas.]

(8) Para los emigrados pobres, los que se vieron forzados a dejar sus hogares y sus bienes en búsqueda del favor y de la aceptación de Allah y los que ayudaron a Allah y a Su Mensajero. Esos son los sinceros.

(9) Y los que, antes que ellos, se habían asentado en la Casa* y en la creencia, aman a quienes emigraron a ellos y los prefieren a sí mismos aún estando en extrema necesidad. El que está libre de su propia avaricia... Esos son los que tendrán éxito.

    * [Es decir, Medina]

(10) Y los que han venido después de ellos dicen: ¡Señor nuestro! Perdónanos a nosotros y a nuestros hermanos que creyeron antes que nosotros y no pongas en nuestros corazones ningún rencor hacia los que creen.

    ¡Señor nuestro! Realmente tú eres Clemente y Compasivo.

(11) ¿Acaso no han visto cómo los hipócritas les decían a sus hermanos, los que de la gente del Libro se habían negado a creer: Si sois expulsados, saldremos con vosotros y nunca obedeceremos a nadie en lo que os afecte; y si os combaten, saldremos en vuestra ayuda.
Allah atestigua que son unos mentirosos.

(12) Si son expulsados no saldrán con ellos y si son combatidos no les ayudarán. Y si lo hicieran, darían la espalda y de nada les serviría su ayuda.

(13) En verdad que vosotros inspiráis más temor en sus pechos que Allah. Esos es porque ellos son gente que no comprende.

(14) No combatirán juntos contra vosotros a no ser desde aldeas fortificadas o detrás de murallas.
Entre ellos hay una fuerte hostilidad, los crees unidos pero sus corazones están separados.
Eso es porque son gente que no razona.

(15) Se parecen a sus más cercanos precursores*. Gustaron las malas consecuencias de su asunto y tendrán un doloroso castigo.
* [Posible alusión a los judíos derrotados antes que ellos, los banu Qaynuna o a los mismos Quraysh que fueron derrotados en Badr.]

(16) Como el Shaytán cuando le dice al hombre: ¡Niégate a creer!
Y cuando se ha negado a creer, le dice: Me desentiendo de ti, yo temo a Allah el Señor de los mundos.

(17) Pero el final de ambos es el Fuego, donde serán inmortales.
Ese es el pago de los injustos.

(18) ¡Vosotros que creéis! Temed a Allah y que cada uno espere para el mañana lo que él mismo se ha buscado.
Y temed a Allah, es cierto que Allah está informado de lo que hacéis.

(19) No seáis como aquéllos que olvidaron a Allah y El les hizo olvidarse de sí mismos. Esos son los descarriados.

(20) No son iguales los compañeros del Fuego y los compañeros del Jardín.
Los compañeros del Jardín son los que han triunfado.

(21) Si hubiéramos hecho descender este Corán a una montaña, la habrías visto humillada y partida en dos, por temor de Allah.

Estos son los ejemplos con los que llamamos la atención de los hombres para que puedan reflexionar.

(22) El es Allah, Quien no hay dios sino El, el Conocedor del No-Visto y de lo Aparente.

El es el Misericordioso, el Compasivo.

(23) El es Allah, Quien no hay dios sino El, el Rey, el Purísimo*, la Paz*, el que da Seguridad*, el Vigilante, el Irresistible, el Compulsivo, el Soberbio*, gloria a Allah por encima de lc que asocian.

* [Al-Quddus, es decir el que está libre de atributos e imperfecciones humanas, el inconexo, el absoluto.]

* [As-Salam, el que pone a salvo a Sus siervos o el que está a salvo de imperfecciones.]

* [Al-Mumin, el que da seguridad a Sus siervos y también, el que confirma a Sus siervos en su creencia.]

* [Al-Mutakabbir, el Soberbio. Es un atributo de majestad que carece evidentemente de la connotación negativa que tiene cuando se atribuye al hombre, puesto que a Allah sí le pertenece tal atributo.]

(24) El es Allah, el Creador, el Originador, el Modelador.

Suyos son los nombres más hermosos. A El Le glorifica cuanto hay en los cielos y en la tierra.

Y El es el Irresistible, el Sabio.

60. SURA DE LA EXAMINADA

Medinense. Tiene 13 aleyas y descendió después de la sura de "Los Coligados"

En el nombre de Allah, el Misericordioso, el Compasivo.

(1) ¡Vosotros que creéis! No toméis por amigos a los que son enemigos Míos y vuestros, dándoles muestras de afecto, cuando
ellos se han negado a creer en la verdad que os ha llegado y
han expulsado al Mensajero y os han expulsado a vosotros
porque creíais en Allah, vuestro Señor.
Si habéis salido a luchar en Mi camino, buscando Mi beneplácito... y les confiáis secretos por amistad. Yo sé lo que escondéis y lo que mostráis. El que de vosotros lo haga, se
habrá extraviado del camino llano.

(2) Si os alcanzan, serán vuestros enemigos y alargarán hacia vosotros sus manos para haceros mal. Allah ve lo que hacéis.

(3) Ni vuestra consanguinidad ni vuestros hijos os servirán el Día
del Levantamiento. Cada uno de vosotros tendrá el juicio que
le corresponda. Allah ve lo que hacéis.

(4) En Ibrahim y en los que con él estaban tenéis un hermoso
ejemplo, cuando le dijeron a su gente: No respondemos de
vosotros y de lo que adoráis fuera de Allah, sino que renegamos de vosotros.
La enemistad y el odio habrán surgido entre nosotros para
siempre a menos que creáis en Allah y en nadie más.
Sin embargo Ibrahim le dijo a su padre: Pediré perdón por ti,
pero no puedo hacer nada en tu favor ante Allah.
¡Señor nuestro! A Ti nos confiamos, a Ti nos volvemos y a Ti
hemos de retornar.

(5) ¡Señor nuestro! No pongas a prueba a los que se niegan a
creer dándoles poder sobre nosotros y perdónanos Señor.
Realmente tú eres el Poderoso, el Sabio.

(6) En ellos tenéis un hermoso ejemplo para quien tenga esperanza en Allah y en el Ultimo Día. Pero el que se desentienda... Allah es Rico, en Sí mismo alabado.

(7) Puede ser que Allah ponga afecto entre vosotros y los que de
ellos hayáis tenido como enemigos.
Allah es Poderoso y Allah es Perdonador y Compasivo.

(8) Allah no os prohíbe que tratéis bien y con justicia a los que no
os hayan combatido a causa de vuestra religión ni os hayan
hecho abandonar vuestros hogares.
Es cierto que Allah ama a los equitativos.

(9) Allah sólo os prohibe que toméis por amigos a los que os
hayan combatido a causa de vuestra religión, os hayan hecho
abandonar vuestros hogares o hayan colaborado en vuestra
expulsión.
Quien los tome como amigos... Esos son los injustos.

(10) ¡Vosotros que creéis! Cuando vengan a vosotros las creyentes
después de haber emigrado comprobad su situación; Allah
conoce su creencia, de manera que si verificáis que son creyentes no las devolváis a los incrédulos. Ellas no son lícitas
para ellos ni ellos lo son para ellas.
Dadles a ellos lo que gastaron y no hay impedimento en que
os caséis con ellas siempre que les hagáis entrega de una
dote. No mantengáis los lazos conyugales con las no creyentes. Pedid lo que hayáis gastado y que ellos pidan lo que hayan gastado. Este es el jucio que Allah decide entre vosotros.
Allah es Conocedor y Sabio.

(11) Y si alguna de vuestras esposas huye hacia los incrédulos y
conseguís algún botín, dadles a aquéllos cuyas esposas se
marcharon algo similar a lo que gastaron (en sus dotes).
Y temed a Allah en Quien creéis.

(12) ¡Profeta! Cuando vengan a ti las creyentes para jurarte fide-
lidad en los términos de no asociar nada a Allah, no robar, no
cometer adulterio, no matar a sus hijos, no inventar ninguna
falsedad sobre su situación* y no desobedecerte en nada de lo
reconocido como bueno, acéptales el juramento y pide perdón por ellas.
Es cierto que Allah es Perdonador, Compasivo.

* [La explicación más generalizada es que se refiere a no atribuir a sus maridos hijos que no fueran suyos.]

(13) ¡Vosotros que creéis! No toméis por amigos a gente con la que Allah se ha enojado.

Ellos han desesperado de la Ultima Vida al igual que los incrédulos no esperan nada en cuanto a los que están en las tumbas.

61. SURA DE LAS FILAS

Medinense. Tiene 14 aleyas y descendió después de la sura del "Mutuo Desengaño".

En el nombre de Allah, el Misericordioso, el Compasivo.

(1)   A Allah glorifican todos los que están en los cielos y en la tierra y El es el Poderoso, el Sabio

(2)   ¡Vosotros que creéis! ¿Por qué decís lo que no hacéis?

(3)   Es grave ante Allah que digáis lo que no hacéis.

(4)   Es verdad que Allah ama a los que combaten en Su camino en filas, como si fueran un sólido edificio.

(5)   Y cuando Musa le dijo a su gente: ¡Gente mía! ¿Por qué me perjudicáis si sabéis que yo soy el Mensajero de Allah para vosotros? Y cuando se apartaron, Allah apartó sus corazones. Allah no guía a la gente descarriada.

(6)   Y cuando dijo Isa, hijo de Maryam: ¡Hijos de Israel!
Yo soy el mensajero de Allah para vosotros, para confirmar la Torá que había antes de mí y para anunciar a un mensajero que ha de venir después de mí cuyo nombre es Ahmad*.
Pero cuando fue a ellos con las pruebas evidentes, dijeron: Esto es pura magia.
* [Ahmad es uno de los nombre del Profeta Muhammad, que Allah le dé Su gracia y paz, y significa "El que más alaba".]

(7)   ¿Pero quién es más injusto que quien inventa mentiras sobre Allah habiendo sido llamado al Islam?
Allah no guía a la gente injusta.

(8)   Quieren apagar la luz de Allah con lo que sale de sus bocas, pero Allah siempre hace culminar Su luz por mucho que les pese a los incrédulos.

(9)   El es Quien ha enviado a Su Mensajero con la guía y la verdadera Práctica de Adoración para hacerla prevalecer sobre todas las demás, por mucho que les pese a los asociadores.

(10) ¡Vosotros que creéis! ¿Queréis que os diga un negocio que os salvará de un doloroso castigo?

(11) Que creáis en Allah y en Su Mensajero y que luchéis en el camino de Allah con vuestros bienes y personas.

Eso es lo mejor para vosotros, si queréis saberlo.

(12) El os perdonará vuestras faltas y os hará entrar en jardines por cuyo suelo corren los ríos y en buenas estancias en los Jardines de Adn.

Y ese es el gran triunfo.

(13) Y otra ganancia que amáis: Una ayuda de Allah y una próxima victoria. Anuncia buenas nuevas a los creyentes.

(14) ¡Vosotros que creéis! Sed auxiliares de Allah, tal y como dijo Isa, el hijo de Maryam, a los discípulos: Quién me ayudará en favor de Allah?

Y dijeron los discípulos: Nosotros somos los auxiliares de Allah. Hubo una parte de los hijos de Israel que creyó, pero otros descreyeron.

Dimos apoyo a los que habían creído contra sus enemigos y fueron los vencedores.

62. SURA DEL VIERNES (AL-YUMUA)

Medinense. Tiene 11 aleyas y descendió después de la sura de "Las Filas"

En el nombre de Allah, el Misericordioso, el Compasivo.

(1) Todo lo que hay en el cielo y en la tierra glorifica a Allah, el Rey, el Purísimo, el Poderoso, el Sabio.

(2) El es Quien ha hecho surgir para los iletrados* un Mensajero que es uno de ellos; y que les recita Sus signos, les purifica y les enseña el Libro y la sabiduría, cuando antes estaban en un claro extravío.

* [Alusión a los árabes que no escribían ni leían.]

(3) Y para otros que aún no han venido*.
El es el Poderoso, el Sabio.

* [El Profeta, que Allah le dé Su gracia y paz, fue preguntado sobre éstos otros y tomándole la mano a Salman el persa, dijo: "Si el conocimiento estuviera en Zoraya (las Pléyades) hombres como éstos lo alcanzarían".]

(4) Ese es el favor de Allah que El da a quien quiere.
Allah es Dueño del Favor inmenso.

(5) Aquellos a quienes les fue encomendada la Torá y no actuaron conforme a ella, se parecen a un asno que lleva una carga de libros. Que mala es la semejanza de la gente que negó los signos de Allah.
Allah no guía a la gente injusta.

(6) Di: ¡Vosotros que practicáis el judaísmo! Si pretendéis que sois los amigos exclusivos de Allah frente al resto de los hombres, pedid la muerte si es verdad lo que decís.

(7) Pero jamás la desearán por lo que muestran sus manos.
Allah conoce a los injustos.

(8) Di: Tened por seguro que la muerte, de la que huís, os encontrará y luego regresaréis al Conocedor del No-Visto y de lo Aparente que os hará saber lo que hayáis hecho.

(9) ¡Vosotros que creéis! Cuando se llame a la Oración del Viernes, acudid con prontitud al Recuerdo de Allah y dejad toda compraventa;
eso es mejor para vosotros si sabéis.

(10) Pero una vez concluida la Oración, id y repartíos por la tierra y buscad el favor de Allah. Y recordar mucho a Allah para que podáis tener éxito.

(11) Y cuando ven un negocio o alguna distracción corren hacia ello y te dejan plantado. Di: Lo que hay junto a Allah es mejor que la diversión y el negocio.

Y Allah es el mejor de los que proveen.

63. SURA DE LOS HIPOCRITAS

Medinense. Tiene 11 aleyas y descendió después de la sura de "La Peregrinación"

En el nombre de Allah, el Misericordioso, el Compasivo.

(1) Cuando vienen a ti los hipócritas, dicen: Atestiguamos que tú eres el Mensajero de Allah.
Allah sabe que tú eres Su Mensajero y Allah atestigua que los hipócritas son mentirosos.

(2) Toman sus juramentos como tapadera y desvían del camino de Allah. ¡Qué malo es lo que hacen!

(3) Eso es porque han renegado después de haber creído y sus corazones han sido sellados, de manera que no entienden.

(4) Cuando los ves, te gusta su aspecto y si hablan, sus palabras captan tu atención. Son como maderos que no sostienen nada. Creen que cualquier grito va dirigido contra ellos.
Ellos son el enemigo, tened cuidado. ¡Mátelos Allah! ¡Cómo mienten!

(5) Y cuando se les dice: Venid para que el Mensajero pida perdón por vosotros, vuelven la cabeza y les ves que se apartan con soberbia.

(6) Es igual que pidas perdón por ellos o que no, Allah no los va a perdonar.
Es cierto que Allah no guía a la gente descarriada.

(7) Ellos son los que dicen: No gastéis en favor de los que están con el Mensajero hasta que no se separen de él.
A Allah le pertenecen los tesoros de los cielos y de la tierra, sin embargo los hipócritas no comprenden.

(8) Dicen: Si regresamos a Medina, los más poderosos expulsarán a los más débiles.
De Allah es el Poder y de Su Mensajero y de los creyentes, pero los hipócritas no saben.

(9) ¡Vosotros que creéis! Que ni vuestras riquezas ni vuestros hijos os distraigan del Recuerdo de Allah.
Y quien lo haga... Esos son los perdedores.

(10) Gastad de la provisión que os damos antes de que le llegue la muerte a cualquiera de vosotros y diga: ¡Señor mío! Si me dieras un poco más de plazo, podría dar con generosidad y ser de los rectos.

(11) Pero Allah no va a dar ningún plazo a nadie cuando le llegue su fin. Allah conoce perfectamente lo que hacéis.

64. SURA DEL DESENGAÑO

Medinense. Tiene 18 aleyas. Descendió después de la sura "La Prohibicion"

En el nombre de Allah, el Misericordioso, el Compasivo.

(1) A Allah glorifica todo cuanto hay en los cielos y en la tierra. Suya es la soberanía y Suyas son las alabanzas.
El es Poderoso sobre todas las cosas.

(2) El es Quien os ha creado. Y entre vosotros unos son incrédulos y otros creyentes. Allah ve lo que hacéis.

(3) Creó los cielos y la tierra con la verdad, os dio forma e hizo que fuera la mejor. A El se ha de retornar.

(4) Conoce lo que hay en los cielos y en la tierra y sabe lo que guardáis en secreto y lo que mostráis.
Allah sabe lo que encierran los pechos.

(5) ¿No os han llegado las noticias de los anteriores a vosotros que se negaron a creer y gustaron las consecuencias de su acción? Tendrán un doloroso castigo.

(6) Eso es porque habiéndoles llegado sus mensajeros con las pruebas claras dijeron: ¿Es que nos van a guiar simples humanos? Y se negaron a creer y se desentendieron; y Allah prescindió de ellos.
Allah es Rico, en Sí mismo alabado.

(7) Los que se niegan a creer pretenden que no van a ser devueltos a la vida. Di: Por el contrario. ¡Por tu Señor! que seréis levantados y luego se os hará saber lo que hicisteis.
Eso es simple para Allah.

(8) Creed pues en Allah y en Su Mensajero y en la luz que ha hecho descender.
Allah está perfectamente informado de lo que hacéis.

(9) El día en que os reúna con motivo del Día de la Reunión, ese será el Día del Desengaño. Quien haya creído en Allah y haya actuado con rectitud, le cubriremos sus maldades y le haremos entrar en jardines por cuyo suelo corren los ríos y donde serán inmortales para siempre.
Ese es el gran triunfo.

(10)   Y los que se hayan negado a creer y hayan tachado de mentira Nuestros signos, ésos son los compañeros del Fuego donde serán inmortales.

¡Qué mal lugar de destino!

(11)   Nada de lo que sobreviene es sin permiso de Allah.

El que crea en Allah, habrá guiado su corazón.

Allah es Conocedor de cada cosa.

(12)   Obedeced a Allah y obedeced al Mensajero.

Y si dais la espalda... Ciertamente a Nuestro Mensajero sólo le incumbe transmitir con claridad.

(13)   Allah, no hay dios sino El;

en Allah se abandonan los creyentes.

(14)   ¡Vosotros que creéis! Es cierto que entre vuestras esposas e hijos hay enemigos para vosotros*, guardaos de ellos.

Pero si sois indulgentes, pasáis por alto y perdonáis...

Es verdad que Allah es Perdonador y Compasivo.

* [Esta aleya descendió en relación a un grupo de musulmanes de Meca que al querer emigrar a Medina se encontraron con la oposición de sus esposas e hijos y esto los retrasó. También se relaciona con un hombre que quiso ir a luchar en el camino de Allah y ante las quejas de su familia decidió no separarse de ellos y luego se arrepintió de haberlo hecho.]

(15)   Realmente vuestras riquezas e hijos no son sino una prueba, pero Allah tiene a Su lado una enorme recompensa.

(16)   Así pues temed a Allah cuanto podáis, escuchad, obedeced y dad con franqueza, que será para vosotros mismos.

Aquel que está libre de su propia avaricia...

Esos son los que tendrán éxito.

(17)   Si le hacéis un hermoso préstamo a Allah, El os lo devolverá doblado y os perdonará. Allah es Agradecido, Benévolo.

(18)   El Conocedor del No-Visto y de lo aparente, el Poderoso, el Sabio.

65. SURA DEL DIVORCIO

Medinense. Tiene 12 aleyas y descendió después de la sura "El Hombre".

En el nombre de Allah, el Misericordioso, el Compasivo.

(1) ¡Profeta! Cuando divorciéis a las mujeres, hacedlo de manera que estén en disposición de empezar su período de espera*. Guardad el período de espera y temed a Allah, vuestro Señor. No les hagáis salir de sus casas ni tampoco salgan ellas, a menos que hayan cometido una indecencia evidente.

Estos son los limites de Allah; quien traspase los límites de Allah, habrá sido injusto consigo mismo. Tu no sabes si Allah dispondrá otra cosa después.

* [Es decir, dentro de un período de pureza y no durante la menstruación, y sin haber mantenido relación sexual con ellas.]

(2) Y cuando hayan alcanzado su período de espera, o bien os quedáis con ellas como es debido u os separáis de ellas como es debido. Y haced que dos de vosotros, que sean rectos, sean testigos. Cumplid el testimonio por Allah.

A eso se exhorta a quien cree en Allah y en el Ultimo Día.

Y quien teme a Allah, El le da una salida.

(3) Y le provee desde donde no lo espera. Quien se abandone en Allah, El le bastará.

Es cierto que la orden de Allah llega hasta donde El quiere.

Allah le ha dado a cada cosa una medida.

(4) Y aquellas de vuestras mujeres que hayan llegado a la menopausia, si dudáis de su período de espera, éste son tres meses, así como para la que aún no haya tenido la menstruación.

Y las que estan embarazadas, su período de espera será hasta que den a luz.

Quien teme a Allah, El le dará facilidad en lo suyo.

(5) Ese es Su mandato, el que Allah ha hecho descender para vosotros. Y quien tema a Allah, El le cubrirá sus maldades y le aumentará su recompensa.

(6) Alojadlas donde os alojais, según vuestros medios, pero no las perjudiquéis haciéndoles pasar estrechez.

Y si estuvieran embarazadas ocuparos de su manutención hasta que den a luz. Y si dan de mamar a vuestros hijos* dadles la remuneración que corresponda y llegada a un acuerdo entre vosotros como es debido.

Y si tenéis dificultades, que amamante a su hijo otra.

* [Lit. "para vosotros", es decir, vosotros los padres; puesto que el padre es el responsable de los gastos de sus hijos y no puede obligar a la madre a amamantar al hijo si ella no quiere.]

(7) Quien posea con holgura que gaste de acuerdo a su holgura; y a quien se le haya dado una provisión restringida que gaste de acuerdo a lo que Allah le haya dado.

Allah no le impone a nadie sino en la medida de lo que le da. Allah da facilidad después de la dificultad.

(8) A cuantas ciudades que desobedecieron la orden de su Señor y la de Sus mensajeros, las hicimos rendir cuentas con dureza y las castigamos con un terrible castigo.

(9) Gustaron las malas consecuencias de su actitud y su fin fue la perdición.

(10) Allah les ha preparado un fuerte castigo. Así pues, temed a Allah, vosotros que tenéis acceso a lo esencial, vosotros que creéis. Allah ha hecho descender para vosotros un Recuerdo.

(11) Un Mensajero que os lee los signos de Allah clarificados, para sacar a los que creen y practican las acciones de bien de la tinieblas a la luz.

A quien crea en Allah y obre con rectitud le haremos entrar en jardines por cuyo suelo corren los ríos en los que será inmortal para siempre.

Allah le habrá hecho buena la provisión.

(12) Allah es Quien ha creado los siete cielos y otro tanto de tierra. La orden desciende a través de ellos para que sepáis que Allah tiene poder sobre todas las cosas y que el conocimiento de Allah todo lo abarca.

66. SURA DE LA PROHIBICION

Medinense. Tiene 12 aleyas y descendió después de la sura de "Los Aposentos Privados".

En el nombre de Allah, el Misericordioso, el Compasivo.

(1) ¡Profeta! ¿Por qué te prohíbes lo que Allah ha hecho lícito para ti, buscando el agrado de tus esposas, cuando Allah es Perdonador y Compasivo?

* [Hay dos transmisiones sobre la razón del descenso de estas aleyas.

La primera es que el Profeta, que Allah le dé Su gracia y paz, fue un día al aposento de Hafsa y encontró que se había marchado a visitar a su padre, Umar Ibn al-Jattab. Entonces llamó a su esclava Maria y yació con ella en el mismo aposento. Hafsa llegó, los halló en su aposento, y dijo: ¡Mensajero de Allah! ¿Es que no hay entre tus mujeres ninguna a la que desprecies más que a mí; cómo has podido hacer esto en mi aposento y en mi cama? Y el Profeta, tratando de complacerla, le dijo: ¿Te quedarías satisfecha si la hiciera ilícita para mí? Y contestó: sí. Entonces el Profeta la declaró ilícita para sí.

La segunda es que el Mensajero de Allah, que El le dé Su gracia y paz, solía ir a su esposa Zaynab y beber con ella miel; entonces Aisha, Hafsa y Saida bint Zama, acordaron que la que se acercara a él, dijera: ¡Has comido Magafir?, una resina dulce pero de muy mal olor. Así lo hicieron y él dijo: No, he bebido miel. Le dijeron: ¿No has chupado tal resina? Y dijo: Nunca la bebo; y a él le disgustaba que le hallaran mal olor. Cuando volvió a entrar donde Zaynab y ésta le ofreció de beber miel, él la rechazó diciendo: No tengo necesidad de ella.

La primera versión es la más conocida y es la que se estudia cuando se consideran los efectos legales de la sura.]

(2) Allah os ha prescrito cómo debéis compensar los juramentos. Allah es vuestro Dueño y El es el Conocedor, el Sabio.

(3) Y cuando el Profeta confió un secreto a una de su esposas y ella lo contó*. Allah hizo que se enterara de ello y él después refirió una parte y omitió otra. Cuando se lo hizo saber a ella, ésta dijo: ¿Quién te lo ha dado a conocer? Dijo: Me lo ha dado a conocer el Omnisciente, Aquel al que nada se le oculta.

* [Sobre el contenido de este secreto hay tres opiniones. Una lo refiere a la prohibición de la esclava, según lo cual el Profeta, que Allah le dé Su gracia y paz, le habría pedido a Hafsa que no contara su decisión al respecto. Otra dice que se refiere a que dijo que Abu Bakr y Umar le seguirían en el mando tras su muerte. Y la tercera lo refiere al episodio de la miel. Lo primero parece más obvio, según Ibn Yuzay, y en cualquier caso, la esposa a la que le refirió el secreto fue Hafsa.]

(4)   Si ambas os volvéis a Allah en arrepentimiento, ya que vuestros corazones se habían torcido...
Pero si os confabuláis contra él... Allah es su defensor y Yibril y los creyentes justos. Y además de ello le asisten los ángeles.

(5)   Puede que si las divorciara, su Señor le diera a cambio esposas mejores que ellas.
Musulmanas, creyentes, obedientes, de fácil arrepentimiento, adoradoras fervientes y ayunantes, ya hubieran estado casadas antes o fueran vírgenes.

(6)   ¡Vosotros que creéis! Guardaos a vosotros mismos y a vuestra gente de un fuego cuyo combustible serán los hombres y las piedras. Sobre él habrá ángeles duros y violentos que no desobedecerán a Allah en lo que les ordene, sino que harán lo que se les ordene.

(7)   ¡Vosotros que os negáis a creer! No os excuséis hoy, no se os pagará sino por lo que hicisteis.

(8)   ¡Vosotros que creéis! Volveos a Allah sinceramente para que vuestro Señor cubra vuestras maldades y os haga entrar en jardines por cuyo suelo corren los ríos.
El día en que Allah no humillará ni al Profeta ni a los que hayan creído con él.
Su propia luz correrá delante de ellos y a su derecha: ¡Señor nuestro! Colma nuestra luz y perdónanos, realmente Tú tienes poder sobre todas las cosas.

(9)   ¡Profeta! Lucha contra los que se niegan a creer y contra los hipócritas y sé duro con ellos.
Su refugio es Yahannam. ¡Qué mal lugar de destino!

(10) Allah les pone un ejemplo a los que se niegan a creer:
La mujer de Nuh y la mujer de Lut, ambas estuvieron bajo dos de nuestros siervos justos y ambas les traicionaron.
Pero no le sirvió de nada ante Allah y se dijo: Entrad en el Fuego en compañía de los que han de entrar.

(11) Y Allah les pone un ejemplo a los que creen:
La mujer de Firaún cuando dijo: ¡Señor mío! Haz para mí una casa, junto a Ti, en el Jardín, y sálvame de Firaún y de sus actos; y sálvame de la gente injusta.

(12) Y Maryam, la hija de Imrán, la que guardó su vientre, e insu-
flamos en él parte de Nuestro espíritu.
Y la que creyó en la verdad de las palabras de su Señor y en
Su libro y fue de las obedientes.

67. SURA DE LA SOBERANIA

Mequí. Tiene 30 aleyas y descendió después de la sura "El Monte".

En el nombre de Allah, el Misericordioso, el Compasivo.

(1) Bendito sea Aquel en cuyas manos está la Soberanía y es Poderoso sobre todas las cosas.

(2) Quien creó la muerte y la vida para probaros y ver cuál de vosotros sería mejor en obras. Y es el Irresistible, el Perdonador.

(3) El que creó siete cielos, uno sobre el otro.
No verás en la creación del Misericordioso ninguna imperfección. Vuelve la vista: ¿Ves algún fallo?

(4) Vuelve a mirar una y otra vez, la vista regresará a ti derrotada y exhausta.

(5) Hemos adornado el cielo de este mundo con luceros, dispuestos para lapidar a los demonios. Y a ellos les hemos preparado el castigo de! Sair.

(6) Y los que se niegan a creer en su Señor, tendrán el castigo de Yahannam. ¡Qué mal lugar de destino!

(7) Cuando sean arrojados en él le escucharán como un horrible rebuzno y estará hirviendo.

(8) A punto de reventar de rabia.
Cada vez que algún grupo sea arrojado en él, les preguntarán sus guardianes: ¿Acaso no os llegó uno que os advirtió?

(9) Dirán: sí, nos llegó un advertidor, pero negamos la verdad y dijimos: Allah no ha hecho descender nada; no estáis sino en un extravío.

(10) Y dirán: Si hubiéramos escuchado o hubiéramos tenido juicio, no estaríamos entre los compañeros del Sair.

(11) Y reconocerán sus faltas.
¡Fuera con los compañeros del Sair!

(12) Es cierto que los que temen a Allah, cuando nadie los ve*, tendrán perdón y una gran recompensa.
* [También cabe entender: "Temen a Allah aunque no Le ven..."]

(13) Y tanto si guardáis en secreto lo que decís como si lo divulgáis... El es Conocedor de lo que encierran los pechos.

(14) ¿No habría de tener conocimiento Aquel que ha creado y es el Sutil, al que nada se Le oculta?

(15) El es Quien ha hecho la tierra dócil para vosotros, caminad pues por sus confines y comed de Su provisión.
A El es el retorno.

(16) ¿Es que estáis a salvo de que Quien está en el cielo no haga que la tierra se hunda con vosotros en un temblor?

(17) ¿O estáis a salvo acaso de que Quien está en el cielo no envíe una pedrisca sobre vosotros? Entonces sabríais cómo es Mi advertencia.

(18) Ya habían negado la verdad los que os precedieron. Y cómo fue Mi reprobación.

(19) ¿Es que no han visto las aves sobre ellos y como mueven sus alas? No las sostiene sino el Misericordioso.
Realmente El todo lo ve.

(20) ¿En quién tendréis un soporte que os auxilie, sino en el Misericordioso? Los incrédulos no están seducidos sino por un engaño.

(21) ¿Y quién será el que os provea, s¯ El retiene Su provisión?
Sin embargo pesisten en la insolencia y en el rechazo.

(22) ¿Acaso quien camina cabizbajo y tropezando de frente es como el que camina derecho por un camino recto?

(23) Di: El es Quien os ha creado y os ha dado el oído, la vista y el corazón. ¡Qué poco es lo que agradecéis!

(24) Di: El es Quien os ha repartido por la tierra y para El seréis reunidos.

(25) Y dicen: ¿Cuando se cumplirá esta promesa si es verdad lo que decís?

(26) Di: El conocimiento está junto a Allah, yo solo soy un advertidor explícito.

(27) Cuando la vean próxima, el mal se reflejará en el rostro de los que se negaron a creer y alguien dirá: Esto es lo que estabais pidiendo.

(28) Di: Decidme: ¿Y si Allah me destruyera a mí y a los que conmigo están o se apiadara de nosotros?, ¿quién librará a los incrédulos de un doloroso castigo?

(29) Di: El es el Misericordioso, en El creemos y en El nos abandonamos.

Ya sabréis quién es el que está en un claro extravío.

(30) Di: ¿Qué haríais si vuestra agua se quedara en la profundidad de la tierra?, ¿quién podría traeros agua de manantial?

68. SURA DEL CALAMO.

Mequí, excepto desde la aleya 17 hasta el final de la 33 y desde la 48 hasta el final de la 50, que son de Medina. Tiene 52 aleyas y descendió después de la sura "El Coágulo".

En el nombre de Allah, el Misericordioso, el Compasivo.

(1) Nun. ¡Por el cálamo y lo que escriben!
   * [Puede referirse al Cálamo al que Allah ordenó escribir todo lo que habría de ser hasta el Día del Levantamiento, y en este sentido los que escriben son los ángeles, o puede referirse al cálamo con el que los hombres en general escriben.]

(2) Que tú, por la gracia de tu Señor, no eres un poseso.

(3) Y tendrás por cierto una recompensa que no cesará.

(4) Y estás hecho de un carácter magnánimo*.
   * [En palabras de Aisha su carácter era el Corán.]

(5) verás y verán

(6) quien es el trastornado.

(7) En verdad tu Señor sabe mejor quien se extravía de Su camino y conoce mejor a los que están guiados.

(8) No obedezcas a los que niegan la verdad.

(9) Querrían que te mostraras transigente y así ellos también lo harían.

(10) Pero no obedezcas a ningún vil jurador,

(11) difamador que extiende la maledicencia,

(12) que se niega a dar del bien y es un malvado transgresor

(13) embrutecido y además bastardo;

(14) sólo porque tenga riqueza e hijos.

(15) Cuando se le recitan Nuestros signos, dice: leyendas de los primitivos.

(16) Le marcaremos con fuego en el hocico.

(17) Les hemos puesto a prueba como hicimos con los dueños del vergel cuando juraron que recogerían sus frutos de amanecida.

(18) Pero no manifestaron ninguna excepción*
   * [Diciendo: Lo haremos, si Allah quiere. O puede referirse también a que no pensaron en dejar nada para darlo a los pobres.]

(19) Y de noche, mientras dormían, un visitante de tu Señor cayó sobre él.

(20) Y amaneció como la noche oscura.

(21) Y cuando amanecieron se avisaron unos a otros:

(22) id temprano a vuestro sembrado si habéis de recoger la cosecha.

(23) Y partieron diciéndose en voz baja:

(24) Hoy no entrará a costa nuestra ningún mendigo en él.

(25) Y salieron de mañana sintiéndose seguros en su propósito,

(26) pero al verlo dijeron: ¡Nos hemos perdido!*
   * [Creyendo que se habían perdido al no reconocer el lugar]

(27) Pero no, lo hemos perdido todo.

(28) Dijo el más razonable de ellos: ¿No os dije que glorificarais?

(29) Dijeron: ¡Gloria a nuestro Señor!
   Realmente hemos sido injustos.

(30) Y comenzaron a hacerse reproches unos a otros.

(31) Dijeron: ¡Ay de nosotros! Hemos desobedecido.

(32) Quizás nuestro Señor nos dé en su lugar algo mejor, a nuestro Señor suplicamos.

(33) Así es el castigo; pero el castigo de la Ultima Vida es mayor, si supieran.

(34) Es cierto que los temerosos tendrán, junto a su Señor, los Jardines del Deleite.

(35) ¿Es que vamos a tratar a los sometidos como a los malhechores?

(36) ¿Qué os pasa?, ¿cómo juzgáis?

(37) ¿O es que tenéis un libro que os dice*
   * [Lit. "en el que leéis"]

(38) que tendréis lo que elijáis?

(39) ¿O es que tenéis un juramento favorable de Nuestra parte, y que alcanza hasta el Día del Levantamiento, de que tendréis lo que suponéis?

(40) Pregúntales cuál de ellos puede garantizar eso.

(41) ¿O es que tienen asociados? Que traigan a ésos que (Me) asocian, si es verdad lo que dicen.

(42) El día que se ponga de manifiesto la gravedad de la situación, se les llamará a postrarse pero no podrán.

(43) La mirada rendida, les cubrirá la humillación. Ya se les llamó a que se postraran cuando gozaban de bienestar.

(44) ¡Déjame con quien niega la verdad de este relato!
Les agarraremos, sin prisa, cuando menos lo esperen.

(45) Y les dejaré un tiempo; realmente Mi plan es sólido.

(46) ¿O es que les pide alguna recompensa y semejante impuesto les agobia?

(47) ¿O acaso tienen acceso a lo desconocido y toman nota?

(48) Ten paciencia con el juicio de tu Señor y no seas como el del pez* cuando suplicó mientras estaba en la más completa indefensión.

* [Alusión al profeta Yunus.]

(49) Si no le hubiera alcanzado una gracia de tu Señor, habría quedado abandonado en la soledad, reprobado.

(50) Pero su Señor lo había escogido y lo hizo de los justos.

(51) Casi te tumban con sus miradas los que se niegan a creer, cuando oyen el Recuerdo, y dicen: Es un poseso.

(52) Sin embargo, no es sino un recuerdo para los mundos.

69. SURA DE LA VERDAD INDEFECTIBLE

Mequí. Tiene 52 aleyas y descendió después de la sura "La Soberanía".

En el nombre de Allah, el Misericordioso, el Compasivo.

(1)   La verdad indefectible

(2)   ¿Qué es la verdad indefectible?

(3)   ¿Y cómo sabrás qué es la verdad indefectible?

(4)   Los Zamud y los Ad negaron la veracidad de lo que ha de causar conmoción.

(5)   En cuanto los Zamud, fueron destruidos por el Grito que todo lo traspasaba*.
      * [También puede entenderse: ..."fueron destruidos por el Grito, a causa de haber traspasado los límites", referido a ellos.]

(6)   Y los Ad fueron destruidos por un viento gélido y tempestuoso.

(7)   Lo hizo soplar contra ellos siete noches y ocho días consecutivos durante los cuales veías a la gente caída como troncos huecos de palmera.

(8)   ¿Y ves que haya quedado algo de ellos?

(9)   Y Firaún, los que hubo antes de él y las ciudades que fueron puestas del revés, todos cometieron transgresiones.

(10) Desobedecieron al mensajero de su Señor y Él los agarró con un castigo cada vez mayor.

(11) Así fue, como cuando el agua se desbordó, os llevamos en la embarcación.

(12) Con el fin de hacer de ello un recuerdo para vosotros y para que todo oído consciente lo retuviera.

(13) Y cuando se sople en el cuerno una vez

(14) y la tierra y las montañas sean alzadas en el aire y pulverizadas de una vez.

(15) Ese día tendrá lugar el Acontecimiento.

(16) El cielo se rasgará y no tendrá ese día consistencia.

(17) Los ángeles estarán en sus confines y ocho de ellos, llevarán ese día el trono de tu Señor.

(18) Ese día seréis puestos al descubierto sin que quede nada oculto de vosotros

(19) Al que se le dé su libro en la derecha, dirá: ¡Venid! ¡Leed mi libro!

(20) Supe con certeza que habría de hallar mi cuenta.

(21) Estará en una vida satisfactoria.

(22) En un jardín elevado

(23) cuyos frutos estarán próximos.

(24) ¡Comed y bebed alegremente por lo que adelantasteis en los días pasados!

(25) Pero a quien se le dé su libro en la izquierda dirá: ¡Ay de mí! Ojalá no me hubieran dado mi libro

(26) y no hubiera sabido cuál era mi cuenta.

(27) ¡Ay de mí, ojalá hubiera acabado del todo!

(28) De nada me ha servido mi riqueza

(29) y mi poder se ha desvanecido.

(30) ¡Prendedlo y encadenadlo!

(31) Luego haced que entre en el Yahim

(32) y apresadlo con una cadena de setenta codos.

(33) El no creía en Allah, el Inmenso.

(34) Y no exhortaba a alimentar al pobre.

(35) Hoy no tendrá aquí quien le proteja

(36) ni comida que no sea pus,

(37) la cual sólo comerán los que transgredieron.

(38) Y juro por lo que veis

(39) y por lo que no veis

(40) que es de verdad la palabra de un noble mensajero*
   * [Yibril]

(41) y no la palabra de un poeta. ¡Qué poco creéis!

(42) Ni es la palabra de un adivino. ¡Qué poco recapacitáis!

(43) Es una revelación descendida desde el Señor de los mundos.

(44) Si él lo hubiera inventado y Nos hubiera atribuido parte de lo que dice

(45) le habríamos agarrado con fuerza*.
   * [Lit. con la derecha]

(46) Y le habríamos cortado la yugular.

(47) Y ninguno de vosotros lo habría podido impedir.

(48) Es un recuerdo para los que se guardan.

(49) Sabemos que ciertamente entre vosotros hay quienes niegan la verdad.

(50) Y es cierto que él* es un motivo de pesar para los incrédulos,

* [Se refiere al Corán]

(51) pero es la pura verdad.

(52) Así pues glorifica el nombre de tu Señor, el Inmenso.

70. SURA DE LOS GRADOS DE ELEVACION

Mequí. Tiene 44 aleyas y descendió después de la sura de "Al-Haqqah"
(La Verdad Indefectible.)

En el nombre de Ailah, el Misericordioso, el Compasivo.

(1) Alguien está pidiendo un castigo que ha de llegar
* [Alusión a Nadr b. al-Hariz que dijo: ¡Oh Allah! Si esto —refiriéndose al Corán— es la verdad que viene de Ti, haz que caigan piedras del cielo sobre nosotros o mándanos un castigo doloroso.]

(2) para los incrédulos, y no habrá quien lo impida,

(3) procedente de Allah, el Poseedor de los grados de elevación.*
* [Hay comentaristas que entienden que se refiere a las vías de ascenso de los ángeles.]

(4) Los ángeles y el espíritu suben hasta El en un día cuya medida son cincuenta mil años.

(5) Así pues persevera con una paciencia ejemplar.

(6) Ellos lo ven lejano

(7) pero Nosotros lo vemos cercano.

(8) El día en que el cielo sea como cobre fundido

(9) y las montañas como lana teñida.

(10) Los amigos íntimos no preguntarán el uno por el otro.

(11) Los verán. El malhechor querrá librarse del castigo ofreciendo a sus hijos como rescate

(12) y a su compañera y a su hermano

(13) y a su tribu, la que le daba asilo.

(14) Y a todos los que hubiera en la tierra con tal de salvarse.

(15) Pero no. Está ardiendo.

(16) Arrancará la piel de la cabeza.

(17) Llamará al que dió la espalda y se apartó

(18) y acumuló con avaricia.

(19) Es cierto que el hombre fue creado de insatisfacción.

(20) Cuando el daño le afecta está angustiado

(21) pero cuando le toca el bien se niega a dar

(22) salvo los que rezan.

(23) Aquéllos que son constantes en su Oración

(24) y de sus riquezas dan un derecho correspondiente

(25) al mendigo y al indigente.

(26) Los que afirman la verdad del Día de la Retribución.

(27) Y los que tienen temor del castigo de su Señor.

(28) El castigo de su Señor no tendrá fin.

(29) Y aquéllos que preservan sus partes privadas

(30) excepto con sus esposas o aquéllas que sus diestras poseen, en cuyo caso no son censurables.

(31) Pero quien busque algo que esté más allá de esto...
Esos son los transgresores.

(32) Y los que cumplen sus juramentos y compromisos,

(33) son firmes en el testimonio

(34) y cuidan su Oración.

(35) A estos se les honrará en jardines.

(36) ¿Qué les pasa a los que se niegan a creer, que corren a tu alrededor

(37) formando corros a derecha e izquierda?

(38) ¿Es que cada uno de ellos espera entrar en un jardín de deleite?

(39) ¡Pero no! Es cierto que les hemos creado de lo que ya saben.

(40) Y ¡Juro por el Señor de los orientes y de los occidentes!
Que tenemos poder

(41) para reemplazarlos por otros mejores que ellos, sin que nadie Nos lo pueda impedir.

(42) Déjalos que discutan y jueguen hasta que se encuentren con su día, ése que se les ha prometido.

(43) El día en que salgan apresuradamente de las tumbas como si corrieran hacia una meta.

(44) La mirada rendida, les cubrirá la humillación.
Ese es el día que se les había prometido.

71. SURA DE NUH

Mequí. Tiene 28 aleyas y descendió después de la sura de "La Abeja".

En el nombre de Allah, el Misericordioso, el Compasivo.

(1) Enviamos a Nuh a su gente: ¡Advierte a tu gente antes de que les llegue un doloroso castigo!.

(2) Dijo: ¡Gente mía! He venido a vosotros para advertiros con claridad

(3) que adoréis a Allah, Le temáis y me obedezcáis.

(4) El os perdonará vuestras faltas y os dejará hasta un plazo fijado, pero cuando el plazo de Allah llegue a su fin no habrá más demora. ¡Si supierais!

(5) Dijo: ¡Señor mío! He llamado a mi gente noche y día

(6) pero mi llamada no ha hecho sino aumentarles su rechazo.

(7) Cada vez que les he llamado a Tu perdón, se han puesto los dedos en los oídos y se han tapado con los vestidos, aferrándose a lo suyo con gran soberbia.

(8) Los he llamado de viva voz

(9) yles he hablado en público y a cada uno en privado.

(10) Y les he dicho: Pedid perdón a vuestro Señor, El es muy Perdonador.

(11) Enviará sobre vosotros el cielo con lluvias abundantes

(12) y os dará más riquezas e hijos, así como jardines y ríos.

(13) ¿Pero qué os pasa que no podéis concebir grandeza en Allah

(14) cuando El os creó en fases sucesivas?

(15) ¿Es que no véis como Allah creó siete cielos uno sobre otro

(16) y puso en ellos una luna a modo de luz y un sol a modo de lámpara,

(17) y os originó a partir de la tierra, cual plantas?

(18) Luego os hará regresar a ella y os hará salir de nuevo.

(19) Allah os ha puesto la tierra extendida

(20) para que en ella recorriérais amplios caminos.

(21) Dijo Nuh: ¡Señor mío! Me han desobedecido y han seguido a quien no les procura ni más riquezas ni más hijos, sólo perdición.

(22) Y planearon una gran trampa

(23) Dijeron: No abandonaréis a nuestros dioses, no abandonaréis a Wudd ni a Suwa ni a Yaghuz ni a Yauq ni a Nasr.

(24, Ellos han extraviado a muchos: ¡No acrecientes a los injustos sino en extravío!

(25. Y así fueron ahogados a causa de sus transgresiones y fueron introducidos en un fuego* y no encontraron para ellos quien les defendiera aparte de Allah.

> * [Debe referirse al fuego de Yahannam aunque está en tiempo pasado porque es algo que se había hecho ya realidad.]

(26) Y dijo Nuh: ¡Señor mío! No dejes en pie sobre la tierra ningún hogar de incrédulos.

(27) Pues si los dejas, extraviarán a Tus siervos y no engendrarán sino libertinos e incrédulos.

(28) ¡Señor mío! Perdóname a mí y a mis padres y a todo aquel que entre creyente en mi casa, así como a todos los creyentes y a todas las creyentes. Y no acrecientes a los injustos sino en destrucción.

72. SURA DE LOS GENIOS

Mequí. Tiene 28 aleyas y descendió después de la sura al-Araf ("Las Alturas Divisorias").

En el nombre de Allah, el Misericordioso, el Compasivo.

(1) Di: Se me ha inspirado que unos genios han escuchado y han dicho: Hemos oído una Recitación maravillosa

(2) que conduce a la guía recta, así que hemos creído en ella y no asociamos a ningún otro con nuestro Señor.

(3) Y en verdad que Él, ensalzada sea la majestad de nuestro Señor. no ha tomado ni compañera ni hijo.

(4) Sino que nuestro necio* decía una enorme mentira contra Allah.
   * [Alusión a Iblis, el padre de los genios.]

(5) Cuando pensábamos que ni los hombres ni los genios eran capaces de decir mentiras contra Allah.

(6) Y algunos hombres de los humanos buscaban refugio en hombres de los genios con lo cual no hacían sino aumentarles su osadía en el mal.

(7) Y pensaron, como pensasteis, que Allah no levantaría a nadie*.
   * [De las tumbas. O también puede entenderse: "...no enviaría a nadie. " es decir, a ningún mensajero.]

(8) Quisimos acceder al cielo pero lo encontramos lleno de una fuerte vigilancia y de estrellas fugaces.

(9) Solíamos tomar posiciones en él para escuchar, pero ahora quien intenta escuchar encuentra una estrella fugaz que lo persigue.

(10) Y no sabemos si se quiere mal para quien hay en la tierra o si su Señor quiere guiarlos.

(11) Entre nosotros los hay que son rectos y los que hay que no lo son; somos caminos distintos.

(12) Supimos que no podríamos escapar de Allah en la tierra y que tampoco podríamos salir huyendo

(13) Y realmente cuando oímos la guía, creímos en ella.
   Quien crea en su Señor no tendrá que temer ni menoscabo ni opresión.

(14) Entre nosotros los hay musulmanes y los hay injustos.
El que se somete... Esos están en la buena dirección.

(15) Pero los injustos... Son leña de Yahannam.

(16) Si fueran con rectitud por el camino, les daríamos a beber agua en abundancia.*
* [Metáfora que alude al incremento de la provisión en general]

(17) Para con ello ponerlos a prueba.
A quien se aparte del recuerdo de su Señor, le haremos entrar en un penoso castigo.

(18) Y puesto que las mezquitas son de Allah*, no invoquéis a nadie junto a Allah.
* [Es decir, y puesto que las mezquitas o lugares de Oración son para adorar a Allah, no adoréis a nadie más.]

(19) Y cuando el siervo de Allah* se ponía a invocarlo a punto estaban de venírsele encima*.
* [Es decir, cuando el Profeta, que Allah le dé Su gracia y paz, recitaba el Corán, los genios se agolpaban a su alrededor para escuchar.]

(20) Di: Sólo adoro a mi Señor sin asociarle a nadie.

(21) Di: No tengo poder ni para perjudicaros ni para conduciros a ningún bien

(22) Di: Nadie me librará de Allah y fuera de El no encontraré ningún refugio.

(23) No es sino una transmisión, de parte de Allah, de Sus mensajes. Y quien desobedece a Allah y a Su Mensajero tendrá el fuego de Yahannam donde será inmortal para siempre.

(24) Hasta que llegue el momento en que vean lo que se les prometió y sepan quién tiene el más débil auxilio y cuenta con menor número de fuerzas.

(25) Di: No sé si lo que se os promete está cerca o si mi Señor me dará algún plazo más.

(26) El Conocedor del No-Visto, a nadie le da acceso a Su No-Visto.

(27) A excepción de aquel mensajero que goza de Su beneplácito.
Y es cierto que despliega vigilancia delante y detrás de él

(28) para saber si ha transmitido los mensajes de su Señor.
El abarca lo que ellos poseen y toma en cuenta con detalle cada cosa.

73. SURA DEL ENVUELTO EN EL MANTO

*Mequí a excepción de las aleyas 10, 11 y 20 que son de Medina. Tiene 20
aleyas y descendió después de la sura del Cálamo.*

En el nombre de Allah, el Misericordioso, el Compasivo.

(1) ¡Oh tú que te envuelves en el manto!*

* [Alusión al Profeta, que Allah le dé Su gracia y paz, el cual, al regreso de su
primer encuentro con Yibril, al comienzo de la Revelación, le pidió a su
esposa Jadiya que lo envolviera con un manto en un intento de mitigar su
estado de excitación y sobrecogimiento.]

(2) ¡Permanece rezando por la noche a excepción de un poco!

(3) La mitad o algo menos

(4) o algo más. Y recita el Corán pausadamente.

(5) Realmente vamos a depositar en ti palabras de peso.

(6) Y en el seno de la noche hay mayor quietud y es más certera
la dicción.

(7) Durante el día llevas a cabo una larga actividad.

(8) Recuerda el nombre de tu Señor y concéntrate de lleno en El.

(9) El Señor del oriente y del occidente, no hay dios sino El;
tomadlo como Protector.

(10) Ten paciencia con lo que dicen y aléjate de ellos con delicadeza*.

* [Aleya abrogada en su contenido jurídico por la aleya n.º 5 de la sura 9.]

(11) Y déjame con los que niegan la verdad, ésos que gozan de
bienestar. Dales un poco de plazo.

(12) Cierto es que junto a Nos hay cadenas y un fuego inflamado,

(13) un alimento que se atraganta y un doloroso castigo.

(14) El día en que la tierra y las montañas se estremezcan y sean
como arena esparcida.

(15) Os hemos enviado un mensajero que es testigo sobre vosotros, al igual que a Firaún le enviamos otro mensajero.

(16) Firaún desobedeció al mensajero y le agarramos con un fuerte
castigo.

(17) ¿Y cómo es que no tenéis temor, habiendo negado el día en
que los recién nacidos encanecerán?

(18) Por su causa el cielo se partirá y Su promesa será un hecho.

(19) Realmente esto es un recuerdo, quien quiera que tome un camino hacia su Señor.

(20) Tu Señor sabe que permaneces por la noche, rezando, durante algo menos de dos tercios o durante la mitad o un tercio, así como una parte de los que están contigo.

Allah, que mide la noche y el día, sabe que no podréis ser constantes en ello y se ha vuelto a vosotros con indulgencia, así pues recitad del Corán lo que os sea fácil.

El sabe que entre vosotros hay enfermos, que algunos viajan por la tierra buscando el favor de Allah y que otros luchan en el camino de Allah, de modo que recitad de él lo que os sea fácil, estableced el salat, entregad el zakat y hacedle a Allah un generoso préstamo.

El bien que adelantéis en vuestro favor lo encontraréis junto a Allah. Eso es mejor y posee más recompensa.

Y pedid perdón a Allah, realmente Allah es Perdonador y Compasivo.*

* [Esta aleya abroga el contenido preceptivo de la sura en relación a la Oración en el seno de la noche.]

74. SURA DEL ARROPADO

Mequí. Tiene 56 aleyas y descendió después de la sura "Envuelto en el Manto".

En el nombre de Allah, el Misericordioso, el Compasivo

(1) ¡Oh tu que te arropas!*

 * [Al primer momento de la Revelación le sucedió un intervalo de tiempo en el que no descendió nada. Un día, mientras caminaba, el Profeta oyó una voz desde lo alto y al levantar la cabeza encontró a Yibril sentado entre el cielo y la tierra y una vez más corrió hacia su casa sobrecogido y en estado de temor y excitación y volvió a pedir a Jadiya que le tapara, y entonces descendieron estas aleyas.]

(2) ¡Levántate y advierte!

(3) Y a tu Señor engrandece.

(4) Y tu vestido purifícalo*.

 * [Esto se ha interpretado, además del sentido exterior, de otras maneras: Purifica tus obras, tu corazón, tu alma, tu cuerpo, tu familia, tu adoración...]

(5) De lo sucio aléjate.*

 * [Alusión a los ídolos]

(6) No des esperando recibir más*.

 * [Esta aleya tiene varios sentidos posibles: Uno es el expresado en la traducción.
 Otro es: "No des nada considerando que es mucho", porque el generoso considera siempre que lo que da es poco.
 Otro, referido en particular al Profeta: "No eches en cara tu profecía buscando algún beneficio por ello"
 Y otro: "No te admires o no creas que haces mucho ante Allah", tanto en sentido positivo como negativo.]

(7) Y sé constante con tu Señor

(8) Cuando se sople en el cuerno

(9) ese será un día difícil

(10) nada fácil para los incrédulos.

(11) Déjame con el que creé, sólo*.

 * [Se refiere a al-Walid b. al Mughira, uno de los peores enemigos del Profeta y uno de los hombres más ricos e influyentes de los Quraysh.
 En cuanto a la expresión "el que creé sólo" puede entenderse en el sentido de "aquel que creé sin nada", o en el sentido de "aquel a quien creé Yo sólo", o "aquel a quien creé haciéndolo único por todas las riquezas que le dí" y de hecho al-Walid era llamado al-wahid, el único, el sólo.
 Y también puede entenderse así: "Déjame a solas con el que creé".]

(12) Y le dí grandes riquezas.

(13) E hijos presentes.

(14) Le dimos de todo con holgura.

(15) Sin embargo él ambiciona aún más.

(16) ¡Pero no! Se ha enfrentado a Nuestros signos.

(17) Le haré subir a Suud*

> * [Suud, significa subida o cuesta difícil. Pero se ha transmitido del Profeta, que Allah le dé Su gracia y paz, que es una cuesta o una montaña de Yahannam que cada vez que alguien la sube se derrite y vuelve a formarse.]

(18) Ha reflexionado y ha meditado su respuesta.

(19) ¡Muera! ¿Pero cómo ha podido premeditar así?

(20) ¡Que muera por cómo ha premeditado!

(21) Y después ha examinado.

(22) Y luego ha fruncido el ceño y se le ha mudado el semblante.

(23) Y luego ha dado la espalda y se ha llenado de soberbia.

(24) Y ha dicho: Esto no es mas que magia aprendida.

(25) Es sólo lo que dice un ser humano.

(26) Le haré entrar en Saqar*.

> * [Nombre del sexto nivel de Yahannam. La palabra tiene ver con la quemazón del sol en la cara y la insolación.]

(27) ¿Y cómo sabrá qué es Saqar?

(28) No deja nada ni cesa.

(29) Abrasa la pie.

(30) Sobre él hay diecinueve.*

> * [Angeles]

(31) No hemos designado como encargados del Fuego sino a ángeles cuyo número hemos hecho una tribulación para los que se niegan a creer.

Para que aquéllos a los que les fue dado el Libro tengan certeza y los que creen aumenten en creencia y para que los que recibieron el Libro y los creyentes no duden. Y para que los que tienen una enfermedad en el corazón y los incrédulos digan: ¿Qué pretende Allah poniendo este ejemplo?

Así es como Allah extravía a quien quiere y guía a quien quiere y sólo tu Señor conoce Sus ejércitos que no son sino un recuerdo para el género humano.

(32) ¡Pero no! ¡Por la luna!

(33) ¡Por la noche cuando retrocede!

(34) ¡Por la mañana cuando brilla!

(35) Que es una de las grandes cosas que han de ocurrir.

(36) Advertencia para el género humano.

(37) Para que quien de vosotros quiera adelantar o retrasar.

(38) Cada uno será rehén de lo que se ganó.

(39) Pero no así los compañeros de la derecha

(40) que en jardines harán preguntas

(41) acerca de los que hicieron el mal:

(42) ¿Qué os ha traído a Saqar?

(43) Dirán: No fuimos de los que rezaban

(44) ni de los que daban de comer al pobre.

(45) Y discutimos vanamente con los charlatanes

(46) y negamos la verdad del día de la Retribución

(47) hasta que nos llegó la certeza.

(48) No les servirá de nada la intercesión de ningún intercesor.

(49) ¿Qué les pasa que se apartan de aquello que les hace recordar

(50) como si fueran asnos espantados

(51) que huyen de un león?

(52) Sin embargo cada uno de sus hombres querría que les trajeras páginas abiertas*.

* [Alúde a las palabras que le dijeron al Profeta los incrédulos: No te creeremos hasta que no nos traigas a cada uno de nosotros un libro del cielo que diga: del Señor de los mundos a Fulano hijo de Fulano, en el que se nos ordene que le sigamos.]

(53) **Pero no es eso, es que no tienen temor de la Otra Vida.**

(54) **Realmente es un Recuerdo.**

(55) **Y quien quiera recordará.**

(56) **Pero no recordaréis sino lo que Allah quiera, El es el Digno de ser temido y el Digno de perdonar.**

75. SURA DEL LEVANTAMIENTO

Mequí. Tiene 40 aleyas y descendió después de la sura "Al-Qariah" (La Conmoción).

En el nombre de Allah, el Misericordioso, el Compasivo.

(1) ¡Juro por el Día del Levantamiento!

(2) ¡Y juro por el alma que se reprocha*!
  * [La que se reprocha a sí misma sus faltas]

(3) ¿Es que piensa el hombre que no vamos a recomponer sus huesos?

(4) Muy al contrario. Fuimos capaces de conformar sus falanges.

(5) Sin embargo el hombre quiere negar lo que tiene delante.

(6) Pregunta: ¿Cuándo será el Día del Levantamiento?

(7) Sin embargo cuando la vista se quede aturdida

(8) y la luna se eclipse

(9) y sol y luna sean fundidos,

(10) ese día el hombre dirá: ¿Por dónde se puede escapar?

(11) ¡Pero no! No habrá donde esconderse.

(12) Ese día todos irán a parar hacia tu Señor.

(13) Y el hombre será informado de lo que adelantó y de lo que atrasó.

(14) Y eso será una evidencia contra sí mismo a pesar suyo

(15) aún dando rienda suelta a su pretextos.

(16) No muevas tu lengua para ir más deprisa*.
  * [Es decir, no recites con precipitación el Corán cuando recibes la inspiración pretendiendo acelerar su memorización por temor de que algo se te escape.]

(17) Pues reunirlo es algo que Nos corresponde a Nosotros, así como hacer que lo recites.

(18) De manera que cuando lo recitemos sigue la Recitación.

(19) Luego a Nos corresponde hacerlo claro.

(20) ¡Pero no! Por el contrario amáis la vida fugaz

(21) y dejáis en abandono la Ultima.

(22) Ese día habrá rostros resplandecientes

(23) en la contemplación de su Señor.

(24) Y ese día habrá rostros ensombrecidos

(25) que darán por seguro una desgracia que les quebrará las vér-
tebras...

(26) Y cuando llegue a la altura de las clavículas*.
* [El aliento vital]

(27) Y se diga: ¿Hay algún hechicero?

(28) Y se tenga certeza de que es el momento de la separación

(29) y una pierna se una con la otra*.
* [Por la agonía de la muerte]

(30) Ese día el rumbo será hacia tu Señor.

(31) Sin embargo no confirmó la verdad ni rezó

(32) sino que la negó y se desentendió.

(33) Y luego se marchó con su gente mostrando arrogancia.

(34) ¡Ay de ti! ¡Ay!

(35) Y ¡Ay de ti! ¡Ay!

(36) ¿Cree acaso el hombre que se le dejará olvidado?

(37) ¿Acaso no fue una gota de esperma eyaculada?

(38) ¿Y fue luego un coágulo?, ¿y le creó dándole forma completa?

(39) ¿E hizo a partir de él a la pareja: varón y hembra?

(40) ¿Acaso no es Ese capaz de devolver la vida a los muertos?

76. SURA DEL HOMBRE

Medinense. Tiene 31 aleyas.
Descendió después de la sura del "Misericordioso".

En el nombre de Allah, el Misericordioso, el Compasivo.

(1) ¿Acaso no hubo un tiempo para el hombre en el que no fue nada, ni siquiera un recuerdo?

(2) Es verdad que creamos al hombre a partir de una gota de esperma eyaculada, como una prueba para él, y le hicimos con capacidad de ver y oir.

(3) Y le guiamos al camino: agradecido o ingrato.

(4) Y para los incrédulos hemos preparado cadenas, argollas y un fuego ardiente.

(5) Los creyentes sinceros beberán de una copa cuya mezcla será kafur*.

* [Agua de una fuente del Jardín]

(6) Fuente de la que beberán los siervos de Allah y a la que harán manar cuando y como quieran.

(7) Ellos cumplían las promesas y temían un día cuyo mal se desatará.

(8) Y daban de comer, a pesar de su propia necesidad y apego a ello, al pobre, al huérfano y al cautivo.

(9) No os alimentamos sino por la faz de Allah, no buscamos en vosotros recompensa ni agradecimiento.

(10) Realmente tememos de nuestro Señor un día largo, penoso.

(11) Allah les habrá librado del mal de ese día y les dará resplandor y alegría.

(12) Su recompensa por haber tenido paciencia es un jardín y seda.

(13) En él estarán recostados sobre lechos y no verán solana ni helada.

(14) La sombras estarán sobre ellos, cercanas, y sus frutos bajarán sumisamente.

(15) Se circulará en torno a ellos con vasijas de plata y copas que serán cristal,

(16) cristal de plata*, cuyas proporciones habrán medido con exactitud.

* [Es decir, tendrán la transparencia del cristal, siendo de plata.]

(17) En él se les dará de beber un vino cuya substancia será gengibre.

(18) Y habrá una fuente llamada Salsabil*.

* [Que significa la de dulce y fácil bebida.]

(19) Y circularán en torno a ellos muchachos que tendrán para siempre la misma edad; al verlos los tomarás por perlas esparcidas.

(20) Y cuando veas a los que allí estan verás deleite y un gran reino.

(21) Llevarán vestidos de raso verde y de brocado, irán adornados con brazaletes de plata y su Señor les dará de beber una bebida pura.

(22) Esto es una recompensa que os corresponde; vuestro esfuerzo ha sido agradecido.

(23) Hemos hecho que descendiera el Corán sobre ti gradualmente.

(24) Así pues ten paciencia con el juicio de tu Señor y no obedezcas al que de ellos es malvado e ingrato.

(25) Y recuerda el nombre de tu Señor mañana y tarde.

(26) Y por la noche póstrate ante El glorificándolo un largo período de ella.

(27) Es cierto que éstos aman la Vida Fugaz dejando a sus espaldas un día grave.

(28) Nosotros les hemos creado y hemos fortalecido su constitución y cuando queramos pondremos en su lugar a otros semejantes a ellos.

(29) Esto es un recuerdo, quien quiera que tome un camino hacia su Señor.

(30) Pero no querréis a menos que Allah quiera, es cierto que Allah es Conocedor y Sabio.

(31) Introduce en Su misericordia a quien quiere.
Los injustos tendrán un doloroso castigo.

77. SURA DE LOS QUE SON ENVIADOS

Mequí a excepción de la aleya 48 que es de Medina.
Tiene 50 aleyas y descendió después de la sura del "Murmurador"

En el nombre de Allah, el Misericordioso, el Compasivo.

(1)   ¡Por los que son enviados sucesivamente!*
    * [Según la mayoría de los comentaristas se refiere a los vientos; otros dice:. que a los ángeles y otros que a los mensajeros.]

(2)   ¡Por los que soplan tempestuosamente!*
    * [Aquí se refiere a los vientos sin discordancia entre los comentaristas.]

(3)   ¡Por los que impulsan propagando!*
    * [Se refiere a los ángeles encargados de las nubes. Y hay quien dice que a los vientos]

(4)   ¡Por los que separan con discernimiento

(5)   Y depositan un Recuerdo*
    * [Los ángeles]

(6)   con disculpa o advertencia!

(7)   Que lo que se os promete va a suceder de verdad.

(8)   Cuando los astros se apaguen

(9)   y el cielo se raje

(10) y las montañas se conviertan en polvo

(11) y los mensajeros sean emplazados.

(12) ¿Para qué día se les emplazará?

(13) Para el Día de la Distinción.

(14) ¿Y cómo hacerte entender qué será la Distinción?

(15) ¡Perdición ese día para los que negaron la verdad!

(16) ¿Acaso no destruimos a los primitivos

(17) y les hice seguir por los que vinieron después?

(18) Así es como actuamos con los que hacen el mal.

(19) ¡Perdición ese día para los que negaron la verdad!

(20) ¿Acaso no os hemos creado de un agua insignificante,

(21) que pusimos en un recipiente seguro*
    * [La matriz]

(22) hasta un término conocido?

(23) ¿Y decretamos?, y ¡qué excelentes decretadores!

(24) ¡Perdición ese día para los que negaron la verdad!

(25) ¿Acaso no hemos hecho de la tierra lugar común

(26) para vivos y muertos,

(27) y hemos puesto en ella cordilleras elevadas y os hemos dado de beber un agua dulce?

(28) ¡Perdición ese día para los que negaron la verdad!

(29) ¡Id hacia aquello cuya veracidad negabais!

(30) ¡Id hacia una sombra de humo con tres ramificaciones!

(31) Que no dará sombra ni protegerá de las llamas.

(32) Desprenderá chispas como alcázares

(33) parecidas a camellos pardos.

(34) ¡Perdición ese día para los que negaron la verdad!

(35) Ese día no hablarán

(36) ni se les permitirá excusarse.

(37) ¡Perdición ese día para los que negaron la verdad!

(38) Este es el día de la Distinción, os reuniremos a vosotros y a los que hubo antes de vosotros.

(39) Y si tenéis alguna estratagema, llevadla a cabo.

(40) ¡Perdición ese día para los que negaron la verdad!

(41) Los temerosos estarán en una sombra fresca y fuentes.

(42) Y frutas de las que apetezcan.

(43) ¡Comed y bebed alegremente por lo que hicisteis!

(44) Así es como recompensamos a los que hicieron el bien.

(45) ¡Perdición ese día para los que negaron la verdad!

(46) ¡Comed y disfrutad un poco, ciertamente sois malhechores!

(47) ¡Perdición ese día para los que negaron la verdad!

(48) Y cuando se les dice: Inclinaos, no se inclinan.

(49) ¡Perdición ese día para los que negaron la verdad!

(50) ¿En qué relato después de él* creerán?
      * [El Corán]

78. SURA DE LA NOTICIA

Mequí. Tiene 40 aleyas y descendió después de la sura de "Los Grados de Ascensión".

En el nombre de Allah, el Misericordioso, el Compasivo

(1)   ¿Sobre qué se preguntan?

(2)   Sobre la Gran Noticia

(3)   acerca de la cual difieren.

(4)   ¡Pero no! Ya sabrán

(5)   sabrán de verdad.

(6)   ¿Acaso no hemos hecho de la tierra un lecho,

(7)   hemos puesto las montañas como estacas,

(8)   os hemos creado en parejas,

(9)   hemos hecho de vuestro sueño reposo,

(10)   hemos hecho de la noche un vestido,

(11)   hemos hecho del día un medio de vida,

(12)   hemos edificado sobre vosotros siete firmamentos,

(13)   hemos puesto una lámpara reluciente,

(14)   y hacemos caer de las nubes agua de lluvia

(15)   con la que hacemos que broten granos y plantas

(16)   y vergeles de espeso arbolado?

(17)   El Día de la Distinción es una cita con un momento fijado.

(18)   El día en que se sople en el cuerno y vengan en grupos.

(19)   El cielo se abrirá y será todo puertas.

(20)   Y las montañas serán transportadas cual espejismo.

(21)   Yahannam es un lugar acechante

(22)   un lugar de retorno para los que se excedieron,

(23)   que en él permanecerán eternidades.

(24)   Y donde no probarán ni frescor ni bebida,

(25)   tan sólo agua hirviendo y pus.

(26)   Apropiada recompensa.

(27)   Ellos no esperaban tener que rendir cuentas

(28)   y negaron rotundamente la veracidad de Nuestros signos.

(29)   Pero cada cosa la registramos en un libro.

(30)   Así pues, gustad. Sólo habrá aumento en el castigo.

(31) Los temerosos tendrán un lugar de triunfo:

(32) Jardines y viñedos

(33) y doncellas de senos formados y edad invariable.

(34) Y una copa rebosante.

(35) Allí no oirán vanidad ni mentira.

(36) Recompensa de tu Señor, regalo idóneo.

(37) El Señor de los cielos, de la tierra y de lo que entre ambos hay, el Misericordioso, no tienen el poder de dirigirle la palabra.

(38) El día en que el espíritu* y los ángeles se pongan en filas, no hablarán sino aquéllos a los que el Misericordioso autorice y hablen con verdad.

   * [Es decir, Yibril]

(39) Ese es el día de la verdad. Quien quiera que tome refugio en su Señor.

(40) Os hemos advertido de un castigo próximo.
   El día en que el hombre contemple lo que sus manos presentaron y diga el incrédulo: ¡Ay de mí! Ojalá fuera tierra.

79. SURA DE LOS QUE ARRANCAN

Mequí. Tiene 46 aleyas y descendió después de la sura "La Noticia".

En el nombre de Allah, el Misericordioso, el Compasivo.

(1) ¡Por los que arrancan violentamente*!
* [Los ángeles al llevarse las almas de los incrédulos.]

(2) ¡Por los que toman con suavidad*!
* [Los ángeles al llevarse las almas de los creyentes.]

(3) ¡Por los que bajan deprisa

(4) y se adelantan con ventaja.

(5) y se encargan de llevar un asunto!

(6) El día en que se haga sonar el primer toque de cuerno

(7) y le siga el segundo.

(8) Ese día habrá corazones palpitando.

(9) Sus miradas estarán humilladas.

(10) Decían: ¿Acaso se nos devolverá al estado del que vinimos

(11) cuando ya seamos huesos descompuestos?

(12) Decían: Será entonces un regreso absurdo.

(13) Habrá un sólo toque,

(14) y aparecerán en la superficie de la tierra.

(15) ¿Te ha llegado la historia de Musa?

(16) Cuando tu Señor lo llamó en el valle purificado de Tuwa:

(17) ¡Ve a Firaún que ha ido más allá de los límites!

(18) Y díle: Te llamo a que te purifiques,

(19) y a que te dejes guiar hacia tu Señor y tengas temor de El!

(20) Y le hizo ver el mayor de los signos

(21) Pero negó la realidad y desobedeció

(22) luego se desentendió y siguió con lo suyo.

(23) Y convocó y proclamó

(24) diciendo: Yo soy vuestro señor supremo.

(25) Pero Allah lo agarró con el castigo ejemplar de la Ultima Vida y de la Primera.

(26) En eso hay un aviso para quien tenga temor

(27) ¿Sois vosotros más difíciles de crear o el cielo que El edificó?

(28) Elevó su techo y lo hizo armonioso.

(29)   Cubrió su noche y mostró su claridad diurna.

(30)   Y después de eso extendió la tierra

(31)   e hizo salir de ella su agua y su pasto,

(32)   y fijó las montañas.

(33)   Como disfrute para vosotros y para vuestros rebaños.

(34)   Así cuando llegue la gran Calamidad.

(35)   El día en que el hombre recuerde aquéllo por lo que se esforzó

(36)   y el Yahim sea mostrado a todo el que vea.

(37)   El que traspasó los límites

(38)   y prefirió la vida inmediata,

(39)   tendrá como morada el Yahim

(40)   Pero quien temió que habría de comparecer ante su Señor y refrenó su alma del deseo,

(41)   tendrá como morada el Jardín.

(42)   Te preguntan sobre la Hora y su llegada.

(43)   ¿Y quién eres tú para hablar de ella?

(44)   A tu Señor corresponde que llegue su momento.

(45)   Tú no eres más que un advertidor para el que tenga temor.

(46)   El día que la vean les parecerá que no permanecieron* sino una tarde o su mañana.

* [En la tumba]

80. SURA FRUNCIO EL CEÑO

Mequí. Tiene 42 aleyas y descendió después de la sura del "Astro".

En el nombre de Allah, el Misericordioso, el Compasivo.

* [La causa del descenso del comienzo de esta sura es que en una ocasión estando el Profeta con un grupo de influyentes de los Quraysh, en los que tenía un gran interés en atraer al Islam para que pudieran arrastrar a otros con su posición e influencia, vino a él un ciego llamado Abdullah b. Maktum que sin advertir que el Profeta estaba ocupado, le interrumpió para decirle: ¡Oh Mensajero de Allah! Enséñame algo de lo que Allah te ha enseñado.

Entonces al Profeta, que Allah le dé Su gracia y paz, le disgustó su interrupción y frunció el ceño apartándose de él.

Y a raíz de esto descendieron las primeras aleyas de esta sura. Desde aquel momento, cada vez que se encontraba con él, le decía: "Sea bienvenido aquel por quien Mi Señor me reprendió".

Y en Medina en dos ocasiones lo dejó de lugarteniente suyo en su ausencia.]

(1)   Frunció el ceño y se apartó

(2)   porque vino a él el ciego

(3)   ¿Pero quién sabe?, tal vez se purifique

(4)   o recuerde y le beneficie el Recuerdo.

(5)   Al que es rico

(6)   le dedicas atención

(7)   cuando no es responsabilidad tuya que se purifique.

(8)   Mientras quien viene a ti con afán

(9)   y es temeroso

(10)   te despreocupas de él.

(11)   ¡Pero no! Es un Recuerdo.
         * [El Corán]

(12)   Así pues quien quiera que recuerde.

(13)   Contenido en páginas veneradas

(14)   elevadas, purificadas

(15)   por manos de mediadores

(16)   nobles y virtuosos.

(17)   ¡Que muera el hombre! ¡Qué ingrato es!

(18)   ¿De qué cosa lo creó?

(19)   De una gota de esperma lo creó y lo determinó,

(20)   luego le propició el camino

(21) y luego le hace morir y entrar en la tumba.

(22) Y después, cuando quiera, lo devolverá a la vida.

(23) ¡Pero no! No ha cumplido lo que El le ordenó.

(24) Que se fije el hombre en lo que come:

(25) es cierto que hacemos que caiga agua en forma de precipitaciones

(26) y seguidamente hendimos la tierra en surcos

(27) y hacemos que en ella broten granos

(28) viñedos y hierbas comestibles,

(29) olivos y palmeras

(30) frondosos vergeles

(31) fruta y pastos.

(32) Como disfrute para vosotros y vuestros rebaños.

(33) Y cuando el Grito ensordecedor llegue

(34) el día en que el hombre huya de su hermano,

(35) de su madre y de su padre,

(36) de su compañera y de sus hijos.

(37) Ese día, cada uno tendrá una preocupación

(38) Ese día habrá rostros resplandecientes

(39) que reirán gozosos.

(40) Y ese día habrá rostros polvorientos,

(41) cubiertos de negrura.

(42) Esos eran los encubridores, farsantes.

81. SURA DEL ARROLLAMIENTO

*Mequí. Tiene 29 aleyas y descendió después de la sura de "La Fibra",
también llamada de "Abu Lahab".*

En el nombre de Allah, el Misericordioso, el Compasivo.

(1) Cuando el sol, como un rollo, se pliegue.

(2) Cuando los astros caigan.

(3) Cuando las montañas echen a andar.

(4) Cuando las camellas preñadas sean desatendidas.

(5) Cuando las fieras sean juntadas.

(6) Cuando los mares se desborden.

(7) Cuando las almas formen grupos*.
   * [Los compañeros de la derecha, los compañeros de la izquierda y los adelantados.]

(8) Cuando la niña enterrada viva sea preguntada

(9) por qué crimen la mataron*.
   * [Alude a la práctica de la ignorancia anterior al Islam por la que algunos
   árabes enterraban vivas a sus hijas al nacer.]

(10) Cuando las páginas sean desplegadas.

(11) Cuando el cielo sea arrancado.
   * [Como la piel de un animal al desollarlo.]

(12) Cuando el Yahim sea avivado.

(13) Cuando el Jardín sea acercado.

(14) Cada uno sabrá lo que presenta.

(15) Y ¡Juro por los astros cuando se ocultan,

(16) cuando siguen su curso y desaparecen!

(17) Y ¡Por la noche cuando trae su oscuridad!

(18) Y ¡Por la aurora cuando respira!

(19) Que es realmente la palabra de un noble mensajero*
   * [El Corán y Yibril.]

(20) Dotado de fortaleza y con rango ante el Dueño del Trono.

(21) Allí obedecido y digno de confianza.

(22) Y que vuestro compañero no es ningún poseso.

(23) Fue así que lo vió en el claro horizonte

(24) y él no es mezquino con el No-Visto.

(25) Ni es la palabra de ningún demonio maldito

(26) ¿Pero donde vais?
(27) No es sino un recuerdo para todos los mundos
(28) para el que de vosotros quiera seguir la verdad.
(29) Pero no querréis a menos que Allah, el Señor de todos los mundos, quiera.

82. SURA DE LA HENDIDURA

Mequí. Tiene 19 aleyas y descendió después de la sura "Los que arrancan"

En el nombre de Allah, el Misericordioso, el Compasivo.

(1)   Cuando el cielo se hienda.

(2)   Cuando los astros se precipiten.

(3)   Cuando los mares se mezclen.

(4)   Cuando las tumbas sean revueltas.

(5)   Cada alma sabrá lo que adelantó y lo que atrasó.

(6)   ¡Hombre! ¿Qué te engañó apartándote de tu Señor, el Generoso?

(7)   El que te creó, te conformó y te equilibró

(8)   dándote la forma que quiso.

(9)   ¡Pero no! Negais la veracidad de la Rendición de Cuentas.

(10) Cuando tenéis dos guardianes pendientes de vosotros,

(11) nobles escribas

(12) que saben lo que hacéis.

(13) Es cierto que los creyentes sinceros estarán en deleite.

(14) Y los farsantes estarán en un infierno;*
      * [Yahim]

(15) allí irán a abrasarse el Día de la Retribución.

(16) Y no podrán dejar de estar en él.

(17) Pero ¿Cómo podrás entender qué es el Día de la Retribución?

(18) ¿Cómo podrás entender qué es el Día de la Retribución?

(19) Es el día en el que nadie podrá hacer nada por nadie.
      Y ese día el mando será de Allah.

83. SURA DE LOS DEFRAUDADORES

Mequí. Tiene 36 aleyas y descendió después de la sura de "La Araña".
Es la última sura que descendió en Meca.

En el nombre de Allah, el Misericordioso, el Compasivo.

(1) ¡Perdición para los defraudadores!

(2) que cuando le compran a la gente le exigen la medida y el peso cumplidos

(3) pero cuando son ellos los que miden o pesan, cometen fraude.

(4) ¿Es que no tienen certeza de que serán devueltos a la vida

(5) para un día trascendente?

(6) El día en que los hombres se levantarán ante el Señor de los mundos.

(7) Realmente el libro de los farsantes estará en Siyyin.

(8) ¿Y podrás saber qué es Siyyin?

(9) Es un libro marcado*.
    * [Se encuentra en la séptima tierra y en él están escritas las acciones de los demonios y de los incrédulos.]

(10) ¡Perdición ese día para los que niegan la verdad!

(11) Los que negaron el día de la Rendición de Cuentas.

(12) Porque sólo niega la verdad el transgresor malvado

(13) que cuando se le recitan Nuestros signos dice: Son leyendas de los primitivos.

(14) ¡Pero no! Lo que han adquirido se ha apoderado de sus corazones.

(15) Ese día ellos estarán velados de su Señor;

(16) después entrarán en el Yahim

(17) Y se dirá: Esto es aquéllo cuya veracidad negabais.

(18) Realmente el Libro de los creyentes estará en Illiyyun*.
    * [Nombre de una parte del séptimo cielo o de todo él.]

(19) ¿Y cómo sabrás qué es Illiyyun?

(20) Es un libro marcado.

(21) Darán testimonio de él los de proximidad*.
    * [Parece aludir a los ángeles de proximidad.]

(22) Es cierto que los creyentes sinceros estarán en un deleite.

(23) Observando, reclinados sobre los lechos.

(24) En sus rostros reconocerás el resplandor de la dicha.

(25) Se les dará de beber de un vino puro, sellado;

(26) cuyo sello será almizcle.

¡Que en ello pongan su anhelo los que anhelan!

(27) Y su mezcla será de Tasnim*.

* [La más noble de las bebidas del Jardín que manará desde lo alto.]

(28) Un manantial del que beberán los que tengan proximidad.

(29) Ciertamente los que cometían maldades se reían de los que eran creyentes.

(30) Y cuando pasaban a su lado se hacían guiños entre ellos.

(31) Y cuando regresaban a su familia lo hacían divertidos.

(32) Y al verlos decían: Estos están extraviados.

(33) Pero ellos no habían sido enviados como guardianes suyos.

(34) Y hoy los que cren se reirán de los incrédulos.

(35) Les observarán reclinados sobre los lechos.

(36) ¿No han sido recompensados los incrédulos por lo que hacían?

84. SURA DEL RESQUEBRAJAMIENTO

Mequí. Tiene 25 aleyas y descendió después de la sura "La Hendidura".

En el nombre de Allah, el Misericordioso, el Compasivo

(1) ¡Cuando el cielo se resquebraje

(2) y oiga a su Señor y tenga que obedecer!

(3) ¡Y cuando la tierra se dilate

(4) y expulse lo que hay en su seno vaciándose

(5) y oiga a su Señor y tenga que obedecer!

(6) ¡Hombre! Te diriges inevitablemente hacia tu Señor, llevando tus obras, y habrás de encontrarte con El.

(7) Así pues el que reciba su libro en la derecha

(8) se le tomará una cuenta fácil

(9) y volverá a su gente contento.

(10) Pero a quien se le dé el libro detrás de la espalda

(11) pedirá que se acabe con él

(12) y será introducido en un fuego ardiente.

(13) Había estado entre su gente contento

(14) pensando que no habría ningún retorno.

(15) ¡Pero no! Su Señor le estaba viendo.

(16) Y ¡Juro por el rojo del crepúsculo!

(17) Y por la noche y lo que encierra.

(18) Y por la luna cuando se hace llena

(19) que iréis pasando estadio tras estadio.

(20) ¿Qué les pasa pues que no creen

(21) y que cuando leen el Corán no se postran?

(22) Sin embargo los que no creen niegan la verdad

(23) aunque Allah sabe bien lo que ocultan.

(24) Anúnciales un doloroso castigo.

(25) Pero no así a los que creen y practican las acciones de bien, porque ésos tendrán una recompensa incesante.

85. SURA DE LAS CONSTELACIONES

Mequí. Tiene 22 aleyas y descendió después de la sura "El Sol".

En el nombre de Allah, el Misericordioso, el Compasivo

(1) ¡Por el cielo de constelaciones!

(2) ¡Por el día prometido!

(3) ¡Por un testigo y un atestiguado!

(4) ¡Que mueran los Dueños del Foso*!

> * [Sobre la historia de los compañeros del Foso hay distintas versiones; pero en un largo hadiz del Profeta, que Allah le dé Su gracia y paz, se habla de un rey incrédulo cuyo pueblo era creyente y unitario y mandó cavar fosas en las que hizo encender fuegos y a las que fue arrojando a todos los que se negaban a renegar de su fe. Así hasta que llegó una mujer que llevaba un niño y se echó atrás no queriendo caer en el fuego, entonces el niño le dijo: "No temas, la verdad está contigo".]

(5) El fuego bien alimentado.

(6) Cuando ellos estaban a su alrededor sentados

(7) y eran testigos de lo que hacían con los creyentes.

(8) Y no tuvieron ningún motivo contra ellos sino que creían en Allah, el Poderoso, el Alabado.

(9) Aquel a Quien pertenece el dominio de los cielos y de la tierra. Y Allah es Testigo de todas las cosas.

(10) Los que atormentaron a los creyentes y a las creyentes poniéndoles a prueba y no se volvieron en arrepentimiento, tendrán el castigo de Yahannam y tendrán el castigo del Hariq.

(11) Los que creen y practican las acciones de bien, tendrán jardines por cuyo suelo corren los ríos. Ese es el gran triunfo.

(12) Realmente la violencia de tu Señor es grande.

(13) El es el que da origen y lo repite de nuevo.

(14) Y El es el Perdonador, el Amoroso,

(15) Dueño del Trono sublime.

(16) El que hace lo que quiere.

(17) ¿Te ha llegado la historia de los ejércitos,

(18) Firáun y los Zamud?

(19) Por cierto que los que se niegan a creer están negando la verdad

(20)   y Allah los rodea por detrás.

(21)   Sin embargo es una Recitación sublime

(22)   contenida en una Tabla Protegida.

86. SURA DEL QUE VIENE DE NOCHE

Mequí. Tiene 17 aleyas y descendió después de la sura "El Territorio".

En el nombre de Allah, el Misericordioso, el Compasivo

(1) ¡Por el cielo y el que viene de noche!

(2) ¿Y cómo hacerte saber qué es el que viene de noche?

(3) Es el astro fulgurante.

(4) Que cada alma tiene un protector*.

　　　* [Es el segundo término del juramento de la primera aleya]

(5) Que mire el hombre de qué ha sido creado.

(6) Ha sido creado de agua eyaculada

(7) que sale de entre la espina dorsal y las costillas.

(8) El tiene poder para hacerlo volver.

(9) El día en que los secretos queden al descubierto,

(10) no tendrá fuerza ni nadie que le auxilie.

(11) ¡Por el cielo con sus ciclos de lluvia!

(12) ¡Por la tierra que se abre para dar fruto!

(13) Que es una palabra que encierra discriminación

(14) y no es ninguna ligereza

(15) Ellos traman algo

(16) pero Yo también tramo.

(17) Deja que les llegue su momento a los incrédulos, dáles un poco de tiempo.

87. SURA DEL ALTISIMO

Mequí. Tiene 19 aleyas y descendió después de la sura del "Arrollamiento"

En el nombre de Allah, el Misericordioso, el Compasivo.

(1)   Glorifica el nombre de tu Señor, el Altísimo,

(2)   que ha creado y ha conformado,

(3)   que ha decretado y ha encaminado

(4)   y que hace crecer el pasto verde

(5)   y lo convierte en deshecho ennegrecido.

(6)   Haremos que recites y no olvidarás, excepto lo que Allah quiera.

(7)   El conoce lo que se muestra y lo que se esconde.

(8)   Te haremos propicia la facilidad.

(9)   Así pues llama al Recuerdo, porque recordar beneficia.

(10) Recordará quien sea temeroso

(11) y se desentenderá el más miserable,

(12) que será arrojado al mayor de los fuegos,

(13) donde ni vivirá ni morirá.

(14) Habrá triunfado quien se purifique

(15) recuerde el nombre de su Señor y rece.

(16) Sin embargo preferís la vida de este mundo

(17) cuando la Ultima es mejor y de mayor permanencia.

(18) Realmente esto ya estaba en las primeras escrituras,

(19) las páginas de Ibrahim y de Musa.

88. SURA DEL ENVOLVENTE

Mequí. Tiene 26 aleyas y descendió después de la sura "Los que levantan un torbellino".

En el nombre de Allah, el Misericordioso, el Compasivo.

(1) ¿No te ha llegado el relato del Envolvente*?
  * [Nombre dado al Día del Levantamiento que envolverá a todos con sus horrores.]

(2) Ese día habrá rostros humillados;

(3) abrumados, fatigados.

(4) Sufrirán el ardor de un fuego abrasador.

(5) Se les dará de beber de un manantial en máxima ebullición.

(6) No tendrán más alimento que un espino ponzoñoso

(7) que ni nutre ni sacia el hambre.

(8) Ese día habrá rostros dichosos

(9) por su esfuerzo satisfechos

(10) en un jardín elevado

(11) en el que no oirán ninguna frivolidad.

(12) Donde habrá un manantial fluyendo

(13) y lechos elevados,

(14) copas a disposición,

(15) cojines alineados

(16) y alfombras extendidas.

(17) ¿Es que no se fijan en los camellos y cómo han sido creados?

(18) ¿Y en el cielo y cómo ha sido elevado?

(19) ¿Y en las montañas, cómo han sido erigidas?

(20) ¿Y en la tierra, cómo ha sido extendida?

(21) Así pues, llama al Recuerdo, pues sólo eres alguien que despierta el recuerdo.

(22) No tienes potestad sobre ellos*.
  * [Abrogada en su contenido legal por la aleya 5 de la sura 9, aleya de la espada.]

(23) Sin embargo a quien dé la espalda y se niegue a creer,

(24) Allah lo castigará con el mayor de los castigos.

(25) Realmente han de volver a Nos.

(26) Y a Nosotros, nos corresponde pedir cuentas.

89. SURA DE LA AURORA

Mequí. Tiene 30 aleyas y descendió después de la sura "la Noche".

En el nombre de Allah, el Misericordioso, el Compasivo.

(1) ¡Por la Aurora!

(2) ¡Por diez noches!

(3) ¡Por lo par y lo impar!

(4) ¡Por la noche cuando transcurre!

(5) ¿No es eso un juramento para el que tiene intelecto?

(6) ¿No has visto lo que hizo tu Señor con los Ad?

(7) Iram, la de las columnas*

> * [Iram puede ser o el nombre la ciudad de los Ad, o el de uno de sus ante-
> pasados del que tomarían el nombre como colectivo. Si se refiere a la ciudad,
> la expresión "la de las columnas" es clara y haría mención al tamaño, abun-
> dancia o belleza de las mismas. Pero si se refiere a la gente, aludiría, según
> Ibn Abbas a la longitud de sus cuerpos.]

(8) como la que no se creó otra igual en todo el país*.

> * [Si se entiende por Iram el nombre de la tribu, habría que traducir: "con
> cuya complexión nadie, en todo el país, había sido creado."]

(9) Y los Zamud que socavaban las rocas en el valle.

(10) Y Firaún el de las estacas*.

> * [Ver la sura 38, Sad, aleya 12.]

(11) Que cometieron abusos en la tierra

(12) y sembraron en ella la corrupción.

(13) Y tu Señor envió contra ellos el azote de un castigo.

(14) Es cierto que tu Señor está Vigilante.

(15) Sin embargo el hombre cuando su Señor lo pone a prueba hon-
     rándole y favoreciéndole, dice: He sido honrado por Mi Señor.

(16) Pero cuando lo pone a prueba restringiéndole la provisión,
     dice: Mi Señor me ha abandonado.

(17) ¡Pero no! Es que no tratáis con generosidad al huérfano

(18) ni os exhortáis a alimentar al pobre

(19) Acaparáis las herencias con voracidad

(20) y amáis la riqueza en demasía.

(21) ¡Pero no! Cuando la tierra se convulsione una y otra vez hasta
     quedar plana. Y venga tu Señor y vengan los ángeles en filas
     y filas

(22) y se haga venir, ese día, a Yahannam.
Entonces el hombre recordará.

(23) ¿Pero de qué le servirá recordar?

(24) Dirá: Ojalá y hubiera adelantado algo en favor de mi vida.

(25) Ese día, nadie infligirá Su castigo

(26) y nadie prenderá con Su firmeza.

(27) ¡Oh alma sosegada!

(28) Regresa a tu Señor, satisfecha y satisfactoria.

(29) Y entra con Mis siervos,

(30) entra en Mi Jardín.

90. SURA DEL TERRITORIO

Mequí. Tiene 20 aleyas y descendió después de la sura "Qaf"

En el nombre de Allah, el Misericordioso, el Compasivo.

(1) ¡Juro por esta tierra*!
    * [Meca]

(2) Esta tierra que se hará lícita para ti.

(3) Y por un padre y lo que ha engendrado.

(4) Que hemos creado al hombre en penalidad.*
    * [Es decir, siendo la vida para él un dominio de acción, esfuerzo y fatiga.]

(5) Se cree que nadie tiene poder sobre él.

(6) Dice: He disipado grandes riquezas.

(7) ¿Cree que nadie lo ha visto?

(8) ¿Acaso no le hemos dado dos ojos

(9) una lengua y dos labios?

(10) ¿Y no le hemos señalado las dos vías?

(11) Sin embargo no ha emprendido la cuesta.

(12) ¿Y cómo hacerte saber qué es la cuesta?

(13) Es liberar a un siervo

(14) o alimentar en un día de necesidad

(15) a un pariente huérfano

(16) o a un mendigo polvoriento.

(17) Y es ser de los que creen, se aconsejan la paciencia y se aconsejan la piedad.

(18) Esos son los compañeros de la derecha.

(19) Pero los que se niegan a creer en Nuestros signos, ésos son los compañeros de la izquierda.

(20) Sobre ellos habrá un fuego cerrado.

91. SURA DEL SOL

Mequí. Tiene 15 aleyas y descendió después de la sura "El Decreto".

En el nombre de Allah, el Misericordioso, el Compasivo.

(1) ¡Por el sol y su claridad matinal!

(2) ¡Por la luna cuando le sigue!

(3) ¡Por el día cuando lo descubre!

(4) ¡Por la noche cuando lo cubre!

(5) ¡Por el cielo y cómo fue edificado!

(6) ¡Por la tierra y cómo fue extendida!

(7) ¡Por un alma y Quien la modeló!

(8) Y le insufló su rebeldía y su obediencia.

(9) Que habrá triunfado el que la purifique

(10) y habrá perdido quien la lleve al extravío.

(11) Los Zamud, por su exceso, negaron la verdad.

(12) Cuando el más miserable de ellos tuvo la osadía.

(13) Y el Mensajero de Allah les dijo:
¡La camella de Allah y su turno de bebida!

(14) Pero lo negaron y la desjarretaron.
Y su Señor los aniquiló por su atrocidad, arrasándolos.

(15) Y no temió sus consecuencias.

92. SURA DE LA NOCHE

Mequí. Tiene 21 aleyas y descendió después de la sura del "Altísimo".

En el nombre de Allah, el Misericordioso, el Compasivo.

(1) ¡Por la noche cuando cubre!

(2) ¡Por el día cuando se descubre!

(3) ¡Por Quien creó al varón y a la hembra!

(4) Que en verdad las acciones de unos y de otros difieren.

(5) Así pues, al que dé con franqueza, sea temeroso

(6) y crea en la verdad de lo más Hermoso,

(7) le haremos propicia la facilidad.

(8) Pero al que sea tacaño, se considere autosuficiente

(9) y niegue la verdad de lo más Hermoso,

(10) le haremos propicia la dificultad

(11) y de nada le servirán sus riquezas cuando haya perecido.

(12) Es cierto que a Nosotros nos corresponde la guía

(13) y que la Ultima Vida, como la Primera, nos pertenecen.

(14) Ya os he advertido de un fuego que llamea.

(15) No sufrirá su ardor sino el más miserable.

(16) El que niegue la verdad y se aparte.

(17) Y será librado de él quien se guarde

(18) y dé su riqueza para purificarse,

(19) no para que nadie tenga un favor que pagarle

(20) sino buscando la faz de su Señor, el Altísimo.

(21) Y por cierto que quedará satisfecho.

93. SURA DE LA CLARIDAD DE LA MAÑANA.

Mequí. Tiene 11 aleyas y descendió después de la sura "La Aurora".

En el nombre de Allah, el Misericordioso, el Compasivo.

(1)   ¡Por la luz de la mañana!

(2)   ¡Por la noche cuando está en calma!

(3)   Que tu Señor no ha prescindido de ti ni te desdeña.

(4)   La Ultima Vida será mejor para ti que la primera.

(5)   Tu Señor te dará y quedarás satisfecho.

(6)   ¿Acaso no te halló huérfano y te amparó?

(7)   ¿Y no te halló perdido* y te guió?

* [Es decir, te halló perdido en Su amor y te dió un camino para contenerlo.
Otro comentario explica que la expresión perdido o extraviado, tal y como se
podría traducir literalmente, se refiere a su desconocimiento de la Ley
Revelada, la shariah, antes de descender sobre él el Corán.]

(8)   ¿Y no te halló pobre y te enriqueció?

(9)   Por eso, no abuses del huérfano.

(10)   Ni ahuyentes al mendigo.

(11)   Y habla del favor que tu Señor te ha dado.

94. SURA "¿NO TE HEMOS ABIERTO?"

Mequí. Tiene 8 aleyas y descendió después de la sura "La claridad de la mañana".

En el nombre de Allah, el Misericordioso, el Compasivo.

(1)   ¿Acaso no te hemos abierto el pecho?

(2)   ¿Y te hemos librado de la carga,

(3)   que pesaba sobre tu espalda

(4)   y hemos puesto tu mención en un lugar elevado?

(5)   Porque es cierto que junto a la dificultad hay facilidad

(6)   sí, junto a la dificultad hay facilidad.

(7)   Así pues, cuando hayas acabado, esfuérzate por más

(8)   y a tu Señor anhela

95. SURA DE LOS HIGOS.

Mequí. Tiene 8 aleyas y descendió después de la sura "Las Constelaciones"

En el nombre de Allah, el Misericordioso, el Compasivo.

(1)   ¡Por el fruto de la higuera y del olivo!

(2)   ¡Por el monte Sinin*!

  * [Sinin significa bendito y se corresponde con Sinaí, el monte donde Allah le habló a Musa.]

(3)   ¡Por esta tierra segura!

(4)   Que en verdad creamos al hombre en la mejor armonía

(5)   y luego lo convertimos en uno de los más bajos.

(6)   Excepto los que creen y llevan a cabo las acciones de bien, porque ellos tendrán una recompensa que no cesa.

(7)   ¿Y cómo podrás, después de ésto, negar la Rendición de Cuentas?

(8)   ¿Acaso no es Allah el más justo de los jueces?

96. SURA DEL COAGULO

Mequí. Tiene 19 aleyas y fue lo primero del Corán que descendió.

En el nombre de Allah, el Misericordioso, el Compasivo.

(1)   ¡Lee en el nombre de tu Señor que ha creado!

(2)   Ha creado al hombre de un coágulo.

(3)   ¡Lee, que tu Señor es el más Generoso!

(4)   El que enseñó por medio del cálamo

(5)   enseñó al hombre lo que no sabía.

(6)   Sin embargo el hombre se rebela

(7)   al verse enriquecer.

(8)   Es cierto que a tu Señor has de volver.

(9)   ¿Qué opinión te merece quien* entorpece

(10) a un siervo mientras reza?

   * [Alude a Abu Yahal y el siervo al que se refiere es el Profeta, que Allah le
   dé Su gracia y paz.]

(11) ¿Y si éste estuviera bien guiado?

(12) ¿O estuviera ordenando la temerosidad?

(13) ¿No ves cómo niega la verdad y se aparta?

(14) ¿Es que no sabe que Allah ve?

(15) Si no deja de hacerlo lo agarraremos por un mechón de su
   frente,

(16) de su frente mentirosa y transgresora.

(17) Y que llame a los suyos

(18) que nosotros llamaremos a los ángeles rudos.

(19) ¡Pero no! No le obedezcas, póstrate y busca proximidad.

97. SURA DEL DECRETO

Mequí. Tiene 5 aleyas y descendió después de la sura "Frunció el ceño".

En el nombre de Allah, el Misericordioso, el Compasivo.

(1)   Es cierto que lo hicimos descender en la noche del Decreto.

(2)   ¿Y cómo hacerte saber qué es la noche del Decreto?

(3)   La noche del Decreto es mejor que mil meses.

(4)   En ella descienden los ángeles y el espíritu* con las órdenes de tu Señor para cada asunto.

* [Yibril]

(5)   Paz, ella dura hasta el despuntar del alba.

98. SURA DE LA EVIDENCIA

Medinense. Tiene 8 aleyas y descendió después de la sura "El Divorcio".

En el nombre de Allah, el Misericordioso, el Compasivo.

(1) La gente del Libro que había caído en incredulidad y los asociadores, no han desistido hasta que no les ha llegado la
Evidencia.

(2) Un Mensajero que recita páginas purificadas.

(3) Que contienen escritos de rectitud.

(4) Así como aquéllos a los que se les dió el Libro no se dividieron
sino después de haberles llegado la Evidencia.

(5) A pesar de que no se les había ordenado sino que adorasen a
Allah, rindiéndole sinceramente la adoración, como hanifes*
y que establecieran el salat y entregaran el zakat.
Y esta es la Práctica de Adoración auténtica.
* [Seguidores de la inclinación natural]

(6) Y realmente los que de la gente del Libro y los asociadores, se
hayan negado a creer, estarán en el fuego de Yahannam donde serán inmortales. Esos son lo peor de todas las criaturas.

(7) Pero los que creen y llevan a cabo las acciones de bien,
son lo mejor de todas las criaturas.

(8) La recompensa que junto a su Señor les espera, son los Jar-
dines de Adn por cuyo suelo corren los ríos.
En ellos serán inmortales para siempre.
Allah estará satisfecho de ellos y ellos lo estarán de El.
Esto es para quien tema a su Señor.

99. SURA DEL TEMBLOR

Medinense. Tiene 8 aleyas y descendió después de la sura "Las Mujeres".

En el nombre de Allah, el Misericordioso, el Compasivo

(1) Cuando la tierra sea sacudida por su propio temblor.

(2) Y cuando la tierra expulse lo que pesa en su seno.

(3) Y diga el hombre: ¿Qué tiene?

(4) Ese día contará lo que sabe

(5) porque tu Señor le inspirará.

(6) Ese día los hombres saldrán en grupos para ver sus obras

(7) Y el que haya hecho el peso de una brizna de bien, lo verá.

(8) Y el que haya hecho el peso de una brizna de mal, lo verá.

100. SURA DE LOS QUE GALOPAN

Mequí. Tiene 11 aleyas y descendió después de la sura "El Tiempo".

En el nombre de Allah, el Misericordioso, el Compasivo.

(1) ¡Por los que galopan resoplando

(2) y hacen saltar chispas!

(3) ¡Por los que salen de algarada al alba,

(4) levantando una polvareda

(5) y adentrándose en una tropa!

(6) Que es cierto que el hombre es ingrato con su Señor,

(7) siendo El testigo de ello,

(8) y es tenaz en su amor por los bienes.

(9) ¿Es que no sabe que cuando se descubra lo que hay en las tumbas

(10) y aparezca lo que encerraban los pechos,

(11) ese día, su Señor, estará perfectamente informado de ellos?

101. SURA DE LA CONMOCION

Mequí. Tiene 11 aleyas y descendió después de la sura "Los Quraysh".

En el nombre de Allah, el Misericordioso, el Compasivo.

(1)   La conmoción.

(2)   ¿Y qué es la conmoción?

(3)   ¿Y cómo hacerte saber qué es la conmoción?

(4)   Es el día en que los hombres estarán como polillas dispersas.

(5)   Y las montañas como lana cardada.

(6)   Entonces, aquel cuyas acciones tengan peso en la Balanza

(7)   estará en una vida satisfactoria.

(8)   Pero aquel cuyas acciones sean ligeras en la Balanza

(9)   tendrá por madre a un abismo.

(10)   ¿Y qué te hará entender lo que eso es?

(11)   Es un fuego abrasador.

102. SURA DE LA RIVALIDAD.

Mequí. Tiene 8 aleyas y descendió despues de la sura "La Abundancia".

En el nombre de Allah, el Misericordioso, el Compasivo.

(1) La rivalidad por tener más os mantiene ocupados

(2) hasta que visitáis los cementerios.

(3) ¡Pero no! Ya sabréis.

(4) Sí, luego sabréis.

(5) Si supie. ais a ciencia cierta.

(6) Tened por seguro que veréis el Yahim.

(7) Lo veréis con el ojo de la certeza.

(8) Y ese día, se os preguntará por los momentos de dicha que hayáis tenido.

103. SURA DEL TIEMPO

Mequí. Tiene 3 aleyas y descendió después de la sura "¿No te hemos abierto..?".

En el nombre de Allah, el Misericordioso, el Compasivo.

(1)   ¡Por el Tiempo*!

* [Este juramento "por el tiempo" puede ser también por la tarde o por el tiempo de la oración de la tarde, al-Asr, de acuerdo con el término árabe.]

(2)   Que es cierto que el hombre está en pérdida.*

* [Es decir: está en un devenir de disminución, de mengua, va perdiendo progresivamente todo lo que tiene mientras se acerca a la muerte.

Algunos comentaristas entienden otro sentido, en cierta forma complementario: "el hombre camina hacia la perdición, excepto los que creen, etc..."

(3)   Pero no así los que creen, llevan a cabo las acciones de bien, se encomiendan la verdad y se encomiendan la paciencia.

104. SURA DEL MURMURADOR

Mequí. Tiene 9 aleyas y descendió después de la sura "El Levantamiento"

En el nombre de Allah, el Misericordioso, el Compasivo.

(1) ¡Perdición para todo el que murmura y difama!

(2) Ese que acumula riqueza y la cuenta.

(3) Cree que su riqueza le va a hacer inmortal.

(4) ¡Pero no! Será arrojado en al-Hutama*.

    * [Es un nombre del fuego de Yahannam, llamado así porque destroza o devora, significados que están en la raiz de la palabra, todo lo que es arrojado en él.]

(5) ¿Y cómo podrás saber qué es al-Hutama?

(6) Es el Fuego de Allah encendido.

(7) Que llega hasta el fondo del corazón.

(8) Se cerrará en torno a ellos

(9) en elevadas columnas.

105. SURA DEL ELEFANTE

Mequí. Tiene 5 aleyas y descendió después de la sura "Los Incrédulos".

En el nombre de Allah, el Misericordioso, el Compasivo.

(1)   ¿No has visto lo que hizo tu Señor con los del elefante?

(2)   ¿Acaso no hizo que su estratagema fracasara,

(3)   enviando contra ellos pájaros en sucesivas bandadas,

(4)   que les arrojaban piedras de arcilla,*

   * [En las que estaban escritas los nombres de aquéllos a quienes iban destinadas. En la raíz de la palabra "siyyil" traducida como arcilla, está el significado de grabar o inscribir.]

(5)   dejándolos como paja carcomida?

106. SURA DE LOS QURAYSH.

Mequí. Tiene 4 aleyas y descendió después de la sura "Los Higos".

En el nombre de Allah, el Misericordioso, el Compasivo.

(1) Por la Alianza de los Quraysh.*
* [Según la mayor parte de los comentaristas, esta sura está conectada con la anterior siendo como una continuación de ella.]

(2) Sus alianzas para el viaje de invierno y de verano.

(3) Que adoren pues al Señor de esta Casa.

(4) Que los ha alimentado salvándolos del hambre y los ha librado del temor.

107. SURA DE LA AYUDA IMPRESCINDIBLE

Las 3 primeras aleyas son de Meca y el resto de Medina. Tiene 7 aleyas y descendió después de la sura "La Rivalidad".

En el nombre de Allah, el Misericordioso, el Compasivo.

(1) ¿Has visto a quien niega la Rendición de Cuentas?
(2) Ese es el que desprecia al huérfano.
(3) Y no exhorta a dar de comer al mendigo.
(4) Pero ¡ay de aquellos que rezan!
(5) siendo negligentes con su Oración.
(6) Esos que hacen ostentación
(7) y niegan la ayuda imprescindible.

108. SURA DE LA ABUNDANCIA

Mequí. Tiene 3 aleyas y descendió después de la sura "Los que galopan"

En el nombre de Allah, el Misericordioso, el Compasivo.

(1) Es cierto que te hemos dado la Abundancia.*

* [Al-Kawzar, nombre también de uno de los ríos del Jardín.]

(2) Por eso reza a tu Señor y ofrece sacrificios.

(3) Porque es quien te detesta, el que no tendrá posteridad.*

* [Esta aleya descendió acerca de al-Asi b. Wail, que llamó al Profeta, que Allah le dé Su gracia y paz, "abtar" que en árabe se aplica al que no tiene posteridad, al que carece de hijos varones, en alusión a la muerte de uno de sus hijos. La raíz de la palabra significa cortar, y a un animal sin cola se le llama "abtar". También significa el que está privado o separado de todo bien, de modo que la aleya podría haberse traducido también así: "Porque es quien te detesta, el que está separado de todo bien."]

109. SURA DE LOS INCREDULOS

Mequí. Tiene 6 aleyas.
Descendió después de la sura "La ayuda imprescindible".

En el nombre de Allah, el Misericordioso, el Compasivo.

(1) Di: ¡Incrédulos!
(2) Yo no adoro lo que adoráis
(3) ni vosotros adoráis lo que yo adoro.
(4) Yo no adoraré lo que vosotros adoráis,
(5) ni vosotros adoraréis lo que yo adoro.
(6) Para vosotros vuestra adoración y para mí la mía.

110. SURA DE LA VICTORIA

Descendió en Mina durante el Haÿÿ de la Despedida de manera que se considera Medinense. Es lo último del Corán que descendió. Tiene 3 aleyas y descendió después de la sura at-Tawba "La Retractación".

En el nombre de Allah, el Misericordioso, el Compasivo

(1) Cuando llegue la victoria de Allah y la conquista

(2) y veas a la gente, entrar por grupos en la adoración de Allah.

(3) Glorifica a tu Señor con Su alabanza y pídele perdón.
     El siempre acepta a quien a El se vuelve.

111. SURA DE LA FIBRA O DE ABU LAHAB.

Mequí. Tiene 5 aleyas y descendió después de la sura "El Fatiha".

En el nombre de Allah, el Misericordioso, el Compasivo.

(1)   ¡Que se pierdan las manos de Abu Lahab! Y perdido está.
(2)   De nada le servirá su riqueza ni todo lo que ha adquirido.
(3)   Se abrasará en un fuego inflamado.
(4)   Y su mujer acarreará la leña.
(5)   Llevando al cuello una soga de fibra.

112. SURA DE LA ADORACION PURA

Mequí. Tiene 4 aleyas y descendió después de la sura "Los Hombres".

En el nombre de Allah, el Misericordioso, el Compasivo.

(1) Di: El es Allah, Uno.

(2) Allah, el Señor Absoluto.*
   * [A Quien todos se dirigen en sus necesidades]

(3) No ha engendrado ni ha sido engendrado.

(4) Y no hay nadie que se le parezca.

113. SURA "EL RAYAR DEL ALBA".

Mequí. Tiene 5 aleyas y descendió después de la sura "El Elefante".

En el nombre de Allah, el Misericordioso, el Compasivo.

(1)   Di: Me refugio en el Señor del rayar del alba.*

* [En árabe "falaq". Sobre el sentido de esta palabra, hay toda una variedad de opiniones entre los comentaristas. Unos, la interpretan con el significado aquí traducido. Otros dicen que es una prisión, una edificación, un río de Yahannam e incluso un árbol.
La raíz de la palabra tiene que ver con hender o henderse, habiendo algun comentarista que la explica como refiriéndose a todo aquéllo que se hiende en la creación, como el óvulo al fecundarse, el alba al despuntar y la semilla al germinar.

(2)   Del mal de lo que ha creado.

(3)   Del mal de la noche cuando se hace oscura.

(4)   Y del mal de las que soplan en los nudos.

(5)   Y del mal del envidioso cuando envidia.

114. SURA DE LOS HOMBRES

Mequí. Tiene 6 aleyas y descendió después de la sura "El rayar del alba".

En el nombre de Allah, el Misericordioso, el Compasivo.

(1)   Di: Me refugio en el Señor de los hombres.

(2)   El Rey de los hombres.

(3)   El Dios de los hombres.

(4)   Del mal del susurro* que se esconde*.

* [Muchos comentaristas explican que lo que está expresado como el acto de susurrar, se refiere a Shaytán, sujeto de ese acto, pudiendo traducirse en consecuencia como "susurrador".]

* [En árabe "al-jannas", uno de los nombres de Shaytán. En la raíz de la palabra está el significado de retroceder, puesto que Shaytán retrocede cuando el hombre recuerda a Allah, volviendo a susurrarle cuando éste lo olvida.]

(5)   Ese que·susurra en los pechos de los hombres

(6)   y existe entre los genios y entre los hombres.

```
      *
     ***
    *****
     ***
      *
```

GLOSARIO

GLOSARIO

GLOSARIO

Este breve glosario recoge, sin pretender ser exhaustivo, **algunos de los** términos árabes que no han sido traducidos y que se han incluído transcritos en la traducción, con la excepción de "din" que sí aparece **traducido** y que se ha incluído en el glosario por otras consideraciones.

ADN

(Aleya 72 - Sura 9; 23 - 13; 31 - 16; 31 - 18; 61 - 19; 76 - 20; 33 - 35; 50 - 38; 8 - 40; 12 - 62; 8 - 98)

Su raíz significa estancia o residencia y de ahí el Jardín de la Estancia, por ser el lugar de la Estancia definitiva. Se corresponde con **Edén**.

DIN

Ad-din:

(Aleya 4 - Sura 1; 132 - 2; 193 - 2; 256 - 2; 19 - 3; 83 - 3; 85 - 3; 46 - 4; 29 - 7; 39 - 8; 72 - 8; 11 - 9; 29 - 9; 33 - 9; 36 - 9; 122 - 9; 22 - 10; 105 - 10; 40 - 12; 76 - 12; 35 - 15; 52 - 16; 78 - 22; 2 - 24; 82 - 26; 65 - 29; 30 - 30; 43 - 30; 32 - 31; 5 - 33; 20 - 37; 78 - 38; 2 - 39; 3 - 39; 14 - 49; 13 - 42; 21 - 42; 28 - 48; 6 - 51; 12 - 51; 57 - 57; 8 - 60; 9 - 60; 9 - 61; 26 - 70; 46 - 74; 9 - 82; 15 - 82; 17 - 82; 18 - 82; 11 - 83; 7 - 95; 5 - 98; 1 - 107; 6 - 109; 2 - 110)

dinan:

(Aleya 217 - Sura 2; 73 - 3; 85 - 3; 125 - 4; 171 - 4; 3 - 5; 161 - 6; 57 - 5; 77 - 5; 12 - 9; 26 - 40; 16 - 49; 6 - 109)

dinihi:

(Aleya 217 - Sura 2; 54 - 5)

dinuhum, dinihim:

(Aleya 24 - Sura 4; 146 - 4; 70 - 6; 137 - 6; 159 - 6; 51 - 7; 25 - 24; 55 - 24; 32 - 30)

dini:

(Aleya 104 - Sura 10; 14 - 39)

A pesar de aparecer traducido en el texto, unas veces como **retribución** o rendición de cuentas, y otras como **práctica de adoración** o simplemente adoración, incluímos este término en el glosario debido a su importancia y con el fin de que sus dos aspectos básicos queden claros.

La raíz en su forma verbal significa obligar a alguien a obedecer. Uno de los nombres de Allah, que se deriva de esta forma, es ad-Dayyan, que significa el Juez o el que obliga.

En la raíz está también el significado de recompensar o pagar. Por lo que din puede significar la recompensa o la retribución; de manera que el Día del Din, es el Día de la Retribución.

Din significa también la cuenta, el dar o rendir cuentas de las acciones, significado complementario del anterior. Significa también la obediencia y la costumbre.

Así, en relación con Allah, significa obedecerle, someterse a El y adorarlo. De ahí la Práctica de Adoración.

De todo esto se puede deducir que el significado de la palabra din tiene que ver con la relación directa entre el siervo y su Señor, con las prácticas concretas de Adoración, la transacción entre el siervo y su Creador que al final le pedirá cuentas de lo que hizo con la vida que le dió; y en este sentido entronca con el significado de deuda que está en la raíz y que se expresa en la palabra "dayn", que es simplemente una vocalización distinta de din.

FIRDAUS

(Aleya 107 - Sura 18; 11 - 23)

Es uno de los nombres del Jardín y en concreto designa el jardín más elevado. La palabra se refiere al jardín que reúne todo lo que puede haber en un jardín, implicando la abundancia en extremo

HANIF

(Aleya 135 - Sura 11; 67 - 3; 95 - 3; 125 - 4; 79 - 6; 161 - 6; 105 - 10; 120 - 16; 123 - 16; 123 - 16; 30 - 30)

hunafá:

(Aleya 31 - Sura 22; 5 - 98)

La palabra hanif designa a todo aquel que por inclinación natural y propia, rechaza las formas y prácticas religiosas inauténticas, y reconoce y adora al Dios Unico sin asociar nada con El. Lo que distingue al hanif es su rechazo de la idolatría y que no asocia nada con Allah.

La realidad de este término tiene que ver con sinceridad, autenticidad y rectitud. Todo aquél que se somete a lo que Allah ordena sin desviarse de ello puede ser llamado hanif.

Hanif designa también a todo aquél que, en tiempos anteriores a Islam, peregrinaba a la Casa, la Mezquita Inviolable de Meca, se purificaba del estado de impureza lavando todo su cuerpo y se hacía la circuncisión; y cuando llegó Islam pasó a ser sinónimo de musulmán.

Y en el hadiz Qudsi, se dice: "Creé a Mis siervos hunafá (es decir hanifes)", puesto que Allah reunió a los seres creados y les preguntó: "¿Acaso no soy Yo vuestro Señor?", y todos respondieron: "Sí".

HARIQ

(Aleya 181 - Sura 3; 50 - 8; 9 - 22; 22 - 22; 10 - 85)

Es un nombre del Fuego. Su significado alude al efecto del fuego en las cosas, es el fuego en su efecto devastador ocurriendo en algún lugar; es el incendio.

SAIR

as-sair:

(Aleya 2 - Sura 22; 21 - 31; 12 - 34; 6 - 35; 7 - 42; 5 - 67; 10 - 67; 11 - 67)

sairan:

(Aleya 10 - Sura 4; 55 - 4; 97 - 17; 11 - 35; 64 - 33; 13 - 48; 4 - 76; 12 - 84; 24 - 54; 47 - 54)

El significado de la palabra tiene que ver con el hecho de encender o avivar el fuego; también se usa en el sentido de encender la guerra. Es el fuego en cuanto que arde o está encendido.

SALAT

(Aleya 3 - Sura 2; 43 - 2; 45 - 2; 83 - 2; 110 - 2; 153 - 2; 177 - 2, 238 - 2; 277 - 2; 43 - 4; 77 - 4; 101 - 4; 102 - 4; 103 - 4; 142 - 4; 162 - 4; 6 - 5; 12 - 5; 55 - 5; 58 - 5; 91 - 5; 106 - 5; 72 - 6; 170 - 7; 3 - 8; 5 - 9; 11 - 9; 18 - 9; 54 - 9; 71 - 9; 87 - 10; 114 - 13; 31 - 14; 37 - 14; 40 - 14; 78 - 17; 31 - 19; 55 - 19; 59 - 19; 14 - 20; 132 - 20; 73 - 21; 35 - 22; 41 - 22; 78 - 22; 37 - 24; 56 - 24; 58 - 24; 3 - 27; 45 - 29; 31 - 30; 4 - 31; 17 - 31; 33 - 33; 18 - 35; 29 - 35; 38 - 42; 13 - 58; 9 - 62; 10 - 62; 20 - 73; 5 - 98)

salakuta:

(Aleya 92 - Sura 6; 103 - 9; 35 - 8; 87 - 11; 110 - 17; 2 - 23; 41 - 24; 23 - 70; 5 - 107)

salati:

(*Aleya 162 - Sura 6*)

salawat:

(*Aleya 157 - Sura 2; 238 - 2; 99 - 9; 40 - 22*)

salawatihim:

(*Aleya 9 - Sura 23*)

al-musallin:

(*Aleya 22 - Sura 70; 43 - 74; 4 - 107*)

musalla:

(*Aleya 125 - Sura 2*)

La palabra salat se utiliza en el texto como voz masculina a pesar de que en árabe es femenina.

En cuanto a su significado, significa oración, misericordia o voluntad de bien, petición de perdón y las bendiciones especiales que Allah derrama sobre Su Mensajero, que El le dé Su gracia y paz, así como los movimientos y actos específicos de la práctica de adoración conocida con ese nombre.

Así pues, su significado más genérico es: oración que se aplica al hombre en relación con Allah; de ahí toma el nombre la oración preceptiva que es una práctica de adoración que contiene movimientos específicos, tales como la inclinación, la postración y la recitación del Corán. En este sentido puede traducirse en su forma verbal como rezar.

Cuando se aplica a Allah, expresa Su misericordia y Su voluntad de bien hacia los siervos, y en este sentido se incluye el salat que Allah hace sobre el Profeta, que El le dé Su gracia y paz.

Y por último, aplicado a los ángeles, expresa su petición de perdón a Allah en favor de los siervos.

En la raíz de la palabra salat, está el significado de inseparabilidad, algo que es necesario y ha de hacerse siempre, de manera que el salat, entendido como una práctica de adoración, es también aferrarse a lo que Allah ha hecho preceptivo.

SAQAR

(*Aleya 48 - Sura 54; 26 - 74; 42 - 74*)

Es un nombre propio del Fuego cuyo significado tiene que ver con la intensidad del calor del sol. Aunque hay quien dice que es una palabra no árabe de etimología desconocida. Y hay quien dice, por el contrario, que el Fuego recibe el nombre de Saqar porque derrite los cuerpos y los espíritus, considerando que la palabra es árabe y deriva de la expresión: "shaqarathu as-shams", que equivale a: sufrió una insolación.

YAHANNAM

(Aleya 206 - Sura 2; 12 - 3; 162 - 3; 197 - 3; 55 - 4; 93 - 4; 97 - 4; 115 - 4; 121 - 4; 140 - 4; 169 - 4; 18 - 7; 41 - 7; 179 - 7; 16 - 8; 36 - 8; 37 - 8; 35 - 9; 49 - 9; 63 - 9; 68 - 9; 73 - 9; 81 - 9; 95 - 9; 109 - 9; 119 - 11; 18 - 13; 16 - 14; 29 - 14; 43 - 15; 29 - 16; 8 - 17; 18 - 17; 39 - 17; 63 - 17; 97 - 17; 100 - 18; 102 - 18; 106 - 18; 68 - 19; 86 - 19; 74 - 30; 29 - 21; 103 - 23; 24 - 25; 65 - 25; 54 - 29; 68 - 29; 13 - 32; 36 - 35; 63 - 36; 56 - 38; 85 - 38; 32 - 39; 60 - 39; 71 - 39; 72 - 39; 49 - 40; 60 - 40; 76 - 40; 74 - 43; 10 - 45; 6 - 48; 24 - 50; 30 - 50; 13 - 52; 43 - 55; 8 - 58; 9 - 66; 6 - 67; 15 - 72; 23 - 72; 21 - 78; 10 - 85; 23 - 89; 6 - 89)

La palabra, si se considera un término árabe, significa abismo profundo, abismo sin fondo; así pues, el Fuego es llamado Yahannam por la profundidad de su fondo.

Pero según algunos como al-Yahwari, se trata de un término persa arabizado y en cualquier caso, la mayoría de los gramáticos y comentaristas del Corán lo consideran un término no árabe.

YAHIM

(Aleya 119 - Sura 2; 10 - 5; 86 - 5; 113 - 9; 51 - 22; 91 - 26; 23 - 37; 55 - 37; 64 - 37; 68 - 37; 97 - 37; 163 - 37; 7 - 40; 47 - 44; 56 - 44; 18 - 52; 94 - 56; 19 - 57; 31 - 69; 36 - 79; 39 - 79; 12 - 81; 14 - 82; 16 - 83; 6 - 102; 12 - 73)

Es uno de los nombres del Fuego. Todo fuego grande en un barranco o precipicio se llama yahim, como cuando se dice en el Corán: "Construídle un edificio y arrojadlo a las llamas (es decir, al yahim)". (Sura de las filas 37, aleya 97).

Ibn Sida dice: "El yahim es el fuego violento con mucha llama".

Es la inflamación, fuego sobre fuego.

ZAKAT

(Aleya 43 - Sura 2; 83 - 2; 110 - 2; 177 - 2; 77 - 4; 162 - 4; 12 - 5; 55 - 5; 156 - 7; 5 - 9; 11 - 9; 18 - 9; 71 - 9; 18 - 9; 71 - 9; 81 - 18; 13 - 19; 31 - 19; 55 - 19; 73 - 21; 41 - 22; 78 - 22; 4 - 23; 37 - 24; 56 - 24; 3 - 27; 39 - 30; 4 - 31; 33 - 33; 7 - 41; 13 - 58; 20 - 73; 5 - 98)

La palabra zakat, aunque femenina en árabe, ha sido utilizada en el texto como voz masculina.

Su raíz significa crecimiento, purificación, bendición y elogio. También significa lo mejor y más selecto de una cosa.

Su significado más frecuente en el Corán es el de aquella parte de la riqueza que se da para purificarse con ello, la purificación de la riqueza que sobra, refiriéndose al tercer pilar del Islam que aparece mencionado normalmente junto al salat.

INDICE